A batalha por Moscou

A batalha por Moscou

*A Operação Tufão e o início
da derrocada de Hitler*

David Stahel

Tradução de Anna Lim
e Lana Lim

Título original em inglês: *Operation Typhoon: Hitler's March on Moscow, October 1941*
Copyright © David Stahel, 2013

Amarilys é um selo editorial Manole.

Editor-gestor: Walter Luiz Coutinho
Editor: Enrico Giglio
Produção editorial: Luiz Pereira, Susana Yunis
Preparação: Adriano Takeshi Myasato, Ana Maria Fiorini
Revisão: Paula Nogueira
Editoração eletrônica: Depto editorial Editora Manole
Capa: Axel Sande / Gabinete de Artes

Dados Internacionais de Catalogação na Publicação (CIP)
(Câmara Brasileira do Livro, SP, Brasil)

Stahel, David
A Batalha por Moscou : a Operação Tufão e o início
da derracada de Hitler / David Stahel ;
tradução Anna Lim e Lana Lim. -- Barueri, SP :
Amarilys, 2015.

Título original: Operation Typhoon : Hitler's
march on Moscow, October 1941.
Bibliografia.
ISBN 978-85-204-3944-9

1. Bock, Fedor von, 1880-1945 2. Guerra
Mundial, 1939-1945 - Campanhas - Rússia
(Federação) 3. Moscou, Batalha de, 1941-1942
4. Moscou (Rússia) - História militar - Século 20
I. Título.

14-13131   CDD-940.5421731

Índices para catálogo sistemático:
1. Batalha de Moscou : Segunda Guerra Mundial :
Europa : História 940.5421731

Todos os direitos reservados.
Nenhuma parte deste livro poderá ser reproduzida, por
qualquer processo, sem a permissão expressa dos editores.
É proibida a reprodução por Xerox.
A Editora Manole é filiada à ABDR – Associação Brasileira de Direitos Reprográficos

Edição brasileira – 2015

Editora Manole Ltda.
Av. Ceci – Tamboré
06460-120 – Barueri – SP – Brasil
Tel. (11) 4196-6000 – Fax (11) 4196-6021
www.amarilyseditora.com.br / info@amarilyseditora.com.br

Impresso no Brasil / *Printed in Brazil*

Sumário

Lista de tabelas 7

Agradecimentos 9

Glossário 11

Tabelas de patentes militares e estruturas do exército 13

Introdução 15

1 A Operação Barbarossa em contexto 25

2 Operação Tufão 71

3 Viazma e Briansk 102

4 Massacre na estrada para Moscou 129

5 O triunfo final de Bock 160

6 Explorando a brecha 195

7 Enfrentando a tempestade 232

8 De tanque vazio 266

9 O olho do furacão 306

Conclusão 329

Notas 341

Bibliografia 405

Índice remissivo 425

Lista de tabelas

1. Produção militar anual das principais potências, 1939-1945 48
2. Ordem de batalha do Grupo de Exércitos Centro, 2 de outubro de 1941 (Operação Tufão). 66
3. Produção e perdas de tanques da Alemanha, setembro de 1939 a março de 1942 154
4. Baixas da Alemanha na Frente Oriental, junho de 1941 a junho de 1942. . 297

Agradecimentos

No verão de 1994, um incêndio em uma floresta se alastrou pelos antigos campos de batalha da Primeira Guerra Mundial na península de Gallipoli, na Turquia. Em novembro e dezembro daquele ano, eu cursava o primeiro ano da graduação e conseguira uma vaga na Universidade de Istambul, plantando novas árvores como parte de um projeto de reflorestamento. Além de muitos estudantes turcos, o projeto incluía pequenos contingentes de cada uma das nações que haviam participado da Primeira Guerra Mundial. O acampamento foi montado e mantido pelo exército turco e eu fui designado para uma grande tenda com 37 estudantes turcos e dois alemães. Nossa tarefa era trabalhar nos antigos campos de batalha limpando os resíduos queimados, arando a terra e plantando novas mudas de árvores. Como eu cresci na Austrália, aqueles eram os primeiros campos de batalha que eu havia visto e eles viriam a deixar sua marca. Os horrores da guerra eram uma parte inconfundível da experiência, mas reforçados pelo fato de que estavam sendo compartilhados com ex-inimigos.

Dezoito anos depois, meu antigo colega de tenda de Gallipoli, Jakob Graichen, e sua esposa Mariana Díaz vieram a se tornar dois dos meus melhores amigos e, como sou professor e historiador trabalhando na Alemanha, eles têm sido uma fonte de inestimável ajuda para embasar minha pesquisa histórica. Este livro é dedicado a eles.

Assim como outros trabalhos meus sobre 1941, este estudo recebeu a contribuição de alguns acadêmicos do meio. Gostaria de agradecer ao dr. Alex J. Kay e ao dr. Jeff Rutherford, que colaboraram comigo em outro projeto fornecendo muitos elementos de compreensão sobre o atual trabalho, além de trazer uma dose de bem-vindo alívio durante longas horas de pesquisa e escrita. Alex e Jeff também forneceram inestimáveis comentários sobre meu esboço de manuscrito, pelos quais sou muito grato. Minhas viagens de pesquisa para Friburgo muitas vezes coincidiram com visitas do dr. Adrian Wettstein, cujo conhecimento sobre as estruturas e os armamentos da Wehrmacht é, pela minha experiência, incomparável. Fiquei muito grato pela sua companhia e pelas rápidas respostas a todos os meus pedidos posteriores. O professor Robert Citino identificou alguns dos pontos fracos iniciais do meu manuscrito e me ajudou a moldar melhorias. Seu apoio é especialmente estimado. Também gostaria de agradecer à dra. Eleanor Hancock pelos meticulosos comentários sobre meu manuscrito. Desde meus primeiros anos de estudos de pós-graduação, a dra. Hancock tem sido fonte constante de apoio e boas ideias. Por tantos favores ao longo dos anos, eu lhe devo um agradecimento especial.

Do lado russo/soviético de minha pesquisa, fui bem servido por alguns especialistas que se deram ao trabalho de responder a meus e-mails ou ler trechos do meu esboço. O dr. Alexander Hill e Yan Mann leram meu manuscrito, me aconselheram sobre questões da história soviética e me ajudaram com algumas referências. O professor David Stone me salvou de alguns descuidos gritantes em um esboço inicial do meu primeiro capítulo. A todos, minha sincera gratidão.

Também gostaria de agradecer a Aleks Polianichko por algumas traduções do russo para o inglês, a Min-ku Chung pelo suporte técnico e a Verena Graichen pela ajuda com meus mapas. Michael Kellner e Rainer Graichen me ofereceram o uso de fotografias do avô e do pai deles respectivamente, que serviram na Frente Oriental em 1941. Também devo muito a Chrisie Rotter, uma historiadora de arte e talentosa artista, que concordou com a reprodução de um retrato original e cuidadosamente pesquisado de Friedrich Barbarossa. Por último, mas absolutamente não menos importante, meu agradecimento vai para meu editor Michael Watson, sua assistente Chloe Howell, Karen Anderson Howes e toda a equipe da Cambridge University Press que tiveram participação neste e em meus livros anteriores. Sua assistência e profissionalismo foram exemplares.

Glossário

BA-MA	*Bundesarchiv-Militärarchiv* (Arquivo Militar Alemão)
CSIR	Corpo di Sedizione Italiano in Russia (Corpo Expedicionário Italiano na Rússia)
"Das Reich"	2ª Divisão SS
Einsatzgruppen	"Grupos de ação" da SD e da Polícia de Segurança, usados principalmente para matanças em massa
Eisenbahntruppe	*Tropas de ferrovia*
EUA	Estados Unidos da América
Feindbild	*Imagem do inimigo*
Generalplan Ost	Plano Geral Leste
"Grossdeutschland"	Regimento de Infantaria "Grande Alemanha"
Grosstransportraum	"Grande área de transporte." Refere-se ao regimento de transporte responsável por conectar divisões de linhas de frente e estações de distribuição em ferrovias
Kampfgruppe	Grupo de combate
KTB	*Kriegstagebuch* (diário de guerra)
Landser	Soldado da infantaria alemã
Lebensraum	Espaço vital
Luftwaffe	Força aérea alemã
LVF	Légion des Volontaires Français contre le Bolchevisme (Legião de Voluntários Franceses contra o Bolchevismo)

MPT	*Museumsstiftung Post und Telekommunikation* (Fundação para o Museu de Correio e Telecomunicações)
NKVD	*Narodnyi Komissariat Vnutrennykh Del* (Comissariado do Povo para Assuntos Internos)
OKH	*Oberkommando des Heeres* (Alto-comando do Exército)
OKW	*Oberkommando der Wehrmacht* (Alto-comando das Forças Armadas)
Ostheer	Exército do Leste
Pz. Div.	Divisão *Panzer*
Rasputitsa	"Estação da lama"; refere-se às dificuldades semestrais causadas por chuvas fortes ou neve derretida na Rússia, Belarus e Ucrânia.
RSHA	*Reichssicherheitshauptamt* (Escritório Central de Segurança do Reich)
SD	*Sicherheitsdienst* (Serviço de Segurança)
Sondermeldungen	Boletins especiais de notícias
SS	*Schutzstaffel* (Tropa de Proteção)
Stavka	Alto-comando soviético
UK	Reino Unido
URSS	União das Repúblicas Socialistas Soviéticas
Vernichtungskrieg	Guerra de aniquilação
Wehrmacht	Forças Armadas da Alemanha

Tabelas de patentes militares e estruturas do exército

Tabela de equivalência de patentes

Exército e *Luftwaffe* Alemães	Tradução utilizada
Patentes oficiais	
Generalfeldmarschall	Marechal de campo
Generaloberst	Coronel-general
General	General
der Infanterie	de Infantaria
der Artillerie	de Artilharia
der Flakartillerie	de Franco-artilharia
der Flieger	de Aviação
der Kavallerie	de Cavalaria
der Luftwaffe	da *Luftwaffe*
der Panzertruppe	das Tropas *Panzer*
der Pioniere	de Engenharia
Generalleutnant	Tenente-general
Generalmajor	Major-general
Oberst	Coronel
Oberstleutnant	Tenente-coronel
Major	Major
Hauptmann	Capitão
Oberleutnant	1º tenente
Leutnant	Tenente
Demais patentes	
Stabsfeldwebel	Sargento-mestre
Oberfeldwebel	Sargento técnico
Feldwebel	Primeiro sargento

cont.

Exército e *Luftwaffe* Alemães	Tradução utilizada
Unterfeldwebel	Sargento
Unteroffizier	Cabo
Gefreiter	Soldado
Soldat	Soldado

Fonte: Karl-Heinz Frieser, *The Blitzkrieg Legend, The 1940 Campaign in the West*. Annapolis, 2005, p. 355.

Estrutura e dimensões do Exército Alemão

Estrutura do Exército Alemão	Tradução utilizada	Número de unidades subordinadas	Média de oficiais*
Heeresgruppe	Grupo de Exércitos	Dois ou mais exércitos	100.000 a 1 milhão ou mais
Armee	Corpo	Dois ou mais corpos	60.000 a 250.000
Korps	Exércitos	Duas ou mais divisões	40.000 a 70.000
Division	Divisão	Duas ou mais brigadas	12.000 a 18.000
Brigade	Brigada	Dois ou mais regimentos	5.000 a 7.000
Regiment	Regimento	Dois ou mais batalhões	2.000 a 6.000
Bataillon	Batalhão	Duas ou mais companhias	500 a 1.000
Kompanie	Companhia	Dois ou mais pelotões	100 a 200
Zug	Pelotão		30 a 40

* Observação: Há grande variação nesses números, especialmente após 1941.
Fonte: Registros do autor.

Introdução

O lançamento da Operação Tufão prenunciou a abertura de uma das maiores ofensivas alemãs na Segunda Guerra Mundial. De fato, ela é superada em escala somente pelas operações para invadir a França e os Países Baixos, em maio de 1940 (Plano Amarelo), e a própria União Soviética, em junho de 1941 (Operação Barbarossa). Embora o combate na Frente Oriental seja provavelmente mais célebre pela ofensiva de Hitler em 1942 para alcançar e conquistar os campos de petróleo do Sul da Rússia (Plano Azul), culminando na batalha por Stalingrado, essa ofensiva do Grupo de Exércitos Sul no verão de 1942 envolvia apenas metade do número de tropas empregadas para a Operação Tufão. Da mesma forma, a ofensiva alemã a Kursk em julho de 1943 mobilizou cerca de 750 mil soldados, o que também ficava bem abaixo das proporções da Tufão. Enquanto as operações para invadir a França e a União Soviética eram consideravelmente maiores em escala (cada uma envolvendo o comprometimento de mais de três milhões de soldados alemães), o comando em campo era dividido entre três comandantes de operações. A Operação Tufão, por outro lado, foi dirigida solitariamente pelo marechal de campo Fedor von Bock, o que a tornava o maior comando de campo alemão da guerra, com quase dois milhões de homens recebendo ordens de um único comandante.

No início de outubro de 1941, a guerra da Alemanha contra a União Soviética já estava em andamento havia mais de três meses. Esses foram de longe os três meses mais sangrentos da guerra de Hitler até então, com 185 mil alemães mortos[1] e um número muito maior de baixas entre soldados soviéticos.[2] Hitler tentava desesperadamente acabar com a guerra no leste, e para isso ele e seus generais optaram por um plano que previa uma nova ofensiva em massa, no centro da linha de frente, a fim de capturar Moscou. Nesse sentido, o Grupo de Exércitos Centro, o maior dos três grupamentos alemães na Frente Oriental, recebeu o reforço de cerca de 1,9 milhão de soldados, o que mobilizaria o 1,25 milhão de soldados soviéticos das Frentes Ocidental, da Reserva e de Briansk. As batalhas resultantes em Viazma e Briansk viriam a se tornar algumas das maiores nos quatro anos de guerra entre Alemanha e União Soviética. A nova ofensiva alemã, que recebeu o codinome de Operação Tufão, almejava abrir um enorme buraco no centro da frente soviética, eliminar o grosso do Exército Vermelho a caminho de Moscou, assumir o controle da capital soviética e forçar o fim das principais operações na Frente Oriental, tudo isso antes da chegada do inverno. Com esse propósito, o OKH (*Oberkommando des Heeres* – alto-comando do Exército), que dirigia as operações na Frente Oriental, ordenou uma grande reorganização do *Ostheer* (Exército do Leste) a fim de suprir forças para a nova ofensiva. O Grupo de Exércitos Centro receberia a maior concentração de divisões motorizadas, de *Panzers* e de infantaria já reunidas pela Alemanha nazista. No total, o grupo de exércitos de Bock assumiu o comando de 75 divisões, que incluíam cerca de 47 divisões de infantaria e 14 de *Panzers*. No dia 2 de outubro, data designada para o início da Operação Tufão,[3] mais de 1.500 *Panzers* e 1.000 aeronaves se juntariam para uma nova ofensiva de bombardeio com o objetivo de subjugar a frente soviética e permitir uma rápida exploração de sua retaguarda. Era óbvio que mobilizar mais de um milhão de soldados soviéticos demandaria batalhas de uma escala imensa, de modo que não poderia haver garantias do resultado. Mesmo uma vitória no campo de batalha não seria, de modo algum, sinônimo do fim das hostilidades. Como os alemães viram tantas vezes desde junho de 1941, havia um grande abismo entre sucesso operacional e triunfo estratégico. A Operação Tufão não poderia ser só mais uma extensão da frente alemã capturando outra leva de prisioneiros soviéticos; a operação tinha de criar as condições para uma vitória definitiva no leste e, dessa forma, o OKH concentrou tudo que podia dispensar para uma grande ofensiva final.

Se existe um aspecto da guerra da Alemanha que procurei esclarecer em livros anteriores,[4] foram as dificuldades envolvidas na invasão da União

Soviética. Longe de travarem uma *blitz* contínua e danosa ao Exército Vermelho, os grupos *Panzer* alemães sofreram perdas debilitantes conforme avançavam, o que nos primeiros três meses da campanha já havia minado todo o esforço de guerra da Alemanha. No entanto, a grande disparidade entre as perdas do lado da Wehrmacht e do Exército Vermelho cegou o comando alemão para tudo que não fossem as avaliações mais otimistas sobre a guerra. Como o ministro da propaganda da Alemanha, Joseph Goebbels, observou no dia 3 de outubro: "Do lado inimigo há um otimismo a respeito dos desdobramentos militares na Frente Oriental, o que é totalmente inexplicável".[5] No entanto, o general Wilhelm Groener, que ajudou a dirigir a ocupação alemã da Ucrânia em 1918, havia alertado justamente contra tal complacência durante as campanhas no leste. De acordo com Groener, "qualquer um que queira entender a natureza estratégica do teatro de guerra no leste não pode ignorar reminiscências históricas. Ao lado do portão da vasta planície entre o Vístula e os Urais, que é o lar de um Estado e de um povo, habita o alerta da figura de Napoleão, cujo destino deveria incutir uma sensação de horror e agouro em qualquer invasor da Rússia".[6] Paralelos históricos eram uma coisa, mas nos dias mais tenebrosos de outubro de 1941, quando Stálin enfrentava a perspectiva de perder a capital soviética, o marechal Georgi Jukov permaneceu obstinado com a ideia de que o Exército Vermelho poderia superar até mesmo Alexandre I em 1812 e defender Moscou contra um cerco estrangeiro. Jukov também não estava só contando a Stálin o que ele queria ouvir. O ditador soviético estava claramente agitado e enfatizou seu desejo pela verdade em qualquer forma que ela pudesse assumir. Assim relata Jukov o questionamento de Stálin: "Tem certeza de que vamos segurar Moscou? Pergunto-lhe isso com dor na alma. Diga-me a verdade, como um comunista". A resposta de Jukov foi dura e inequívoca, sempre conforme sua natureza intransigente: "Nós vamos, com toda certeza, segurar Moscou".[7] É claro, a convicção de Jukov não era de maneira alguma infalível, e Moscou continuou enfrentando um perigo muito claro e presente, mas Jukov tinha uma vantagem considerável. Como ele já havia aprendido em sua defesa de Leningrado, para vencer os alemães ele não precisava destruir uma força inimiga ou avançar sua frente para um alvo distante; no outono de 1941, ele só precisou evitar que os alemães obtivessem seu prêmio, garantindo assim uma vitória por falta de oposição. É claro que essa não era uma tarefa simples, mas com a região inteira de Moscou rapidamente se transformando em um distrito militar fortificado, Bock iria sempre enfrentar uma batalha sangrenta, e o fator tempo não estava a seu dispor, dadas as condições cada vez piores do outono.

O fator que contou muito a favor de Bock foi o profissionalismo de suas forças. Em 1941, a Wehrmacht era a número 1, e havia pouca pressão imediata que a Grã-Bretanha pudesse exercer sobre a Alemanha para conter o golpe que Bock estava para desferir.[8] No entanto, como o Grupo de Exércitos Centro pôde sentir em Minsk, Smolensk e Kiev, mesmo ofensivas bem-sucedidas poderiam se revelar incrivelmente custosas, e nenhuma dessas batalhas havia induzido o tão buscado dividendo de paz ou a capitulação do governo soviético. Enquanto isso, quanto mais a guerra durava, mais se erodiam as forças *Panzer* alemãs e mais a frente de batalha se estabelecia em um posicionamento estático. Portanto, a Operação Tufão era um esforço final que almejava eliminar o risco iminente de um impasse e evitar a incerteza de uma campanha de inverno. Capturar Moscou e acabar com a guerra no leste sempre seria uma tarefa difícil; no entanto, mais do que em qualquer outro momento daquele ano de 1941, a situação estratégica em meados de outubro convenceu o alto-comando alemão de que eles teriam uma vitória certa contra a União Soviética. Mesmo o governo soviético estava se preparando para a perda de Moscou, nomeando uma nova capital cerca de 800 quilômetros mais ao leste. Assim, apesar de todas as dificuldades dos grupos *Panzer*, a nova ofensiva de Hitler em outubro pareceu revigorar a guerra da Alemanha no leste e, na visão do comando alemão, trouxe o *Ostheer* mais perto do que nunca de uma vitória total.

Não há dúvidas de que o reforçado grupo de exércitos de Bock constituía uma força potente no começo de outubro, mas, com todo o poder concentrado no centro da Frente Oriental, o tufão da Alemanha estava prestes a atingir a própria tormenta climática da Rússia, a chamada *rasputitsa*.[9] Durante todo o verão, mesmo aguaceiros periódicos haviam causado estrago aos suprimentos e transportes alemães, forçando pausas breves em suas operações. Agora, no entanto, os alemães encontrariam algo totalmente novo. A inibidora lama da *rasputitsa* não só confrontava as colunas motorizadas de Bock com um desafio topográfico sem precedentes, como também negava às suas forças *Panzer* sua tão apreciada manobra rápida de "choque". Todavia, embora as dificuldades sazonais do outono tenham sido o impedimento mais conhecido à ofensiva de outono de Bock, elas estavam longe de serem as únicas. De fato, os arquivos militares alemães deixam claro que a *rasputitsa* correspondia somente a parte das dificuldades que a Operação Tufão iria enfrentar, e que ela sozinha provavelmente não teria impedido a ofensiva alemã de manter seus avanços, ainda que em ritmo mais lento. O fato é que mesmo depois das batalhas iniciais em Viazma e Briansk, o Grupo de Exércitos Centro ainda tinha a implacável oposição das forças soviéticas na linha de Mojaisk, em torno de Kalinin e nos arredores de Tula. A estrada para Moscou nunca esteve aberta e o Exército Vermelho, nunca ausente. Portanto, a *rasputitsa* claramente não foi o único fator que atrapalhou os planos do alto-comando alemão em outubro de 1941.

Apesar de tudo que Bock foi capaz de ordenar contra a capital soviética e apesar de todo o profissionalismo de suas forças, no lado oposto os soviéticos enfrentaram a batalha com níveis fanáticos de determinação e uma incrível resiliência, sua marca registrada diante de probabilidades desencorajadoras. Os poucos observadores ocidentais que vivenciaram a guerra de dentro de Moscou sentiram a totalidade com a qual o regime soviético abordou a batalha. Como o correspondente da BBC, Alexander Werth, observou:

> Todos os talentos militares – descobertos e testados nas primeiras batalhas da guerra e, em alguns casos, antes disso, no Extremo Oriente – foram reunidos, todas as reservas disponíveis foram usadas na batalha, inclusive algumas divisões de elite da Ásia Central e do Extremo Oriente, uma medida possibilitada pelo pacto de não agressão acordado com os japoneses em 1939.[10]
> Independentemente das más lembranças e ressalvas que os generais pudessem ter, Stálin se tornara o fator unificador indispensável no clima de *patrie-en-danger* de outubro e novembro de 1941.[11]

O jornalista americano Henry Cassidy também percebeu os acontecimentos históricos em andamento e concluiu que a batalha por Moscou seria dura. Relembrando suas experiências na capital soviética durante os turbulentos dias de outubro de 1941, Cassidy escreveu:

> Todo jornalista que testemunha uma ocasião tão importante tenta pensar naquela frase ideal que conte toda essa história em poucas palavras, o fio condutor para a matéria enviada. Enquanto assistia aos alemães ocuparem Paris, fiquei atormentado durante dias com essa busca, ainda que não pudesse enviar nada. O melhor que consegui bolar foi: "Paris caiu como uma dama". Agora, o melhor que consegui foi: "Moscou resistiu e lutou como um homem".[12]

Independentemente do que se possa concluir sobre as derrotas da União Soviética em 1941, muitas pessoas na época, inclusive vários oficiais alemães, comentaram sobre a notável habilidade do Estado de Stálin em sofrer tantas perdas e ao mesmo tempo aumentar o Exército Vermelho. De fato, no período de dois meses desde o início de outubro até o início de dezembro, o alto-comando soviético transferiu homens para a parte central da linha de frente em número suficiente para preencher nada menos que 99 novas divisões.[13] Como Cassidy concluiu: "A União Soviética fez seus próprios milagres".[14]

Outros já levavam sua análise sobre a emergente força soviética para sua conclusão lógica mais extrema, prevendo não somente uma derrota alemã, como, no decorrer do processo, um novo império soviético cobrindo todo o Leste europeu. Uma carta de Geoffrey M. Wilson, o terceiro secretário da Embaixada Britânica em Moscou de 1940 a 1942, escrita entre 30 de setembro e 2 de outubro de 1941, explicita seus temores pelo futuro em um misterioso presságio:

> Existe uma aliança de necessidade, mas ela não vai muito além disso, se é que vai... Um dos meus pesadelos é que se os exércitos russos acabarem tendo sucesso, como penso que terão, eles encerrarão essa guerra marchando sobre Berlim e ocupando todos os pontos do Leste da Europa. E então como vamos tirá-los?... Tudo se resume ao fato de que os russos estão sendo levados

a acreditar que esta guerra é essencialmente deles e que nós somos incidentais nela. É claro que até certo ponto eles estão certos, no sentido de que os sacrifícios deles são muito maiores do que os nossos jamais foram, mas o fato continua sendo que, a menos que ocorra uma mudança, haverá uma disputa ímpia entre nós quando tudo terminar, e o clima final de desconfiança e de suspeita será muito pior no fim do que era dois ou três anos atrás.[15]

As previsões catastróficas da queda iminente de Moscou e do fim da União Soviética, que posteriormente também balizaram os acontecimentos do outono para uma geração de historiadores,[16] claramente não eram compartilhadas por todos os participantes na época. De fato, a visão manifestada pelo comando alemão na época sugeria que a força soviética era somente uma ilusão: um exército de mentirinha que se gabava de ter um grande número de formações, mas com pouquíssimo valor real. Este foi o conforto oferecido pelo intendente-general do exército, o major-general Eduard Wagner, em carta do dia 29 de setembro:

Ao mesmo tempo eles contam mais uma vez, ou ainda, várias divisões russas, sabendo perfeitamente bem que elas só podem ser inúteis e formações mais uma vez reabastecidas – regimentos com uma metralhadora e substitutos não treinados. Não é de se admirar que nós e as tropas estejamos esperando impacientemente pelo momento em que o [Grupo de Exércitos] Centro poderá seguir em frente, o que significa que tudo está terminado.[17]

Longe de ter quaisquer preocupações quanto à incrível resiliência do Exército Vermelho ou à contrastante fadiga do *Ostheer*, a arrogância incontrolada do comando alemão propagava suas próprias ilusões, a despeito da intensa resistência que enfrentava. O tenente-general Friedrich Paulus, o intendente sênior I no OKH, observou depois da guerra que no início do outono de 1941 costumava-se acreditar que o Estado soviético havia sido enfraquecido a "um nível fatal". Além disso, Paulus concluiu: "Portanto, sentimos que ainda era possível, com mais um esforço final, conquistar nossos objetivos de 1941, ainda que um pouco mais tarde do que se pretendia originalmente".[18] Eram tamanhos os extremos polarizantes da campanha oriental no outono de 1941 que, ao mesmo tempo, na mesma guerra, figuras bem posicionadas estavam tirando conclusões diametralmente opostas. Enquanto a derrota iminente da União Soviética era contemplada por alguns, outros já estavam alertando contra um império soviético desafiando interesses ocidentais em um mundo pós-guerra. Ao fazerem a avaliação dos acontecimentos do final de outubro, dois dos mais proeminentes historiadores da guerra no leste, David Glantz e Jonathan House, fizeram a seguinte metáfora: "A Wehrmacht e o Exército Vermelho parecem dois boxeadores atordoados, permanecendo de pé precariamente, mas logo perdendo o poder de acertar um ao outro. Assim como lutadores profissionais de olhos inchados, eles eram incapazes de ver seus oponentes com clareza suficiente para avaliar sua relativa resistência".[19] Ao avaliar a ofensiva de outono do Grupo de Exércitos Centro sob uma nova perspectiva, com maior profundidade, espero penetrar a névoa de distorções e obter uma melhor compreensão sobre o estado da guerra da Alemanha em outubro de 1941.

A Operação Tufão se deu em duas fases: a primeira a partir do dia 2 de outubro até o final do mês e então, após uma breve pausa enquanto as estradas alagadas congelavam e suprimentos eram trazidos, em uma ofensiva posterior iniciada na segunda metade de novembro e que continuaria até 5 de dezembro. Embora ambas as ofensivas fossem importantes, elas o foram por razões diferentes. É possível concluir que a ofensiva alemã de outubro seja importante pelo impacto devastador que ela teve sobre o Exército Vermelho, ao passo que a ofensiva de Bock em novembro seja mais digna de nota pelas ramificações calamitosas que teve para as próprias forças alemãs. Em última análise, cada ofensiva pertence à Operação Tufão do Grupo de Exércitos Centro, mas elas permanecem separadas e distintas. O combate de outubro incluía duas das mais importantes batalhas da Alemanha na Segunda Guerra Mundial e, como eles estavam totalmente despreparados para o que viriam a encontrar, também incluía as condições mais extenuantes que a Wehrmacht havia enfrentado até então. Tais acontecimentos costumavam ser condensados na narrativa mais ampla da ofensiva alemã de outono, mas, com o Grupo de Exércitos Centro atacando com três grupos *Panzer* e quase dois milhões de homens, esses acontecimentos pareciam exigir um tratamento mais abrangente. De fato, muitas vezes é só procurando mais profundamente nos registros que somos capazes de questionar interpretações costumeiras, enquanto dá-se voz a comandantes e diários de guerra aparentemente humildes ou insignificantes demais para histórias mais superficiais. Consequentemente, este livro abordará o mês de outubro; a este se seguirá outro livro, que abordará operações posteriores de novembro até o início de dezembro.

Assim como em minhas obras anteriores, o foco aqui será nas formações *Panzer* e motorizadas, que eram a vanguarda das operações de ofensiva do Grupo de Exércitos Centro. Minha pesquisa usa diários de guerra, ordens diárias e relatórios de batalhas da equipe de comando no Grupo de Exércitos Centro, bem como de cada um dos três grupos *Panzer*, da maior parte dos corpos *Panzer* disponíveis e das divisões *Panzer*. Também foi feito um uso extensivo de diários de guerra e de correspondência particular entre comandantes do Grupo de Exércitos Centro e homens na linha de frente. A expectativa é refletir a experiência da guerra de ambos os lados do espectro. Embora eu não exclua o lado soviético do combate, meu foco é predominantemente na experiência alemã da guerra. Começarei meu estudo com uma contextualização histórica do teatro de guerra russo e soviético e como isso impactou em séculos de engajamentos militares antes de 1941. Minha tentativa será de dirigir maior atenção ao ambiente no qual as guerras russas foram travadas e considerar como isso posteriormente distanciou ou reforçou os problemas operacionais da Wehrmacht, mais avançada do ponto de vista técnico.

Embora este estudo seja precedido por dois volumes anteriores que lidavam com operações alemãs atravessando a Bielorrússia e a Rússia central para dentro da Ucrânia, para o presente estudo não se faz necessário nenhum conhecimento prévio sobre essas campanhas e batalhas. A ordem de batalha de Bock mudou significativamente para a ofensiva de outono com o acréscimo do 4º Grupo *Panzer* do coronel-general Erich Hoepner (transferido do Grupo de Exércitos Norte), bem como do XXXXVIII Corpo *Panzer* do tenente-general Werner Kempf (transferido do 1º Grupo *Panzer*).[20] Também havia um corpo de infantaria a mais e uma divisão de segurança (transferida do VI Exército e da retaguarda do Grupo de Exércitos Sul), bem como duas divisões *Panzer* completas recém-mobilizadas ao leste para a Operação Tufão. No total, a força de Bock cresceu em mais de 600 mil homens, o que tornou sua força quase 50% maior do que no dia 22 de junho de 1941 (o primeiro dia da guerra).[21] Bock liderava então a maior força militar que a Alemanha nazista jamais reuniria sob um só comandante. No entanto, sua tarefa era igualmente exigente. Como um dos soldados de Bock escreveu pouco antes de a ofensiva começar, a Operação Tufão teria de "descascar um abacaxi" e, observando as forças reunidas a seu redor, ele concluiu: "Será um abacaxi e tanto".[22]

CAPÍTULO I

A Operação Barbarossa em contexto

Caçando o urso: campanha no teatro de guerra russo

Embora existam incontáveis tópicos conceituais de relevância para nosso entendimento da guerra da Alemanha no leste, a interpretação de Carl von Clausewitz (1780-1831) sobre "o interior" como um fator estratégico na condução da guerra constitui provavelmente o método mais eficiente de associar muitos dos problemas inerentes ao *Ostheer* de Hitler em 1941. "O interior" é abordado no Livro I do *Da guerra*, "Sobre a Natureza da Guerra". Clausewitz escreveu:

> O interior – suas características físicas e população – é mais que apenas a fonte de todas as forças armadas *stricto sensu*; ele é em si um elemento integral dentre os fatores em operação na guerra – embora somente aquela parte que é o teatro de operações de fato ou que tenha uma notável influência sobre ele.
> É possível, sem dúvida, usar todas as forças móveis de combate simultaneamente; mas com fortalezas, rios, montanhas, habitantes, etc., isso não pode ser feito; pelo menos não com o país como um todo, a menos que este seja tão pequeno que a ação de abertura da guerra o esmague totalmente...
> Em muitos casos, a proporção de meios de resistência que não podem ser imediatamente usados é muito mais alta do que se podia pensar inicialmente. Ainda que se tenha gasto muito esforço na primeira decisão e o equilíbrio tenha sido perturbado, ele pode ser restaurado.[1]

É importante lembrar que qualquer discussão sobre esses problemas não pode ser considerada válida ou inválida com base simplesmente em qualquer exemplo histórico particular; afinal, ainda que Clausewitz esteja correto, podem haver exceções à regra. Em outras palavras, simplesmente aplicar Clausewitz às experiências alemãs em 1941 não é suficiente para demonstrar um padrão de experiência que prove ou refute os problemas do teatro de guerra russo. Assim, para obter uma amostra mais confiável, é necessária uma dose de digressão histórica.

Em 1632, o Patriarca Filaret, governante *de facto*[2] da Moscóvia,[3] começou o que posteriormente ficou conhecido como "a Guerra de Smolensk" (1632-1634) contra a República das Duas Nações (Polonesa-Lituana). Filaret reuniu um grande exército e em outubro o conduziu na direção de seu alvo em Smolensk. O cerco resultante foi longo e, no final, mal-sucedido, resultando em derrota para a Moscóvia e forçando os russos vencidos a cederem algumas cidades, além de uma considerável indenização de guerra. No começo do século XVII a nova dinastia Romanov, que acabaria levando a Rússia para um *status* de grande potência, ainda estava em seus primórdios. A Guerra de Smolensk era sua primeira tentativa de guerra em larga escala contra uma potência estrangeira, mas ela enfrentou dificuldades porque a Moscóvia não conseguiu nem dar um golpe rápido e certeiro nem sustentar uma campanha mais longa contra as forças mobilizadas do rei Vladislau IV. Entretanto, de acordo com William C. Fuller Jr., a falha da Moscóvia não pode ser atribuída à costumeira explicação de atraso e falta de recursos modernos. Pelo contrário, o comando militar, a tecnologia, a tática e as operações da Moscóvia estavam todos à altura de seus oponentes poloneses-lituanos. Em vez disso, Fuller ressalta o que ele chama de fatores "de resistência" como a verdadeira causa da derrota da Moscóvia. Isso diz respeito a questões de logística e transporte; finanças; treinamento; e reforço. O teatro do Leste europeu simplesmente exigia muito mais de um exército em campo. Distâncias maiores significavam campanhas mais longas, dificultando os custos monetários e exigindo habilidades extraordinárias na sustentação de um exército em campo. A falta de suprimentos, por sua vez, afetava a saúde dos homens e dos cavalos, tornando necessários reforços constantes.

No século XVII, os vastos espaços do leste tinham uma densidade populacional muito mais baixa, praticamente impedindo o artifício do Oeste europeu de usar a própria terra do assentamento para alimentar seus exércitos. Além disso, as terras da Moscóvia não eram muito férteis, de forma que as safras permaneciam baixas. O transporte no sistema básico de estradas era, em grande parte, limitado aos meses mais quentes, tornando desaconselhável uma grande expedição militar em outubro, especialmente com o acréscimo de armas pesadas de cerco. E embora o Patriarca Filaret tivesse reunido uma grande força de guerra para a campanha, a ausência de um exército permanente significava tirar milhares de homens da economia da Moscóvia, transformando-os de ativos financeiros em passivos financeiros. Dessa forma, o tesouro da Moscóvia tinha de absorver, com menos receitas, aumentos maciços nos custos. Ademais, os custos do exército tiveram início muito antes de a guerra sequer começar, uma vez que os recrutas precisavam ser reunidos e treinados com meses de antecedência. O reforço do exército era outro grande problema porque Filaret tentou conquistar a vitória por meio de um esforço total no começo da guerra no sentido de capturar Smolensk. Não se pensou em uma campanha mais longa e, consequentemente, em mais recrutamentos, em quadros militares para futuras formações e em estoques de armas para equipar soldados adicionais.[4] Assim, quando as forças superiores de Vladislau finalmente chegaram a Smolensk, o exército da Moscóvia estava virtualmente sozinho.

A Guerra de Smolensk não seria a única guerra moscovita no século XVII a colocar em evidência esses problemas de resistência,[5] mas essas batalhas serviram ao menos para lentamente construir uma percepção de que métodos de guerra importados do Ocidente, embora ainda muito válidos e úteis, requeriam adaptações significativas no leste. Uma abordagem mais pragmática aos problemas estratégicos e militares da Rússia foi adotada pelo czar Pedro I (1672-1725).[6] Sua vitória na Grande Guerra do Norte (1700-1721) garantiu à Rússia um lugar entre as grandes potências da Europa, mas a guerra foi muito longa e incluiu derrotas russas, bem como períodos de grandes crises.[7] Quando o rei Carlos XII da Suécia lançou sua invasão à Rússia a partir da Polônia em 1708, Pedro logo reconheceu que suas forças não seriam páreo em um confronto direto com o Exército Sueco, mais bem treinado e mais numeroso. Aqui, pela primeira vez, Pedro entendeu que as longas estradas e a paisagem desolada da Rússia não serviam apenas para restringir a projeção exterior do poder de Moscou, mas também serviam, da mesma maneira, como um agente de defesa. Assim, Pedro recomendou o recuo combinado a uma política de terra arrasada, de forma que os suecos, nas palavras de Pedro, "não encontrassem nada em lugar nenhum".[8] Carlos concluiu que poderia obter muitos suprimentos ao desviar seu exército para dentro da Ucrânia durante o inverno, antes de continuar sua campanha em 1709. Contudo, o exército sueco foi perdendo homens em um ritmo alarmante, em decorrência de febre, disenteria, frio e fome. O exército de Carlos afinal sobreviveu ao inverno, mas agora estava em número muito menor que os russos e posteriormente foi derrotado na batalha de Poltava, em junho de 1709.[9]

Ao observar a desastrosa campanha de Carlos, Pedro aprendeu uma lição em primeira mão sobre os riscos de operações em larga escala longe de suas fontes de suprimentos e de reabastecimento. No entanto, isso não tornou mais fácil a criação de soluções para tais questões e, na nova guerra de Pedro contra o Império Otomano (1710-1711), a mesma soberba que amaldiçoou Carlos XII foi a ruína de Pedro. Liderando um exército de somente 40 mil homens por todo o caminho até o distante Principado da Moldávia, Pedro enfrentou 130 mil turcos na Campanha do rio Prut. Em condições iguais, os soldados de Pedro eram muito melhores, mas, em número muito menor e logo isolado da Rússia (assim como Carlos tinha números menores e foi isolado da Suécia), Pedro foi forçado a aceitar os humilhantes termos do sultão.[10] Foi a mesma lição do outro lado do espectro, o que pelo menos colocou em nítido contraste os problemas criados pelo amplo e inóspito teatro de guerra do leste.

Durante o restante do século XVIII, os russos fizeram avanços notáveis em adaptar uma guerra bem-sucedida às terras estéreis do leste. Foi construída uma projeção de poder baseada em uma rede extensa de estradas que levavam a cidades bem abastecidas e fortificadas, o que ajudou a facilitar a extensão contínua de recursos militares russos em todas as direções a partir de Moscou. Se o Império Russo fosse atacado, esses pontos fortes poderiam ser defendidos, forçando cercos retardantes ou deixando fortalezas russas na retaguarda de um invasor. Por outro lado, se uma força de ataque fosse poderosa demais, os russos poderiam adotar uma solução mais radical. Se eles recorressem à política de terra arrasada de Pedro, eles poderiam arrancar da terra tanto o abrigo quanto os suprimentos, negando assim ao invasor os recursos necessários para sustentar uma longa campanha pelo interior da Rússia.

Para guarnecer seu império crescente, bem como prover contingentes para conflitos europeus em terras distantes, os exércitos russos tiveram de ser transportados por distâncias quase inimagináveis para outras potências europeias. Durante a Guerra da Sucessão Polonesa (1733-1738), um exército russo de 20 mil homens marchou primeiro para a Polônia e depois, a fim de ajudar a Áustria contra os franceses, continuaram em 1735 até Heidelberg, a cerca de 2.500 quilômetros de Moscou,[11] onde a força combinada austro-russa derrotou os franceses na batalha de Clausen. Os fatores de resistência que faltaram de maneira tão evidente na Guerra de Smolensk e na Campanha do rio Prut foram substituídos por um sistema dinâmico de projeção de força. Não era simplesmente a questão da habilidade da Rússia em manter grandes exércitos por territórios desolados e entregá-los em condições de combate para campos de batalha distantes. Pedro I realizou muitas reformas modernizadoras dentro do Exército Russo, nas quais czares posteriores se basearam durante o resto do século XVIII.[12] Na Guerra dos Sete Anos (1756-1763), as tropas russas invadiram a Prússia Oriental e lutaram com distinção mesmo contra um exército prussiano que muitos viam como o melhor da Europa naquela época. Eles lutaram contra o rei prussiano Frederico II[13] até um impasse sangrento na batalha de Zorndorf (1758) e mais tarde lhe desferiram uma das maiores derrotas de sua carreira, ao lado de um exército austríaco menor, na batalha de Künersdorf (1759).[14] A czarina Catarina II[15] também administrou campanhas muito bem-sucedidas contra a considerável superioridade numérica do Império Turco-Otomano nas Guerras Russo-Turcas de 1768-1774 e 1787-1792.[16]

Embora o poderio militar russo estivesse em ascensão durante boa parte do século XVIII, as guerras revolucionárias francesas e as guerras napoleônicas claramente estabeleceram a França como a maior potência militar da Europa no começo do século XIX. Os esforços da Rússia em resistir ao domínio de Napoleão sobre o continente foram esmagados, bem como seus aliados austríacos, na batalha de Austerlitz em 1805 e, após mais uma derrota decisiva na batalha de Friedland em 1807, o czar Alexandre I assinou o Tratado de Tilsit, aliando-se a seu antigo inimigo francês. Já em 1812, a aliança havia azedado e Napoleão optou por invadir a Rússia, acreditando que poderia derrotar rapidamente o Exército Russo e então ditar a Alexandre termos novos e até mais favoráveis. Tanto Alexandre quanto o comandante de seu principal exército (o Primeiro Exército), o marechal de campo Mikhail Andreas Barclay de Tolly, sabiam que enfrentar Napoleão à frente de sua *Grande Armée* oferecia poucas chances de sucesso. Consequentemente, os dois resolveram empreender uma série de retiradas, envolvendo Napoleão nas profundezas da Rússia, enquanto adotavam uma política de terra arrasada para negar ao imenso Exército Francês um nível básico de sustento. Isso não significa que a estratégia russa no começo da campanha de 1812 tenha sido sempre unificada, uma vez que Alexandre I inicialmente não conseguiu nomear um único comandante-chefe para governar seus três exércitos.[17] De fato, no dia 19 de julho de 1812, Alexandre I escreveu para o general Petr Bagration, o comandante mais impetuoso do Segundo Exército Russo, sobre a prudência de sua retirada:

> Não se esqueça de que ainda somos desafiados por números superiores em cada ponto e por essa razão precisamos ser cautelosos e não nos privar dos meios para conduzir uma campanha eficiente arriscando tudo em um dia. Toda nossa meta deve ser dirigida com o intuito de ganhar tempo e estender a guerra pelo maior tempo possível. Somente dessa forma poderemos ter a chance de derrotar um inimigo tão forte que mobilizou os recursos militares de toda a Europa.[18]

Entretanto, Alexandre reconheceu que uma retirada não seria substituição para um encontro eventual com Napoleão, e a estratégia russa no verão de 1812 foi muito complicada por discussões sobre onde e quando entrar em combate com os franceses. No meio tempo, a longa marcha, o clima inclemente e a falta de suprimentos logo levaram a melhor sobre o exército de Napoleão, e suas fileiras rapidamente minguaram em decorrência de doenças, exaustão, desidratação, desnutrição e deserções. Da mesma forma, a falta de ração e de água, combinada às altas temperaturas e ao avanço constante, dizimou a vital população de cavalos. O avanço de Napoleão teve suas vitórias, primeiro em Smolensk e depois em Borodino, mas a cada vez o exército russo permaneceu intacto e foi capaz de bater em retirada mais para o leste. Por fim Napoleão conseguiu tomar Moscou, mas Alexandre refutou todos os pedidos de armistício e continuou a se preparar para a próxima fase da guerra. Napoleão permaneceu em Moscou, esperando em vão que um tratado de paz cimentasse seu triunfo. No entanto, as profundezas da Rússia forneceram a Alexandre muito espaço para recuar e, com o outono já bem avançado, o fator tempo estava a seu lado. O invicto Napoleão enfrentava um dilema estratégico. Recuar de mãos vazias se assemelhava muito a uma derrota, mas permanecer em Moscou no inverno quase certamente resultaria em uma derrota real. Por fim, sem outra escolha, no dia 19 de outubro Napoleão começou a fazer o caminho de volta, mas a mudança do tempo e os persistentes ataques russos logo transformaram sua retirada em uma debandada, e seu já reduzido exército foi se desintegrando a cada semana.[19]

Em dezembro de 1812, a *Grande Armée* que havia invadido a Rússia somente seis meses antes havia sido totalmente vencida, resultado que se deveu muito mais à compreensão estratégica de Alexandre e de Barclay acerca do teatro de guerra oriental do que a qualquer feito em campo de batalha. De fato, para a campanha de 1813, um imenso exército russo conseguiu ir além das fronteiras da Rússia sem sofrer os mesmos desgastes paralisantes associados à movimentação de Napoleão para o leste. Um oficial britânico, depois de testemunhar a chegada de uma longa coluna russa à Europa central, coluna que estivera três meses em marcha, observou com espanto:

> Essa infantaria... e seus representantes apareceram como se houvessem se movimentado somente dos alojamentos até a marcha durante aquele tempo. Os cavalos e homens da cavalaria exibiam o mesmo frescor. Homens e bestas na Rússia certamente fornecem o material mais surpreendente para o serviço militar. Se batalhões ingleses tivessem marchado um décimo do caminho,

estariam incapacitados por semanas e mal teriam uma relíquia de seus equipamentos originais. Nossos cavalos teriam todos sucumbido, e seus dorsos estariam doloridos demais para carregar até mesmo uma sela.[20]

Explicar o sucesso da Rússia contra Napoleão entre 1812 e 1814 é tanto falar sobre a derrota do campo no qual o inimigo estava quanto sobre a derrota do exército inimigo presente no campo. Claramente, "o interior", como Clausewitz identificou, também era um fator a ser superado.

Justificar o resultado dessas campanhas seria impossível sem uma apreciação do terreno estratégico no qual as guerras se deram. Não somente se vê a importância dos fatores de resistência, como também pareceria evidente que a noção de Clausewitz sobre terreno, nesse caso especialmente de terreno russo, era um fator importante na obstrução de ações de ofensiva e, como Clausewitz definiu, na "restauração do equilíbrio". Ao confirmar as dificuldades distintas do teatro de guerra oriental, deve-se ter cuidado para não simplificar demais as similaridades que conectam as guerras aqui discutidas. Os objetivos de guerra, os estilos de comando, a tecnologia, a composição dos exércitos e as táticas variaram radicalmente entre os exércitos da Moscóvia, de Carlos XII e de Napoleão. No entanto, de uma maneira geral, eles se assemelham em equívocos estratégicos comuns. Os primeiros russos modernos tiveram primeiro de aprender essa lição, o que custou muito mais que somente sua derrota na Guerra de Smolensk;[21] uma curva de aprendizado em pensamento militar estratégico russo havia começado, permitindo uma notável projeção de poderio militar e ao mesmo tempo legando um plano de ação para a defesa russa. Isso não quer dizer que os líderes russos e, posteriormente, soviéticos, sempre estivessem cientes desse conceito ou dispostos a sacrificar suas terras para envolver e enfraquecer seus inimigos. Do ponto de vista militar isso pode ter feito algum sentido, mas do ponto de vista político era desastroso. O *status* da Rússia como uma grande potência europeia, bem como a estratificação social e política cada vez mais volátil por todo o século XIX e começo do século XX, praticamente eliminaram a opção de retiradas estratégicas. No final, entretanto, independentemente de a retirada ser uma parte intencional da estratégia russa ou não, as terras russas permaneceram protegidas em razão de seu tamanho.

No começo do século XX a Rússia certamente não estava a salvo de invasões estrangeiras, e a experiência da Primeira Guerra Mundial só confirmou sua vulnerabilidade. Mas o colapso da Rússia em 1917 foi um resultado tanto de fraqueza interna quanto de pressão externa, e o novo regime soviético, tendo demonstrado sua brutalidade na subsequente guerra civil, acabou garantindo um controle a mão de ferro sobre o país. Ao longo do final dos anos 1920 e dos anos 1930 houve um tremendo impulso na direção da industrialização e da modernização da economia soviética. Entretanto, quando a guerra finalmente chegou em 1941, o Exército Vermelho estava cambaleante em razão de uma purga militar devastadora iniciada no final dos anos 1930 e foi pego no meio de uma reestruturação de todo o serviço. Agravando os problemas, o comando soviético tentou implementar seu plano de ofensiva pré-guerra voltado para conduzir o conflito para dentro da Polônia ocupada pela Alemanha. Não só o plano falhou, como também ajudou a facilitar o cerco da Frente Ocidental soviética no eixo principal do avanço alemão. Em contraste, a frente sudoeste soviética vizinha, após uma semana de difíceis combates, recebeu a permissão de recuar para a Linha de Stálin ao longo do rio Dniepre. Ali ela conseguiu manter uma resistência efetiva até setembro, quando não foram permitidas mais retiradas e quando subsequentemente foi derrotada na batalha de Kiev.[22] Àquela altura os exércitos alemães haviam se embrenhado na área central soviética, ocupando uma linha que se estendia desde o sul de Leningrado, a leste de Smolensk e atravessando a Ucrânia central até o Istmo de Perekop na entrada para a Crimeia. Para chegar até essa linha foram necessários três meses de combates pesados e, embora os alemães tenham mantido a iniciativa o tempo todo e vencido muitas batalhas em larga escala, eles haviam perdido no aspecto mais importante de todos. Nem a Wehrmacht nem a economia alemã poderiam ter a esperança de sustentar uma guerra longa e de alta intensidade por mais de 2.500 quilômetros de terreno. A Operação Barbarossa havia almejado nada menos que a completa destruição da resistência soviética em um *blietzkrieg* de verão breve e decisivo. Não se pensou em uma campanha de inverno, tampouco em um plano de contingência em caso de fracasso da Barbarossa. Por todos os seus problemas substanciais, quando chegou o final de setembro a União Soviética ainda mantinha uma frente intacta e ativa contra os alemães e estava há três meses na sua mobilização de guerra total. A Operação Barbarossa pode ter tido um sucesso notável do ponto de vista de estatísticas em campo de batalha, mas foi um fracasso estratégico com implicações desastrosas para o esforço de guerra da Alemanha nazista.

Para entender a gravidade da posição alemã em outubro de 1941, uma simples comparação das forças em oposição não é suficiente. Exércitos não existem sem um contexto, e o resultado da guerra, contrariamente às expectativas da Alemanha, dependia muito mais de fatores geoestratégicos e macroeconômicos do que de qualquer batalha ou ofensiva individual. A profundidade de recursos, a escala de mobilização e o tamanho da linha de frente deixaram a União Soviética longe do colapso em outubro de 1941. Somente uma longa série de ofensivas contínuas, intensivas em recursos, e separadas por pausas temporárias para reconstruir exércitos e trazer suprimentos poderia levar a uma vitória indiscutível na Frente Oriental. Isso valia não somente para a Wehrmacht em 1941, mas também para o Exército Vermelho durante os dois últimos anos da guerra. De fato, uma vez que o Exército Vermelho tomou permanentemente a ofensiva, e mesmo com a contribuição poderosa dos Aliados ocidentais, ainda não havia ocorrido um golpe de nocaute entre o verão de 1943 e maio de 1945. A Alemanha nazista continuou lutando até o final, e não há motivo para acreditar que a resposta soviética à perda de Moscou, ainda que tivesse sido uma meta atingível, pudesse ser diferente. De fato, os soviéticos já haviam nomeado uma nova capital em Kuibyshev,[23] cerca de 800 quilômetros a leste de Moscou, e em meados de outubro começaram a realocar ministérios governamentais e missões diplomáticas estrangeiras.[24] Moscou não era a chave para a vitória final da Alemanha no leste; era somente a meta final de outra ofensiva, que, assim como os objetivos da Operação Barbarossa, se mostrou excessivamente ambiciosa.

A guerra da Alemanha no leste era dirigida principalmente pelo alto-comando do Exército sob a direção do chefe do Estado-Maior, o coronel-general Franz Halder. O OKH supervisionava o planejamento e a alocação das forças para a Operação Barbarossa e, uma vez que a invasão estava a caminho, assumiu o comando para a direção estratégica do dia a dia da guerra. As batalhas iniciais foram consideradas grandes sucessos, embora o custo em sangue e equipamento tenha sido notavelmente alto. Ao final de setembro, havia sérias dúvidas em algumas cabeças dentro do OKH, assim como na de alguns poucos dos comandantes de campo de alto escalão. Estava se tornando cada vez mais difícil ver como a guerra poderia terminar em 1941, e estava claro que o *Ostheer* alemão não estava de maneira alguma preparado para uma campanha de inverno. Porém, Halder se manteve resolutamente convicto de que a resistência soviética poderia ainda ser quebrada se Moscou pudesse ser capturada de forma bem-sucedida na última grande ofensiva alemã do ano. A Operação Tufão, a ofensiva de outono da Alemanha, destinada a começar no dia 2 de outubro, seria encabeçada pelo grosso das divisões móveis do *Ostheer* (*Panzer* e motorizadas). O objetivo era destruir as três frentes soviéticas que protegiam Moscou e então continuar e cercar a capital soviética, exposta e em grande parte sem defesa. Para consegui-lo, o Grupo de Exércitos Centro de Bock foi reforçado pelo 4º Grupo *Panzer* de Hoepner, bem como por divisões *Panzer* e motorizadas suplementares do 1º Grupo *Panzer* do coronel-general Ewald von Kleist. Bock já controlava os outros dois grupos *Panzer* do *Ostheer*, o 3º Grupo *Panzer* do coronel-general Hermann Hoth e o 2º Grupo *Panzer* do coronel-general Heinz Guderian, dando a Bock o comando de quatorze divisões *Panzer* e pouco mais de oito divisões motorizadas para a Operação Tufão. Foi a maior concentração de forças móveis alemãs na Segunda Guerra Mundial.

Porém, após três meses de combate no leste, uma divisão *Panzer* na teoria não era igual a uma divisão *Panzer* em força. As duas exceções eram a 5ª Divisão *Panzer* do major-general Gustav Fehn e a 2ª Divisão *Panzer* do tenente-general Rudolf Veiel – as duas haviam acabado de completar sua transferência para a Frente Oriental e ainda não haviam entrado em ação.[25] Somadas, essas duas divisões colocaram em campo cerca de 450 tanques.[26] É indicativo das perdas sofridas ao longo do verão pelas outras doze divisões *Panzer* de Bock o fato de que elas reunissem juntas um total estimado de apenas 750 tanques, que quando comparado com seus respectivos totais no início da Operação Barbarossa refletia uma queda de 70% na força do outro lado da fronteira.[27] Os grupos *Panzer* certamente haviam sido a força motriz por trás das grandes batalhas de cerco do *Ostheer* em Minsk, Smolensk, Uman e Kiev, mas, do mesmo modo que a *Grande Armée* de Napoleão, seu vitorioso avanço pela União Soviética veio a um alto custo.

O padrão das estradas soviéticas era tipicamente muito ruim, o que não somente danificava os veículos alemães, como também, em decorrência de uma grave falta de peças sobressalentes, fazia com que reparos fossem improvisações temporárias ou simplesmente impossíveis. Um problema maior era a poeira dominante, que sobrepujava os filtros dos motores, resultando inicialmente em um grande consumo de combustível e depois no emperramento dos cilindros. Havia pouquíssimos motores de substituição tanto para caminhões quanto para tanques, e muitas vezes um dano resultava na perda do veículo. O conceito de um transportador de tanque também era novo e, com distâncias enormes tendo de ser percorridas pelos *Panzers* por sua própria potência, o desgaste logo ceifou mais tanques do que o fogo inimigo. Claramente, as vantagens de um exército mecanizado se mostraram uma faca de dois gumes em meio à paisagem desolada do leste, mais uma vez refletindo a persistente relevância das considerações de Clausewitz a respeito do "interior" como um fator estratégico na condução da guerra.

De fato, a fé alemã na tecnologia de muitas formas resumiu o paradoxo do teatro de guerra oriental. Embora a tecnologia certamente ajudasse a resolver alguns dos problemas enfrentados por invasores anteriores da Rússia, ela também afetava "o interior" de forma diferente e, assim, introduzia problemas novos e imprevistos. O resultado expôs o excesso de confiança dos comandantes alemães, que viram todas as vantagens do motor de combustão interna sem considerar sua própria suscetibilidade às condições prevalentes. Em um exemplo ilustrativo no início de outubro, Ernst Kern, um recruta alemão recém-chegado, dividiu uma vigia com um soldado veterano e gravou a conversa deles:

> "Dê uma olhada no mapa da Rússia." [O veterano disse a Kern.] "A terra é imensa. E até onde avançamos? Nem mesmo até onde Napoleão chegou em 1812 – nossa conquista é somente um riscado no mapa."

"Mas temos recursos técnicos e equipamentos completamente diferentes do que eles tinham", eu lhe disse. Ele riu secamente. "Bem, mas eles são mais sujeitos a falhas."[28]

As ferrovias eram outro exemplo. Na profundidade em que o grupo de exércitos de Bock estava operando no final de julho de 1941, a logística dependia das ferrovias para obter suprimentos. No entanto, a bitola das ferrovias soviéticas era mais larga que a do resto da Europa, evitando que os trens alemães simplesmente rodassem para dentro da rede soviética. Os alemães sabiam disso e prepararam equipes especiais de conversão de trilhos que, em teoria, só tinham de arrancar os pregos dos trilhos, aproximar os trilhos e então martelar os pregos novamente. Acreditava-se, portanto, que as ferrovias na União Soviética ocupada poderiam manter contato com o *Grosstransportraum* do grupo de exércitos – as frotas de transporte baseadas em caminhões que faziam a ponte entre as estações de distribuição e os exércitos. Porém, em virtude de seu grande tamanho, as locomotivas soviéticas também conseguiam carregar cargas maiores de combustível e de água e assim viajar distâncias maiores entre as paradas de manutenção. Já as locomotivas alemãs precisavam de paradas mais frequentes, o que constituía um problema completamente novo para a rápida extensão das ferrovias. Embora a conversão de trilhos fosse um trabalho relativamente não especializado, o acréscimo de depósitos de locomotivas, placas giratórias, desvios e caixas d'água introduziram todo um novo conjunto de requerimentos, que não haviam sido previstos e que não poderiam ser improvisados rapidamente. Em média, os alemães tinham de construir uma nova instalação de manutenção entre cada par de estações soviéticas e, sem o necessário trabalho especializado ou materiais pesados de construção, os atrasos eram inevitáveis.[29] As demandas da linha de frente forçaram cada expediente possível no processo de construção e de conversão, resultando em um padrão mínimo de acabamento, o que reduzia a velocidade com a qual os trens poderiam viajar depois. Todo o processo foi ainda mais complicado pela política soviética de terra arrasada, que garantia um nível imprevisto de destruição à infraestrutura soviética, demandando ainda mais trabalho, o que consequentemente gerava atrasos para a *Eisenbahntruppe* (tropas de ferrovias), que já sofria com a falta de recursos.[30]

Na linha de frente, o Grupo de Exércitos Centro de Bock continha quase dois milhões de homens cujas necessidades básicas mal conseguiam ser atendidas pelo fluxo de suprimentos que alcançavam a linha de frente. Como resultado, havia um estoque extremamente limitado para a Operação Tufão, e os relatos alemães já antes do início da operação deixaram claro que não seria possível sustentar um avanço além das batalhas de cerco previstas.[31] Portanto, alcançar Moscou estava descartado de um ponto de vista logístico desde o início. Não só os caminhões e os tanques eram impedidos pelo "interior" no qual eles avançavam, como também eram restringidos pela falta de combustível e de munição. As próprias ferrovias, cujo trabalho era suprir tais itens essenciais, eram impedidas pelas grandes distâncias e pelas condições que encontraram em terra. Os trilhos não conseguiam avançar a uma distância suficiente, nem a uma velocidade suficiente para atender às demandas da campanha. No entanto, desde Hitler no OKW (*Oberkommando der Wehrmacht* – alto-comando das Forças Armadas) até Halder no OKH e Bock no Grupo de Exércitos Centro, não houve qualquer perda de entusiasmo pela Operação Tufão. O exército podia estar sofrendo com os mesmos fatores de resistência que haviam afetado invasores anteriores, mas na mentalidade nazista o poder da "vontade" individual chegava a uma determinação que superava todos os obstáculos e forças opositoras. Não conseguir fazer isso era um reflexo do indivíduo, não das circunstâncias. A "vontade" necessária para cumprir uma ordem ou atingir um objetivo era considerada, portanto, decididamente importante.[32] A logística havia sido um grande problema para o *Ostheer* durante toda a campanha de verão, mas o fato de que os objetivos mais imediatos eram capazes de ser atingidos permitia que o alto-comando alemão ignorasse a gravidade do problema. Ao ordenar mais uma ofensiva em larga escala para o leste, eles só estavam postergando o pior da crise logística, e tudo isso antes que o clima afetasse as movimentações de forma tão adversa. As chuvas de outono não criaram a crise de suprimentos por trás da Frente Oriental; elas só intensificaram um problema predestinado, que o comando alemão não conseguiu prever.

Logística e mobilidade não eram as únicas preocupações para o *Ostheer* em outubro de 1941; fatores de resistência também incluíam o acesso a reforços. As divisões *Panzer* de Bock claramente haviam perdido boa parte de seu poder de fogo ao longo dos três meses anteriores, e o acréscimo de duas divisões *Panzer* com força total mal foi suficiente para compensar perdas e avançar em uma frente com cerca de 760 quilômetros de extensão. Durante todo o verão Hitler havia proibido repetidamente o reforço das divisões *Panzer* a partir dos estoques de tanques recém-produzidos. Ele argumentou que esses tinham de ser guardados para campanhas futuras que, de acordo com Hitler, se estenderiam "por milhares de quilômetros".[33] Mas a força ofensiva do braço *Panzer* de Bock, bastante diminuída, necessitava de algum tipo de estímulo, e no dia 15 de setembro Hitler autorizou a liberação de sessenta 38(t)s de *design* tcheco, 150 Mark IIIs e 96 Mark IVs.[34] Isso não chegava nem a 300 tanques de uma nova produção de 815 unidades (todos os modelos) fabricadas no período de três meses entre junho e agosto.[35] Assim, embora 300 tanques de substituição certamente tenham sido benéficos, essa ainda era uma clara medida paliativa e só poderia resultar em uma média de 25 novos tanques para cada uma das divisões *Panzer* de Bock.

Ainda mais surpreendente era a incapacitante falta de motorização. O *Ostheer* invadiu a União Soviética com cerca de 600 mil veículos motorizados,[36] bem concentrados dentro dos quatro grupos *Panzer*. Embora um número exato do total de perdas até o final de setembro não esteja disponível, o 2º Grupo *Panzer* relatou uma perda de 30 a 40% de suas unidades móveis até o dia 20 de setembro.[37] Se esse número puder ser extrapolado para todo o *Ostheer*, então algo entre 180 e 240 mil veículos teriam sido perdidos durante a campanha de verão, e grande parte dos que permaneceram podiam ser considerados funcionais, mas em condições altamente provisórias. Para se ter uma ideia do nível de desgaste, ao mesmo tempo em que Hitler estava liberando tanques para a Operação Tufão, ele também autorizou uma consignação de caminhões substitutos, em um número de 3.500 veículos.[38] A disparidade nos números reflete a discrepância escancarada entre o ritmo de perda do *Ostheer* e o acesso ao reabastecimento. Isso também não podia ser simplesmente atribuído ao capricho de Hitler em segurar suprimentos para futuras campanhas. A verdade é que a capacidade industrial da Alemanha, bem como o acesso à matéria-prima, não era de forma alguma igual às assombrosas perdas na Frente Oriental, sem mencionar as perdas adicionais no Norte da África. Em toda parte, desde os grupos *Panzer* e as frotas aéreas altamente técnicas até as divisões de infantaria mais rudimentares, estava ocorrendo uma rápida e significativa "desmodernização" do exército, que novos suprimentos poderiam melhorar, mas nunca retificar.

Enquanto os veículos que realizavam a *blitzkrieg* da Alemanha no leste se mostravam tão suscetíveis às condições correntes, a *Luftwaffe* introduziu um novo conceito de guerra na Rússia, um que nunca havia sido tentado antes. Os aviões aparentemente tinham a vantagem de atravessar facilmente os amplos espaços abertos do leste, fornecendo um rigoroso apoio armado na linha de frente e bombardeando a retaguarda soviética. Mas a *Luftwaffe* já estava esgotada pela guerra contra os britânicos, que exigia aviões para o Norte da África, o Mediterrâneo, a França ocupada e a defesa doméstica. Nos primeiros dias da Operação Barbarossa, a *Luftwaffe* se mostrou devastadora para a força aérea soviética enquanto também atacava o Exército Vermelho nas batalhas de fronteira. Em julho, no entanto, estava se tornando cada vez mais difícil sustentar operações a partir de campos aéreos fora da União Soviética, e a realocação dos campos aéreos para o leste forçou a *Luftwaffe* a operar a partir de bases muito mais primitivas e muitas vezes danificadas por batalhas. Também se pagou um preço muito alto pelas incessantes operações de combate. Até o dia 12 de julho, um total de 550 aviões alemães haviam sido destruídos, com outros 336 danificados, representando cerca de 40% de todas as naves prontas para combate disponíveis no dia 22 de junho.[39] O ritmo de desgaste era cumulativo e resultava tanto de batalhas contra uma força aérea soviética ressurgente quanto de uma incapacidade em lidar com a manutenção e os reparos das naves. No dia 21 de agosto, o marechal de campo Erhard Milch, inspetor-geral da *Luftwaffe*, conduziu uma turnê pelos campos aéreos no leste e notou que eles estavam repletos de naves danificadas.[40]

A importância das perdas militares, no entanto, é muito relativa. Para uma economia em tempos de guerra, subvencionada com capital de investimento, capacidade de produção, mão de obra excedente e acesso a matéria-prima, as perdas têm um peso muito menor. Em 1941 a Alemanha nazista não tinha nada disso. De fato, a periclitante base econômica da Alemanha era uma das principais razões por trás da invasão de Hitler à União Soviética. O fracasso da Operação Barbarossa não somente negou a Hitler seu alardeado *Lebensraum* (espaço vital) e a tão esperada dádiva econômica para a Alemanha, como também foi uma enorme pressão sobre um sistema já sobrecarregado. Naquele momento, não só a Alemanha estava comprometida com novas e massivas despesas relacionadas à produção em massa de armamentos, como este compromisso teria de ser atendido com menos mão de obra local. Além disso, a economia alemã pré-Barbarossa havia se beneficiado de entregas soviéticas de grãos, óleo e metais preciosos, efetivamente contornando o bloqueio britânico do continente. Agora a Alemanha estava cercada de inimigos, isolada de mercados estrangeiros e ainda a um longo caminho de conquistar os campos de petróleo soviéticos ou de transformar uma Ucrânia devastada em um celeiro europeu. Mas isso não significa que o potencial econômico da Alemanha estivesse no fim. De fato, um trabalho recente de Adam Tooze mostra que havia um maior grau de racionalização e de eficiência em gestão econômica do que se costumava pensar, mas é errado presumir que as políticas de Albert Speer como ministro de Armamentos tenham produzido um milagre econômico.[41] O que quer que Speer tenha conseguido conquistar de 1942 em diante, com trabalho escravo e extorsão impiedosa de recursos dos territórios ocupados na Europa, ainda assim ele nunca chegou perto de se equiparar aos números tremendos e cada vez maiores da produção militar das potências Aliadas.[42]

De fato, Hitler estava tão convicto de uma vitória alemã no leste, que a prioridade na produção de armamentos havia sido transferida do exército para a marinha e a aeronáutica. Assim, entre julho e dezembro de 1941 a produção de armas para o exército caiu em 29%.[43] Essa circunstância levou o coronel-general Fritz Fromm, chefe dos Armamentos de Forças Terrestres e comandante-chefe do Exército de Reserva, a observar no dia 16 de agosto de 1941 que o alto-comando tinha de "deixar para trás a terra da fantasia e encarar a realidade".[44] Enquanto a vantagem operacional do

Ostheer vinha diminuindo no leste e o exército estava sofrendo grandes baixas, a frente civil estava se equipando para produzir, entre outras coisas, enormes turbinas e superestruturas de uma nova frota de alto-mar. Com todas as grandes potências, exceto os Estados Unidos, já envolvidas na guerra contra a Alemanha, e o presidente Franklin D. Roosevelt fazendo tudo em seu poder para armar a aliança anti-Eixo através do *Lend-Lease*,* os sinais de alerta da direção equivocada de Hitler eram ameaçadores. Ao mesmo tempo, nunca fora tão grande a necessidade de a Operação Tufão cumprir sua enorme promessa e sair vitoriosa do leste.

As perdas materiais na Frente Oriental não foram simplesmente proibitivamente altas para os altivos objetivos operacionais de Hitler, mas como a guerra era agora uma luta de desgaste, tais perdas no outro lado da fronteira nunca poderiam ser repostas adequadamente. Um padrão similar de declínio irrecuperável afetou as fileiras dos exércitos de campanha. Até o dia 26 de setembro de 1941 o *Ostheer* havia sofrido nada menos que 534.952 baixas, o equivalente a cerca de 15% de toda a força de invasão da Barbarossa.[45] O Exército de Reserva de Fromm só tinha 385 mil homens para enviar como substitutos,[46] deixando um déficit de 150 mil homens. Não somente isso deixava buracos nas fileiras, como desde o início da operação o tamanho do *Ostheer* era insuficiente para a extensão e a profundidade da Frente Oriental. De fato, como a Rússia soviética se expandia como um funil a partir de seus acessos ocidentais, em outubro o *Ostheer* controlava muito mais terras até com menos homens. Ainda mais preocupante era o fato de que a Operação Tufão estava prestes a desencadear uma nova onda de baixas, enquanto estendia as linhas ainda mais para o leste. Se a Tufão não fosse bem-sucedida em eliminar a resistência soviética, o *Ostheer* logo se veria enfrentando uma campanha de inverno com divisões seriamente exauridas, esticadas ao longo de uma vasta linha de frente. O perigo de uma extensão excessiva não surgiu de um dia para outro, e oficiais superiores do exército que haviam mencionado o processo eram ao mesmo tempo cúmplices em sua percepção. Halder observou em seu diário, no dia 11 de agosto:

---

* Em português, "empréstimo-arrendamento". Programa pelo qual o exército britânico continuava a receber armamentos dos Estados Unidos sem ter de pagar em dinheiro por eles. (N.E.)

A OPERAÇÃO BARBAROSSA EM CONTEXTO

No que toca à situação geral, fica cada vez mais claro que nós subestimamos o colosso russo, que se preparou conscientemente para a guerra com a completa falta de escrúpulos que é típica de Estados totalitaristas. Essa afirmação se refere tanto a forças organizacionais quanto a econômicas, a gerenciamento de tráfego e, acima de tudo, a um puro potencial militar. No começo da guerra consideramos 200 divisões inimigas. Agora já contamos 360. Essas divisões não são armadas e equipadas da forma como entendemos, e do ponto de vista tático elas são muitas vezes conduzidas de maneira inadequada. Mas elas estão ali e quando destruímos uma dúzia delas, então os russos colocam outra dúzia no lugar. O fator tempo os favorece, uma vez que estão próximos de seus próprios centros de poder, enquanto nós estamos sempre nos distanciando dos nossos.

Então nossas tropas, espalhadas por uma imensa linha de frente, sem nenhuma profundidade, estão sujeitas a ataques incessantes do inimigo. Às vezes eles são bem-sucedidos, porque nesses espaços enormes muitas brechas acabam sendo deixadas abertas.[47]

O sucesso operacional alemão foi construído baseado em velocidade, mobilidade, poder de fogo e uma alta concentração de força. A travessia de grandes distâncias na União Soviética causou enormes perdas entre as divisões *Panzer* e motorizadas, diminuindo mobilidade e reduzindo poder de fogo. Florestas densas e pântanos, especialmente ao norte dos pântanos Pripet, muitas vezes diminuíam a velocidade com a qual as forças blindadas conseguiam se mover, enquanto temporais periódicos, que transformavam o chão em um atoleiro, tinham o mesmo efeito. Por fim, a extensão da linha de frente por si só reduzia a habilidade de concentrar forças poderosas em um "punho" operacional. Assim, à medida que a vantagem operacional se reduzia, a velocidade da campanha diminuía e seções cada vez maiores da linha de frente se assentavam em uma resoluta guerra de posição. Foi aqui que as divisões de infantaria, espalhadas ao longo de amplas áreas da linha de frente sem nenhuma profundidade em suas fileiras e com poucas reservas, isso quando havia alguma, começaram a sofrer grandes perdas em batalhas desconhecidas pela maioria. Sua falta de mobilidade as tornava particularmente suscetíveis aos ataques inimigos porque os reforços não eram capazes de alcançar rapidamente pontos de crise na linha. O resultado era um maior número de baixas, o que após cada batalha deixava menos homens ainda para ocupar as mesmas posições. Soldados assistiam às suas unidades encolherem ao seu redor, ou eles mesmos se tornavam baixas. De acordo com o chefe do Estado-Maior do IV Exército, major-general Günther Blumentritt, as batalhas defensivas de verão "exigiram muito das tropas". Ele continuou:

> [Em] uma guerra moderna, a infantaria requer um apoio blindado não somente no ataque, mas também na defesa.
> Quando eu digo que nossas linhas eram finas, não estou exagerando. Às divisões eram atribuídos setores de quase vinte milhas de extensão. Ademais, diante do grande número de baixas já sofridas ao longo da campanha, essas divisões normalmente estavam desfalcadas e as reservas táticas eram inexistentes.[48]

Até o dia 15 de setembro o IV Exército do marechal Günther von Kluge havia sofrido 38 mil perdas, algo nada excepcional. No mesmo período, o IX Exército do coronel-general Adolf Strauss havia perdido 48 mil homens, enquanto o 2º Grupo *Panzer* de Guderian havia perdido 32 mil.[49] Algumas companhias que haviam começado a guerra com 150 tropas foram reduzidas a um punhado de homens,[50] enquanto vários regimentos foram forçados a desmembrar um batalhão para fornecer substitutos internos.[51] Em algumas divisões as perdas foram arrebatadoras. A 137ª Divisão de Infantaria, por exemplo, sofreu quase 2 mil baixas no combate defensivo em Yel'nya entre 18 de agosto e 5 de setembro, enquanto a 263ª Divisão de Infantaria perdeu 1.200 homens em uma única semana durante a batalha.[52] Como um capelão alemão fatalisticamente escreveu no início de setembro: "Sim, muitos de nós não voltarão a rever nossas famílias, [e] estão condenados a passar nosso descanso eterno longe da pátria."[53] O alto índice de desgaste só seria suportável se a guerra pudesse terminar, como pretendido, até o final do verão. No entanto, o fracasso de Barbarossa significava que o exército oriental que Hitler criara para eliminar o Exército Vermelho estava paradoxalmente sendo consumido pelo combate.

Estava claro que Hitler e o Estado-Maior haviam subestimado em grande medida a União Soviética. Não somente a posição técnica e a proeza de combate do Exército Vermelho foram uma total surpresa, como eles haviam calculado muito mal as dificuldades de se fazer uma campanha no teatro de guerra oriental. O general de infantaria Waldemar Erfurth, que fora nomeado "Comandante do Estado-Maior da Ligação Norte" e atuara como conselheiro sênior alemão para o quartel-general finlandês de 1941 a 1944, escreveu depois da guerra, em um estudo histórico do Exército dos EUA:

> No passado, o Estado-Maior da Alemanha não havia se interessado pela história das guerras no norte e no leste da Europa. Nenhum relato das guerras da Rússia contra os suecos, finlandeses e poloneses havia sido publicado em alemão... O Estado-Maior da Alemanha como um todo estava inclinado a limitar seus estudos à região da Europa central.[54]

Embora uma campanha na Rússia possa ter parecido injustificada, excessiva ou mesmo imprudente para ex-chefes do Estado-Maior, a partir do verão de 1940 Halder teve de enfrentar exatamente essa perspectiva e mesmo assim nada foi feito. A vitória da Alemanha nazista foi dada como certa desde o início, mas o planejamento de *como* ela seria obtida foi empreendido à custa de uma consideração mais prudente quanto a *se* ela poderia ser obtida. A ausência de estudos históricos encomendados pelo Estado-Maior no prelúdio de Barbarossa não evitou que outros oficiais fizessem suas próprias investigações. Guderian alegou ter estudado as campanhas de Carlos XII e de Napoleão,[55] enquanto Blumentritt estudou a Guerra Polonesa-Soviética, mais recente (1919-1921). Entre os relatos mais populares a serem estudados no prelúdio de Barbarossa estava o livro de memórias do general Armand de Caulaincourt, um dos conselheiros mais próximos de Napoleão durante sua campanha na Rússia. Como Blumentritt escreveu:

> Todos os livros e mapas a respeito da Rússia logo desapareceram das livrarias. Lembro-me de que a escrivaninha de Kluge em seu quartel-general em Varsóvia costumava ficar repleta de tais publicações. A campanha de 1812 de Napoleão foi particularmente estudada. Kluge leu o relato do general Caulain-

court sobre essa campanha com grande atenção: ele revelava as dificuldades de se combater e até de se viver na Rússia.[56]

As dificuldades de se combater e de se viver no leste deveriam ter sido prioridade para o Estado-Maior, mas, embora o livro de Caulaincourt parecesse ter sido lido por muitos, pouco de fato se aprendeu. Embora apresentasse os conhecidos problemas de um livro de memórias, o relato de Caulaincourt deixa claro que a crise dentro da *Grande Armée* começou na estrada para Moscou, e não somente na famosa retirada. Além disso, o relato de Caulaincourt afirma que muitas das dificuldades da França tinham raízes naquilo que Clausewitz estava ao mesmo tempo aprendendo a identificar como problemas do "interior".[57] Após somente quatro ou cinco semanas de campanha, Caulaincourt observou:

> Estávamos no coração da Rússia habitada, no entanto, se me permitirem a comparação, éramos como um barco sem bússola no meio de um vasto oceano, não sabendo nada do que estava acontecendo à nossa volta... Parte da cavalaria já estava esgotada, a artilharia e a infantaria estavam exaustas, as estradas estavam cobertas de retardatários que destruíam e desperdiçavam tudo... Um grande número de cavalos havia morrido... A rapidez das marchas forçadas, a escassez de arreios e peças sobressalentes, a escassez de suprimentos e a falta de cuidados, tudo isso ajudou a matar os cavalos. Essa campanha em velocidade expressa desde o [rio] Nieman até Vilna, e de Vilna até Vitebsk, já havia custado ao exército, sem nenhum resultado, duas batalhas perdidas e o privou de provisões e suprimentos absolutamente necessários... [Nossos] vagões e todo nosso transporte, construído para estradas de brita e para vencer distâncias normais, não eram de maneira alguma adequados para as estradas do país que tínhamos de atravessar. A primeira areia com a qual nos deparamos esgotou os cavalos... Aí está o segredo e a causa de nossos primeiros desastres e de nosso revés final.[58]

No OKH, Halder estava planejando um *blitzkrieg* moderno e via pouco valor nas contemplações de um general francês derrotado em uma guerra que havia acontecido 129 anos antes. E no entanto, o *Ostheer* logo seria atrelado a muitas das mesmas estradas, enquanto as divisões de infantaria da Wehrmacht, que compunham o grosso da força de invasão, também ficariam inteiramente dependentes dos cavalos e carroças para seu abastecimento de suprimentos, munições e armas pesadas. Mas nem todos eram tão ignorantes quanto aos riscos. Lembrando-se da noite anterior ao início da Operação Barbarossa, Alexander Stahlberg, um oficial da 12ª Divisão *Panzer*, sentou-se com seu comandante de batalhão e comparou as circunstâncias estratégicas de 1812 com as de 1941. Stahlberg também havia lido o relato de Caulaincourt e afirmou que o acréscimo de forças motorizadas não era tão decisivo como todos presumiam. "Divisões *Panzer* e motorizadas eram muito mais rápidas do que a infantaria em 1812, mas tínhamos de ser seguidos pela infantaria. Afinal, mesmo em 1941, as tropas em marcha ditavam nossa velocidade."[59]

Para aqueles abertos à perspectiva havia muita importância histórica para ser aprendida em se lançar uma campanha na União Soviética. De fato, o que talvez seja mais surpreendente é que as dificuldades associadas ao "interior" eram quase tão profundas em 1941 quanto em qualquer outro período no passado da Rússia. A tecnologia vinha com vantagens e desvantagens, o que o *Ostheer* teve de aprender na marra. O Exército Vermelho na verdade superava a Wehrmacht em muitas áreas de armamento moderno,[60] e na frente civil a produção soviética se mostrou mais do que capaz de se equiparar à Alemanha em uma custosa guerra de exaustão (ver Tabela 1). Embora o *Ostheer* tivesse sofrido com as condições no leste durante todo o verão e início de outono, a verdade é que coisas muito piores o aguardavam em termos do que o "interior" tinha a oferecer.

Depois da guerra, o coronel-general Erhard Raus, que participou da Operação Tufão como um major-general na 6ª Divisão *Panzer*, escreveu sobre a natureza especial do teatro de guerra oriental:

[Aquele] que pisa pela primeira vez em solo russo se conscientiza imediatamente do novo, do estranho, do primitivo. O soldado alemão que chegou ao território russo sentiu que estava entrando em um mundo diferente, onde teria de enfrentar não somente as forças inimigas, mas também as forças da natureza.

48 — A BATALHA POR MOSCOU

Tabela 1. Produção militar anual das principais potências, 1939-1945

		1939	1940	1941	1942	1943	1944	1945*	Total
Alemanha	Aeronaves	8.295	10.247	11.776	15.409	24.807	39.807	7.540	117.881
	Tanques	c. 1.300	2.200	5.200	9.200	17.300	22.100	—	57.300
	Artilharia[†]	—	5.000	7.000	12.000	27.000	41.000	—	92.000
	Submarinos	15	40	196	244	270	387	103	1.255
União Soviética	Aeronaves	10.382	10.565	15.735	25.436	34.900	40.300	20.900	158.218
	Tanques	2.950	2.794	6.590	24.446	24.089	28.963	15.400	105.232
	Artilharia	17.348	15.300	42.300	127.000	130.000	122.400	93.000[§]	547.348
	Grandes embarcações-navais[‡]	—	33	62	19	13	23	11	161
Reino Unido	Aeronaves	7.940	15.049	20.094	23.672	26.263	26.461	12.070	131.549
	Tanques	969	1.399	4.841	8.611	7.476	5.000	—	28.296
	Artilharia[†]	—	1.900	5.300	6.600	12.200	12.400	—	38.400
	Grandes embarcações-navais	57	148	236	239	224	188	64	1.156
Estados Unidos	Aeronaves	5.856	12.804	26.277	47.836	85.898	96.316	49.761	324.748
	Tanques	—	c. 400	4.052	24.997	29.497	17.565	11.968	88.479
	Artilharia	—	c. 1.800	29.614	72.658	67.544	33.558	19.699	224.873
	Grandes embarcações-navais	—	544		1.854	2.654	2.247	1.513	8.812
Japão	Aeronaves	4.467	4.768	5.088	8.861	16.693	28.180	11.066	79.123
	Tanques	—	1.023	1.024	1.191	790	401	142	4.571
	Grandes embarcações-navais	21	30	49	68	122	248	51	589

* Estimativas para Reino Unido, Estados Unidos e Japão referentes ao período de janeiro a agosto; para Alemanha referentes ao período de janeiro a abril; para a União Soviética, referentes ao doze meses do ano.

[†] Acima de 37 mm.

[‡] Exclui embarcações de desembarque, barcos torpedeiros e embarcações auxiliares menores.

[§] De janeiro a março.

Fonte: Adaptado de Richard Overy, "Statistics", in I. C. B. Dear e M. R. D. Foot (eds.), *The Oxford Companion to the Second World War*. Oxford, 1995. p. 1.060.

Em 1941, a Wehrmacht não reconheceu essa força e não estava preparada para suportar seus efeitos. Disso resultaram crises e mais crises e sofrimento desnecessário. Somente a habilidade dos soldados alemães em suportar desgraças evitou um desastre. Mas o Exército Alemão nunca se recuperou do primeiro grande golpe.[61]

Existem muitas explicações para o despreparo do *Ostheer* em relação à campanha de Barbarossa,[62] mas talvez a mais simples e reveladora tenha sido fornecida pelo marechal de campo Ewald von Kleist,[63] que após a guerra admitiu a um americano em Nuremberg: "Eu nunca li Clausewitz". Então Kleist continuou: "Não sei o suficiente sobre Clausewitz para poder lhe dizer o que são suas teorias. Sei que os russos devem ter lido muito Clausewitz e talvez seja uma pena que eu não tenha lido".[64] De acordo com um biógrafo, Jukov, que comandou as forças soviéticas na defesa de Moscou a partir de 10 de outubro de 1941, ele "conhecia os clássicos militares, de César a Clausewitz".[65] Mas se generais alemães como Kleist não conheciam as teorias de Clausewitz, talvez não seja de se espantar que eles também ignorassem o teatro de guerra russo e todos os perigos que encontrariam ali a partir do "interior".

Evocação de Barbarossa: mito do século XII e realidade do século XX

Aninhado entre os montes Harz ao norte e a floresta da Turíngia ao sul está o imponente monumento de Kyffhäuser ao sacro-imperador romano Frederico I (1122-1190), conhecido por seu apelido italiano "Barbarossa" (Barba Ruiva). O monumento de Kyffhäuser foi construído mais para o fim do século XIX para homenagear o primeiro imperador do Segundo Reich da Alemanha, Guilherme I. Tendo transcendido oitocentos anos de história alemã como campeão de conquistas estrangeiras e espírito marcial, Barbarossa era o símbolo preferido para o engrandecimento de Guilherme I. O desejo de associar Guilherme I à sua contraparte do século XII era baseado em mais do que somente um desejo de equiparar o reinado forte e bélico de Barbarossa com a casa de Hohenzollern. Havia uma lógica mais peculiar, construída sobre séculos de lendas alemãs.

Quando Barbarossa não conseguiu voltar da Terceira Cruzada para as Terras Santas (ele se afogou em um pequeno rio na Turquia), muitos de seus súditos se recusaram a acreditar que seu grande imperador estava morto. Em vez disso, espalhou-se um mito de que haviam enfeitiçado Barbarossa, confinando-o a viver nas profundezas de uma montanha – a Kyffhäuser –, e que ele voltaria quando a Alemanha estivesse em grande necessidade. A lenda logo se consolidou no folclore alemão. Seguindo os sucessos das guerras de unificação da Alemanha (1864-1871), Guilherme I era visto não somente como o triunfante líder dos reinos unificados alemães, mas também, para alguns, como a realização de uma lenda, um herdeiro ao trono de Frederico Barbarossa, por tanto tempo vazio. O monumento de 81 metros de altura de Kyffhäuser foi construído a um grande custo a fim de propagar essa ligação, e ainda hoje continua sendo o terceiro maior monumento da Alemanha. Ele retrata o despertar de Barbarossa em seu trono enquanto uma estátua equestre de Guilherme I, com 11 metros de altura, paira sobre ele. O significado era inconfundível: a profecia da lenda havia sido cumprida.

Guilherme I, que morreu em 1888, não viveu para ver o monumento de Kyffhäuser e, apenas vinte e dois anos após ter sido formado, o Segundo Reich da Alemanha foi dissolvido com uma derrota na Primeira Guerra Mundial e a abolição da dinastia Hohenzollern. O falso casamento de lenda e destino foi exposto e os grandes blocos de pedra sobre o Kyffhäuser agora contam uma história de fé imerecida em apropriação histórica e excesso megalômano. Mesmo assim, Guilherme I não foi o último líder alemão a evocar paralelos com Barbarossa e buscar equiparar seus próprios feitos com os do lendário salvador da Alemanha.

Em dezembro de 1940, com a Alemanha já em guerra contra uma série de nações dos Aliados lideradas pela Grã-Bretanha, Adolf Hitler se comprometeu com sua própria cruzada autodeclarada no leste, a que ele deu o codinome de Operação Barbarossa. Até mais do que o Segundo Reich de Guilherme I, o Terceiro Reich de Hitler foi uma sociedade altamente militarizada que exaltava as virtudes do homem combatente e explorava glórias passadas para consumo popular. Agora, na maior campanha militar que o Terceiro Reich viria a iniciar, e de fato o que continua sendo hoje a maior operação militar da História, Hitler evocou o nome de Barbarossa para esmagar seu rival ideológico no leste.

No dia 22 de junho de 1941, mais de três milhões de soldados alemães, 3.505 tanques, 2.995 aeronaves, 7.146 peças de artilharia e mais de 600 mil veículos motorizados chegaram à União Soviética ao longo de uma enorme frente de 2.768 quilômetros de extensão a partir do mar de Barents ao norte até o mar Negro ao sul. A Operação Barbarossa havia começado. O Grupo de Exércitos Norte do marechal de campo Wilhelm Ritter von Leeb irrompeu nos Estados bálticos, encabeçado pelo 4º Grupo *Panzer* de Hoepner e com o apoio do XVIII Exército do coronel-general Georg von Küchler e do XVI Exército do coronel-general Ernst Busch. Para o sul de Leeb foi enviado o maior agrupamento de forças na Frente Oriental, o Grupo de Exércitos Centro de Bock. Com a missão de cercar as forças soviéticas a oeste dos rios Dvina e Dniepre, Bock comandou o 2º Grupo *Panzer* de Guderian e o 3º Grupo *Panzer* de Hoth, bem como o IX Exército de Strauss e o IV Exército de Kluge. Ao sul de Bock, avançando para dentro da Ucrânia, estava o Grupo de Exércitos Sul do marechal de campo Gerd von Rundstedt, que consistia no 1º Grupo *Panzer* de Kleist, no VI Exército do marechal de campo Walter von Reichenau, o XVII Exército do general de infantaria Carl Heinrich von Stülpnagel e o no XI Exército do coronel-general Eugen Ritter von Schobert.[66] Além disso, havia dois exércitos da Romênia, o III Exército do general Petre Dumitrescu e o IV Exército do general Nicolae Ciuperca, totalizando cerca de 325.685 homens.[67] A Hungria também entrou para a guerra no dia 27 de junho de 1941 e enviou o "Grupo dos Cárpatos" do tenente-general Ferenc Szombathelyi, com cerca de 45 mil homens, para a Ucrânia.[68] O regime fascista de Mussolini na Itália imediatamente ofereceu apoio para a guerra contra a União Soviética, mas só conseguiu enviar o CSIR (Corpo Expedicionário Italiano na Rússia) do general Giovanni Messe, que chegava a cerca de 60.900 homens, até a Frente Oriental em agosto de 1941.[69] A Eslováquia também entrou para a guerra de Hitler no leste enviando o Grupo de Exércitos Expedicionário Eslovaco do general Ferdinand Ñatloš com aproximadamente 41 mil homens para se juntar ao XVII

Exército de Stülpnagel.[70] O *Ostheer* também recebeu milhares de voluntários fascistas e anticomunistas de toda a Europa ocupada, que muitas vezes estavam concentrados em unidades especiais Waffen-SS como a 5ª Divisão SS "Wiking".[71] Mesmo a supostamente neutra Espanha formou uma divisão de voluntários e os enviou para a Frente Oriental sob o comando do general Agustín Muñoz Grandes.[72] Além dos três grupos de exércitos alemães concentrados entre os mares Báltico e Negro, as forças alemãs também operavam como as parceiras subordinadas de uma força de invasão finlandesa que chegava a 475 mil homens e era comandada pelo marechal de campo Carl Gustaf Emil Mannerheim.[73]

Apesar de todo o discurso de Hitler sobre uma cruzada pan-europeia, na prática isso não era nada mais do que propaganda para reunir apoio político e emprestar legitimidade à mais recente guerra de agressão da Alemanha nazista. Embora não faltassem participantes estrangeiros na Operação Barbarossa,[74] a esmagadora maioria do combate teria de ser feita pela Wehrmacht. Os planos da Alemanha se baseavam no sucesso de suas divisões móveis concentradas nos quatro grupos *Panzer*, sendo os dois mais fortes alocados para o Grupo de Exércitos Centro de Bock. O 2º Grupo *Panzer* de Guderian e o 3º Grupo *Panzer* de Hoth comandavam mais de 1.700 tanques entre si[75] e constituíam a força operacional que representou o maior perigo à União Soviética. Com a oposição da Frente Oriental do tenente-general Dmitri Pavlov, que estava em grande medida concentrada no oeste do Saliente Belostok mais ou menos entre os avanços armados conjuntos de Guderian e Hoth, Pavlov estava praticamente cercado antes mesmo de a guerra começar.[76] Complicando a situação da Frente Oriental, a Stavka (o alto-comando soviético) ordenou que Pavlov lançasse contra-ataques imediatos para o oeste, o que exacerbou sua posição atando suas forças à frente, evitando sua retirada e facilitando seu cerco. Os poderosos grupos *Panzer* de Bock aproveitaram suas posições iniciais favoráveis e em somente uma semana estavam fechando um enorme bolsão centrado em Minsk.[77] À medida que o comando e o controle da Frente Oriental foram caindo, várias de suas unidades tiveram de se defender sozinhas, muitas vezes em circunstâncias desesperadoras. Enquanto algumas unidades capitulavam, muitas outras, tais como os defensores da fortaleza de Brest, lutaram até o amargo final.[78] Já no primeiro dia da guerra, o grupo *Panzer* de Hoth observou: "Onde o inimigo aparece, ele luta obstinada e corajosamente até a morte. Desertores e aqueles em busca de rendição não foram relatados a partir de nenhuma posição".[79]

As perdas nas primitivas estradas soviéticas também foram extraordinariamente altas e forneciam a indicação mais clara do proibitivo custo de se conduzir operações móveis no leste. Após somente uma semana de operações a 7ª Divisão *Panzer* de Hoth, comandada pelo major-general Hans Freiherr von Funck, relatou 50% de perdas em tanques Mark II e Mark III, enquanto os tanques Mark IV[80] sofreram 75% de perdas.[81] O fato de que a grande maioria dessas perdas era simplesmente resultado de desgaste nas estradas soviéticas e não em decorrência de combates indicava a tremenda "exaustão de movimento" no leste. No entanto, as perdas de combates também estavam minando a força dos grupos *Panzer*. No dia 6 de julho, um batalhão da 3ª Divisão *Panzer* do tenente-general Walter Model estava avançando em Jlobin quando, de acordo com um relato alemão, "eles foram atingidos por um fogo devastador dos tanques russos que haviam sido sabiamente escondidos entre as casas, os currais e os celeiros no limite da cidade. Os tanques russos, em emboscada, haviam segurado fogo até o último momento".[82] No total, 22 tanques alemães foram perdidos, uma indicação clara de que mesmo no ponto mais baixo das adversidades do Exército Vermelho na guerra, ele ainda era capaz de desferir golpes incapacitantes.

Embora o ritmo de retirada dos tanques fosse um dos problemas enfrentados pelas forças blindadas de Bock, essa não era a única dificuldade que solapava sua eficácia. A Frente Oriental de Pavlov podia ter de fato se desintegrado, mas ainda havia deixado dezenas de milhares de unidades armadas operando de modo independente nas florestas e pântanos da Bielorrússia. Com colunas alemãs cada vez mais longas se estendendo pelo interior, um buraco inevitavelmente se abriu entre as pontas-de-lança *Panzer* e a infantaria que vinha atrás, se arrastando, deixando as vitais, porém mal-armadas, colunas de abastecimento alemãs *Grosstransportraum* expostas ao ataque, mesmo que de pequenos bandos sem armas pesadas. Como um ex-oficial da 3ª Divisão *Panzer* lembrou:

Durante os dois primeiros dias de combate, tropas não armadas e seus escalões de retaguarda sofreram perdas consideráveis infligidas por tropas inimigas hostis isoladas de seus corpos principais. Elas se esconderam atrás das rotas de marcha, abriram fogo de surpresa e só puderam ser derrotadas em intenso combate corpo a corpo. As tropas alemãs nunca haviam experimentado esse tipo de guerra.[83]

Da mesma forma, o general da infantaria Gotthard Heinrici, que comandou o XXXXIII Corpo de Exército, escreveu, apenas no segundo dia de guerra: "Em todas as grandes florestas, em incontáveis propriedades, ficavam soldados perdidos que com frequência atiravam em nós pelas costas".[84] Para os grupos *Panzer*, as implicações de uma área de retaguarda indômita eram imediatas e profundas. Como eles logo se distanciaram das divisões de infantaria em marcha, abriu-se uma brecha na área de operações alemã, por meio da qual as vulneráveis colunas motorizadas de caminhões de abastecimento sofreram pilhagens, contornadas por unidades soviéticas. Como já era de se esperar, as perdas aumentaram muito e vários caminhões de abastecimento, bem como seus suprimentos, foram perdidos. Um memorando sem título enviado ao Grupo de Exércitos Centro no dia 3 de julho esboçou a natureza do problema, bem como sua seriedade. O memorando afirmava:

> *O problema*, a partir de agora aparecendo em sua total magnitude que deve ser a preocupação constante de todos os departamentos responsáveis dos comandos dos grupos de exércitos... é o aumento diário da *distância entre os grupos Panzer e os exércitos [de infantaria]*.
> Embora até agora essa distância tenha tido relativamente pouco efeito, a renovação precoce do avanço por grupos *Panzer*, com um objetivo a mais de 500 quilômetros de distância, terá o resultado de que extensões de 100 a 200 quilômetros atrás de grupos *Panzer* estejam mais ou menos vazias de tropas alemãs. O fato de que essas áreas extensas são atravessadas pelas tropas *Panzer* quase inteiramente na estrada significa que em todo lugar ainda há elementos inimigos fortes rondando e que existe um perigo constante para os suprimentos e as comunicações dos grupos *Panzer*.[85]

Logo se tornou muito evidente que tais perigos não recebiam a atenção daqueles encarregados de gerenciar o aparato de suprimentos. Duas semanas após o memorando ter sido enviado, o diário do intendente-geral para a 3ª Divisão *Panzer* relatou:

A situação de abastecimento não permite um avanço maior para o leste. A seção do intendente-geral relatou isso ao general [Model] e sua equipe; no entanto, o general ordenou mais um ataque na direção do leste... A rota de abastecimento da divisão é extremamente ruim e insegura, com elementos inimigos nas florestas de ambos os lados da estrada.[86]

Enquanto as perdas nas colunas de abastecimentos vitais aumentavam em decorrência das estradas ruins e dos ataques de *"partisans"*, em meados de julho as unidades de combate frontal dos dois grupos *Panzer* foram mergulhadas em uma crise ainda mais grave. Ao tentarem fechar um segundo bolsão gigante em torno de Smolensk, as divisões *Panzer* e motorizadas do Grupo de Exércitos Centro se estiraram criticamente além do limite, enquanto operavam à sua maior distância em relação aos Exércitos de Infantaria de Apoio. Com longos flancos ao sul e ao norte segurando dois dos cinco corpos *Panzer* de Bock, os corpos *Panzer* restantes foram atacados em um cerco por três exércitos soviéticos em torno de Smolensk, ao mesmo tempo que repeliam uma nova onda de exércitos soviéticos atacando a partir do leste. Em razão de uma falta de munições e efetivos, houve muitas baixas, sendo que ao mesmo tempo o cerco não conseguiu se fechar até que chegaram mais reforços de infantaria, já no final do mês. No meio tempo, as divisões *Panzer* e motorizadas vitais suportaram o grosso do combate sem a habilidade de concentrar suas forças em "punhos" operacionais, que se provaram tão bem-sucedidos no passado. O combate no final de junho e de agosto era de natureza muito mais estática e desgastante, fornecendo um campo muito mais equilibrado para as divisões de rifle do Exército Vermelho, muito menos manobráveis e muitas vezes mal treinadas. Como Heid Ruehl, que serviu na 2ª Divisão SS de elite "Das Reich", lembrou:

Os atiradores, trabalhando feito loucos, finalmente venceram os primeiros ataques de tanques russos, mas esses foram então renovados com uma força ainda maior e nosso batalhão de motocicletas ficou sob grande pressão. Fomos cobertos por intenso tiroteio como nunca havíamos passado antes... Por causa das graves perdas que havia sustentado, [o] batalhão de motocicleta teve de ser tirado de linha e foi substituído por um batalhão de engenharia da Prússia Oriental... Não éramos os únicos na estrada. Motocicletas carregadas de feridos e outros camaradas, sozinhos ou em grupos, saíam do vilarejo em chamas, todos completamente exaustos, empoeirados e suados. O avanço russo havia passado por cima de nossas magras linhas defensivas, e muitos de nossos rapazes não saíram.[87]

Tampouco era somente um fenômeno local. Havia pontos de crise em toda a linha e Bock não possuía reservas substanciais para ajudar unidades cercadas. O saliente alemão em Yel'nya, tomado pelo XXXXVI Corpo *Panzer* do general das Tropas *Panzer* Heinrich Freiherr von Vietinghoff, enviava relatórios constantes sobre a gravidade de sua situação para o 2º Grupo *Panzer*. No dia 26 de julho, o diário de guerra do grupo *Panzer* sumarizava a situação:

Nos combates em torno de Yel'nya a situação está especialmente crítica. O corpo foi atacado o dia inteiro por forças muito superiores com *Panzers* e artilharia. O inimigo conquistou um avanço em Lipnya que ainda não foi superado... Um fogo de artilharia pesado e constante está infligindo muitas baixas entre as tropas. Além disso, há o impacto dos bombardeios inimigos. Como resultado do fogo de artilharia, a evacuação dos muitos feridos até agora não foi possível... O corpo não tem absolutamente nenhuma reserva disponível. Munições de artilharia foram tão exauridas que não sobraram cartuchos para bombardear a artilharia inimiga. Nos últimos dias a brigada *Panzer* da 10ª Divisão *Panzer* esteve imobilizada por causa da falta de suprimentos de óleo e de combustível. O corpo talvez consiga manter sua posição, mas somente à custa de muito sangue derramado.[88]

No OKH e no OKW estavam todos consternados. Não somente o avanço havia estacionado ao longo de seu principal eixo estratégico, como agora também havia discórdia sobre como a campanha deveria continuar. Hitler já havia perdido a fé na direção de guerra por parte do OKH e recusava a insistência dele por um novo ataque a Moscou. Em vez disso, Hitler priorizou ofensivas para limpar os longos e expostos flancos do grupo de exércitos de Bock, um movimento que também foi calculado para assistir o movimento frontal mais devagar dos grupos de exércitos vizinhos ao norte e ao sul.

Com a eliminação do bolsão soviético em Smolensk, a propaganda alemã alardeou a captura de mais de 300.000 prisioneiros de guerra soviéticos,[89] mas a incapacidade de fechar o cerco na realidade significava que, no mínimo, dezenas de milhares de tropas soviéticas haviam escapado da captura.[90] Mais importante, enquanto a batalha de Smolensk, juntamente à batalha anterior em Minsk, foi responsável pela captura de mais de meio milhão de prisioneiros de guerra, tais perdas devem ser vistas no contexto do tamanho do Exército Vermelho e em seu acesso a reservas. Na véspera da invasão alemã, o Exército Vermelho possuía uma base de mobilização de aproximadamente 14 milhões de homens. Quando chegou o final de junho, mais de cinco milhões de reservistas haviam sido chamados, com mais mobilizações seguindo em sucessão.[91] O sistema de quadro militar soviético permitiu um índice sem precedentes de geração de força, que ludibriava completamente as estimativas da inteligência alemã, e disfarçava a verdadeira força do Estado soviético. Em julho de 1941, nada menos que treze novos exércitos de campo apareceram, e em agosto outros quatorze entraram em serviço. Esses novos exércitos de reserva não eram tão bem equipados ou tão bem treinados como os exércitos profissionais que substituíram, mas, à medida que as forças móveis alemãs iam enfraquecendo, uma parte cada vez maior da frente se estabelecia em uma guerra posicional, cedendo tempo aos novos exércitos para que melhorassem em ambos os aspectos. Assim, sem tentar minimizar a escala dos desastres militares da Frente Oriental em Minsk e em Smolensk, a verdade é que o esquema de geração de força da União Soviética era capaz de substituir suas perdas e até de expandir drasticamente o tamanho do Exército Vermelho.[92] No dia 22 de junho de 1941, o Exército Vermelho chegava a 5.373.000

homens; no dia 31 de agosto, apesar de suas perdas, ele havia aumentado para 6.889.000; e no dia 31 de dezembro de 1941 o exército havia alcançado uma estimativa de 8 milhões de homens.[93]

Enquanto o Exército Vermelho crescia em tamanho, o *Ostheer* diminuía. Embora houvesse acesso a reforços do Exército de Reserva Alemão, essas reservas eram muito limitadas e o transporte delas até a linha de frente não conseguia manter o mesmo ritmo das perdas. Quando chegou o início de agosto, o Grupo de Exércitos Centro havia perdido cerca de 74.500 homens, e recebido somente 23 mil substitutos.[94] Com 85% dos homens alemães na faixa etária entre 20 e 30 anos já na Wehrmacht no verão de 1941, e os que permaneceram fora ou sendo inelegíveis por motivos de saúde ou considerados importantes demais para a economia de guerra, o contingente de efetivo de reserva era de fato pequeno.[95] O comandante do Exército de Reserva Alemão, o coronel-general Fritz Fromm, esboçou as limitações para Halder em uma discussão no dia 20 de maio de 1941. Depois de deduzir uma parte de homens para atuarem como uma reserva para a *Luftwaffe* (90 mil homens), Fromm determinou que o *Ostheer* teria acesso a 385 mil substitutos. Com surpreendente sinceridade, Halder observou que 275 mil baixas eram esperadas nas primeiras batalhas de fronteira, com mais 200 mil esperadas para setembro. Assim, segundo os números do próprio Halder, o Exército de Reserva não seria suficiente para as demandas da campanha até o final de setembro e absolutamente nada restaria caso a guerra se arrastasse ainda mais.[96] No caso, ao final de setembro, o *Ostheer* perdeu ainda mais homens do que Halder havia estimado. Entre os dias 22 de junho e 30 de setembro, 551.039 homens foram registrados como baixas,[97] um número que excedia em muito o Exército de Reserva, mergulhando o *Ostheer* em um declínio rápido e irreversível.

Com o Exército Vermelho crescendo em tamanho e o *Ostheer* diminuindo, o significado da batalha de Smolensk para o *Ostheer* era menos o número de prisioneiros de guerra soviéticos capturados do que a extensão na qual a batalha contribuía – ou não conseguia contribuir – para o crucial objetivo de eliminar a resistência soviética. De fato, não obstante as perdas do Exército Vermelho, o poder de ataque dos grupos *Panzer* de Hoth e de Guderian estava sendo decididamente comprometido no verão de 1941.[98]

De fato, apesar de tentar descansar e reaparelhar as divisões *Panzer* durante as três primeiras semanas de agosto, o diário de guerra do Grupo de Exércitos Centro concluiu, em 22 de agosto: "As unidades blindadas estão tão desgastadas pelas batalhas que não se pode pensar em uma missão operativa em massa até que elas estejam totalmente reabastecidas e consertadas".[99] Entretanto, Bock logo foi chamado de volta à ação. Suas forças foram divididas entre uma ofensiva ao norte, na direção de Velikie Luki, e uma grande operação ao sul, com o objetivo de atingir a retaguarda exposta da frente soviética do sudoeste. Rundstedt, a contrapartida de Bock no sul, temia secretamente a extensão até onde as operações agora estavam se expandindo, bem como o tempo que levaria para terminar a campanha. Em uma carta para sua esposa no dia 12 de agosto, Rundstedt escreveu: "Quanto tempo mais? Não tenho grandes esperanças de que seja em breve. As distâncias na Rússia nos devoram."[100]

As operações nos flancos de Bock eram conduzidas em uma série de logística, enquanto o progresso alemão era no mínimo tanto uma ilustração da fraqueza e da inepta direção estratégica soviética quanto uma representação da força alemã. De fato, quando chegou o dia 11 de setembro somente 34% do total inicial de tanques do Grupo de Exércitos Centro ainda eram considerados "prontos para combate".[101] Ao final de setembro, a batalha de Kiev no sul era, por um lado, um grande triunfo operacional que reivindicava o número sem precedentes de 665 mil prisioneiros de guerra soviéticos.[102] Por outro lado, entretanto, a vitória na Ucrânia não havia sido suficiente para decretar uma vitória final sobre a União Soviética, e o Grupo de Exércitos Centro ainda tinha de enfrentar uma multidão de exércitos soviéticos.[103] Com o fim do verão e o iminente começo da *rasputitsa*, a nova ofensiva alemã para capturar Moscou (Operação Tufão) sempre seria um difícil empreendimento. No entanto, diferentemente da Operação Barbarossa, a Operação Tufão prosseguiria com muito menos motorização. Embora não tenhamos números exatos, dezenas de milhares de veículos alemães haviam sido perdidos durante a Operação Barbarossa, enquanto as forças operacionais *Panzer* haviam encolhido drasticamente. No dia 27 de setembro, as cinco divisões *Panzer* de Guderian (e o destaque especializado "chama *Panzer*") apresentavam em campo um total de 256 tanques operacionais,[104] mero resquício de sua força combinada de 904 tanques em 22 de junho de 1941.[105] Ao mesmo tempo, estimativas sugerem que a força do 3º Grupo *Panzer* de Hoth havia diminuído para cerca de 280 tanques (de um total inicial de 707), enquanto a do 4º Grupo *Panzer* de Hoepner chegava a aproximadamente 250 tanques (de um total inicial de 626).[106] Mesmo esses tanques remanescentes muitas vezes estavam em condições muito provisórias de uso, como Halder observou após a guerra: "Quando a batalha de Kiev terminou, após exigências brutais sobre os motores já seriamente gastos, Hitler ordenou o ataque na direção de Moscou, que primeiro requeria que fortes elementos fossem retirados da Ucrânia. Agora era tarde demais. Os motores estavam no fim de sua força".[107] Reconhecendo a fraqueza crítica das divisões *Panzer*, Hitler, que estivera segurando uma nova produção de tanques para uma campanha antecipada no Oriente Médio, afinal autorizou a liberação de 60 tanques tchecos 38 (t)s, 150 Mark IIIs e 96 Mark IVs.[108] No entanto, isso era suplementado pela transferência das duas últimas divisões *Panzer* (a 2ª e a 5ª) para o 4º Grupo *Panzer* de Hoepner. Essas duas divisões haviam encabeçado as operações alemãs nos Bálcãs durante as invasões da Iugoslávia e da Grécia (abril de 1941), mas em razão de sua condição gasta na conclusão da campanha, elas não puderam participar da Operação Barbarossa. Somadas, essas duas formações puseram em campo cerca de 450 tanques, elevando o total de reforços *Panzer* de Bock para 750 tanques.

No dia 22 de junho de 1941, as oito divisões *Panzer* totalizavam 1.530 tanques, que estava logo abaixo da força total de suas quatorze divisões *Panzer* no dia 2 de outubro. Assim, apesar do acréscimo do grupo *Panzer* e das quatro divisões *Panzer* extras de Hoepner, as forças *Panzer* de Bock eram apenas levemente mais fortes que no início da campanha. Porém, não era desses acréscimos que vinha a maior parte do aumento de força de Bock. Metade de todas as forças *Panzer* de Bock no dia 2 de outubro vinha da alocação da nova produção e do envio das 2ª e 5ª Divisões *Panzer* para a Frente Oriental. Consequentemente, após quase três meses e meio de combate na Frente Oriental e antes da alocação de novos tanques, doze das quatorze divisões *Panzer* de Bock contribuíram com somente metade dos tanques para a Operação Tufão. De fato, uma porcentagem significativa desses tanques remanescentes tinha problemas mecânicos de moderados a sérios, tornando-os operacionais de modo apenas provisório. Se fôssemos comparar as forças numéricas das doze divisões *Panzer* veteranas de Bock no dia 22 de junho e no dia 2 de outubro, notaríamos uma queda de 70%, de 2.476 para 750 tanques.[109] O coronel Walter Chales de Beaulieu, chefe do 4º Grupo *Panzer*, notou no final de setembro que "o que chamavam de 'divisão' era na verdade somente metade de uma divisão".[110]

Claramente a força de Bock em termos reais era consideravelmente menor que o número total de divisões poderia sugerir. Assim, embora no papel a expansão das forças do Grupo de Exércitos do dia de 22 junho ao dia 2 de outubro parecesse impressionante, se baseado no número de tanques, na realidade havia sérias restrições. No geral, as divisões *Panzer* de Bock se expandiram de oito para quatorze, enquanto o número de suas divisões de infantaria aumentou de 31 para 47. Se incluirmos também todas as outras formações, infantaria motorizada, divisões de cavalaria e segurança, o comando de Bock havia subido de 75 divisões e meia até 2 de outubro (ver Tabela 2), contra um total anterior de 49 divisões e meia no dia 22 de junho. Segundo essa conta, o Grupo de Exércitos Centro voltou a ter metade de sua força de quatorze semanas antes e do ponto de vista numérico havia crescido de um total inicial de 1.308.730 homens para 1.929.406 homens para a Operação Tufão. Todavia, igualando-se ao crescimento do Grupo de Exércitos Centro em números havia um crescimento correspondente na área operacional de Bock. A frente total do Grupo de Exércitos Centro era de 500 quilômetros, mas havia se expandido para 760 quilômetros no dia 2 de outubro. Portanto, o aumento de 50% no grupo de exércitos de Bock foi equiparado por um aumento equivalente no tamanho da linha de frente, eliminando efetivamente o objetivo de se atingir uma maior concentração. Enquanto isso, outros componentes do comando de Bock também estavam em declínio, como os tanques. O marechal de campo Albrecht Kesselring, comandante da Frota Aérea 2, começou a guerra com 1.235 aeronaves (todos os modelos), mas no dia 2 de outubro listou somente 1.006 (todos os modelos).[111] Ademais, a perda de caminhões, tão vitais para abastecer o grupo de exércitos, havia sido tão profunda que o agrupamento de 1.500 tanques, 1.000 aviões e quase dois milhões de homens de forma alguma poderia ser abastecido pelo aparato logístico do grupo de exércitos, especialmente para um avanço de centenas de quilômetros de profundidade junto a uma frente de 760 quilômetros de extensão.

É claro, qualquer estimativa da força de Bock é também relativa à oposição soviética. Já em julho os soviéticos começaram a se preparar para um ataque alemão nas proximidades de Moscou erguendo um sistema escalonado de fortificações de campo. A Frente Ocidental do coronel-general I.S. Konev, a Frente de Reserva do marechal S.M. Budenny e a Frente Briansk do tenente-general A.I. Eremenko forneceram homens à linha defensiva externa que corria junto aos rios Desna e Sudost até o oeste de Viazma. Mais ao leste, havia dois cinturões de defesa separados um do outro por 35 a 45 quilômetros, que juntos eram conhecidos como a Linha Defensiva Rjev-Viazma. Mas a área defensiva mais importante era a Linha Defensiva Mojaisk, que estava ancorada em quatro regiões defensivas em Volokolamsk, Mojaisk, Maloiaroslavets e Kaluga. Juntas, as Frentes Ocidental, de Reserva e de Briansk comandavam onze exércitos em seu primeiro escalão estratégico e quatro exércitos no segundo. Isso totalizava cerca de 1.250.000 homens, 7.600 armas, 990 tanques e 667 aeronaves. Enquanto a força de Bock representava cerca de 60% de todo o *Ostheer*, as forças combinadas de Konev, Budenny e Eremenko correspondiam a somente 40% das forças soviéticas entre o mar Báltico e o mar Negro.[112] Apesar de estar em menor número e com menos armas no eixo de Moscou, ao longo de toda a extensão da Frente Oriental o Exército Vermelho na verdade tinha mais tanques do que o *Ostheer* (2.715), mais armas (20.580) e, apesar de suas perdas anteriores, aproximadamente o mesmo número de homens (3,2 milhões).[113] Em contraste com a propaganda nazista da época, a ofensiva de Bock não estava encontrando os últimos remanescentes do Exército Vermelho, mas sim uma força de tamanho considerável que em muitos sentidos era mais bem equipada para lidar com a Operação Tufão do que com a Operação Barbarossa.

No dia 24 de setembro, uma grande conferência foi sediada por Bock no Grupo de Exércitos Centro para finalizar os planos para a tão esperada renovação da ofensiva na direção de Moscou. Na plateia estavam os líderes do OKH (Halder e o comandante-chefe do exército, marechal de campo Walter von Brauchitsch), os comandantes dos três exércitos de Bock (Strauss, Kluge e coronel-general Maximilian Freiherr von Weichs), bem como os comandantes dos três grupos *Panzer* (Hoth, Hoepner e Guderian). Os comandantes reunidos foram informados sobre seus deveres de acordo com o plano de OKH, que havia sido formulado ao longo do último mês. Ao norte, o IX Exército de Strauss junto com o 3º Grupo *Panzer* de Hoth deveria atacar a partir da área perto de Dukhovshchina e formar o braço norte do primeiro grande cerco, fechando em Viazma. Enquanto os *Panzers* de Hoth forneceriam o poder de ataque, a infantaria de Strauss teria de cobrir a asa norte de toda a ofensiva, visto que já se provara impossível conseguir que o grupo de exércitos de Leeb se estendesse mais para o leste. O IV Exército de Kluge e o 4º Grupo *Panzer* de Hoepner deveriam atacar de ambos os lados da estrada Roslavl-Moscou no centro da frente de Bock e se dirigir para Viazma a fim de fechar o bolsão a partir do sul. O II Exército de Weich e o 2º Grupo *Panzer* de Guderian estavam atacando mais ao sul para avançar pelas posições soviéticas no rio Desna e cooperar em um avanço para o nordeste com um cerco centrado em Briansk. O VI Exército de Reichenau, anexado ao Grupo de Exércitos Sul, também teria de continuar em frente na direção de Oboian a fim de cobrir a maior parte possível do flanco sul de Bock.[114]

Na conclusão da conferência, foi decidido que a nova ofensiva deveria começar no dia 2 de outubro. Hoth havia argumentado a favor do dia 3 de outubro, mas foi rejeitado. Guderian, por outro lado, pediu e recebeu permissão para seu grupo *Panzer* começar dois dias antes, em 30 de setembro.[115] Guderian alegou que seu pedido foi motivado por dois fatores. Primeiro, ele citou a ausência de boas estradas na área na qual ele iria operar e, portanto, o desejo de usar totalmente o curto período que restava antes da *rasputitsa* de outono. A segunda razão que ele deu foi sua expectativa de um apoio aéreo adicional antes da abertura do resto da ofensiva do Grupo de Exércitos Centro.[116] Entretanto, esses fatores não foram o que convenceram Bock a autorizar o início antecipado de Guderian. Ele estava preocupado porque Guderian estaria operando tão longe ao sul que sua ofensiva poderia não ter qualquer influência sobre o ataque principal pelos primeiros quatro ou cinco dias.[117]

Apesar das dificuldades crescentes trazidas pela campanha oriental, o comando alemão em geral estava convencido de que a guerra contra a União Soviética poderia na verdade ser encerrada com mais uma grande ofensiva. Sucessos no norte e no sul, cercando Leningrado e capturando Kiev, haviam revigorado o entusiasmo e elevado as expectativas de que o Estado soviético estivesse próximo do colapso. Nesse sentido, foi crucial a série de *Sondermeldungen* (boletins especiais de notícias) de Goebbels, que declarou abertamente que a guerra estava se aproximando do fim. É claro que os homens na linha de frente às vezes estavam em uma melhor posição para determinar por si mesmos a validade de tais afirmações e, embora alguns deles demonstrassem entusiasmo, também havia muito ceticismo. Heinz Rahe escreveu para sua esposa no dia 26 de setembro sobre a iminente ofensiva na direção de Moscou. "Espero que Moscou seja alcançada daqui a quatorze ou vinte dias", mas então observou "só que não por nós".[118] Um suboficial com a 79ª Divisão de Infantaria escreveu no dia 24 de setembro: "Duvido muito que haja um fim para a Rússia este ano. As forças armadas [soviéticas] de fato estão quebradas, mas o país é grande demais, e capitulação não é uma opção para os russos".[119] Ele então concluiu, com um distinto tom de cansaço de guerra: "Milhões de homens precisam sangrar porque dois homens não conseguem concordar em suas ideias".[120] Em uma carta para sua família no dia 28 de setembro, Alois Scheuer resumiu suas experiências no leste e aludiu às muitas dificuldades: "O que experenciei e vivi neste trimestre na Rússia não consigo colocar em palavras. Tem muito que eu gostaria de esquecer e que nunca mais me lembrassem. No entanto, sempre tento não perder a esperança e a coragem, mas há horas em que a solidão e a desolação são quase insuportáveis".[121]

Embora muitos homens na linha de frente exprimissem suas reservas e ansiassem pelo fim da guerra, a propaganda de vitória de Goebbels ainda era amplamente bem-sucedida, especialmente na Alemanha. Relatórios confidenciais do SD (*Sicherheitsdienst* – o Serviço de Segurança) que mediam a opinião pública alemã relataram no dia 25 de setembro que temores de uma guerra posicional no leste ou a perspectiva de uma campanha de inverno agora haviam recuado.[122] O relatório seguinte do SD no dia 29 de setembro confirmou que cada vez mais pessoas estavam se convencendo de uma vitória da Alemanha antes da chegada do inverno.[123] Embora reconhecesse seu sucesso, Goebbels estava preocupado em relação a quanto exatamente havia crescido a onda de otimismo. Ao escrever em seu diário no dia 27 de setembro, Goebbels observou: "A depressão agora se foi completamente. Às vezes o humor das pessoas vai muito além das possibilidades reais. Mais uma vez você espera que neste inverno a guerra termine e teremos muito a fazer nas próximas semanas para puxar para um nível normal o otimismo extremo de agora".[124] Esse otimismo de fato era palpável e mesmo na linha de frente não faltava gente que quisesse desesperadamente acreditar naquilo. Hans-Albert Giese escreveu para sua mãe no dia 28 de setembro: "Nos próximos dias marcharemos novamente um pouco além. Estamos ansiosos em relação a isso porque quanto mais rápido avançarmos, mais cedo voltaremos para casa na Alemanha. A notícia dos últimos dias foi novamente muito importante. Esses bolcheviques não durarão muito mais tempo".[125] Outro soldado, Ernst Guicking, concordava. Em uma carta para sua esposa no dia 29 de setembro, Guicking afirmou: "Kiev acabou. Agora o [Grupo de Exércitos] Centro é esperado novamente. O grande acorde final logo será tocado no leste. Todas nossas esperanças estão nas próximas quatro semanas".[126]

De fato, todas as esperanças da Alemanha estavam na ofensiva de outubro a fim de obter a elusiva vitória final no leste; porém, restavam muitos obstáculos. Poderia o Grupo de Exércitos Centro derrotar a massa de tropas soviéticas concentrados na defesa da capital? Poderia o aparato logístico de Bock sustentar grandes operações durante todo o caminho até Moscou? Poderia uma cidade tão grande assim ser tomada à força? Resultaria a captura de Moscou na rendição do governo soviético? Após inúmeras batalhas extenuantes e centenas de quilômetros de um avanço estrênuo, muitos no *Ostheer* gostavam de acreditar que o pior da campanha oriental havia ficado para trás. A ideia de um empurrão final para terminar a guerra; um empurrão final para acabar com as muitas privações e sofrimentos individuais; um empurrão final para garantir um império sem limites de *Lebensraum*, enriquecendo a Alemanha por gerações; ou mesmo um empurrão final só para conquistar o direito de voltar a seus entes queridos: tudo isso certamente teria sido extremamente desejável para os sol-

Tabela 2. Ordem de batalha do Grupo de Exércitos Centro, 2 de outubro de 1941 (Operação Tufão)

Grupo de Exércitos Centro	IX Exército	XXIII Corpo de Exército	251ª Divisão de Infantaria
	161ª Divisão de Infantaria		102ª Divisão de Infantaria
Regimento de Infantaria "Grossdeutschland"			256ª Divisão de Infantaria
19ª Divisão Motorizada *Panzer* "Lehrbrigade 900"			206ª Divisão de Infantaria
	3º Grupo *Panzer*	VI Corpo de Exército	110ª Divisão de Infantaria
			26ª Divisão de Infantaria
Comando da Retaguarda (Centro)			
707ª Divisão de Infantaria			
339ª Divisão de Infantaria		XXXXI Corpo *Panzer*	36ª Divisão de Infantaria Motorizada
Brigada de Cavalaria SS			1ª Divisão *Panzer*
221ª Divisão de Segurança			6ª Divisão de Infantaria
286ª Divisão de Segurança		LVI Corpo *Panzer*	14ª Div. de Infantaria Motorizada
403ª Divisão de Segurança			6ª Divisão *Panzer*
454ª Divisão de Segurança (em movimento)			7ª Divisão *Panzer*
			129ª Divisão de Infantaria
		V Corpo de Exército	35ª Divisão de Infantaria
			5ª Divisão de Infantaria
			106ª Divisão de Infantaria
	VIII Corpo de Exército		28ª Divisão de Infantaria
			8ª Divisão de Infantaria
			87ª Divisão de Infantaria
	XXVII Corpo de Exército		255ª Divisão de Infantaria
			162ª Divisão de Infantaria

IV Exército	IX Corpo de Exército		86ª Divisão de Infantaria
			137ª Divisão de Infantaria
			263ª Divisão de Infantaria
	XX Corpo de Exército		183ª Divisão de Infantaria
			292ª Divisão de Infantaria
			268ª Divisão de Infantaria
	VII Corpo de Exército		15ª Divisão de Infantaria
			78ª Divisão de Infantaria
			267ª Divisão de Infantaria
			7ª Divisão de Infantaria
			23ª Divisão de Infantaria
			197ª Divisão de Infantaria
	4° Grupo *Panzer*	LVII Corpo *Panzer*	20ª Divisão *Panzer*
			3ª Div. de Infantaria Motorizada SS 'Das Reich'
		XXXXVI Corpo *Panzer*	5ª Divisão *Panzer*
			11ª Divisão *Panzer*
			252ª Divisão de Infantaria
		XXXX Corpo *Panzer*	2ª Divisão *Panzer*
			10ª Divisão *Panzer*
			258ª Divisão de Infantaria
		Corpo de Exército XII	98ª Divisão de Infantaria
			34ª Divisão de Infantaria

II Exército
112ª Divisão de Infantaria

- XIII Corpo de Exército
  - 17ª Divisão de Infantaria
  - 260ª Divisão de Infantaria
- XXXXIII Corpo de Exército
  - 52ª Divisão de Infantaria
  - 131ª Divisão de Infantaria
  - 56ª Divisão de Infantaria
  - 31ª Divisão de Infantaria
  - 167ª Divisão de Infantaria
- LIII Corpo de Exército

2° Grupo *Panzer*

- XXXXVII Corpo *Panzer*
  - 29ª Divisão de Infantaria
  - 17ª Divisão de Infantaria
  - 18ª Divisão de Infantaria
- XXIV Corpo *Panzer*
  - 4ª Divisão *Panzer*
  - 3ª Divisão *Panzer*
  - 10ª Div. de Infantaria Motorizada
- XXXXVIII Corpo *Panzer*
  - 9ª Divisão *Panzer*
  - 25ª Div. de Infantaria Motorizada
  - 16ª Div. de Infantaria Motorizada
- XXXV Alto-comando
  - 95ª Divisão de Infantaria
  - 296ª Divisão de Infantaria
  - 262ª Divisão de Infantaria
  - 293ª Divisão de Infantaria
  - 1ª Divisão de Cavalaria
- XXXIV Alto-comando
  - 45ª Divisão de Infantaria
  - 134ª Divisão de Infantaria

Fonte: Militärgeschichtliches Forschungsamt (ed.), Das Deutsche Reich und der Zweite Weltkrieg, Band 4. Der Angriff auf die Sowjetunion (Stuttgart, 1983), p. 573.

dados da Alemanha, mas também muito distante da realidade. Para aqueles na linha de frente, que haviam passado por tanta coisa, a propaganda de vitória de Goebbels correspondeu a muitos anseios desesperados, especialmente tendo em vista que a alternativa de continuar a guerra durante o inverno trazia à mente perspectivas muito mais sombrias. No entanto, como o próprio Goebbels sabia, sua propaganda estava longe da verdade. Após mais de três meses de guerra durante os meses mais favoráveis do ano, o *Ostheer* não havia conseguido derrubar a União Soviética. Agora, no último momento, com exércitos enfraquecidos e homens cansados, não era somente o tamanho do Exército Vermelho ou as vastas distâncias remanescentes que deveriam ter amenizado o otimismo alemão; era a época do ano. Um panfleto soviético jogado aos soldados alemães no dia 30 de setembro afirmava: "Se vocês não forem voluntariamente embora daqui, estarão perdidos. O duro inverno russo é iminente".[127] Tempestades de neve cegantes, temperaturas congelantes e ventos gelados seriam o resultado. O tufão da Alemanha estava a caminho de colidir com uma nevasca de inverno russa.

O sacro-imperador romano Frederico Barbarossa participou da segunda cruzada (1145-1149) liderada por seu tio Conrado III (1093-1152) e então, como imperador, liderou diversas campanhas na Itália. Porém, em muitos aspectos a campanha definidora de Barbarossa seria sua última – a terceira cruzada para as Terras Santas que ele lançou em maio de 1189. Embora a fonte do material sobre o governo de Barbarossa seja um tanto rudimentar, o homem por trás dos mitos e lendas era inquestionavelmente corajoso, às vezes impiedoso, e motivado por uma ambição sem limites. Sua terceira cruzada abrangia todas essas características e em muitos aspectos se tornou dependente de sua poderosa força de personalidade para sustentá-la. Tendo levantado um exército enorme, que, segundo relatos, teria chegado a 100 mil homens e 20 mil cavaleiros, Barbarossa tomou a estrada por via terrestre até as Terras Santas através da Hungria e de Constantinopla e para dentro da Anatólia. Como um adendo à nossa discussão do "interior", a longa marcha de Barbarossa causou seus próprios problemas, que levaram a um declínio em força mesmo quando mais cristãos se juntaram à cruzada durante sua longa marcha. Os problemas se amplificaram uma vez que o exército saiu da Constantinopla, sendo repetidamente atormentado e atacado por forças muçulmanas. Porém, dizem que a presença de Barbarossa estabilizou seus homens e deu ao exército uma direção firme em sua arriscada jornada. Portanto, não foi de se surpreender que a inesperada morte de Barbarossa (ele se afogou quando caiu de seu cavalo, em sua armadura completa, enquanto atravessava o rio Saleph) tenha induzido a turbulências e dúvidas dentro de seu exército, cuja maior parte logo voltou para a Alemanha.[128]

Apesar do malfadado compromisso com a Terceira Cruzada, foi decisão do próprio Hitler moldar sua guerra contra a União Soviética como uma cruzada moderna europeia baseada na reputação e nas façanhas de Frederico Barbarossa. Como Hitler explicou para Mile Budak, o ministro croata estacionado em Berlim, a guerra no leste "é uma cruzada como a que ocorreu anteriormente somente contra os hunos e contra os turcos. Essa luta deve aproximar e unir os povos europeus".[129] No entanto, a pressa de Hitler em igualar sua própria guerra no leste à cruzada de Barbarossa no século XII pode ter sido mais simbólica do que era intencionado ou desejado. Assim como Frederico Barbarossa morreu mesmo antes de alcançar as Terras Sagradas, a Operação Barbarossa de Hitler esteve longe de atingir Moscou. Ademais, embora os cruzados cristãos posteriormente tenham se juntado para uma quarta cruzada (1202-1204), esta também não conseguiu alcançar as Terras Santas, assim como a segunda tentativa de Hitler de tomar Moscou na Operação Tufão novamente não conseguiria atingir suas elevadas expectativas. Ao conceber sua cruzada contra o bolchevismo, a escolha de Hitler pelo simbolismo foi, portanto, mal planejada, mas, considerando o resultado final, apropriada no geral.

CAPÍTULO 2

Operação Tufão

A tempestade se move para o leste: "a última grande batalha decisiva do ano" (Adolf Hitler)

Na noite de 1º de outubro de 1941, poucas horas antes do início programado para a Operação Tufão, Adolf Hitler emitiu uma proclamação que deveria ser lida em voz alta às tropas da Frente Oriental:

Soldados!

Quando eu os convoquei para repelir o perigo que ameaçava nossa pátria no dia 22 de junho, vocês enfrentaram o maior poderio militar de todos os tempos. Em somente três meses, graças à sua bravura, meus camaradas, foi possível destruir uma brigada de tanque atrás da outra desse oponente, eliminar incontáveis divisões, levar inúmeros presos, ocupar espaços infinitos... Vocês tomaram 2.400.000 prisioneiros, vocês destruíram ou capturaram 17.500 tanques e mais de 21.000 armas, vocês abateram ou destruíram em solo 14.200 aviões. O mundo nunca viu nada assim![1]

Enquanto Hitler se esforçava para apontar a natureza sem precedentes do sucesso do *Ostheer*, seus comentários também insinuavam o fracasso da Operação Barbarossa em acabar com a resistência soviética. "Desta vez", ele prometeu com confiança, tudo sairia "de acordo com o plano" para desferir contra a União Soviética o tão esperado "golpe mortal". Com uma bravata tão característica, Hitler então declarou: "Hoje começa a última grande batalha decisiva deste ano".[2] Mas nem todos estavam convencidos. Wolf Dose, um soldado da 58ª Divisão de Infantaria, escreveu em seu diário: "O *Führer* nos contou que a batalha decisiva no leste está começando, uma batalha que acabará com os russos – mas como e onde, ele não disse. Não acredito que a União Soviética capitulará."[3] Outros eram mais francos. "A última grande batalha decisiva do ano, *meu Deus*! E o resultado decisivo deveria ser o quê? Moscou, Kharkov, o Volga?"[4] Embora em toda a Alemanha o moral tenha sido incentivado pela onda recente de *Sondermeldungen*, para aqueles soldados alemães nas trincheiras dianteiras do Grupo de Exércitos de Bock – os mesmos homens que haviam resistido a ataques soviéticos ferozes nos últimos dois meses – havia muito menos ilusões quanto às dificuldades de se encerrar a guerra no leste. A nova campanha contra Moscou apresentava desafios desencorajadores. No prelúdio imediato à Operação Tufão, Heinrich Haape registrou a atividade observada no lado soviético da linha:

> Ao leste de Meja, os russos preparavam um forte sistema de trincheiras, *bunkers*, armadilhas de tanques e emaranhados de arame farpado. Eles colocaram minas, reforçaram suas tropas da linha de frente, trouxeram suprimentos e reuniram suas forças para nos enfrentar mais uma vez.
>
> Tivemos de esperar, impotentes... e ouvir as histórias trazidas pelas nossas patrulhas a respeito do sistema defensivo russo, em rápido crescimento, e ler relatórios de nosso avião de reconhecimento da *Luftwaffe* que viu a movimentação, na direção da linha de frente, de novas tropas, armas e trens de suprimentos.[5]

Resumindo o período inicial de outubro, outro soldado alemão declarou: "As verdadeiras dificuldades ainda estavam por vir. A experiência até então havia sido somente um prelúdio".[6]

Às 5h30 da manhã do dia 2 de outubro, a ofensiva de Bock abriu com um bombardeio de artilharia em massa seguido por ataques aéreos e terrestres.[7] Heinz Otto Fausten, que servia na 1ª Divisão *Panzer*, escreveu sobre "uma imensa barreira de fogo preparatório" antes de continuar: "Por volta do meio-dia, atravessamos posições inimigas acachapadas, com nosso rio de tropas e veículos transbordando na direção do leste".[8] O soldado de infantaria Helmut Pabst escreveu, em uma carta para casa: "6hoo. Pulei em cima de uma casamata. Lá estão os tanques! Gigantes rolando len-

OPERAÇÃO TUFÃO

tamente na direção do inimigo. E aviões. Um esquadrão atrás do outro, descarregando suas bombas no caminho. O Grupo de Exércitos Centro iniciou seu ataque".[9] O diário de guerra da 20ª Divisão *Panzer* do coronel Georg von Bismarck[10] classificou o 2 de outubro como "um dia histórico".[11] O 2º Grupo *Panzer*, no entanto, estivera em ação desde 30 de setembro, e quando chegou a noite de 2 de outubro, Guderian tinha a impressão de que suas forças haviam conquistado um "avanço completo".[12] Em menos de três dias, seu XXXXVII Corpo *Panzer* subordinado registrou a captura de 3.800 prisioneiros de guerra, a destruição de 17 *Panzers*, 42 armas, 77 caminhões e 300 cavalos.[13] Ao norte, o 4º Grupo *Panzer* de Hoepner avançou até 15 quilômetros para dentro das posições soviéticas no primeiro dia e,[14] embora o inimigo que ele encontrou tivesse supostamente ficado "surpreso", eles "resistiram implacavelmente".[15] O 3º Grupo *Panzer* de Hoth dirigiu por vinte quilômetros para dentro das linhas soviéticas no primeiro dia e descobriu que a resistência inimiga era menor do que a esperada.[16] O rápido avanço também foi atribuído ao bom tempo, que, de acordo com o diário de guerra do 3º Grupo *Panzer*, "beneficiou toda movimentação nas estradas e trilhas ruins".[17] Em pontos onde as estradas se tornaram problemáticas, as condições secas permitiam simples desvios, evitando maiores atrasos.[18] O boletim do tempo para a Rússia central no dia 2 de outubro era de "céu claro e sol", fornecendo um lembrete das condições iniciais da Operação Barbarossa 103 dias antes.[19] O diário de guerra da 5ª Divisão *Panzer* classificou-o simplesmente como "tempo ofensivo".[20]

No Grupo de Exércitos Centro, Bock estava exultante. Naquela noite, ele escreveu em seu diário: "O grupo de exércitos foi para o ataque de acordo com o plano. Avançamos tão facilmente por todo lugar que surgiram dúvidas quanto a se o inimigo não teria na verdade decampado".[21] No entanto, informações reunidas de oficiais soviéticos capturados logo confirmaram que não havia sido emitida nenhuma ordem de retirada, e que os exércitos de defesa haviam recebido ordens para manter suas posições a qualquer custo.[22] A inteligência de rádio da Alemanha ainda confirmou a determinação obstinada do Exército Vermelho de resistir e não ceder terreno. Interceptações soviéticas diziam: "Reforço não possível, segurem as travessias"; "o comandante está morto, assumi o comando"; "não consigo resistir mais, destruindo o rádio".[23] Como Helmut Pabst observou, a superioridade da Alemanha no ponto de principal concentração do 3º Grupo *Panzer* era assoberbante. "Tanques vêm chegando, até perto da posição das armas. Cerca de cem já passaram, e eles continuam chegando... Parece caótico, mas funciona perfeitamente, como um relógio. Hoje eles querem invadir a linha Dniepre, amanhã será Moscou. Carros blindados de reconhecimento estão se juntando agora às colunas."[24] Depois de quase quatro horas assistindo ao bloco principal do grupo *Panzer* de Hoth passar, Pabst concluiu: "Acho que vimos o último passar. Está ficando mais silencioso... Qualquer filme de guerra perde para isso. 'Foi mesmo um espetáculo!', os rapazes estão dizendo".[25]

Embora o sucesso inicial da Tufão parecesse completo, ainda havia algumas posições implacavelmente contestadas que custaram muitas vidas alemãs. A 131ª Divisão de Infantaria do tenente-general Heinrich Meyer-Bürdorf sofreu grandes perdas no dia 2 de outubro ao tentar liberar posições soviéticas contra sua frente.[26] As divisões *Panzer* também encontravam dificuldades com o já conhecido problema de pontes inadequadas, além da falta de combustível – algo ainda mais ameaçador no primeiro dia de uma ofensiva.[27] Mesmo antes de a ofensiva começar, reconheceu-se que reservas de combustível eram alarmantemente pequenas e foram feitos planos para trazer mais combustível em aviões cargueiros e planadores rebocados.[28] No entanto, não se poderia ter dúvidas de que o Grupo de Exércitos Centro estivesse tendo ganhos significativos ao longo de uma ampla seção da Frente Oriental, e essa foi a mensagem que Bock passou para o coronel Rudolf Schmundt, o ajudante militar principal do *Führer* no "Covil do Lobo" (*Wolfschanze*), o recluso quartel-general de Hitler na Prússia Oriental.[29] A notícia confirmou para Hitler que a guerra estava de fato perto do fim e ele entrou em clima de celebração. No dia 3 de outubro, na abertura anual da Organização de Ajuda de Inverno à Guerra (*Kriegswinterhilfswerk*) em Berlim, Hitler fez seu primeiro discurso nacional desde o início da guerra no leste. Era uma ocasião auspiciosa, que permitia a Hitler remodelar a guerra no leste de uma *blitz* fracassada para uma operação militar impecável à beira de uma vitória completa. Hitler declarou: "Na manhã de 22 de junho, começou a maior luta na história do mundo. Desde então, passaram-se três meses e meio. Hoje posso afirmar que tudo se deu de acordo com os planos".[30]

Mas nem mesmo Hitler poderia esperar passar por cima da escala e do custo do combate no leste, e ele admitiu que a Alemanha havia sido pega de surpresa. "No entanto, algo nos enganou", disse ele ao povo alemão; "não tínhamos ideia de quão gigantescos haviam sido os preparativos desse oponente contra a Alemanha e a Europa."[31] Foi uma admissão surpreendentemente franca, provavelmente inspirada em sua confiança na derrota da União Soviética, que agora ele prometia nos termos mais diretos. "Digo isso aqui hoje porque posso dizer hoje que esse oponente já sucumbiu e não se levantará nunca mais!"[32] Não só Hitler estava prevendo o fim da guerra no leste, como também admitiu que havia afastado a indústria da produção militar. "Hoje, é só uma questão de transporte. Hoje, tomamos as providências antecipadamente para que, no meio desta guerra de materiais, eu possa ordenar que a produção em várias esferas seja interrompida, porque sei que não há oponente que não consigamos derrotar com as quantidades existentes de munição."[33] O discurso de Hitler pode ter tranquilizado muitos de seus seguidores, mas também refletia a profundidade da ilusão que inibia o comando alemão e a discrepância que havia vindo à tona entre a propaganda de guerra e a situação real no leste. Todavia, a curto prazo os soldados, tais como Wilhelm Prüller, exultaram com o discurso de Hitler. Ao escrever em seu diário, Prüller notou: "Como as palavras deles nos animam, enquanto nos reunimos ao redor do transreceptor, tentando não perder uma única palavra! Por acaso existe uma recompensa melhor do que, depois de um dia de batalha, ouvir o *Führer*? Nunca!".[34] Erich Hager anotou em seu diário depois do discurso: "Todos estavam realmente entusiasmados. Muitos estavam bêbados".[35] Outros soldados, no entanto, ficaram menos convencidos e pareciam confusos com a dicotomia emergente entre a representação pública e a experiência pessoal da guerra. Hans Jürgen Hartmann notou: "Talvez seja só 'conversa' que nosso inimigo esteja enfraquecido e nunca mais se reerguerá. Não consigo evitar – estou totalmente pasmo. Será que a guerra toda terá mesmo terminado antes do inverno?".[36] Certamente aqueles com uma visão mais ampla dos acontecimentos não se deixaram levar pela artimanha confiante de Hitler.

O ministro das Relações Exteriores italiano, Galeazzo Ciano, escreveu em seu diário no dia 3 de outubro:

> Discurso de Hitler em Berlim, que foi inesperado, ou quase. As primeiras impressões são de que ele tentou explicar ao povo alemão suas razões para o ataque à Rússia e para justificar seu atraso no encerramento da guerra, sobre o qual ele havia feito promessas bastante definitivas. Não há dúvida de que ele perdeu parte de seu vigor... Quanto a nós, não recebemos uma atenção particular; ele nos agrupou com os outros, e isso não dará uma boa impressão na Itália, onde a onda de sentimento antigermânico está ficando cada vez mais forte.[37]

Enquanto Hitler proclamava que o Exército Vermelho estava enfraquecido e nunca voltaria a se reerguer, as forças soviéticas contra o Grupo de Exércitos Centro lutavam obstinadamente mesmo quando o comando e o controle ao longo de muitas partes da frente começaram a se esgotar.[38] Na verdade, em Yelnya, cenário de tantos combates pesados desde o final de julho até o começo de setembro, o IX Corpo de Exército Alemão, comandado pelo general de infantaria Hermann Geyer, esteve sujeito aos ferrenhos contra-ataques soviéticos nos dias 3 e 4 de outubro.[39] No entanto, ao manterem obstinadamente longas seções na linha de frente, os exércitos soviéticos que defendiam o acesso até Moscou estavam se permitindo ser cercados, facilitando assim mais um desastre soviético. Eremenko, que comandava a Frente Briansk, já havia tentado, sem sucesso, obter permissão para retirar suas forças para novas posições, enquanto Konev, no comando da Frente Oriental, havia exposto a Stálin o crescente risco para suas forças, mas tampouco estava autorizado a se retirar.[40] Quando chegou a noite de 3 de outubro, as divisões *Panzer* de Hoth e de Hoepner haviam avançado até 50 quilômetros linhas soviéticas adentro,[41] ao passo que no sul a 4ª Divisão *Panzer*, cabeça-de-lança de Guderian, havia entrado em terreno aberto e estava avançando sobre uma das poucas estradas pavimentadas na União Soviética. O objetivo era Orel, uma cidade de 140 mil habitantes, que permanecia em grande parte sem defesa, e no limite extremo das reservas de combustível da divisão *Panzer*. O distinto jornalista soviético Vassili Grossman estava em Orel quando um colega alarmado o encontrou. "Os alemães estão vindo direto para Orel. Há centenas de tanques. Escapei por pouco dos tiros. Precisamos partir imediatamente, do contrário vão nos pegar aqui."[42] Na verdade, Orel não foi atacada por centenas de tanques alemães, e sim tomada pela 6ª Companhia de Arthur Wollschlaeger que consistia de somente quatro tanques, que sozinhos dominaram a cidade por três horas, até que mais reforços chegassem. Era um típico ato de ousadia, pelos quais as forças *Panzer* alemãs eram famosas. Desamparados, os tanques de Wollschlaeger simplesmente entraram na cidade, assegurando pontes e a principal estação ferroviária. Como o medo e o espanto foram tomando conta da população local, o efeito de "choque" da ousada campanha de Wollschlaeger evitou qualquer resistência. Como Wollschlaeger lembrou posteriormente sobre sua campanha pelas ruas da cidade: "A vida na cidade ainda estava a todo vapor. Quando os cidadãos de Orel nos viram, eles fugiram para dentro dos prédios e ruas laterais, brancos como fantasmas".[43]

Orel ficava a cerca de 240 quilômetros[44] do ponto inicial de Guderian quatro dias antes e foi capturada sem praticamente nenhum disparo. Em muitos sentidos, o sucesso em Orel elevou as expectativas de que Moscou pudesse de fato ser tomada nos próximos dias ou semanas. Porém, Orel era a exceção, não a regra. O avanço já havia exaurido quase todo o estoque de combustível de Guderian, enquanto o clima continuava excelente e a qualidade das estradas era, pelo menos em parte, bem acima da média para a União Soviética. As complicações de se continuar com grandes operações no leste durante o outono russo ainda eram desconhecidas para o *Ostheer*. Como uma rádio suíça no dia 3 de outubro observou: "A situação neste outono é notável pelo que *não* ocorreu: apesar dos imensos sucessos da Wehrmacht alemã na Rússia, não foi tomada nenhuma decisão que levasse a uma conclusão da campanha ou a um cessar-fogo... Os alemães perderam seu medo inicial do inverno russo e da imensidão da Rússia".[45] Como exemplo disso, Wagner, o intendente-geral encarregado do aparato logístico profundamente complicado do *Ostheer*, escreveu em uma carta no mesmo dia (3 de outubro): "Acho que um grande sucesso, ou seja, o decisivo, será atingido em quatro semanas".[46] Talvez os alemães tenham perdido seu medo do inverno russo e da imensidão da União Soviética, ou talvez ele tenha sido meramente suplantado pela fé na máxima de Hitler: "Para o soldado alemão, nada é impossível!".[47] De qualquer forma, o sucesso e as vitórias fáceis da Tufão não iriam durar muito.

Embora a captura de Orel fosse uma evidente propaganda de sucesso para Bock, em outras partes da frente o segundo dia da ofensiva já estava revelando o estado desgastado das divisões motorizadas. Após serem levantadas questões sobre a vagarosa mobilidade da 1ª Divisão *Panzer* do major-general Walter Krüger, Hoth explicou que ela havia sido enviada diretamente da marcha de Leningrado, sem tempo para descansar ou se recompor. "Nada surpreendente", comentou Halder, que depois acrescentou: "Logo o mesmo poderá ser esperado das 19ª e 20ª Divisões *Panzer*".[48] Outro problema para o avanço alemão era o perigo causado por ataques aéreos soviéticos, que revelavam não somente a crescente potência da ressurgente força aérea soviética como também a frequente incapacidade da *Luftwaffe* em oferecer proteção ao longo de amplas seções da linha de frente. À medida que a 4ª Divisão *Panzer* do major-general Willibald Freiherr von Langermann-Erlancamp avançava na direção de Orel, sua divisão era repetidamente atacada. De acordo com o diário de guerra da divisão no dia 3 de outubro: "Os ataques aéreos dos russos estão ficando mais fortes. Os ataques continuam quase sem pausa, basicamente um ou dois bombardeiros com cobertura de caças, e devem ser encontrados ao longo de todo o trajeto do avanço até Dmitrovsk".[49] Do outro lado da frente de Bock, o 3º Grupo *Panzer* de Hoth queixava-se do mesmo problema e citou um exemplo da 35ª Divisão de Infantaria subordinada do tenente-general Walther Fischer von Weikersthal, que em apenas um ataque teve quinze mortos e quarenta feridos.[50] Albert Neuhaus descreveu outro ataque quando escreveu à sua esposa no dia 3 de outubro: "Então, de repente, dois bombardeiros russos sobrevoaram a estrada e começaram a atirar em nós, com suas armas a 500 metros de distância. Aconteceu tudo tão rápido que a busca costumeira por cobertura estava fora de questão. Atiravam da esquerda e da direita contra o chão".[51]

Ainda que a força aérea soviética estivesse causando problemas, as aeronaves da Frota Aérea 2 de Kesselring, que cobria o Grupo de Exércitos Centro, não estavam de forma alguma dormentes. Antes do início da Operação Tufão, Kesselring havia recebido o reforço de aeronaves da Frota Aérea 4 do coronel-general Alexander Löhr, designado para o Grupo de Exércitos Sul. Além disso, um novo esquadrão de caças foi transferido para Kesselring da Europa Ocidental junto com a chegada do Esquadrão Azul Espanhol (*Escuadrilla Azul*).[52] Mais dois esquadrões de bombardeio foram transferidos para Kesselring da recém-formada Legião da Força Aérea Croata (*Hrvatska Zrakoplovna Legija*).[53] A Frota Aérea 2 de Kesselring foi dividida em dois corpos: o Corpo Aéreo II do general da aviação Bruno Loerzer e o Corpo Aéreo VIII do coronel-general Wolfram von Richtofen. Loerzer foi designado para dar apoio ao grupo *Panzer* de Guderian, bem como para dar algum apoio a operações no flanco direito de Hoepner. Richthofen assumiu então a tarefa de fornecer cobertura aérea para os grupos *Panzer* de Hoth e Hoepner.[54] No primeiro dia da Operação Tufão, as aeronaves do corpo de Richthofen faziam uma média de quatro ataques, e algumas conseguiam fazer até seis.[55] No segundo dia (3 de outubro), um total de 984 ataques foram feitos em toda a frota aérea de Kesselring, causando a destruição de 679 veículos inimigos. No dia seguinte (4 de outubro), outros 450 veículos inimigos foram destruídos.[56] No entanto, as boas condições de voo beneficiaram ambos os lados, e as pontas-de-lança dos grupos *Panzer* alemães eram alvos preferenciais para a força aérea soviética. Como Guderian observou no dia 5 de outubro:

> Neste dia... tive a nítida noção da resiliência da força aérea russa. Logo depois que aterrissei no campo aéreo de Sevsk, onde vinte caças alemães também haviam acabado de chegar, os russos o bombardearam; isso foi seguido por um ataque aéreo contra a sede do corpo que estourou o vidro das janelas contra nossos ouvidos. Eu logo peguei a estrada do avanço da 3ª Divisão *Panzer*. Ali, também ficamos sujeitos a uma série de ataques de bombardeios, por pequenos grupos de três a seis bombardeiros russos.[57]

Tentativas de conter os ataques soviéticos muitas vezes levavam a combates aéreos ferozmente disputados, que ceifaram a vida de muitos pilotos de ambos os lados. Enquanto a *Luftwaffe* começou a guerra com considerável vantagem qualitativa em treinamento e experiência, as muitas semanas de operações implacáveis haviam permitido que os pilotos soviéticos sobreviventes ganhassem uma inestimável experiência, uma vez que cada perda alemã reduzia sua superioridade final. De fato, os pilotos soviéticos estavam se mostrando capazes de destruir os melhores da Alemanha. No dia 3 de outubro, Heinrich Hoffmann, o quarto maior ás da aviação da Alemanha com 63 "vitórias", foi abatido no sul de Yel'nya. O terceiro maior ás da aviação, Hermann-Friedrich Joppien, já havia sido morto em agosto e o segundo maior, Heinz Bär, estava se recuperando no hospital de ferimentos sofridos em um acidente de pouso. Werner Mölders, com 101 "vitórias" oficiais, era o maior de todos, mas por razões de propaganda decorrentes de seu sucesso e de seu perfil altamente público, ele foi retirado dos voos operacionais.[58]

Enquanto a batalha aérea na Frente Oriental se intensificava, os grupos *Panzer* estavam rapidamente envolvendo elementos importantes das três frentes soviéticas em dois bolsões gigantes. No sul, o XXIV Corpo *Panzer* de Guderian, sob o comando do general de tropas *Panzer* Leo Freiherr Geyr von Schweppenberg, avançou para o nordeste para tomar Orel, mas o 2º Grupo *Panzer* também consistia de dois outros corpos. No flanco sul de Guderian, o XXXXVIII Corpo *Panzer* de Kempf estava encarregado de manter contato com o Grupo de Exércitos Sul, além de avançar para o leste para cobrir o extenso flanco direito de Schweppenberg. À esquerda de Guderian, o XXXXVII Corpo *Panzer* do general de tropas *Panzer* Joachim Lemelsen recebeu a ordem de se dirigir ao norte para tomar Briansk, onde então se esperava que um amplo bolsão pudesse ser formado juntamente ao II Exército de Weichs. No entanto, enquanto a principal divisão *Panzer* de Lemelsen (a 17ª) estava ganhando um bom terreno, a infantaria de Weichs estava estagnada, e o bolsão sul consequentemente levaria mais tempo para se formar.[59] Ao norte do II Exército de Weichs estava o IV Exército de Kluge junto com o 4º Grupo *Panzer* de Hoepner. O grupo *Panzer* de Hoepner, do ponto de vista numérico, era o mais forte na Frente Oriental e simplesmente esmagou as fileiras enfraquecidas do desafortunado 43º Exército Soviético. Suas divisões *Panzer* se voltaram então para o noroeste a fim de contornar o flanco de mais dois exércitos soviéticos (o 20º e o 24º) enquanto se dirigia para o encontro com o grupo *Panzer* de Hoth em Viazma. Na asa norte de Bock, o IX Exército de Strauss e o 3º Grupo *Panzer* de Hoth deveriam formar a pinça esquerda para o segundo grande bolsão. Como havia penetrado no Dniepre, a leste de Kholm-Zhirkovskii e capturado duas pontes intactas, na noite de 3 de outubro Hoth estava a somente 60 quilômetros de Viazma.[60] Porém, Konev organizou desesperadamente um contra-ataque, que teve sucesso em conter o avanço de Hoth e em forçá-lo a uma batalha campal.[61] No dia 4 de outubro, a 6ª Divisão *Panzer* do tenente-general Franz Landgraf destruiu 25 tanques soviéticos, mas perdeu quinze dos seus. Ao mesmo tempo, a 1ª Divisão *Panzer* de Krüger destruiu 33 tanques soviéticos para um número não revelado de perdas alemãs; no entanto, o diário de guerra do 3º Grupo *Panzer* observou no dia 5 de outubro: "O contra-ataque do inimigo ao sul de Kholm infelizmente nos custos perdas graves".[62]

Apesar das frenéticas contramedidas soviéticas, os círculos blindados dos três grupos *Panzer* de Bock estavam rapidamente se fechando, fazendo que o temor por um cerco alemão se disseminasse. Ao testemunhar o desdobramento da confusão, o jornalista soviético Vassili Grossman observou, no dia 4 de outubro:

> Achei que conhecesse retiradas, mas nunca tinha visto nada como o que estou vendo agora, e nunca poderia imaginar nada do tipo. Êxodo! Êxodo bíblico! Veículos se movendo em oito pistas, um rugir violento de dezenas de caminhões tentando simultaneamente arrancar suas rodas da lama. Rebanhos enormes de ovelhas e vacas estão sendo levados pelos campos. Eles são seguidos por filas de carroças puxadas por cavalos, há milhares de vagões cobertos de aniagem, verniz, estanho... Também há hordas de pedestres com sacos, trouxas, malas. Isso não é uma inundação, isso não é um rio, é o vagaroso movimento de um oceano fluindo, e esse fluxo tem centenas de metros de largura... Há momentos em que me sinto com completa vivacidade como se eu tivesse sido transportado de volta no tempo até a era de catástrofes bíblicas.[63]

Pode não ter sido bíblico, mas certamente foi uma catástrofe para a União Soviética. No OKH, o clima era de júbilo. De fato, o dia 4 de outubro era o sexagésimo aniversário de Brauchitsch, então houve um café da manhã festivo com presentes e à tarde uma visita de Hitler, que se juntou a seus comandantes de exército para tomar chá. Hitler falava abertamente em enviar Guderian de Orel para Tula, 170 quilômetros para o nordeste, e então para Moscou, 175 quilômetros mais ao norte. Ele também falou sobre as forças enfraquecidas do Grupo de Exércitos Norte renovando a ofensiva ao longo do lago Ladoga. Era um padrão familiar de desenfreado autoengano, no qual sucessos iniciais rapidamente levavam a superestimativas pouco realistas acerca do potencial operacional do *Ostheer*. Ainda assim, com a frente de Bock agora se movendo em frente depois de mais de dois meses na defensiva, e com o clima de início de outubro no leste ficando atipicamente quente,[64] Hitler e seus generais estavam totalmente convencidos pela própria propaganda de um fim iminente da guerra. Em seu diário, Halder observou os desdobramentos favoráveis: "A Operação Tufão está se desdobrando em um curso realmente clássico... O inimigo está em posse de todas as partes da linha de frente que não estão sob ataque, o que pressagia o estabelecimento de bolsões".[65]

Se a Tufão estava seguindo um caminho clássico no geral, os problemas operacionais que agora emergiam também estavam. Antes que Guderian pudesse sequer pensar em seguir para Tula, ele primeiro precisava cuidar das suas quase inexistentes reservas de combustível. A 4ª Divisão *Panzer* de Langermann-Erlancamp estava momentaneamente sem opositores na estrada para Tula, mas incapaz de explorar sua vantagem por falta de combustível.[66] No dia 5 de outubro, Guderian solicitou que enviassem de avião 500 metros cúbicos de combustível até um campo aéreo perto de Orel, mas Kesselring poderia conseguir no máximo cerca de 70 a 100 metros cúbicos no dia 6 de outubro.[67] Da mesma forma, o XXIV Corpo *Panzer* de Schweppenberg também estava pedindo por mais combustível, o que levou a outra demanda sobre a já sobrecarregada capacidade de transporte de Kesselring. Como Guderian reconheceu, a disponibilidade de combustível para a Operação Tufão era essencial; "a futura extensão de nossos movimentos era afinal dependente disso".[68] Nem o 2º Grupo *Panzer* era exceção. O avanço de Hoepner em Viazma já estava causando problemas para o XXXXVI Corpo *Panzer* de Vietinghoff porque a falta de combustível somada a estradas ruins estava retardando toda a movimentação.[69] Pior que isso, depois de ser contido por contra-ataques soviéticos no dia 4 de outubro, o 3º Grupo *Panzer* de Hoth ainda não conseguia avançar no dia 5 de outubro porque os estoques de combustível haviam sido totalmente exauridos. Kesselring foi requisitado novamente para voar com entregas urgentes a fim de reiniciar o ataque.[70] Espantosamente, em meio à escassez de itens tão básicos e com somente alguns dias de ofensiva, o intendente-geral do exército, Wagner, escreveu em uma carta no dia 5 de outubro:

> Estão sendo estabelecidos objetivos operacionais que antes teriam feito nossos cabelos ficarem em pé. A leste de Moscou! Então estimo que a guerra estará praticamente terminada, e talvez realmente haja o colapso do sistema [soviético]... Pasmo-me constantemente com o julgamento militar do *Führer*. Ele intervém no curso das operações, pode-se dizer que de forma decisiva, e até agora ele sempre agiu corretamente.[71]

Tal devoção cega e incompetência profissional não era de forma alguma limitada a Wagner dentro do OKH. Na verdade, dadas as muitas deficiências e promessas não cumpridas de Wagner, sua sobrevivência no posto de intendente-geral só confirmava o apoio do qual ele, e seus juízos, muitas vezes gozavam. Mais importante, Wagner era um entusiasta de todos os ideais nazistas, inclusive do poder da "vontade" individual, que afirmava o poder do espiritual sobre o tangível. Seguindo essa linha de mitologia nazista, as tropas alemãs, independentemente da situação de suprimentos, conquistariam Moscou contando que continuassem determinadas para tanto. A loucura de tal crença deveria ter sido aparente durante a Operação Barbarossa, mas a ausência de uma curva de aprendizado dentro do alto-comando alemão condenou a Operação Tufão a repetir muitos dos erros anteriores.

Se a falta de suprimentos oferecia uma restrição ao avanço alemão, a oposição soviética não era de forma alguma desprezível. Na verdade, em alguns pontos os alemães foram até forçados a se retirarem com grandes perdas. No dia 6 de outubro, Hans Roth observou em seu diário:

Desde hoje à noite encontramos a famosa "Guarda Proletária de Moscou" e asiáticos, muitos asiáticos, que, como demonstrado pelo ataque, combatem com total determinação e diabólica astúcia. Infelizmente sofremos perdas, dentre as quais estão dois dos nossos melhores tenentes, Forester e Kohl... Um pouco depois, aqueles cães atacaram novamente: temos de evacuar a posição e nos retirar na direção das colinas no nordeste, tudo isso enquanto combatemos. Só dando tudo de nós seremos capazes de manter a horda fanática ululante à distância... parece que vamos enterrar cadáveres![72]

Esse tampouco foi somente um revés local isolado. Quando a 4ª Divisão *Panzer* de Langermann-Erlancamp tentou avançar 50 quilômetros para o nordeste a partir de Orel para Mtsensk, no dia 6 de outubro, sofreu um golpe debilitante por um contra-ataque soviético aplicado de forma exímia. Em seu livro de memórias, Guderian se referiu às "graves baixas" da divisão, mas tentou sugerir que essa "era a primeira ocasião na qual a vasta superioridade do T-34 russo sobre nossos tanques se tornou obviamente aparente".[73] Na verdade, a superioridade do T-34 soviético havia sido evidente desde os primeiros dias da guerra, ainda que seu mau emprego tático e sua falta de armas de apoio muitas vezes negassem suas vantagens técnicas. Agora jovens comandantes soviéticos estavam aprendendo que ataques precipitados contra posições alemãs preparadas raramente eram bem-sucedidos, como observou o diário de guerra da 4ª Divisão *Panzer*: "O russo foi muito hábil ao dirigir seus tanques, recuando com frequência, para aparecer novamente em um ataque de flanco. No decorrer da tarde seus pesados modelos infligiram grandes perdas".[74]

Não somente o ataque soviético foi bem-sucedido em forçar uma divisão *Panzer* alemã a recuar, como também, mesmo de acordo com fontes alemãs, os soviéticos não o conseguiram por meio de superioridade numérica. Os alemães estimaram que a força de tanques soviética estaria em um número de aproximadamente 45 (todos os modelos), enquanto a 4ª Divisão *Panzer* colocou em campo cerca de 56 tanques prontos para combate na véspera da batalha.[75] Os alemães também avançaram com um batalhão de infantaria em motocicleta, uma bateria de Flak de 88 mm, um batalhão *Nebelwerfer*[76] e a artilharia de dois batalhões. Boa parte dessas forças também sofreram perdas no engajamento subsequente.[77] Até o final do dia, a 4ª Divisão *Panzer* relatou dezessete tanques soviéticos destruídos e a perda de dez alemãs, mas era o Exército Vermelho que dominava o terreno.[78] No dia seguinte (7 de outubro), Langermann-Erlancamp renovou o ataque, sendo derrotado de novo com "grandes perdas de homens e materiais". No dia 9 de outubro, a 4ª Divisão *Panzer* só tinha trinta tanques operacionais, e não havia ganhado terreno algum.[79] O ataque contra Mtsensk foi novamente renovado, mas de acordo com o diário de guerra da 4ª Divisão *Panzer*: "Movimento dianteiro ao longo da rota de avanço não foi possível por causa da superioridade em armas dos tanques russos (por volta de 25). Nenhum tanque russo foi atingido, e infelizmente houve mais prejuízos de homens e materiais (quatro *Panzers* destruídos, alguns danificados, uma arma antiaérea de 88mm, um canhão de 100mm, um meio-caminhão blindado,[80] um observador de artilharia destruído)."[81] Claramente algumas unidades do Exército Vermelho haviam aprendido a combater, e até mesmo superar, a Wehrmacht. Ademais, esses sucessos foram conquistados antes que prevalecesse o inverno, este inimigo que muitos veteranos alemães depois viriam a culpar por todos seus reveses na Operação Tufão. Como o próprio Guderian reconheceu após testemunhar parte da batalha, "eles [soviéticos] estavam aprendendo".[82]

Enquanto unidades soviéticas estavam aos poucos se adaptando às táticas alemãs, a necessidade de uma curva de aprendizado na linha de frente certamente não se limitava ao Exército Vermelho. Com números crescentes de substituições alemãs preenchendo as lacunas nas fileiras, o processo de se ajustar à guerra no leste e a seus muitos riscos inerentes exigia um ensino rápido dentro do *Ostheer*. Um estudo pós-guerra de ações de pequenas unidades na Frente Oriental concluiu que muitas vezes eram necessários vários meses de aclimatação antes que unidades pudessem se adaptar e conter a grande onda de baixas. A curva de aprendizado necessária na época era tão grande que unidades de combate de força total, sem experiência prévia na Frente Oriental, eram incapazes de cumprir as mesmas tarefas que unidades tão enfraquecidas por engajamentos anteriores conseguiam cumprir.[83] A obstinada e heterodoxa abordagem tática do Exército Vermelho muitas vezes incluía medidas especiais, que confundia *Landsers* desavisados.[84] Nos primeiros dias da Operação Tufão, elementos avançados da 2ª Divisão *Panzer* de Veiel pararam para entrar em combate com três tanques soviéticos que haviam sido avistados 300 metros antes. Foram disparadas seguidas descargas de tiros, inclusive descargas especiais contra blindados, mas nada parecia ter efeito algum. Só depois que um oficial de infantaria conseguiu contorná-los é que se descobriu que todo o avanço havia sido contido por tanques de madeira esburacados e caindo aos pedaços, usados como chamarizes.[85] Em outra instância, no dia 5 de outubro, a 18ª Divisão *Panzer* do major-general Walter Nehring se deparou com o que chamaram de "cães-mina".[86] Esses cães eram armados com dispositivos explosivos desencadeados por uma alavanca de madeira carregada por mola que ficava nas costas do cão. Esses cães eram treinados para encontrar comida embaixo de veículos blindados e quando eles rastejavam por baixo de um tanque a alavanca era comprimida, levando à detonação.[87] Outra tática soviética desesperada era fingir a morte para permitir que soldados alemães desavisados passassem e então atacá-los por trás.[88] Como Erich Kern escreveu: "De repente, congelei – um russo morto havia se mexido... Em um instante, o 'morto' se endireitou para jogar uma granada ativa em sua mão. Mas nossas pistolas foram mais rápidas".[89]

Ainda mais criativo era o amplo sistema de armadilhas soviéticas descobertas em posições com forte defesa. Em uma delas, a vegetação rasteira era coberta por uma fina tela de arame, que ficava conectada a um gerador escondido em um bunker. Quando ativada, a rede de arame era carregada de uma corrente letal. Como um dos soldados que a descobriu observou, "estava tão bem camuflada que infelizmente a reconhecemos tarde demais, só depois do contínuo acúmulo de perdas".[90] Em outras instâncias, os soviéticos empregaram fios de disparo primitivos, que quando ativados atingiam a vítima com pregos envenenados. Outras alternativas eram maços de cigarro ou relógios armados com explosivos e deixados em plena vista. Também havia um lança-chamas automático que era ativado pela vítima ao pisar em um painel de pressão. Outros fios de disparo lançavam minas por 3 ou 4 metros para cima antes de explodir, e também havia as chamadas valetas do diabo. A intenção seria usá-las como cobertura para uma força de ataque antes de explodir, às vezes por centenas de me tros, através de canais de detonação subterrâneos.[91] Não era de se surpreender que os métodos do Exército Vermelho forçassem até veteranos experientes a temer seu novo inimigo. Quando o major-general Fehn, comandando a recém-chegada 5ª Divisão *Panzer*, disse a seu comandante de corpo sobre os ataques noturnos a seu posto de comando, Vietinghoff não se comoveu e simplesmente informou a seu subordinado, "tais 'surpresas' fazem parte da experiência cotidiana na Rússia".[92]

Enjaulando o urso – os cercos de Bock a Viazma e Briansk

Enquanto as três frentes soviéticas enfrentadas por Bock tentavam desesperadamente resistir em circunstâncias cada vez mais insustentáveis, a Stavka inicialmente recusou qualquer retirada. No entanto, às 11h do dia 5 de outubro, o coronel Sbytov, comandante combatente distrital de Moscou, encaminhou o relato de um piloto sobre uma coluna inimiga de quase 20 quilômetros de extensão, avançando sem resistência na direção de Yukhnov, uma cidade a cerca de um terço do caminho a partir da linha inicial da Tufão até a capital soviética (190 quilômetros de Moscou). O marechal Boris Shaposhnikov, chefe do Estado-Maior do Exército Vermelho, foi informado sobre o relato, mas insistiu que "não havia motivo para inquietação", e um segundo avião de reconhecimento foi despachado para confirmar, ou melhor, refutar, a informação. Quando o segundo piloto fez o mesmo relato, um terceiro piloto foi enviado; somente quando ele também confirmou a presença de tropas alemãs é que Shaposhnikov reconheceu o perigo e informou Stálin. Não havia como negar a gravidade do acontecimento. Grandes formações alemãs agora operavam atrás da linha soviética e, ainda por cima, não havia nada entre essas forças e Moscou. Stálin telefonou para a equipe distrital de Moscou e lhes disse para mobilizar tudo o que tinham no sentido de segurar os alemães por cinco a sete dias, até que reservas pudessem ser trazidas.[93] A nova linha soviética deveria ser estabelecida na chamada Linha Defensiva Mojaisk, cerca de 110 quilômetros a oeste de Moscou e ancorada em quatro regiões defensivas, em Volokolamsk, Mojaisk, Maloiaroslavets e Kaluga.[94] Stálin também autorizou tardiamente que a Frente Oriental de Konev conduzisse uma retirada, enquanto ordens similares também foram despachadas à Frente de Reserva de Budenny e à Frente Briansk de Eremenko.[95] No entanto, assim como ocorreu com outras catástrofes soviéticas, isso já não era suficiente e vinha tarde demais. O comando e o controle soviéticos já estavam gravemente comprometidos, enquanto os grupos *Panzer* alemães estavam a caminho de fechar dois enormes bolsões. No mesmo dia (5 de outubro), Stálin telefonou para o marechal Georgi Jukov, comandante da Frente de Leningrado, e ordenou que ele abandonasse seu comando e fosse até Moscou.[96]

A essa altura, ocorreu um episódio intrigante. Segundo relato de Jukov, quando ele chegou aos aposentos de Stálin no dia 7 de outubro, encontrou o ditador soviético em uma discussão privada com L.P. Beria, chefe do NKVD (*Narodnyi Komissariat Vnutrennykh Del* – Comissariado do Povo para Assuntos Internos). O próprio Jukov anunciou sua entrada, mas não houve reação; seu relato continua: "Ignorando-me, ou talvez alheio à minha chegada, ele [Stálin] estava mandando Beria usar suas agências para sondar a possibilidade de se fazer as pazes separadamente com a Alemanha, dado o estado crítico da situação".[97] Quando Stálin finalmente reagiu à presença de Jukov, ele só falou sobre os perturbadores novos acontecimentos na linha de frente. Posteriormente, a União Soviética negou completamente que em algum momento tivesse se aproximado da Alemanha nazista com a intenção de fazer um acordo, mas a ideia tinha seus precedentes. Em 1918, Lênin negociou o Tratado de Brest-Litovsk com a Alemanha, trocando 1,4 milhão de quilômetros quadrados de terra, incluindo os Estados bálticos e partes da Bielorrússia e da Ucrânia, por um acordo de paz que garantisse a saída da Rússia da Primeira Guerra Mundial. Estaria agora Stálin tentando um acordo semelhante? Há evidências que sugerem que foi feita uma tentativa para contatar os alemães através de Ivan Stamenov, o embaixador búlgaro em Moscou. Segundo documentos do Arquivo Presidencial em Moscou, Pavel Sudoplatov, um dos agentes mais confiáveis de Beria, primeiramente fez contato com Stamenov no final de julho de 1941 e levantou quatro questões: primeiro, os soviéticos queriam saber por que a Alemanha havia rompido o pacto de não agressão; segundo, eles queriam saber sob quais condições a Alemanha poderia encerrar a guerra; terceiro, seria proposto à Alemanha que aceitasse os Estados bálticos – a Ucrânia, a Bessarábia, Bukovina e a península Kareliana – em troca de um acordo; por último, se esses territórios não fossem aceitos, o que mais a Alemanha poderia querer?[98] Não há registros de resposta e não veio à tona nenhum documento sugerindo que qualquer forma de negociação séria tenha ocorrido, ainda que depois de 22 de junho de 1941 Hitler nunca tenha vacilado em sua determinação de evitar entrar em tratativas com a União Soviética. A seu ver, a guerra deveria acabar com vitória total ou derrota total; não haveria meio termo. Se os documentos soviéticos foram tentativas sérias de abrir negociações, ou tentativas com a intenção de fornecer desinformações à Alemanha, como alguns alegaram, provavelmente jamais saberemos com certeza.[99] Stálin certamente confrontou seus piores dias da guerra durante 1941, e não é impossível que ele tenha iniciado conversas com intenções reais.[100] Emissários soviéticos sondando um acordo de paz, por mais sérios que tenham sido, não conseguiram nada e a guerra estava destinada a ser decidida no campo de batalha.

No início de outubro, os campos de batalha a oeste de Moscou não pareciam muito encorajadores para o Exército Vermelho. Quando Jukov entrou nos aposentos de Stálin no dia 7 de outubro, mostraram-lhe um mapa que refletia a extensão do desastre perto de Viazma. Como Stálin disse a Jukov: "Assim como Pavlov no começo da guerra, Konev abriu a frente ao inimigo aqui".[101] Na verdade, Stálin queria levar Konev a julgamento assim como fizera com Pavlov, mas Jukov interveio e fez o ditador mudar de ideia. Jukov recebeu então a arriscada tarefa de fazer uma ronda pelos quartéis-generais dianteiros, estabelecendo o que precisava ser feito e relatando-o de volta para Stálin.[102] A ronda de Jukov confirmou os piores temores de Stavka. Estava claro que o grosso das Frentes de Reserva e Ocidental estava preso em um enorme bolsão centrado em Viazma e que a estrada para Moscou estava completamente aberta. Jukov recomendou a Stálin que tudo que fosse possível deveria ser enviado rapidamente à Linha Defensiva Mojaisk para defender a capital. Com quase nenhuma unidade de exército regular disponível para preencher as novas posições defensivas, oficiais aspirantes, batalhões "destroyers", milícias populares (*opolchentsy*), NKVD e unidades policiais eram despachadas às pressas de Moscou.[103] Enquanto isso, seis divisões de rifles, seis brigadas de tanques e dez regimentos de artilharia e metralhadoras foram despachados às pressas da reserva de Stavka, com ainda mais forças a serem enviadas na sequência. Ao mesmo tempo, Stálin começou a explorar seu distrito militar do Oriente Extremo (com 58 divisões)[104] que até então havia sido deixado intacto, em boa parte como contramedida dissuasiva para uma invasão japonesa.[105] Em parte como resultado da confirmação da inteligência a respeito das intenções pacíficas do Japão em relação à União Soviética, fornecida por Richard Sorge, o espião soviético no Japão, Stálin decidiu redirecionar números substanciais de tropas para a ameaçada região de Moscou.[106] No decorrer de outubro, dez divisões soviéticas seriam transferidas para o oeste, e outras na sequência.[107] No dia 10 de outubro, os remanescentes da Frente de Reserva foram absorvidos pela Frente Oriental e Jukov substituiu Konev como novo oficial de comando.[108] A situação permaneceu sombria, mas se havia algum homem no Exército Vermelho que possuía a habilidade, a determinação e a brutalidade para defender Moscou, esse homem era Jukov.

No mesmo dia em que o comando soviético estremeceu em razão da descoberta de uma coluna alemã encaminhando-se na direção de Yukhnov (5 de outubro), a mesma rota de avanço não estava causando nada além de frustração para o comando alemão. Como Bock observou em seu diário: "As coisas estão uma bagunça na grande 'estrada Roslavl-Moscou'. Quatro a cinco colunas lado a lado, com elementos não autorizados da *Luftwaffe* inseridos entre elas, estão bloqueando a estrada da qual depende todo o esforço de abastecimento, incluindo entregas de combustível para os tanques".[109] Da mesma forma, enquanto o comando soviético tremia diante da velocidade com a qual as divisões *Panzer* alemãs estavam cercando seus exércitos, Bock lamentava sua demora em fechar os bolsões. O grupo *Panzer* de Hoth estava estacionado perto de Kholm, enquanto Bock notou que a 5ª Divisão *Panzer* de Fehn, do grupo *Panzer* de Hoepner, encontrava dificuldades em avançar. Como Bock concluiu: "Minha principal preocupação, que é conseguir juntar as pontas-de-lança blindadas em Viazma, continua grande".[110] Enquanto Bock se afligia pelo que ele ainda não havia conseguido conquistar, a verdade é que mesmo sem ter fechado os bolsões, o Grupo de Exércitos Centro havia realizado muitas coisas nos quatro primeiros dias da ofensiva. Quando chegou o dia 6 de outubro, o grupo de exércitos de Bock havia tomado 78.744 prisioneiros de guerra soviéticos e capturado ou destruído 272 tanques, 541 armas, 181 armas antitanque, 75 armas antiaeronaves e 10 aviões.[111]

No entanto, mesmo em meio ao seu sucesso em evolução, o comando alemão sempre esteve propenso a rancorosas brigas internas e no dia 6 de outubro uma disputa latente entre Bock e Strauss, comandante do IX Exército, irrompeu naquilo que Bock chamou de "uma briga amarga". Da forma como Bock via, a infantaria não precisava atacar em todo lugar junto à frente de cercos; mais do que isso, ela só precisava manter um perímetro efetivo, enquanto os grupos *Panzer* cercavam as posições soviéticas. Assim, Bock havia sido crítico quanto à tentativa de Strauss de ordenar divisões individuais para realizar ataques desnecessários em setores defensivos. Strauss, por sua vez, ressentia a interferência vinda de cima bem como a remoção de sua única reserva (a "Lehrbrigade 900" motorizada);[112] todavia, Bock alegou que ele precisava empurrar todas as forças motorizadas até Kholm a fim de garantir a continuidade do movimento de Hoth.[113] As coisas chegaram a um estado crítico no dia 6 de outubro, quando Bock ordenou que a 86ª Divisão de Infantaria do tenente-general Joachim Witthöft seguisse no encalço dos *Panzers* de Hoth para garantir mais força no perímetro leste do bolsão. Strauss resistiu e então alegou que a movimentação era impossível por causa do estado das estradas e da situação de suprimentos em Kholm.[114] A discussão deles azedou, e depois Bock resolveu enviar a Strauss um longo telegrama informando-lhe sobre seu raciocínio e suas ordens:

Caro Strauss,

Lamento que os desdobramentos nos últimos dez dias tenham levado a um desentendimento entre nós... Você está ciente de que, desde a primeira ordem que eu emiti para esse ataque, salientei verbalmente e por escrito a necessidade de a infantaria seguir de perto a blindagem e dar-lhe apoio com grande energia. O mesmo vale para o caso do cerco de Viazma.

Estou ciente das condições extremamente difíceis no tocante a suprimentos, transporte e comunicações atrás de sua linha de frente. No entanto, não concordo com sua análise de que é impossível mover sua infantaria. Devo lembrá-lo de que apesar de condições adversas de campo, a infantaria nos outros exércitos continua a seguir em frente. É premente que impeçamos o inimigo de escapar do bolsão de Viazma e de reformar suas defesas para o leste e o nordeste.

Existe uma base sólida para minhas instruções prévias para você. Durante as batalhas em Minsk e em Smolensk, encorajei repetidamente que fosse permitida à blindagem liberdade de movimento tão logo quanto possível, para evitar que o inimigo reagrupasse suas defesas. Isso, por necessidade, colocou um grande fardo sobre a infantaria, mas nesta campanha isso fornece a única chance de derrotar um inimigo que tradicionalmente usou seu vasto e primitivo terreno em sua própria vantagem... *Isso não deve acontecer novamente!*... Eu devo fazer cumprir minha vontade, ainda que haja o risco de colocar em perigo as relações amigáveis que até agora existiram entre nós.[115]

No dia seguinte (7 de outubro), Hoth falou com Bock e contrariou a visão de Strauss sobre a impossibilidade de se avançar a infantaria até Kholm. Então, surgiram evidências de que Strauss estava ignorando a ordem de Bock de enviar infantaria atrás do grupo *Panzer* de Hoth. Naquela noite, quando Bock ligou para Strauss e o acusou de insubordinação, "uma discussão animada se formou",[116] mas àquela altura Bock já estava farto. Por sua determinação de ferro e às vezes exortações exaltadas, Bock havia sido apelidado no início da carreira como "o Fogo Sagrado de Küstrin".[117] Talvez não seja de se surpreender que, depois de Bock ter chegado a seu limite e repreendido seu subordinado, Strauss tenha se conformado.[118]

Embora houvesse um conflito aberto com Strauss no IX Exército, Bock também discordava de Weichs no II Exército, que achava que o bolsão mais ao sul, centrado em Briansk, estava sendo fechado cedo demais e que uma penetração mais profunda frente soviética adentro deveria ser tentada. Aqui Bock foi muito mais solidário. Nos estágios de planejamento para a Operação Tufão, o próprio Bock havia combatido uma longa batalha, ainda que fracassada, com o OKH por um cerco maior, mas agora Bock estava determinado. "Infelizmente eles [II Exército] terão de se contentar com o pequeno bolsão ao sul de Briansk."[119] Weichs tampouco era o único dos comandantes de Bock que tinham de aceitar um bolsão menor do que o desejado. No dia 29 de setembro, Hoepner havia discutido sem sucesso com Bock sobre a profundidade do bolsão ao norte e, embora o comandante do 4º Grupo *Panzer* tivesse sido forçado a seguir ordens, ele continuava convencido de que haviam perdido uma oportunidade. Em uma carta que escreveu para casa no dia 6 de outubro, Hoepner reclamou: "As coisas não foram como eu sugeri, do contrário até mais [prisioneiros de guerra soviéticos] teriam sido capturados. Desde anteontem isso ficou claro para mim e muitos outros."[120] Hoepner também estava sendo cuidadosamente observado por Kluge, seu superior nominal no IV Exército. Kluge começara a desconfiar de comandantes de *Panzers* justamente porque, conforme ele observava, eles sempre procuravam começar novas batalhas antes de completar as antigas. Assim, Kluge mantinha Hoepner sob um controle rígido, o que levou a muitos atritos entre os dois. Como Hoepner reclamou, "Kluge também se intrometia em meus assuntos, o que sempre tornava as coisas piores. Ontem tivemos um embate. Hoje eu queria pedir licença por motivo de doença... os recrutas não sabem mais o que fazer; eles só são empurrados de um lado para outro, um dia aqui, no dia seguinte na outra direção. As dificuldades deles não são mitigadas. Até agora, a interferência de Kluge resultou por três vezes no oposto do que ele havia intencionado".[121] Hoth também achava que Strauss era um comandante de exército restritivo, mas ele mostrou ser mais hábil em fazer concessões quando necessário e convencer seu comandante quando ele considerasse essencial.

Todavia, se havia um homem com quem a maior parte do comando sênior, tanto no OKH quanto no Grupo de Exércitos Centro, havia tido atritos durante a Operação Barbarossa, esse homem era Guderian. No começo de julho, Kluge, que naquela época comandava o IV Exército *Panzer*, ao qual o 2º Grupo *Panzer* era subordinado, ameaçou mandar Guderian para a corte marcial por insubordinação.[122] Da mesma forma, no começo de setembro Bock falou em tirar o comando de Guderian, mas foi convencido a voltar atrás em sua decisão.[123] Guderian era tão impetuoso quanto obstinado, e se mostrou terrivelmente autocentrado sempre que surgia um conflito entre suas próprias intenções e as necessidades mais amplas do grupo de exército. Portanto, não é de se surpreender que, enquanto os grupos *Panzer* de Hoth e de

Hoepner ainda eram subordinados ao IX e ao IV Exércitos respectivamente, Guderian tenha se mostrado um subordinado impossível e se libertado à força – muitas vezes por simples insubordinação – em relação ao que ele determinava como as ideias constritivas de generais de infantaria. Portanto, o 2º Grupo *Panzer* operava na Frente Oriental como uma entidade independente, subordinada diretamente a Bock no Grupo de Exércitos Centro. No entanto, graças à propaganda de Goebbels, Guderian também era o comandante de *Panzer* mais celebrado no leste e um nítido favorito de Hitler. Em reconhecimento ao *status* de Guderian como um comandante autônomo, no dia 6 de outubro o 2º Grupo *Panzer* foi renomeado como II Exército *Panzer*.[124] A mesma distinção foi concedida ao 1º Grupo *Panzer* de Kleist, que agora seria conhecido como o I Exército *Panzer*.[125] Mas Guderian estava tão beligerante quanto antes e, quando Bock cogitou entregar o XXXV Corpo de Exército do general de artilharia Rudolf Kaempfe ao II Exército e o XXXIV Corpo de Exército do general de infantaria Alfred Waeger ao VI Exército, Guderian resistiu fortemente a qualquer enfraquecimento de seu exército *Panzer*. Como seu oficial de comando, Bock havia aprendido a dar a Guderian um amplo ancoradouro em questões de importância secundária, e a questão foi resolvida a favor da satisfação de Guderian.[126]

Embora houvesse divergências de opinião e o surgimento de tensões dentro do Grupo de Exércitos Centro, deve-se também reconhecer a enorme pressão sob a qual operavam Bock e seus comandantes. O fim da campanha no leste havia sido praticamente prometido por Hitler, e mesmo que esse objetivo elevado não fosse cumprido, o Grupo de Exércitos Centro teria de, no mínimo, capturar Moscou até o inverno. Assim, a calamidade iminente soviética no acesso a Moscou era claramente só o começo do que era esperado que Bock e seus comandantes conquistassem nos próximos dias e semanas. Estava sendo feito progresso, mas a margem de erro às vezes era menor do que parecia. A 17ª Divisão *Panzer* do tenente-general Hans-Jürgen von Arnim era a ponta-de-lança do XXXXVII Corpo *Panzer* de Lemelsen enquanto ele combatia na direção de Briansk. No entanto, em 5 de outubro a divisão tinha somente trinta *Panzers* disponíveis em condições de uso[127] e, com longos flancos precisando de apoio blindado, somente sete tanques estavam à mão para continuar a campanha até Briansk.[128] Apesar de tal fraqueza, as formações soviéticas *ad hoc* formadas a partir de qualquer equipe de retaguarda que pudesse ser encontrada foram ignoradas pelos alemães que se aproximavam. No quartel-general da Frente de Briansk de Eremenko, localizado perto de Briansk, havia consternação. O comissário de equipe disse a Vassili Grossman, que havia fugido de Orel para Briansk, para deixar a cidade às quatro horas da manhã do dia 6 de outubro. "Ele não se deu ao trabalho de nos dar qualquer explicação, mas de qualquer forma não era necessário. Estava tudo claro, especialmente depois que olhamos o mapa. Nosso quartel-general foi pego em um saco... Estávamos em uma corrida. Ou saíamos do saco primeiro, ou os alemães o amarrariam conosco dentro."[129] O próprio Eremenko escapou por pouco de ser capturado ao permanecer em seu posto de comando até que os tanques alemães estivessem a apenas 200 metros de distância.[130] Naquele mesmo dia (6 de outubro), a 17ª Divisão *Panzer* de Arnim teve sucesso em tomar Briansk, bem como suas pontes sobre o rio Desna.[131] O bolsão ao sul ainda não estava selado, em parte porque os alemães tinham muito menos tropas no sul do que no norte, mas com o II Exército de Weich avançando e a 18ª Divisão *Panzer* de Nehring flanqueando Briansk, o bolsão estava mais ou menos cerrado em 8 de outubro.[132] No entanto, como observou Max Kuhnert, um soldado no II Exército *Panzer* de Guderian, mesmo essas operações bem-sucedidas tiveram um custo. "Os russos lutaram bem em Briansk e nossas baixas continuaram a aumentar. Foram praticamente cinco dias de combate tenso antes que o cerco em torno da cidade fosse fechado completamente. Senti pena dos russos, mesmo quando nossos próprios soldados mortos jaziam pela rota de avanço."[133] Se os apuros dos prisioneiros de guerra soviéticos puderam obter a solidariedade de um soldado alemão, vale lembrar que em torno de Briansk três exércitos soviéticos inteiros (3º, 13º e 50º) agora haviam sido barrados.[134]

Ao norte, o 3º Grupo *Panzer* de Hoth estava finalmente livre dos contra-ataques soviéticos e reabastecido com combustível suficiente para a 7ª Divisão *Panzer* do major-general Hans Freiherr, seguida pela 6ª Divisão *Panzer* do tenente-general Franz Landgraf, varrerem todo o sudeste até Viazma. Como um soldado da divisão de Funck observou depois, "estávamos dando as cartas novamente no avanço. Ficamos tremendamente impressionados! Onde quer que o inimigo se convencesse de ter erguido uma barreira invisível para nos segurar, nós passávamos por cima quase sem perceber. Penetramos quilômetro a quilômetro mais ao leste e logo chegamos bem na retaguarda do inimigo".[135] Hoth havia cortado a melhor esperança de fuga para a multidão de exércitos soviéticos que agora estavam presos a oeste de Viazma. Ademais, assim como os tanques de Arnim estavam entrando em Briansk no dia 6 de outubro, os *Panzers* de Funck também estavam surgindo nas ruas de Viazma. O major-general K.K. Rokossovsky, que viria a se revelar um dos generais mais extraordinários da União Soviética, estava na cidade na época. De repente, o prefeito correu para a cripta da catedral de Viazma onde Rokossovsky estava em negociações com os oficiais da cidade. "Os tanques alemães estão na cidade", o prefeito anunciou. "Quem relatou isso?", Rokossovsky perguntou, cético. "Eu mesmo vi do campanário." Quando Rokossovsky foi olhar por si mesmo, ele testemunhou tanques alemães metralhando carros em fuga. Na verdade, a saída apressada do próprio Rokossovsky incluía uma fuga apertada por uma rua lateral a fim de evitar um tanque alemão.[136] No Grupo de Exércitos Centro, Bock comemorou a notícia de Viazma e anotou em seu diário: "Eu usei esse feliz resultado para incentivar o 4º Grupo *Panzer* a alcançar seu próprio objetivo".[137] Hoepner não precisava ser lembrado, e sua ponta-de-lança liderada pela 10ª Divisão *Panzer* do major-general Wolfgang Fischer e seguida pela 2ª Divisão *Panzer* de Veiel alcançou Viazma a partir do sul na manhã de 7 de outubro.[138] O cerco norte foi fechado, mas, assim como em Briansk, a operação para cercar a frente soviética certamente teve seu custo. O capitão Hans von Luck, que serviu como parte do comando da 7ª Divisão *Panzer*, observou depois da guerra: "Em qualquer lado do caminho para Moscou, unidades de tanques se formavam para o ataque a Viazma. Enfrentando uma resistência árdua, a cidade foi cercada ao norte e ao sul, e em sua fronteira ao leste esse bolsão também foi fechado. Houve muitas perdas de ambos os lados".[139] O preço pode ter sido alto, mas presos dentro do bolsão de Viazma estavam os XVI, XIX, XX e XXIV Exércitos Soviéticos, bem como parte do XXXII Exército.[140] No total, as batalhas gêmeas de Briansk e Viazma, que os alemães chamavam de *Doppelschlacht* (batalha dupla), prenderam oito exércitos soviéticos parcial ou completamente. Isso equivaleria a 64 divisões de rifles, onze brigadas de tanques e cinquenta regimentos de artilharia.[141] Foi sem dúvida nenhuma uma das mais decisivas conquistas da Wehrmacht na Segunda Guerra Mundial.

Enquanto Bock estava à beira de um sucesso muito além de suas batalhas anteriores em Minsk ou em Smolensk, sua conquista havia sido decididamente auxiliada pelo bom tempo fora de época durante os primeiros dias de outubro. Céu claro, tempo seco e até temperaturas altas permitiram que seus exércitos tivessem a melhor chance possível de facilitar suas movimentações rápidas.[142] Em Berlim, Goebbels notou: "O tempo continua incrivelmente bonito. Sobre quase toda a frente ofensiva alemã havia o tempo mais maravilhoso, sem nuvens, que naturalmente só podem ajudar nossas operações. Talvez o Deus do Tempo, que nos últimos meses não nos favoreceu tanto, tenha visto a luz e agora nestes últimos dias e semanas decisivos esteja de fato do nosso lado".[143] No dia seguinte (4 de outubro), Hitler sustentou que se o clima continuasse razoavelmente bom pelos próximos quatorze dias, a União Soviética seria "esmagada" em larga medida.[144] Para Bock, que havia temido que o desvio do grupo *Panzer* de Guderian em direção à Ucrânia não deixasse tempo suficiente para seu ataque a Moscou, o tempo bom encorajou suas esperanças. No dia 7 de outubro, ele anotou em seu diário: "Se o tempo continuar assim, talvez consigamos compensar boa parte do que perdemos ao longo de Kiev".[145]

Mas o tempo já estava virando. No dia 6 de outubro, esfriou durante o dia e começou a ventar. Naquela noite houve chuva, seguida pela primeira neve do ano.[146] Como Heinrich Haape observou: "O breve período de tempo bom estava terminando. A chuva voltou a cair forte, a temperatura desceu, a chuva deu lugar ao granizo, e depois neve. Então choveu de novo".[147] Na manhã de 7 de outubro a chuva havia parado, mas o tempo continuou frio e as estradas, já reviradas por conta do volume de veículos pesados, haviam se transformado em uma lama funda e pegajosa que muitas vezes atravancavam os grupos *Panzer*. Como Guderian observou depois da primeira noite de neve e chuva: "Nossos veículos só conseguiam avançar em ritmo de tartaruga, e desgastando muito os motores".[148] Para os homens do Grupo de Exércitos Centro, a mudança no tempo era um indicativo preocupante das dificuldades que estavam por vir. Wilhelm

Prüller, que serviu na 25ª Divisão de Infantaria Motorizada, observou em seu diário: "Faz muito frio à noite agora, e todos nós pensamos que não será possível continuar por muito tempo. Nessa confusão, em breve não conseguiremos nos deslocar. Nosso trem de bagagem nem deu conta hoje. Como será no período de chuvas?".[149] De fato, o fardo psicológico trazido por nuvens escuras e um frio cortante, misturado à onipresente exaustão de meses de marchas e combates constantes, foram um golpe para o moral de muitos soldados alemães. Max Kuhnert, que serviu na 1ª Divisão de Cavalaria, lembrou a sensação de desespero que a mudança abrupta nas condições trouxe:

> De repente, nossa missão na Rússia pareceu insuperável, nossos suprimentos ficaram presos, assim como nossa artilharia pesada, mesmo com seus pesados cavalos. Os tanques atravessavam a lama com dificuldade, o que afetava sua capacidade de manobra, e usaram mais do precioso combustível do que intencionavam. A nós, parecia que a Rússia inteira era uma grande bacia de lama grudenta e que estávamos no meio disso.[150]

Da mesma forma, Haape notou: "O pensamento de todos os homens foram na mesma direção quando observaram os flocos de neve caindo sobre as estradas com gelo derretido. As primeiras manifestações de inverno! Quão frio e longo seria o inverno...? Nós observávamos com desconforto".[151] Logo até mesmo Bock começou a ficar nervoso com o que o clima russo reservara para seu grupo de exércitos. Como Bock observou em seu diário, "a mudança no tempo, com seus períodos de neve, geada e chuva, está exaurindo as tropas e afetando seu moral. A pergunta 'o que será de nós no inverno?' está na cabeça de todos".[152] Se a mudança no tempo teve um efeito adverso sobre o moral e as operações da Alemanha, por esses mesmos motivos ela era uma boa notícia para os soviéticos. Com as estradas para Moscou efetivamente abertas, quase nenhum sinal de defesa confiável e três grupos *Panzer* alemães entre 200 e 350 quilômetros da capital, o começo da *rasputitsa* foi um evento bem-vindo. Ao fugir do bolsão de Briansk na noite de 6 para 7 de outubro, enquanto as chuvas começavam a cair, Vassili Grossman rabiscou em seu caderno: "Tem chuva, neve, um pântano líquido sem fundo, uma massa preta revirada por milhares e milhares de botas, rodas, lagartas. E todos estão felizes novamente. Os alemães devem ficar presos em nosso outono infernal".[153]

Longe de abreviar suas operações diante das mudanças das condições climáticas, as operações alemãs em Viazma e em Briansk só reforçaram seu apetite por mais vitórias. Não se falava em superestender o sistema de abastecimento ou de dispersar a força do Grupo de Exércitos Centro; afinal, de acordo com Hitler, a União Soviética estava de joelhos e agora o golpe fatal precisava ser dado. No dia 6 de outubro, Brauchitsch se encontrou com Hitler para apresentar as últimas diretivas do OKH para o grupo de exércitos de Bock.[154] Hitler ficou satisfeito, e no dia seguinte o comandante-chefe do exército voou para o quartel-general de Bock para discutir a próxima fase da ofensiva. Na asa norte de Bock, o 3º Grupo *Panzer* de Hoth seria encarregado de fazer um longo avanço para o nordeste e de capturar primeiro Rjev e depois Kalinin (hoje Tver).[155] Conforme Bock se lembrava da explicação de Brauchitsch, "o movimento tinha a intenção de causar o colapso da frente inimiga no confronto com a minha ala esquerda e a ala direita do Grupo de Exércitos Norte".[156] Assim, o Grupo de Exércitos Centro estava agora procurando rolar o flanco direito da Frente Soviética Norte-Ocidental – e isso seria conseguido por um único grupo *Panzer* após um avanço de mais de 200 quilômetros para alcançar Kalinin. De fato a distância era tão longa de Viazma para Kalinin quanto era de Viazma para Moscou, ainda que esses dois objetivos estivessem separados por 160 quilômetros, o que significava que Hoth poderia dar pouca ajuda imediata, caso necessário, para a campanha em Moscou. Bock também tinha dúvidas quanto a atacar Kalinin, mas sucumbiu à convicção prevalente de que o Exército Vermelho estava próximo do seu fim. Conforme ele escreveu em seu diário no dia 7 de outubro: "Não estou totalmente de acordo com a campanha do 3º Grupo *Panzer* para o norte. Talvez me poupem disso, uma vez que o pesado golpe desferido hoje pode resultar, contrariando a prática russa anterior, na rendição do inimigo diante da minha linha de frente; alguns sinais apontam para isso".[157]

Enquanto Hoth se dirigia ao norte, o 4º Grupo *Panzer* de Hoepner iria imediatamente iniciar a campanha para Moscou com quaisquer forças que pudessem ser poupadas da frente de cerco de Viazma. Essa solução não impressionou Hoepner, que estava impaciente para avançar e relutante em deixar tantas de suas melhores unidades engajadas em uma luta demorada contra os exércitos soviéticos cercados.[158] No entanto, Kluge, que havia tentado sem sucesso impor sua vontade a Guderian nas batalhas de Minsk e Smolensk, não toleraria nenhuma discussão e manteve o grosso do grupo *Panzer* de Hoepner firmemente fixado no cerco a Viazma. Guderian certamente deixou muito claro que a eliminação de bolsões era tarefa para a infantaria, não para as divisões motorizadas, e somente um dos três corpos do II Exército *Panzer* (XXXXVII Corpo *Panzer* de Lemelsen) foi enviado para o bolsão de Briansk. O XXIV Corpo *Panzer* de Schweppenberg recebeu a tarefa de prosseguir até Tula e então para Moscou, enquanto o XXXXVIII Corpo *Panzer* de Kempf foi dirigido para capturar Kursk (uma cidade com cerca de 120 mil pessoas)[159] antes de fazer a longa jornada de 300 quilômetros ao norte para reforçar as forças de Schweppenberg em Tula.[160] No total, os novos objetivos do Grupo de Exércitos Centro, particularmente os que estavam nos flancos em Kalinin e Kursk, refletiam a húbris do comando alemão. Qualquer reserva quanto à campanha no leste, se é que existia, não poderia esperar competir com a onda de otimismo em torno do colapso de toda a frente soviética. No entanto, havia muitas razões para dúvida. O diário de um soldado no dia 7 de outubro refletia a aguda contradição entre as esperançosas expectativas para o fim da guerra e as reais condições, se é que havia alguma.

Não temos muita gasolina, e não chegará mais nenhuma por um bom tempo porque nossos carros-tanque estão lá atrás e levarão muito tempo para atravessar toda a lama. Amanhã vamos atacar a cidade de Dmitriev, cinco quilômetros à nossa frente. Todos estão dizendo que esse deve ser nosso último trabalho... Seria o melhor também porque todas as companhias estão totalmente exauridas, e muitos dos veículos já estão inutilizáveis. Se realmente continuar, porém, seria melhor criar um batalhão a partir do regimento; assim ele poderia ser equipado adequadamente com homens e máquinas e estaria pronto para a batalha.[161]

Como o comando alemão e boa parte do *Ostheer* estavam ansiosos por sua vitória intensamente antecipada, é de se imaginar quantos se lembravam do estudo anterior acerca da campanha de Caulaincourt em 1812, e da ruína que acompanhou a húbris de Napoleão. Conforme a imperatriz Elizabeth[162] escreveu para sua mãe nos dias mais sombrios de 1812: "Quanto mais Napoleão avança, menos ele deveria acreditar que a paz é possível. Essa é a visão unânime do imperador e de todas as classes da população... cada passo que ele dá nessa imensa Rússia o leva para mais perto do abismo. Vejamos como ele lida com o inverno".[163]

CAPÍTULO 3

Viazma e Briansk

Para que lado o vento sopra – o auge da Tufão

Enquanto Bock tinha suas diferenças de opinião com seus comandantes de exército, no Grupo de Exércitos Sul o comandante do XVII Exército, Stülpnagel, perdeu seu posto no dia 5 de outubro após um atrito com Rundstedt que envolveu todo o OKH. Oficialmente, Stülpnagel saiu por motivos de doença, mas como Halder notou: "Essa doença é o resultado da pressão exercida sobre ele por conta de sua tímida liderança".[1] A liderança de Stülpnagel era vista como não agressiva o suficiente e no início de outubro chegou-se ao ponto em que Rundstedt tomou o comando da asa norte do XVII Exército das mãos de Stülpnagel para que este voltasse a avançar.[2] No entanto, a dispensa de Stülpnagel teve um impacto imediato sobre as operações de Bock.

Em sua avaliação de desempenho anterior no começo de 1941, Hoth havia sido avaliado favoravelmente pelo marechal de campo Leeb, que comandava o Grupo de Exércitos Norte. Leeb havia anotado as características de Hoth como: "Inteligente, cuidadoso, com uma boa mente para questões operacionais, lidera muito bem".[3] Hoth era fluente em russo[4] e tinha experiência recente comandando o Nono Exército de Strauss[5] durante a crise defensiva na frente de Bock no final de agosto e início de setembro. Na verdade, em seu formulário de avaliação Leeb havia escrito que Hoth era "adequado como comandante de exército".[6] Assim, chegaram ordens do OKH nomeando Hoth como o novo comandante do XVII Exército. Apesar de que o comando de um exército fosse visto como uma promoção, Hoth exprimiu um desejo de permanecer no comando do 3º Grupo *Panzer*, e Bock observou em seu diário que ele estava "relutante em perder esse extraordinário comandante blindado".[7] Mesmo assim, no dia 9 de outubro Hoth partiu para o Grupo de Exércitos Sul[8] e foi substituído no 3º Grupo *Panzer* pelo general de tropas *Panzer* Georg-Hans Reinhardt, que havia sido comandante do XXXXI Corpo *Panzer*. O próprio Reinhardt havia sido avaliado positivamente por Kluge em uma avaliação anterior que determinou que o comandante do *Panzer* era "muito inteligente e totalmente instruído". Ele também elogiou Reinhardt por sua disposição tranquila em situações críticas, uma característica que lhe serviria bem nas próximas semanas de sua nova missão.[9]

Pelo menos por ora, o novo comando de Reinhardt teve sorte. Não somente o grupo *Panzer* estava bloqueando as rotas de escape do nordeste do bolsão de Viazma, que prometia um papel substancial na vitória iminente, mas também, diferentemente da batalha de Smolensk, não havia pressão sendo exercida a partir do leste por formações de reserva soviéticas. No dia 7 de outubro, o Grupo de Exércitos Centro relatou que nenhuma formação soviética podia ser observada a caminho da Frente Oriental de Bock.[10] Na verdade, de acordo com relatos da inteligência da *Luftwaffe*, o contrário era verdade. No dia 6 de outubro, um dia antes de o cerco ser fechado em Viazma, pilotos relataram: "De Viazma até o leste o inimigo estava jorrando da ofensiva de pinça em números consideráveis".[11] No dia seguinte (7 de outubro), a *Luftwaffe* notou que um "grande número de colunas inimigas... já haviam escapado da ofensiva de pinça" e estavam "correndo na direção de Moscou".[12] Com o inimigo em fuga e sem reservas identificáveis disponíveis, havia grande confiança de que a queda de Moscou seria inevitável. Até Heinrici, comandante do XXXXIII Corpo de Exército, cujas cartas e anotações no diário ao longo dos meses que precederam a Operação Barbarossa haviam soado um tom muito mais hesitante para as muitas declarações triunfantes de vitória iminente, agora titubeava. Ao escrever para sua família no dia 8 de outubro, Heinrici previu que Moscou, e a área industrial da bacia do rio Don ao sul, estariam nas mãos da Alemanha até o final do mês. Porém, mesmo em meio às vastas previsões de conquista, Heinrici manteve uma abordagem realista quanto às ramificações. "Não será fácil para os russos substituir essas perdas", observou Heinrici antes de continuar:

> Todavia, não se presume que a briga acabou. Todos os prisioneiros até agora disseram: E mesmo que voltemos para os Urais, não haverá paz entre você e nós. O bolchevique não pode fazer as pazes com o nacional socialista. Um entendimento entre os dois é impossível. De fato, apanhamos feio, mas não fomos derrotados. Confiamos no tamanho de nosso país, nas enormes reservas de homens e na ajuda da Inglaterra e dos Estados Unidos.[13]

Heinrici enfrentava de forma mais imediata a perspectiva de tentativas determinadas de fuga dos soviéticos do bolsão de Briansk, que ele previu corretamente que seria efetuada "com a coragem dos desesperados".[14] Na verdade foi no dia 8 de outubro que Halder notou pela primeira vez que a pressão sobre o flanco direito de Guderian (formando o anel de cerco) estava ficando "desconfortável".[15] Naquela noite, o XXXV Corpo de Exército de Kaempfe assinalou uma crescente pressão do inimigo ao norte de Sizemka e a oeste de Sevek.[16] O verdadeiro problema para os comandantes de Guderian era que suas linhas continham brechas, que ou permitiam a penetração de bandos de soldados soviéticos ou requeriam que suas forças se estendessem tanto que tentativas soviéticas de fugas poderiam invadir suas linhas. Também havia muita confusão em ambos os lados com comandantes locais que raramente sabiam exatamente onde estava posicionado o grosso das tropas inimigas. Confrontos eram comuns e, independentemente da situação estratégica, as forças soviéticas poderiam de fato vencer batalhas localizadas. No dia 9 de outubro, Erich Hager escreveu em seu diário que sua unidade havia se deparado com o resultado de uma batalha recente na qual um tanque alemão e um comboio inteiro de veículos haviam sido "despedaçados".[17] No mesmo dia (9 de outubro), a pressão sobre a frente de cerco de Guderian aumentou enormemente, levando a inúmeras crises na linha alemã e pelo menos um grande avanço soviético. O custo para as formações soviéticas, no entanto, muitas vezes foi espantosamente alto. O principal ponto crítico estava em Sizemka, onde existia uma brecha entre a 293ª Divisão de Infantaria do tenente-general Justin von

Obernitz e a 29ª Divisão de Infantaria Motorizada do major-general Max Fremerey. Obernitz foi atacado intensamente em sua asa direita exposta e repeliu o inimigo primeiro através da cidade de Sizemka e depois através de Shilinka. Guderian procurou desesperadamente fechar a brecha. Ele havia orientado a 25ª Divisão de Infantaria Motorizada do major-general Heinrich Clössner a preencher o vazio (o que diz algo sobre o tamanho da brecha), mas a divisão de Clössner só chegaria mais tarde naquele dia, de forma que um regimento próximo da 10ª Divisão de Infantaria do tenente-general Friedrich-Wilhelm von Loeper foi despachada para ver o que poderia fazer. A prova de que Guderian estava suficientemente preocupado é o fato de que ele mudou as ordens de todo o XXXXVIII Corpo *Panzer* (ordenado pelo OKH na direção de Kursk) e instruiu Kempf, o oficial de comando, a se dirigir "com todas as forças disponíveis" para Sevek, nas proximidades. Quando por fim a divisão de Clössner chegou para fechar a brecha, Guderian observou que havia "uma violenta batalha" em andamento, mas concluiu que "somente um pequeno número de russos conseguiu fugir".[18]

Entretanto, essa conclusão era contestada por Eremenko. De acordo com o comandante da Frente Briansk, que não gostou do relato apresentado no livro de memórias de Guderian, o grande número de forças alemãs enviadas para a área em torno de Sizemka indica exatamente quão grande era a brecha na linha alemã. Então Eremenko continuou: "Ele admitiu que as tropas do XIII Exército e o quartel-general do exército conseguiram invadir a linha que ele montara ao longo da estrada de Seredina Buda-Sevek. Todavia, ele alega que somente 'pequenos grupos' conseguiram sair do bolsão. Isso não é verdade. Foram grandes unidades e divisões inteiras que escaparam do cerco nazista".[19] Enquanto o combate estava em seu auge em torno do XXXV Corpo de Exército de Kaempfe, as forças alemãs que comprimiam o bolsão de Briansk do oeste (II Exército e 1ª Divisão de Cavalaria) estavam em muitos lugares confrontadas por fortes ações da retaguarda soviética que diminuíam o ritmo de seu avanço. Somente no norte do bolsão a 17ª Divisão *Panzer* de Arnim e a 18ª Divisão *Panzer* de Nehring encontraram uma resistência soviética fraca.[20] Como Bock notou no dia 8 de outubro: "O progresso é lento no bolsão de Briansk".[21] Na verdade, Bock estava deliberadamente excluindo o bolsão de Briansk dos boletins oficiais do exército porque este estava muito menos protegido do que o bolsão maior e mais bem cercado em Viazma. Como resultado, no dia 9 de outubro, quando o OKH divulgou detalhes de um segundo bolsão em Briansk, Bock temeu que o comando do exército estivesse prometendo vitória em uma batalha que ainda não havia sido ganha. Como Bock anotou em seu diário no dia 9 de outubro:

> Para meu desgosto, à tarde um boletim especial foi emitido falando de um segundo bolsão em Briansk. Liguei para Halder e lhe disse que eu deliberadamente nunca havia mencionado esse "bolsão" porque sua Frente Oriental estava mais do que turbulenta e porque as forças enfraquecidas de Guderian eram incapazes de evitar que alguns dos russos fugissem... Guderian [está] juntando tudo com dificuldades a fim de evitar uma fuga em larga escala.[22]

Enquanto Guderian e Weichs enfrentavam dificuldades para lidar com o bolsão em Briansk, mais ao norte, no bolsão de Viazma, Strauss e Kluge desfrutavam de uma superioridade significativa. No começo, o tamanho total do cerco de Viazma media mais ou menos 75 por 35 quilômetros,[23] o que, dado o número de exércitos soviéticos presos do lado de dentro, fornecia uma densa concentração de alvos para a artilharia de longo alcance e a *Luftwaffe*. A velocidade do cerco alemão, que foi atingida somente depois de cinco dias da Operação Tufão, e a avaria nas comunicações dianteiras soviéticas provavelmente significavam que um número considerável de formações soviéticas não sabia imediatamente quão calamitoso havia se tornado seu sufoco. De qualquer forma, não houve uma tentativa imediata por parte do grosso das formações presas de escapar para o leste. Vinte e quatro horas depois que foi fechado o cerco, o diário de guerra do 3º Grupo *Panzer* notou: "Até agora, no entanto, é similar aos cercos em Minsk e Smolensk, no qual a esperada pressão inimiga contra a frente do cerco é inexistente. O russo permanece no bolsão até que seja atacado e derrotado pela Frente Ocidental que avança".[24] Mas essa não era toda a verdade: no dia 9 de outubro, a inteligência reunida no Grupo de Exércitos Centro indicou que forças soviéticas dentro do bolsão estavam na verdade se concentrando para uma grande tentativa de fuga na direção do grupo *Panzer* de Hoepner no sudeste.[25] No mesmo dia (9 de outubro) o diário de guerra da 5ª Divisão *Panzer* de Fehn notou: "O inimigo tenta incessantemente detectar setores 'finos' na frente de bloqueio para passar por ali".[26] Enquanto os soviéticos sondavam para encontrar pontos fracos na frente de Fehn, a infantaria de ataque dos exércitos de Strauss e de Kluge teve pouco trabalho para encontrar brechas e explorar fragilidades na linha soviética. No Grupo de Exércitos Centro, Bock observou no dia 9 de outubro: "O bolsão em Viazma está encolhendo cada vez mais. O número de prisioneiros e de material capturado está crescendo".[27] Da mesma maneira, Halder escreveu em seu diário: "A batalha do cerco em Viazma continua de uma maneira perfeitamente clássica".[28] Mas o pior do combate ainda estava por vir e, como notícias do cerco alemão se espalhavam rapidamente pelo bolsão, um desespero e até mesmo pânico tomou conta de grande parte dos soviéticos cercados. Um deles era Viktor Strazdovski, que era um recruta de dezoito anos, cru, recém-chegado à linha de frente antes da ofensiva alemã. Ele lembrava que na época, o equipamento do Exército Vermelho datava da Primeira Guerra Mundial e mesmo ali não havia rifles o suficiente para todos os homens. "Estávamos face a face com os alemães", Strazdovski lembrou, "e tivemos de usar aquelas armas primitivas no combate para valer. Não nos sentíamos confiantes." Strazdovski descreveu então o medo e o mau agouro que ele e seus camaradas sentiram. "Quando fui enviado para o lugar onde os alemães haviam quebrado nossa linha de defesa, você pode imaginar como nós nos sentíamos – como se estivéssemos condenados. Havia quatro de nós, com dois rifles entre nós, e não sabíamos em qual direção nos depararíamos com os alemães. A floresta ao nosso redor estava em chamas. Por um lado, não podíamos desobedecer às ordens, mas por outro nos sentíamos condenados."[29] Mesmo parte do armamento soviético mais moderno estava se mostrando quase inútil, uma vez pego atrás das linhas alemãs. A 161ª Divisão de Infantaria do major-general Heinrich Recke encontrou entre vinte e trinta tanques soviéticos que estavam tentando lutar, mas que não podiam mais se mover por falta de combustível.[30]

Embora o bolsão em Viazma fosse mais fechado do que qualquer um dos cercos anteriores do Grupo de Exércitos Centro, reconheceu-se imediatamente que somente o mínimo de divisões de infantaria e motoriza-das deveriam ser mantidas em posições fixas. Como o diário de guerra do Grupo de Exércitos Centro tornou claro: "Em primeira instância, a libera-ção imediata de toda a força disponível do campo de batalha [de Viazma], especialmente as unidades motorizadas, será iniciada bem como a perse-guição incansável ao inimigo que escapou do cerco para evitar, a qualquer custo, a construção de uma nova frente defensiva".[31] Mais importante de tudo, Bock estava preocupado com o LVII Corpo *Panzer* do general das tro-pas *Panzer* Adolf Kuntzen, que Hoepner havia mantido na reserva, mas que desde o dia 7 de outubro estava engajado na direção de Kaluga.[32] Hoepner estava ansioso para atacar na direção do leste com mais força, mas a prio-ridade de Kluge era claramente a manutenção de um cerco de ferro em Viazma. Tampouco era somente Hoepner que achava que Kluge carecia de brilho em sua busca por novos objetivos no leste. No dia 8 de outubro, Bock escreveu em seu diário: "Como não está totalmente claro se Kluge realmente reconheceu a necessidade de o LVII Corpo *Panzer* começar sua campanha para o leste imediatamente, eu liguei para seu chefe e repeti que era vital que alcançássemos a posição em Maloiaroslavets e Mojaisk antes do inimigo. Requer-se pressa de forma urgente".[33] Bock também queria que enviassem forças de reconhecimento até Moscou e enfatizou a necessidade de forças de infantaria fortes para seguir o corpo *Panzer* de Kuntzen tão logo quanto possível. Blumentritt, o chefe do Estado-Maior no IV Exérci-to, estava em completo acordo com Bock[34] e compartilhou de forma pri-vada reservas sobre as prioridades estratégicas de Kluge. Como Blumen-tritt explicou as ordens do IV Exército: "Os grupos *Panzer* deveriam, na medida do possível, ignorar a batalha do cerco que se daria em sua reta-guarda em Viazma e seguir com força máxima e a toda velocidade para Moscou".[35] Embora Kluge reconhecesse a necessidade de continuar na di-reção leste, não há dúvidas de que ele também alimentava a frustração de oportunidades perdidas em Minsk e Smolensk, que ele não via como vitó-rias completas porque comandantes de *Panzer* ambiciosos demais, sobre-tudo Guderian, haviam – contrariando suas ordens – buscado continuar o avanço cedo demais. Consequentemente, quando Kluge mais tarde falou com o chefe de gabinete de Bock no Grupo de Exércitos Centro, o major-

-general Hans von Greiffenberg, ele insistiu que qualquer remoção da 2ª, 5ª ou 11ª Divisões *Panzer*, engajadas no cerco a Viazma, "não era possível". Kluge também observou que as chuvas recentes haviam tornado as movimentações muito mais difíceis, sugerindo que as divisões *Panzer* seriam muito mais úteis em suas atuais posições. Em resposta, Greiffenberg insistiu que o bolsão fosse comprimido até a extinção o mais rápido possível, e no dia 9 de outubro o diário de guerra do Grupo de Exércitos Centro observou: "Todos os corpos têm a ordem: 'Avante, avante, avante!'".[36]

Enquanto Bock pressionava pela liberação mais rápida possível das forças *Panzer* de Hoepner da frente do cerco, Hitler estava menos preocupado com o ataque na direção de Moscou, que ele considerava um *fait accompli*, e mais interessado em que o 3º Grupo *Panzer* começasse logo o longo avanço na direção do nordeste, para capturar Rjev e Kalinin. Consequentemente, ele despachou ordens para o Grupo de Exércitos Centro no dia 9 de outubro pedindo que as forças de Hoepner se estendessem mais ao norte para possibilitar a liberação antecipada das divisões *Panzer* de Reinhardt. Bock era veementemente contra a ideia, comentando que tal solução "levaria muito mais tempo do que ajuda da infantaria, envolvendo movimentos laterais desnecessários por estradas assustadoras e abrindo um buraco para fechar outro".[37] Kluge também estava relutante e insistiu que tal movimento não seria possível por três dias em razão do tempo terrível e das tremendas dificuldades de se obter combustível na linha de frente.[38] De fato, os suprimentos de combustível do Grupo de Exércitos Centro, bem como o estado das estradas russas, agora atingiriam as operações alemãs de forma mais dura do que em qualquer outro momento da campanha.

Um dos principais problemas do Grupo de Exércitos Centro no sentido de sustentar a Operação Tufão era a inadequação dos recursos armazenados antes do início da campanha. O estabelecimento de bases de abastecimento avançadas em Gomel, Roslavl, Smolensk e Vitebsk poderia alimentar as operações somente enquanto os estoques durassem, e os suprimentos de combustível já estavam se esgotando na primeira semana da ofensiva. Outro agravante eram as inadequações do sistema ferroviário, que tinha uma capacidade muito abaixo da necessária para suportar o número de exércitos que Bock agora comandava. Ademais, as ferrovias agora estavam sofrendo com ataques de *partisans* que retardavam ainda mais a movimentação de suprimentos essenciais. Já em setembro o Departamento de Suprimentos do Exército do intendente-general alertou que as demandas de combustível dos tanques e veículos do *Ostheer* poderiam se revelar "insuficientes para levar a campanha oriental até o fim no outono".[39] Além dos problemas nas ferrovias, uma vez nas estações de distribuição os suprimentos tinham de ser transportados até os exércitos, mas o *Grosstransportraum* – as frotas de transporte baseadas em caminhões – poderia transportar somente cerca de 6.500 toneladas de suprimentos, que era cerca de metade dos requerimentos diários do grupo de exércitos de Bock.[40] A ofensiva do Grupo de Exércitos Centro claramente estava com o tempo contado e, para piorar a situação, era necessário um bom tempo para fornecer essa metade dos requerimentos diários de Bock. Uma vez que o tempo virava e as estradas se transformavam, qualquer movimentação se tornava drasticamente mais lenta, e muitas vezes estagnava. Como Hans Roth anotou em seu diário no dia 8 de outubro: "Ficou extremamente frio: neve pesada com tempestades de gelo vindas do norte. Operações de qualquer tipo são impossíveis nesse tempo de merda".[41] Similarmente, Franz Frisch observou: "Tivemos problemas com a neve precoce, e quando ela começou a derreter, as supostas estradas viraram nada menos que um pântano. E choveu e continuou a chover". A essa altura Frisch recebeu a ordem de pegar uma motocicleta e entregar um despacho para outra unidade a 60 quilômetros de distância. A lama se revelou tão grossa que ele não pôde usar a motocicleta e teve de empurrá-la quase todo o caminho pela lama, e a viagem de ida e volta levou nada menos que uma semana inteira.[42] Erhard Raus, um major-general da 6ª Divisão *Panzer* durante a Operação Tufão, observou depois da guerra: "Mesmo durante os primeiros estágios [da estação lamacenta], as estradas asfaltadas e de terra se tornaram intransitáveis, e as estradas principais logo ficaram cheias de lama. Caminhões de suprimentos atravessaram estradas de cascalho e reviraram as pistas até que mesmo o serviço de mensagens teve de ser puxado por veículos com lagartas".[43] Um relatório do XXXXVII Corpo *Panzer* de Lemelsen no dia 9 de outubro notou as dificuldades de movimentação nas condições prevalentes, bem como o impacto que isso exercia em uma rápida exploração da situação estratégica: "Movimentos estão sendo muito atrasados por causa de estradas intransitáveis. A velocidade da coluna no momento é de 2 quilômetros por hora!".[44] O mesmo ritmo de marcha também foi relatado do outro lado da frente de Bock pelo XXXXI Corpo *Panzer* do tenente-general Friedrich Kirchner.[45, 46]

No 3º Grupo *Panzer*, o diário de guerra notou com alívio que o clima bom havia se mantido por tempo suficiente para que o cerco de Viazma fosse completo, mas com a chegada de ordens para a ofensiva na direção de Kalinin, estava claro que a condição das estradas e a ausência de suprimentos constituíam o maior obstáculo para o futuro sucesso de Reinhardt. Como o diário de guerra observou, "do ponto de vista logístico será uma existência frugal; é possível que no caminho o abastecimento do grupo *Panzer* falhe".[47] Não só as condições estavam complicando a movimentação, como as dificuldades da nova ofensiva estavam tendo um efeito previsivelmente negativo sobre os muitos veículos gastos do grupo *Panzer*. Na verdade, no dia 8 de agosto a tonelagem dos suprimentos que estavam sendo transportados já havia caído em 25% por causa de veículos perdidos. Ao mesmo tempo, nas estradas ruins, onde a tração era fraca, fazendo com que as rodas patinassem, os veículos de abastecimento dos grupos *Panzer* consumiam tipicamente o dobro de suas cotas anteriores de combustível e óleo.[48] Em alguns setores, a movimentação sobre rodas se tornou impossível. Já no dia 6 de outubro, na área da 6ª Divisão de Infantaria do tenente-general Helge Auleb (subordinado ao XXXXI Corpo *Panzer*) somente a infantaria conseguia seguir em frente. Veículos sobre rodas e carroças puxadas por cavalos em sua maioria ficaram parados onde estavam. O diário de guerra do XXXXI Corpo *Panzer* então continuou: "Também no resto da área do corpo, as más condições da estrada reduziram a liberdade de movimento e de ação, tão profundas que eram sua influência sobre as forças e os suprimentos".[49] Quando chegou o dia 8 de outubro, o diário de guerra do 3º Grupo *Panzer* falava em "grandes extensões de lama", que danificaram as estradas de troncos construídas às pressas e levaram a longos atrasos para todo transporte por estrada.[50]

Enquanto o grupo *Panzer* de Reinhardt enfrentava dificuldades em avançar todo o caminho até Kalinin e depois ameaçar a Frente Soviética do Noroeste, Hoepner estava sendo instruído a se encarregar da parte mais dura da luta no lado leste do cerco a Viazma, a avançar mais 200 quilômetros através de defesas soviéticas improvisadas e então capturar a capital soviética. No entanto, mesmo com a piora do tempo, Hoepner não estava nada pessimista. Em uma carta que ele escreveu no dia 7 de outubro, o comandante *Panzer* sustentava que "a eliminação do bolsão [de Viazma] e o avanço contínuo na direção de Moscou podem ser empreendidos ao mesmo tempo. Deve-se de imediato tirar vantagem do inimigo surpreso e enfraquecido".[51] No entanto, não era só a insistência de Kluge em que os *Panzers* de Hoepner permanecessem no lugar perto de Viazma que evitou uma investida rápida em Moscou. As estradas ainda estavam abertas para veículos com lagartas, mas seu apoio exigia o acompanhamento de veículos sobre rodas. Além disso, as quatro divisões *Panzer* de Hoepner perto de Viazma estavam com muito pouco combustível e uma delas, a 11ª Divisão *Panzer* do major-general Hans-Karl Freiherr von Esebeck, relatou no dia 7 de outubro que estava sem combustível algum.[52] O que estava disponível para Hoepner era o LVII Corpo *Panzer* de Kuntzen, que estava sendo mantido em reserva, mas agora avançava na direção do leste. Mas o corpo *Panzer* de Kuntzen consistia somente de uma divisão,[53] a 20ª Divisão *Panzer* de Bismarck, que era uma das mais fracas na Frente Oriental. A divisão de Bismarck havia sido deixada em repouso nos primeiros dias da Tufão para tentar restabelecer sua força motorizada depois das grandes perdas sofridas durante seu destacamento ao sul para se juntar ao 4º Grupo *Panzer*. Agora ela avançava em condições terríveis, que no dia 8 de outubro já haviam custado 30% dos veículos de um regimento de infantaria motorizada, e os estoques de combustível só eram suficientes para 50 a 80 quilômetros.[54] O regimento *Panzer* de Bismarck também estava encolhendo rapidamente, em especial se considerarmos a ausência de um grande combate. No dia 9 de outubro, a 20ª Divisão *Panzer* colocou em campo 55 tanques (sendo somente seis deles modelos Mark IV), mas dois dias depois a divisão relatou que somente 39 deles estavam em condições de uso.[55] Hoepner pode ter comandado o mais potente grupo *Panzer* na Frente Oriental, mas à segunda semana de outubro, enquanto a *rasputitsa* russa se instalava, somente uma pequena fração de seus tanques estavam se dirigindo para os lados de Moscou.

Ao sul, o II Exército *Panzer* de Guderian não estava se saindo muito melhor naquelas condições encharcadas. No dia 8 de outubro, o diário de guerra do intendente-geral do exército *Panzer* anotou, "a condição das estradas de abastecimento torna impossível o abastecimento organizado, veículos individuais só conseguem seguir em frente com a ajuda de tratores. Como resultado, munição e combustível no XXIV Corpo *Panzer* estão em situação muito crítica".[56] O intendente-geral da 3ª Divisão *Panzer* observou que a situação estava "bastante desastrosa em Krupyshino", onde centenas de veículos estavam se acumulando em um pântano intransponível que se estendia por cerca de 30 quilômetros. Era preciso levar combustível de avião diretamente para Orel,[57] mas nas condições difíceis a Frota Aérea 2 de Kesselring, com três grupos de transporte operando aeronaves Ju 52, eram capazes de mover somente cerca de 200 toneladas por dia.[58] O XXXXVIII Corpo *Panzer* de Kempf, mais ao sul, também era atraente para viagens aéreas de combustível e principalmente de óleo, sem os quais, como alertou o diário de guerra, "existe o risco de que em pouco tempo uma grande parte do corpo não esteja operacional".[59] Na verdade, as terríveis condições climáticas já estavam tendo o mesmo efeito. No dia 7 de outubro, a 9ª Divisão *Panzer* do tenente-general Alfred Ritter von Hubicki relatou "dificuldades inacreditáveis" e afirmou que por estar trafegando por estradas do interior, "qualquer movimento era impossível" para a divisão. Quando chegou o dia 10 de outubro, nevascas e chuvas contínuas ainda tornavam as estradas "completamente intransponíveis" para veículos sobre rodas, forçando Hubicki a formar um destacamento avançado que consistia somente de veículos sobre lagartas.[60] Mesmo o XXXXVII Corpo *Panzer* de Lemelsen, que em sua maior parte se atinha a posições mais estáticas no cerco de Briansk, teve suas operações impossibilitadas pela falta de combustível.[61]

Enquanto os grupos *Panzer* de Bock lutavam desesperadamente contra as chuvas de outono, tentando capitalizar seus sucessos anteriores, a falta de compreensão dessas dificuldades na cúpula do regime nazista era sublinhada por um artigo publicado pelo dr. Fritz Meske, no *Deutsche Allgemeine Zeitung* em 9 de outubro:

As condições climáticas têm uma influência especial sobre a conduta de uma guerra que emprega exércitos motorizados no leste. No entanto, nem nossas divisões *Panzer*, nem nossas colunas de abastecimento, e muito menos nossa infantaria, são tão delicadas a ponto de ter de parar um avanço por causa de chuva. Vencemos imensas batalhas de ataque apesar da chuva incessante e das estradas totalmente encharcadas. O tempo é sempre o mesmo para amigos e inimigos e não altera as proporções relativas de combate e nem afeta o moral, que em qualquer caso decide as batalhas.[62]

O moral dos soldados de Bock dificilmente poderia ser levantado com a leitura de tais absurdos e, embora alguns pudessem ter se convencido de que a intenção toda era aliviar os medos na frente civil, os mais perspicazes poderiam começar a questionar o que seus líderes realmente entendiam sobre a situação na linha de frente. Na verdade, depois da guerra muitos soldados alegaram que tinham temores profundos sobre o que os esperava, com o fantasma de 1812 assomando para tantos deles. Franz Frisch recordou: "Quando começou a nevar no início de outubro, eu só conseguia pensar no destino de Napoleão".[63] Da mesma forma, Kurt Meissner observou, "a grande queda na temperatura afetou homens e veículos; não tínhamos roupas quentes e assim sofremos... Começamos a pensar na *Grande Armée* de Napoleão no século anterior".[64] Léon Degrelle descreveu os efeitos danosos da lama pegajosa antes de concluir: "Não conseguíamos deixar de pensar nas centenas de milhares de homens, presos nas profundezas da Rússia, que iam tentar o que Napoleão não se atreveu a tentar: manter a si mesmos, apesar de tudo no meio das estepes, com o inimigo à sua frente, o deserto atrás [e] a neve caindo do céu".[65] Até Blumentritt, o chefe de gabinete de Kluge, olhava com nervosismo à medida que as dificuldades iam se acumulando lado a lado com os paralelos históricos. Blumentritt observou depois da guerra, a respeito de outubro de 1941: "E agora os fantasmas do Grande Exército e a lembrança do destino de Napoleão começaram a assombrar nossos sonhos... Comparações com 1812 se multiplicavam".[66] Se o moral de fato decide batalhas, como alegava o artigo do dr. Meske, o resultado da Operação Tufão não era de forma alguma tão certeiro como muitos líderes nazistas presumiam.

"A campanha no leste foi decidida!" (Otto Dietrich)

Na era pós-guerra, os generais alemães propagaram muitos mitos para mascarar sua própria culpa em relação a erros e descuidos cometidos durante a guerra. Como esperado, eles acharam conveniente culpar Hitler por decisões ou ordens que mais tarde eles alegaram, em algumas ocasiões de modo verdadeiro, terem contrariado. No entanto, uma de suas alegações mais aceitas era que a incapacidade de vencer a guerra no leste em 1941 resultou do início atípico do clima inclemente, que frustrou planos bem-montados.[67] Além do fato de que a Operação Barbarossa deveria ter vencido a guerra muito antes que uma campanha de outono fosse planejada, a verdade é que não havia nada de extraordinário a respeito do início da *rasputitsa* russa em meados de outubro.[68] Foi o comando alemão, começando com Hitler mas incluindo quase toda a liderança do exército, que se mostrou constantemente impenetrável a qualquer influência negativa que ameaçasse descarrilar seus planos. O triunfo da vontade contrariando todas as probabilidades era o principal *éthos* nazista, que permitia que o impossível se tornasse possível, e em 1941 o conceito havia sido engolido com entusiasmo por quase toda a liderança veterana da Wehrmacht. De repente, pareceu que a única coisa que poderia deter o soldado alemão era sua própria falta de determinação para se impôr sobre seu inimigo e circunstâncias. Uma vontade indômita de vencer, sempre exemplificada pelo próprio esforço de Hitler em ganhar poder e "salvar" a Alemanha, era o ponto de referência dos nazistas e, cada vez mais, de sua lógica militar.

Com essa visão de mundo, a probabilidade estatística passou a ser secundária em relação às qualidades morais, permitindo que o *Ostheer* empreendesse operações com chances perigosamente pequenas. Dirigir-se precipitadamente para Moscou em meio à *rasputitsa* russa, capturar a capital soviética e vencer a guerra no leste antes do início do inverno constituía um dos mais notáveis exemplos da húbris nazista na existência de doze anos do regime. No entanto, Hitler já estava decidido e qualquer mínimo sinal de dúvida vindo de algum subordinado seria menos uma ilustração sobre a decisão em si do que sobre as falhas qualidades morais do questionador. Na verdade, o *status* profético de Hitler lançava um manto de invulnerabilidade sobre muitas de suas decisões, evitando o debate e instilando uma confiança injustificada no resultado. Consequentemente, a cansativa avaliação estratégica que Hitler fez no seu discurso do dia 3 de outubro, no qual ele prometeu que "esse oponente já caiu e nunca mais se erguerá",[69] ajudou a ditar o tom para a febre de vitória da propaganda nazista. Como Goebbels observou em seu diário no dia 5 de outubro, "internamente, o discurso do *Führer* funcionou maravilhosamente. Todo criticismo, todo pessimismo, até toda a ansiedade desapareceram completamente".[70] Goebbels, é claro, era um dos discípulos mais próximos do *Führer* e o principal propagador do mito de Hitler, o que influenciava sua própria habilidade em avaliar de forma crítica as expectativas e declarações muitas vezes desmedidas de Hitler. Por exemplo, depois de uma conversa por telefone com o *Führer* no dia 7 de outubro, Goebbels notou que o ditador estava "extremamente otimista" quanto à situação na linha de frente e que ele "somente esperava que o tempo continuasse tão belo pelas próximas semanas".[71] Na verdade, o tempo já havia começado a virar, mas não era motivo para deter a fanfarra da vitória.

No dia 9 de outubro, dois novos *Sondermeldungen* foram anunciados "com grande cerimônia", celebrando a conclusão dos cercos por parte do grupo de exércitos de Bock. Como Goebbels orgulhosamente proclamou: "O humor voltou a atingir o ápice".[72] No entanto, além da zona do mito de infalibilidade de Hitler, as opiniões eram muito mais cautelosas e sinalizavam até mesmo dúvidas. Ciano, o ministro das Relações Exteriores italiano, escreveu em seu diário no dia 9 de outubro: "As notícias vindas da frente alemã na Rússia são cada vez mais favoráveis. Será que essas notícias serão confirmadas, ou em breve, depois de tantas perdas em homens e materiais, simplesmente estaremos lendo que uma nova frente foi obrigada a recuar uma centena ou duas [centenas] de quilômetros? Isso é que é realmente importante para o curso da guerra."[73] Em Moscou, o vice-ministro soviético das Relações Exteriores, Solomon Lozovsky, reagiu com uma demonstração firme de compostura à alegação dos alemães de que Moscou logo cairia. "Se os alemães querem ver a morte de mais algumas centenas de milhares dos seus", disse a um grupo de jornalistas estrangeiros, "isso pelo menos eles conseguirão."[74] Na Grã-Bretanha, o clima mostrava confiança nos poderes da resistência de seu aliado soviético, incentivados pelo resoluto elogio feito por Churchill em relação ao Exército Vermelho. Goebbels vituperou o tom provocador dos jornais britânicos, alegando que eles eram escritos como se "eles fossem os senhores absolutos da situação".[75] Internamente, Churchill nutria graves temores por seu aliado soviético em 1941, mas posteriormente ele alegou que não era particularmente importante onde a Frente Oriental ficava, ainda que acompanhasse todo o caminho até os Montes Urais, contanto que continuasse a funcionar como uma frente que continuamente devorasse a força alemã.[76]

Enquanto o resto da Europa observava os acontecimentos no leste, a *blitz* de propaganda de Goebbels, que vinha ostentando um desfile de sucessos militares desde meados de setembro, levou muitos alemães a acreditarem que o fim da guerra no leste era quase certo. No dia 9 de outubro, os relatórios secretos do SD que mediam a opinião pública alemã festejaram: "Portanto, muito mais difundida é a noção de que as últimas proclamações de vitória são o começo de uma série maior de sucessos, que deverão deixar ao alcance a decisão final no leste".[77] Compreensivelmente, o povo alemão esperava que antes que qualquer "decisão final" fosse alcançada, primeiro mais exércitos soviéticos ao longo da Frente Oriental teriam de se dobrar e que cidades como Leningrado e Moscou, que pareciam acometidas e pouco defensáveis, teriam de cair de fato. Só com a conquista dessa "série maior de sucessos" a "decisão final" seria iminente. No entanto, as trombetas de fanfarra da vitória da Alemanha tocavam mais alto no "Covil do Lobo", onde o senso de exultante antecipação estava em seu pico e Hitler estava impaciente para celebrar seu sucesso. O restrito círculo de conselheiros militares de Hitler alimentava sua mania com o chefe do Departamento de Operações da Wehrmacht, coronel-general Alfred Jodl, proclamando o fechamento do cerco de Viazma no dia 7 de outubro como o dia mais decisivo de toda a guerra no leste e até comparando-a com Königgrätz.[78] O chefe do alto-comando da Wehrmacht, o marechal de campo Wilhelm Keitel, afirmou que as semanas de tensão entre Hitler e a liderança do exército agora haviam sido "consideravelmente tranquilizadas" pela "vitória esmagadora" de Bock no início de outubro.[79] Ao mesmo tempo, o ajudante da *Luftwaffe* de Hitler, Nicolaus von Below, declarou que na segunda semana de outubro parecia claro para todos "que o caminho até capital russa estava livre".[80]

Consequentemente, quando o chefe de imprensa do Reich, dr. Otto Dietrich, que também detinha a patente de um SS-*Obergruppenführer*,[81] visitou Hitler no dia 9 de outubro, sua própria visão exagerada da situação estratégica foi grandemente influenciada pelo clima triunfal que ele encontrou. Depois de discussões com Hitler, Dietrich afirmou que o ditador estava convencido de que a União Soviética estava abalada e nunca mais voltaria a se reerguer. Ademais, posteriormente Dietrich alegou que Hitler "ditou para mim, palavra por palavra, a declaração que eu deveria dar à imprensa em Berlim".[82] No entanto, a alegação de Dietrich pode ser vista com algumas reservas. Como um jornalista americano – que já havia observado Dietrich em várias outras ocasiões – observou, o chefe de imprensa nazista possuía um forte pendor por "declarações ousadas e previsões corajosas; e adorava superlativos".[83] Com a húbris de Hitler se elevando e Dietrich entusiasmado em saciar os holofotes, o palco estava armado para um anúncio que viria a surpreender o povo alemão e o resto do mundo. No dia 9 de outubro, Dietrich apareceu sorrindo diante da imprensa alemã e internacional. Atrás dele havia cortinas de veludo vermelho, que se encontravam abertas para revelar um grande mapa da União Soviética. Dietrich começou então a explicar a situação estratégica. Os últimos remanescentes dos exércitos soviéticos em frente a Moscou encontravam-se agora pegos em dois sólidos círculos que iam sendo destruídos pela Wehrmacht. Dietrich tranquilizava sua audiência dizendo que ao leste só havia um espaço sem defesas.[84] "A campanha no leste foi decidida com o esmagamento do Grupo de Exércitos Timoshenko", Dietrich proclamou.[85] Jornalistas neutros contemplavam a cena enquanto os jornalistas da Alemanha e das nações do Eixo vibravam e erguiam os braços na saudação nazista.[86]

No dia seguinte (10 de outubro), o *Völkischer Beobachte*, um jornal diário nazista, trazia manchetes exaltando a notícia. "Chegou a grande hora!"; "Campanha no leste decidida!"; "O fim militar dos bolcheviques".[87] Isso foi imitado no diário romeno *Universul*, que declarou: "A Frente Soviética inteira ruiu"; "A decisão foi alcançada"; "A destruição dos exércitos de

Timoshenko significa o fim da campanha russa". "Desastre para os exércitos bolcheviques". Outro diário romeno, o *Evenimentul*, trazia a manchete na página inteira: "A campanha russa acabou".[88] Na Itália, até Mussolini, que era conhecido por suas próprias fantasias elaboradas de conquistas marciais, ficou surpreso e viu as últimas notícias com reservas. Como Ciano observou em seu diário no dia 10 de outubro: "Houve sucessos [na Rússia], e isso é inegável, mas ele [Mussolini] considera que os *communiqués* [recentes] também trazem evidência de propaganda para consumo interno".[89] No entanto, a Alemanha não estava meramente engajada em um exercício de propaganda; havia uma crença firme de que a resistência soviética havia passado por um ponto sem volta e de que Moscou de fato logo estaria nas mãos dos alemães. No Governo Geral da Polônia, administrado pelos alemães, foi encomendada uma carga de fogos de artifício para as celebrações que marcariam a queda de Moscou, enquanto ao mesmo tempo eram impressos pôsteres em polonês representando um soldado alemão com uma bandeira nazista em pé sobre uma pilha de cascalho, com a seguinte legenda: "Moscou, o ninho bolchevique em mãos alemãs".[90] Enquanto isso, os cinemas de Berlim começaram a fazer propaganda do documentário que logo estrearia, *The Germans Enter Moscou* [Os alemães entram em Moscou],[91] enquanto vitrines nas livrarias começaram a estocar livros de gramática russa para servir aos oficiais e colonizadores do novo império alemão no leste.[92] No Grupo de Exércitos Centro os soldados estavam sendo exortados a fazer o esforço final na direção da capital soviética:

> Soldados! Moscou está diante de vocês. Ao longo de dois anos de guerra, todas as capitais do continente se dobraram diante de vocês, vocês marcharam pelas ruas das melhores cidades. Moscou permanece. Forcem-na a se dobrar, mostrem-lhe a força de suas armas, atravessem suas praças. Moscou significa o fim da guerra! – Alto Comando da Wehrmacht.[93]

Ao mesmo tempo, um esquadrão especial de engenharia foi organizado com ordens, dadas diretamente por Hitler, para a demolição do Kremlin.[94] De outros países vieram as primeiras mensagens de congratulações dos afiliados e aliados de Hitler. O general Francisco Franco da Espanha enviou um telegrama a Hitler: "Em meu nome e no do povo espanhol, envio à Vossa Excelência minhas entusiasmadas congratulações pela vitória final e derradeira da gloriosa Wehrmacht alemã sobre o inimigo da civilização".[95]

Enquanto o regime nazista anunciava publicamente sua vitória no leste, Goebbels observava os acontecimentos no dia 9 de outubro com nervosa apreensão. Ele escreveu que a notícia era "quase positiva demais e otimista demais. Por exemplo, quando a imprensa deu a manchete: 'A guerra está decidida!', aquilo realmente era ir longe demais". Ao mesmo tempo, Goebbels sabia que isso "impressionaria tremendamente" tanto dentro como fora do país, elevando as apostas e arriscando o prestígio de todo o regime. "Rezo a Deus", Goebbels continuou, "para que as operações militares ocorram de forma que não soframos um revés psicológico". De fato, o ministro da propaganda nazista revelou então o quanto os esforços de guerra no leste haviam sido intensos para ele, alegando que nada desde janeiro de 1933 havia minado seus nervos tanto quanto os últimos três meses.[96] No entanto, se Goebbels temia que os acontecimentos pudessem revelar uma brecha de credibilidade entre o regime e as reais circunstâncias no leste, já era tarde demais para impedir os soldados no Grupo de Exércitos de Bock de aludirem exatamente a essa dicotomia. Um soldado da 6ª Divisão de Infantaria observou: "Acabamos de descobrir que havia um *Sondermeldung* no rádio segundo o qual o cerco dos três exércitos dignos de combate remanescentes do sr. Timoshenko...[97] significa a vitória final sobre o exército soviético. Espero que esse relato não tenha sido exagerado por alguém entusiasmado demais".[98] Outros soldados alemães reconheceram imediatamente o quão imprecisos seus oficiais haviam sido e reagiram com raiva. Hans Roth escreveu em seu diário:

Ouvimos notícias no rádio sobre a batalha vitoriosa do cerco perto de Viazma e Briansk. A campanha no leste praticamente foi decidida. Os remanescentes do Exército Vermelho estão a um passo da aniquilação; os líderes bolcheviques fugiram de Moscou. O fim estaria próximo para o leste? Ouvimos isso e muito mais nos alto-falantes; certamente isso será a manchete dos jornais em casa. Não me conformo; como isso é possível, nossa liderança enlouqueceu da noite para o dia? Nada disso é verdade, não pode ser verdade; todos nós aqui vemos muito claramente o que está acontecendo. Esses cavalheiros estão com vendas nos olhos!?!?![99]

É claro, enquanto muitos soldados perceberam o absurdo do anúncio oficial, também havia muitos outros que queriam muito acreditar no que estavam ouvindo e que aceitaram de bom grado as notícias. Um soldado na 25ª Divisão de Infantaria Motorizada de Clössner exultou com a notícia, exprimindo somente a preocupação de que o tempo fosse permanecer seco o suficiente para as "batalhas finais" e então, dentro de quatro a seis semanas, sua divisão poderia ser dispensada.[100]

Quando chegou o dia 11 de outubro, Goebbels sabia que ele tinha um problema grave. "O clima se tornou quase de ilusão. As pessoas não conseguem fazer uma distinção entre uma 'decisão' e um 'fim' para a guerra, e só acreditam que as operações militares no leste estão, em sua maior parte, concluídas. Naturalmente, não é esse o caso de forma alguma."[101] A chave, da maneira como Goebbels via, era encontrar uma explicação, para contar às pessoas como a guerra poderia continuar mesmo tendo sido, em teoria, decidida. Sua solução era evocar paralelos históricos. "Vamos mencionar o exemplo da guerra austro-prussiana de 1866 e a guerra germano-francesa de 1870-1871. Nesses casos decisões também foram alcançadas em Königgrätz e Sedan e as guerras ainda continuaram."[102] Mais diretos ao ponto, os jornais pararam de falar em uma vitória iminente e voltaram a relatar os acontecimentos na linha de frente. No dia 11 de outubro, o *Völkischer Beobachte* trouxe a modesta manchete "Avanço no leste se aprofunda". Nos dias seguintes o tom se manteve decididamente mais recatado: "Aniquilação dos exércitos soviéticos quase concluída" (12 de outubro); "Os campos de batalha de Viazma e Briansk bem para trás do *front*" (13 de outubro); "Operações no leste prosseguem de acordo com plano" (14 de outubro).[103] E a mudança no tom tampouco passou despercebida. Mihail Sebastian, um judeu romeno, anotou em seu diário no dia 11 de outubro: "Uma diminuição de tom sutil, quase imperceptível nos jornais de hoje. 'A hora do colapso se aproxima', disse uma manchete no *Universul*. Ontem, o colapso já era fato consumado. Mas a verdade é que ainda há combates acontecendo. O *communiqué* alemão desta noite diz que a destruição de Briansk e Viazma 'está ocorrendo'".[104] Enquanto isso, na linha de frente a justaposição do anúncio de vitória no dia anterior com as dificuldades cada vez mais profundas causou um ressentimento amargo. Hans Roth reclamou:

> Mais uma vez, uma forte nevasca. De repente, uma temperatura congelante, 7 graus abaixo de zero! As estradas ficaram totalmente congeladas. Seríamos capazes de avançar se – sim, se – houvesse algum combustível! Os caminhões de suprimentos e combustível ainda estão muito atrás, afogados sem esperanças na lama. Cerca de 60% estão em algum lugar presos na lama. Isso mesmo; é com isso que uma vitoriosa marcha se parece! E a estação lamacenta só está começando, mas depois de dois dias de chuva já tivemos todas essas perdas. Nada disso combina com a fanfarra da vitória de ontem![105]

Como Blumentritt notou: "As tropas naturalmente estão ressentindo as declarações bombásticas de nossa propaganda".[106] Enquanto alguns soldados imediatamente entenderam a farsa nazista, para outros as árduas condições nos dias que se seguiram ao discurso de Dietrich os forçou a colocar ainda mais esperanças na promessa do regime de que a guerra terminaria em breve. Como Harald Henry escreveu em uma carta para casa: "Os últimos dias ultrapassam tudo que suportamos até agora. Mas o que ajuda?" Henry expressou então seu único consolo, de que a guerra logo terminaria.[107] Da mesma forma, Alfred Visen reclamou que depois de muitos meses nesta "maldita Rússia" ainda não havia uma saída em vista, mas então ele concluiu que "acreditando em nosso *Führer* para todas as coisas, tudo ficará bem".[108] O clima na linha de frente, então, ficou polarizado entre uma rejeição completa e até mesmo zombarias acerca das alegações do regime, e aqueles que colocavam suas mais sinceras esperanças no regime, convencendo-se de que aqueles com um panorama estratégico completo simplesmente sabiam mais do que os homens na linha de frente.

Na frente civil alemã, o jornalista americano Howard K. Smith, que estava morando em Berlim na época e assistira ao discurso de Dietrich, sugeriu que esse era o ponto de ruptura para muitas pessoas em sua confiança no relato do governo sobre a guerra. De acordo com Smith, Dietrich teve sucesso em "elevar o ânimo das pessoas aos céus", mas elas "logo caíriam de volta no abismo do desespero". No período após o discurso de Dietrich, as vendas de jornais alemães caíram, e triplicou o número de pessoas que eram pegas ouvindo a transmissões de rádios estrangeiras, especialmente de Londres e de Moscou. "A partir de agora", Smith declarou após o discurso de Dietrich, "um muro de desconfiança separava o ministério do dr. Goebbels de seu povo. O pastor já havia gritado 'Lobo!' muitas vezes".[109] No dia 13 de outubro, os relatórios do SD, medindo em segredo a opinião pública alemã, confirmaram "de todas as partes do Reich" o efeito positivo das declarações de Dietrich, que "surpreenderam o público e fizeram com que suspirassem de alívio". No entanto, mesmo nesse estágio inicial o ceticismo já estava bem evidente, como o relatório continuou: "Manchetes tais como 'Campanha do leste decidida – bolchevismo derrotado militarmente" disseram mais do que a população ousava esperar. Era simplesmente incompreensível para o povo que a guerra contra o bolchevismo pudesse ter sido finalmente decidida".[110]

Uma manifestação mais tangível de tal ceticismo vinha na forma de uma charge de humor negro, que circulou discretamente em Berlim. Ela trazia um soldado alemão em pé fora de sua trincheira e segurando uma placa para o inimigo que dizia: "Russos! Vocês deixaram de existir! Dr. Dietrich". Na outra figura o soldado é atingido por um projétil russo e está explodindo. Ao mesmo tempo, na trincheira, um oficial alemão se vira para o general, que está com um olhar confuso, e diz: "Esses russos burros aparentemente não entendem uma palavra de alemão!".[111] Goebbels, observando os acontecimentos no dia 12 de outubro, determinou que a atitude da população era "excepcionalmente complicada. O povo alemão teve suas esperanças manipuladas". No entanto, ele não tinha dúvidas quanto à causa disso e aceitou francamente que gafes imensas haviam sido cometidas. "Vamos reconhecidamente assumir a maior parte da responsabilidade por isto. O relatório mostra que a notícia de nossa vitória não é mais aceita com a atenção esperada e a importância necessária porque nossos *communiqués* mais recentes já anteciparam a vitória final."[112]

Enquanto Goebbels enfrentava a propaganda desastrosa que o próprio Hitler havia ativado, o ditador alemão ainda insistia insolentemente que a guerra como um todo estava se aproximando do fim. Na noite de 13 de outubro, Hitler disse a seus convidados reunidos: "Sem dúvida chegará a hora em que eu não terei mais de me preocupar com a guerra ou com a Frente Oriental, pois será somente uma questão de realizar o que já havia sido previsto e ordenado".[113] Naquele mesmo dia (13 de outubro) Hanz Fritzsche, um oficial de alto escalão do Ministério da Propaganda de Goebbels, continuou a desprezar a ideia de uma extensão para a guerra. Em um discurso para o corpo de imprensa estrangeira, Fritzsche declarou: "O resultado militar desta guerra está decidido. O que ainda precisa ser feito é basicamente de natureza política, interna e internacional". No entanto, aparentemente sem reconhecer a ironia envolvida, Fritzsche contou à sua plateia o que a vitória no leste significaria para a Alemanha. "É possível que dificuldades militares e também hostilidades bélicas em uma pequena escala persistam mais *oito ou dez anos*; essa situação não alterará a vontade do governo alemão de construir e ordenar o continente europeu de acordo com ditames alemães."[114] Foi uma avaliação repetida por Hitler em particular quando ele disse a seu círculo interno: "A polícia de fronteira será suficiente para nos garantir as condições tranquilas necessárias para a exploração dos territórios conquistados. Não dou importância nenhuma a um final formal e jurídico para a guerra na Frente Oriental".[115] Se um estado indefinido de guerra em pequena escala era o melhor que a Alemanha nazista poderia esperar mesmo nas mentes amplamente otimistas de Hitler e seus comparsas, a vitória proposta na Frente Oriental não era exatamente uma ocasião para grandes alegrias. No entanto, se a guerra não estava prestes a ser vencida – para o que havia evidências arrebatadoras – o perigo para a Alemanha nazista se estendia muito além de uma simples gafe de propaganda.

Somente no dia 14 de julho de 1941, quando a guerra no leste já entrava em sua terceira semana, Hitler emitiu a 32ª Diretiva de Guerra, que nesse estágio inicial já previa a vitória sobre a União Soviética. Consequentemente, a diretiva de guerra de Hitler pedia por uma redução substancial no tamanho do exército e por um redirecionamento da indústria em prol da *Luftwaffe* e do programa de submarinos da marinha. No entanto, para o exército: "A extensão de unidades e equipamento e a produção de novas armas, munições e equipamento serão associadas, com efeito imediato, às forças menores que são contempladas para o futuro. No caso de encomendas que tenham sido feitas com mais de seis meses de antecedência, todos os contratos além desse período serão cancelados".[116] Quando chegou outubro de 1941, apesar do otimismo persistente de Hitler, a guerra no leste claramente não estava perto do fim, mas a habilidade da indústria de guerra da Alemanha em suprir as necessidades do *Ostheer* quase estava nesse ponto. De fato, na segunda metade de outubro o comando da Wehrmacht ainda estava esboçando planos para a dissolução iminente de um terço do exército e a transferência de centenas de milhares de homens para fábricas que produziam armamentos de guerra contra a Grã-Bretanha.[117] Não somente as necessidades da guerra no leste não estavam sendo supridas (o combate até então havia sido sustentado somente por estoques pré-invasão, em rápido declínio), como também havia a ameaça crescente de um Estados Unidos cada vez mais beligerante, que enviava armas tanto para a Grã-Bretanha quanto para a União Soviética. Ciente dos perigos, o chefe do Departamento de Economia de Guerra, general de infantaria Georg Thomas, mostrou a Hitler um memorando sobre a produção americana de armamentos entre outubro de 1941 e maio de 1942. De acordo com o alto-comando da Wehrmacht, nos oito meses seguintes os Estados Unidos produziriam 4.700 aeronaves de combate, 2.600 veículos blindados de combate e mais de 1.600 peças de artilharia. Isso era mais ou menos equivalente à produção anual da indústria de guerra da Alemanha, e teoricamente tudo isso poderia ser colocado à disposição da Grã-Bretanha ou da União Soviética.[118]

Não só o potencial industrial dos Estados Unidos introduzia um problema quase insuperável caso Hitler não pudesse terminar a guerra no leste de forma decisiva, como outro estudo submetido por Thomas no dia 2 de outubro mostrava que a indústria de guerra soviética era notavelmente resiliente às conquistas da Alemanha. Com base em quatro cenários hipotéticos, cada um deles determinado pela extensão das conquistas alemãs no restante do ano de 1941, Thomas tirou conclusões sobre as consequências para a produção soviética de armamentos baseado na perda de matéria-prima e áreas industriais. As conclusões eram condenatórias e alertavam contra quaisquer esperanças imediatas de um colapso econômico da União Soviética. Mesmo no cenário mais amplo de uma conquista alemã (Plano D), que incluía Leningrado, Moscou e todo o caminho até o rio Volga no sul (a Alemanha não conseguiria nenhum desses territórios em 1941), Thomas antecipou que haveria "um enfraquecimento considerável da economia de guerra [soviética], que, no entanto, não necessariamente levaria a um colapso. Isso realmente só pode ser esperado depois que as áreas industriais dos Urais tiverem sido perdidas".[119] Hermann Göring, líder da poderosa Organização do Plano de Quatro Anos, rejeitou categoricamente o estudo de Thomas, classificando-o como "favorável demais aos russos" e insistindo que a captura da bacia do Donets teria "consequências decisivas para a indústria nos Urais".[120] Os acontecimentos favoreceriam as conclusões de Thomas e, como resultado, embora o exército alemão estivesse em declínio em decorrência tanto das prioridades industriais de Hitler quanto das perdas contínuas no leste, os Aliados estavam rapidamente aumentando sua vantagem na produção de armamentos.

Mesmo que esse conjunto calamitoso de circunstâncias tenha sido inteiramente considerado, havia outras pressões que restringiam a economia alemã e evitavam uma resposta substancial. Entre os problemas mais urgentes em outubro de 1941, estava o ritmo atual de expansão monetária, que ameaçava sobrepujar os controles de preços e salários adotados em meados dos anos 1930 e mergulhar a Alemanha em um novo ciclo de hiperinflação, lembrando o início dos anos 1920. Um relatório do Reichsbank afirmava: "Se só tivéssemos de considerar uma guerra breve, poderíamos *in extremis* aceitar mesmo tal breve desdobramento." No entanto, era reconhecido que essa perspectiva era "improvável"[121] e quando Walter Funk, o ministro da Economia e presidente do Reichsbank, procurou Hitler, ele foi aplacado por garantias efusivas de uma futura riqueza do leste. Dois dias depois, no dia 15 de outubro, Hitler aludiu à solução temporária que a Alemanha nazista adotaria para estabilizar sua moeda oscilante e fechar a lacuna entre demanda e abastecimento. "A inflação não vem do fato de que entra mais dinheiro no comércio, mas somente se o indivíduo exigir mais pagamento pelo mesmo serviço. Neste caso é necessário intervir. Também tive que explicar ao [dr. Hjalmar] Schacht que a causa da consistência de nossa moeda é o KZ [i.e., campo de concentração]."[122] Portanto, o trabalho escravo deveria ser drasticamente expandido e muitos industriais alemães proeminentes estavam pressionando o regime a disponibilizar milhões de prisioneiros de guerra soviéticos para suas empresas que sofriam com a falta de funcionários. No dia 31 de outubro, Hitler finalmente concordou, mas as condições e o tratamento de prisioneiros de guerra soviéticos levaram a tantas mortes que, em março de 1941, somente 5% dos 3.350.000 soldados do Exército Vermelho que haviam sido capturados na guerra podiam ser usados como operários.[123]

Enquanto a falta de trabalhadores, especialmente qualificados, constituía um grande gargalo para as fábricas, o déficit de mão de obra também afetava profundamente a mineração de matéria-prima. O carvão, por exemplo, podia ser encontrado em abundância em toda a Europa ocupada pelos nazistas, mas não havia nem de longe um número suficiente de mineiros para atender às demandas da Alemanha. Ao mesmo tempo, transportar a tonelagem necessária de carvão se mostrava impossível em razão da falta de locomotivas e de material rodante ferroviário em toda a Europa, pois a maior parte deles havia sido redirecionado para os vastos territórios ocupados na União Soviética.[124] O petróleo era um problema ainda maior, já que a pequena produção disponível dos campos de petróleo da Romênia, em torno de Ploesti, era a única fonte natural de abastecimento de Hitler. No entanto, a produção estava longe de ser suficiente para atender às necessidades da indústria alemã, bem como as do Exército, da Marinha e da *Luftwaffe*. As enormes demandas da Operação Barbarossa só podiam ser supridas exaurindo as reservas da Alemanha e da Romênia, e mesmo isso demandava um rápido fim das hostilidades. No final de outono, a Alemanha enfrentava um problema alarmante. As cargas vindas da Romênia no mês de setembro totalizavam 375.000 toneladas de petróleo, mas caíram para 253.000 toneladas em outubro e 223.000 toneladas em novembro. Em dezembro, a tonelagem voltou a cair drasticamente, para 123.000 toneladas, e alcançou um recorde negativo em fevereiro de 1942, entregando somente 73.000 toneladas.[125]

Como o chefe de Estado romeno, general Ion Antonescu, disse ao ministro alemão das Relações Exteriores, Joachim von Ribbentrop, "em matéria de petróleo cru, a Romênia contribuiu o máximo que estava em seu poder de contribuir. Ela não pode dar mais".[126]

Em meados de outubro de 1941, a posição estratégica da Alemanha era tudo menos auspiciosa. As vitórias do Grupo de Exércitos Centro não equivaliam à "decisão" urgentemente necessária que Hitler acreditava ter garantido. As ramificações políticas de se reivindicar uma vitória ilusória se mostrariam um danoso golpe ao moral da Alemanha, ao mesmo tempo expondo a brecha cada vez maior de credibilidade que separava a sede de Hitler da realidade da guerra. Como Goebbels reconheceu, o regime havia calculado muito mal sua representação na guerra e teria de enfrentar questões cada vez mais difíceis se a guerra não terminasse logo. Essa mesma perspectiva também era o que incomodava o general Thomas, que sabia melhor do que muitos no alto-comando alemão o quão pouco a Alemanha estava preparada para uma longa guerra de desgaste contra as potências Aliadas. Como o jornalista Howard Smith observou logo depois de deixar a Alemanha no final de 1941: "Todo novo ganho de território russo significou uma grave perda econômica – uma perda de valioso efetivo nas próprias fábricas da Alemanha". E então concluiu: "É uma declaração que costuma ser usada de forma errada, mas é verdadeira no caso da guerra russa, que a própria Alemanha estava se destruindo para vencer".[127]

CAPÍTULO 4

Massacre na estrada
para Moscou

O sucesso em Viazma e Briansk – O declínio dos bolsões

Enquanto a Alemanha de Hitler bradava sua vitória no leste, o clima no Grupo de Exércitos Centro era igualmente eufórico. O chefe do Departamento de Operações do Estado-Maior do Exército, coronel Adolf Heusinger, visitou o Grupo de Exércitos Centro na companhia de Brauchitsch logo após o fechamento do bolsão em Viazma e escreveu sobre a "euforia" que predominava. Heusinger discutiu a situação com Greiffenberg, chefe do Estado-Maior de Bock, e o tenente-coronel Henning von Tresckow, primeiro oficial do Estado-Maior do Grupo de Exércitos Centro, e concordaram que seriam necessárias "mais três semanas" e que "então tudo estará terminado".[1] Brauchitsch também estava animado pelo sucesso e garantiu a Bock que "desta vez era diferente de Minsk e Smolensk".[2] Segundo Blumentritt:

> Não é de surpreender que Hitler, seus comandantes e seus próprios soldados agora acreditassem que o Exército Vermelho deveria estar no fim dos seus recursos, tanto humanos quanto bélicos... Predominava um grande otimismo no Grupo de Exércitos Centro, do marechal de campo Von Bock aos soldados na frente de batalha, todos acreditávamos e esperávamos que logo estaríamos marchando pelas ruas da capital russa.[3]

Heusinger e Brauchitsch voltaram ao OKH justamente enquanto a chuva e a lama transformavam as estradas e os campos do leste, mas para o comando do exército o fim das principais operações no leste parecia finalmente possível. Heusinger observou em 14 de outubro que "expedições individuais" para o Cáucaso e o Egito iriam substituir as "grandes operações terrestres". Além disso, Heusinger determinou que, no futuro, "a continuação da guerra seria deixada para a *Luftwaffe* e os submarinos".[4] Com tantas expectativas, poderia-se supôr que o discurso de Dietrich em 9 de outubro não tivesse sido surpresa para os homens do OKH, ainda que a declaração pública de vitória do regime tenha irritado muitos dentro do comando do exército, mesmo com a maioria concordando com essa conclusão. Heusinger criticou o que ele se referiu como "esta vangloriação e, sobretudo, profetização" de vitória, embora ele próprio afirmasse que a maior parte das forças soviéticas agora eram formadas por "homens destreinados ou mal saídos da infância".[5]

Antes de proclamar qualquer vitória, o Grupo de Exércitos Centro teria de lidar primeiro com seu duplo cerco em Viazma e Briansk. Capturar tantos exércitos soviéticos pode, de fato, ter estabelecido os parâmetros de um grande sucesso no campo de batalha, mas esse sucesso ainda precisava ser capitalizado e os soviéticos capturados nos bolsões estavam desesperados para escapar a qualquer custo. No dia 10 de outubro, as primeiras grandes formações soviéticas começaram a atacar a frente defensiva alemã no lado oriental do cerco de Viazma. Em muitos casos, as forças alemãs tiveram tempo de escolher suas posições e entrincheirar-se, mas em certos lugares a paisagem florestal limitava a área de tiro, enquanto dava cobertura às forças soviéticas contra ataques aéreos. Os primeiros ataques começaram na manhã de 10 de outubro, e se intensificaram ao longo do dia. Constantes ataques tiveram de ser repelidos por todo o grupo *Panzer* de Hoepner; o pior foi o enfrentado pelo XXXXVI Corpo *Panzer* de Vietinghoff, atacado com "grande força" por uma infantaria apoiada por tanques e artilharia. Os ataques não foram apenas mais fortes do que nos dias anteriores, mas também haviam melhorado na organização e no planejamento.[6] O que mais impressionava os comandantes alemães era, acima de tudo, o fanatismo dos soldados soviéticos que avançavam repetidamente contra o fogo mais pesado a fim de romper as linhas alemãs. Em um dos setores da 2ª Divisão *Panzer* de Veiel um ataque resultou em 500 mortos do lado soviético e apenas 100 presos.[7] Os soviéticos não apenas arremetiam contra um tiroteio esmagadoramente superior: em outro setor da linha de frente, de seu posto de observação, Wolfgang Horn testemunhou o "incrível" fato de que apenas a primeira leva de tropas soviéticas estava armada. "Logo que a primeira fileira foi derrubada", explicou Horn, "eles [a segunda fileira] abaixaram-se e pegaram as armas daqueles que estavam mortos – eles estavam determinados a atacar sem armas, algo que era totalmente desconhecido para nós".[8]

Enquanto o diário de guerra do Grupo de Exércitos Centro registrava que a pressão na frente de Hoepner era "muito forte", a verdadeira zona de crise na frente do cerco em 10 de outubro estava na 23ª Divisão de Infantaria do major-general Heinz Hellmich, que avançou para uma posição destacada no sul do bolsão.[9] A divisão de Hellmich precisou se defender contra o que foi sublinhado no diário de guerra do grupo como "ataques *muito intensos... com avanços em vários pontos*" e que obrigaram todos os homens na divisão, incluindo não combatentes, a pegarem em armas. Na verdade a 267ª Divisão de Infantaria, mais próxima, teve de despachar um regimento de imediato para ajudar a conter a onda de forças soviéticas que afluía pelas brechas de Hellmich, e colocar tropas em alerta em todos os pontos da retaguarda.[10] Em 11 de outubro Albert Neuhaus anotou nas proximidades da frente no cerco: "Caso ainda seja necessário, seremos enviados adiante".[11]

Enquanto Kluge e Hoepner arcavam com o ônus das tentativas de invasão à União Soviética, duas divisões de tanques do 3º Grupo *Panzer* de Reinhardt (6ª e 7ª) ainda mantinham posição estratégica ao norte do bolsão, apesar das ordens para iniciar o avanço em direção a Kalinin. Diante das circunstâncias, estava se provando quase impossível para as forças de Hoepner irem em auxílio de Reinhardt, principalmente porque o setor do 3º Grupo *Panzer* estava sob constante ataque no bolsão. O coronel Hasso-Eccard Freiherr von Manteuffel, que comandava o 6º Regimento de Granadeiros da 7ª Divisão *Panzer*, sabia o que esperar depois de ter participado das batalhas de cerco em Minsk e Smolensk. As ordens para seus homens eram simples: "Entrincheirem-se até o pescoço!" Quando os ataques começaram, a luta foi implacável, embora os ataques soviéticos fossem menos organizados do que aqueles realizados mais ao sul.

Como Manteuffel explicou: "Sem controle centralizado, os russos se concentraram em massa contra nossas posições e nos atacavam dia e noite. O inimigo conseguiu se infiltrar com sucesso várias vezes durante a madrugada". No início os soviéticos penetraram em pequenos grupos, mas estes eram seguidos por formações maiores, que exploravam as brechas. "Nestes casos, eles embrenhavam-se até mesmo nos batalhões de comando e posições de artilharia, desencadeando combates corpo a corpo."[12] Não era de se surpreender que as baixas no 6º Regimento de Granadeiros fossem altas, mas no 7º Regimento de Granadeiros a situação era ainda pior. Em 10 de outubro, o diário de guerra da 7ª Divisão *Panzer* descreveu o regimento como "totalmente esgotado" depois de enfrentar quase 24 horas ininterruptas de combate onde perderam dois terços das metralhadoras e armas antitanque, setenta homens foram mortos e oitenta feridos.[13] Quando o que ainda restava das posições da 3ª Companhia finalmente recebeu o reforço dos tanques do regimento da divisão *Panzer*, a cena era desesperadora. "Em várias trincheiras havia quatro ou cinco mortos intercalados com um ou dois sobreviventes em pé entre os corpos dos colegas, com os rifles a postos. Várias metralhadoras estavam completamente descarregadas e ninguém na companhia tinha qualquer munição disponível... Minha impressão era de que os soldados da 3ª Companhia tinham realmente lutado até o limite suportável da resistência". Um oficial do 7º Regimento mais tarde explicou: "Foi realmente pior do que Yartsevo.[14] Naquela ocasião o inimigo atacou principalmente em batalhão. Dessa vez, tivemos que conter várias divisões, mas com companhias de infantaria motorizada distribuídas em uma área de 12 km".[15]

Por mais que as coisas estivessem ruins em alguns pontos da linha alemã, do lado soviético a situação era muito mais desesperadora, com a maioria das forças tentando romper o cerco. O tenente-general M.F. Lukin, que tinha sido designado para o comando da maior parte das forças soviéticas dentro do bolsão de Viazma, descreveu o cenário em 10 de outubro. "A situação das forças cercadas piorou drasticamente. Há poucas granadas, as balas estão acabando, e não há comida. Eles comem carne de cavalo e o que a população consegue fornecer. Os medicamentos e bandagens acabaram. Todas as barracas e cabanas estão transbordando de feridos."[16] O major Ivan Shabalin era um dos soldados presos no bolsão e seu diário reflete a terrível incerteza e o alto custo do combate no cerco. Em 9 de outubro Shabalin escreveu:

> Nosso exército está em uma situação trágica: já não temos ideia de onde é a retaguarda e a linha de frente – não é possível dizer mais nada. E sofremos perdas terríveis. Estamos tentando salvar o possível, e nossos veículos restantes estão abarrotados de equipamentos; cada soldado está carregando alguma coisa, até mesmo ripas de madeira compensada. Mas o tempo todo o círculo se fecha cada vez mais ao nosso redor.[17]

Na verdade, o cerco fora fechado há dois dias e apertava à medida que as forças alemãs avançavam do oeste. Até 11 de outubro, o bolsão encolheu de cerca de 75 por 35 km para apenas 20 por 20 km.[18] Quanto mais os grupos *Panzer* lutavam com unhas e dentes no lado oriental do bolsão, mais diminuía a resistência das forças soviéticas ao avanço da infantaria alemã no oeste. Em 10 de outubro Bock visitou a 87ª Divisão de Infantaria do tenente-general Bogislav von Studnitz que avançava a leste do rio Dniepre. Os homens de Studnitz tinham, de fato, perdido contato com o inimigo e estavam simplesmente prosseguindo em espaço aberto. Como resultado, Bock registrou: "Aqueles que lá estavam se recusaram a acreditar que ainda havia forças inabaladas no bolsão e que 200 mil homens já haviam sido capturados".[19] No entanto, para aqueles que viram as colunas intermináveis de prisioneiros de guerra soviéticos deixando o cerco, não havia qualquer dúvida quanto ao que estava acontecendo a oeste de Viazma. Como Horst Lange anotou em seu diário em 11 de outubro: "Os prisioneiros de Viazma chegaram nesta manhã – uma sucessão incalculável de sofrimento, incluindo muitos civis, maltrapilhos, magros, congelados, fracos, feridos. Muitos homens velhos. Poucos rostos inteligentes. Um fluxo infinito de desumanização. Sem individualidade... os vencidos perderam a determinação".[20] No mesmo dia (11 de outubro) Erich Leismeier, outro soldado na frente do cerco, descreveu o "grande butim" que havia caído nas mãos dos alemães e sua convicção de que a guerra não poderia durar além de outubro.[21]

Para muitos dos soldados alemães que participaram da batalha de Viazma, a experiência foi contraditória sob muitos aspectos. Enquanto alguns registros falam apenas de um triunfo retumbante que rendeu uma quantidade incalculável de armas soviéticas, veículos e homens, outras anotações fornecem um registro muito mais obscuro em que há pouca ou nenhuma menção a uma vitória e apenas um relato lúcido de como a luta serviu somente para destruir a unidade. Na verdade, por mais desfavorável que tenha sido o combate de 10 de outubro, as coisas pioraram em 11 de outubro. O foco dos ataques soviéticos ao grupo *Panzer* de Hoepner foi a 11ª Divisão *Panzer* de Esebeck, atacada em massa pela infantaria soviética a partir das duas horas da madrugada. Mais tarde, prisioneiros de guerra soviéticos revelaram que três divisões inteiras atacaram os 111º e 110º Regimentos Granadeiros. As perdas soviéticas foram terríveis, visto que os homens investiram contra o fogo cerrado de metralhadoras, morteiros, granadas de artilharia e tiros da infantaria. No entanto, o diário de guerra da divisão *Panzer* deixa claro que "elementos fortes" conseguiram romper a linha alemã, que precisou da ajuda do regimento *Panzer* para contra-atacar e "aniquilar" esses grupos.[22] Walter Schaefer-Kehnert, oficial da 11ª Divisão *Panzer*, lembrou depois da guerra: "Vi um desses ataques chegando logo no início da manhã. Estávamos sentados no topo das colinas, havia neblina sobre o vale do rio, e quando o nevoeiro subiu, foi como se um rebanho de veículos e homens chegasse aos milhares e nosso sangue gelou". Schaefer-Kehnert ordenou a seus homens para que não disparassem até que o inimigo estivesse ao alcance das armas antiaéreas e das metralhadoras. Só então eles abriram fogo, causando enormes danos às fileiras soviéticas.[23] Para se ter uma ideia da dimensão da batalha, quando os ataques finalmente pararam calculou-se que só em frente ao 111º Regimento de Granadeiros jaziam cerca de 2.000 soviéticos mortos, com mais de 3.000 capturados. Não surpreendentemente, o mesmo regimento relatou ter sofrido "duras perdas" e teve que ser reforçado por outras unidades da 252ª Divisão de Infantaria.[24] Nem a divisão de Esebeck foi exceção. A 2ª Divisão *Panzer* de Veiel registrou um ataque no dia 11 de outubro em que 800 soldados soviéticos foram mortos e 500 foram presos em um setor de sua linha de frente.[25] No geral, o 4º Grupo *Panzer* enfatizou que apenas pequenos grupos inimigos conseguiram adentrar o cerco alemão, e que estes, segundo eles, depois também foram eliminados pelas reservas atrás da linha de frente.[26]

Ao norte, o 3º Grupo *Panzer* de Reinhardt estava se desligando da frente do cerco para ser substituído por elementos do IX Exército de Strauss. Na noite de 11 de outubro, a 6ª Divisão *Panzer* de Landgraf se dirigiu para o nordeste, deixando apenas a 7ª Divisão *Panzer* de Funck mantendo a defesa contra o que Reinhardt descreveu como "as fortes tentativas de fuga dos russos".[27] Na verdade, as grandes baixas das primeiras batalhas prejudicaram as últimas, pois as perdas não eram substituídas. Pelotões foram dispersados e companhias foram agrupadas para reforçar as unidades, mas a frente não encolhia, o que significa que as unidades ainda enfrentavam setores desproporcionalmente extensos. Em um exemplo, dois pelotões foram direcionados para defender um setor de três quilômetros e meio de largura, o que terminou com pelo menos uma posição de quarenta defensores simplesmente invadida e todos os homens mortos. Ao mesmo tempo, em outro setor do *front* as forças soviéticas tentaram escapar sob fogo aberto, resultando em perdas terríveis. Um tenente alemão no 7º Regimento de Granadeiros descreveu o ataque:

> As primeiras explosões causaram enormes perdas humanas e materiais. O ataque deles foi absolutamente inacreditável. Colunas inteiras vieram junto com a artilharia, colunas de cavalos com caminhões no meio saíram do bosque de trás [da aldeia] de Shekulina. Atacaram-nos direto, sem desviar. Que alvo eles ofereceram para nossos observadores de artilharia avançados! Eles dispararam salvas de artilharia contra hordas de inimigos, sem pausa, uma após o outra. Isso causou uma destruição absolutamente inacreditável.[28]

Não causa surpresa que no dia 12 de outubro o diário de guerra da 7ª Divisão *Panzer* tenha descrito os dias anteriores como uma "vitória particularmente grande", ao mesmo tempo reconhecendo a "luta difícil" que resultou em "duras perdas".[29] Até mesmo o inflexível Bock emocionou-se com os relatos de combates e ações aparentemente suicidas dos comandantes soviéticos em Viazma. Sobre as "tentativas desesperadas de fuga",

Bock observou que algumas unidades inimigas avançavam em direção às posições alemãs em formação fechada com artilharia entre suas linhas.[30]

Enquanto a luta era travada no bolsão de Viazma, mais ao sul o bolsão de Briansk era dividido em dois pela união da 17ª Divisão *Panzer* de Arnim com a 167ª Divisão de Infantaria do major-general Wolf Trierenberg. Os homens de Trierenberg avançaram sempre a leste em direção a Briansk onde se encontraram com a divisão de Arnim em 10 de outubro. Agora havia bolsões ao norte e sul de Briansk, mas nenhum estava protegido contra algo semelhante à força das tropas alemãs em Viazma. De fato, o bolsão do Norte ainda não estava completamente fechado, e a 18ª Divisão *Panzer* de Nehring guardava o perímetro oriental com apenas um grupo avançado de batalha.[31] Isso não era apenas perigoso para as tropas que se estendiam ao máximo ao longo da linha de frente. Qualquer tentativa de movimento lateral durante a troca de reservas entre os pontos fortificados também era especialmente difícil em razão da instabilidade das estradas e da presença das unidades itinerantes do inimigo.[32] A zona defensiva se estendia por cerca de 30 quilômetros em uma área de floresta virgem, o que deixava os pontos fortificados individuais do grupo de batalha em grande risco. Até 11 de outubro a sede da divisão recebeu relatórios sobre encontros constantes com grupos inimigos pequenos e grandes. No caso destes últimos, o batalhão deu uma ideia de seu tamanho ao relatar que eles tentaram atacar "com centenas de veículos" levando a batalhas defensivas "sangrentas".[33]

Porém, o fato de que o bolsão do norte não estava sequer fechado convenceu Bock, no Grupo de Exércitos Centro, de que "ao norte de Briansk o grosso das forças inimigas provavelmente já havia fugido para o leste. Porém, ainda há muito a ser obtido por lá, principalmente equipamentos".[34] Mas Bock estava errado. O bolsão norte de Briansk ainda continha a maior parte do L Exército Soviético, assim como elementos do III.[35] Como resultado, os elementos do II Exército de Weichs que pressionavam o bolsão ao norte (112ª Divisão de Infantaria do tenente-general Friedrich Mieth e 52ª Divisão de Infantaria do major-general dr. Lothar Rendulic) encontraram forte resistência. Ernst Guicking, soldado na 52ª Divisão de Infantaria, escreveu para casa em 10 de outubro: "Atacamos os russos por trás com os

Sturmgeschützen [canhões de assalto]. O ataque foi à tarde. Os russos são durões. A batalha na floresta foi terrível, inesquecível."[36] Bock pode ter se enganado sobre onde estavam as forças soviéticas ao norte de Briansk, mas sua avaliação de que um número significativo poderia escapar para o leste se mostrou correta. Em 10 de outubro Weichs registrou que "fora impossível impedir que uma grande parte do L Exército Vermelho escapasse". Além disso, Guderian informou no mesmo dia ao Grupo de Exércitos Centro que o resto da divisão *Panzer* de Nehring estava empenhada na contenção das fugas no bolsão do sul e que, por isso, o batalhão não poderia ser reforçado.[37]

O bolsão do norte em Briansk era claramente de importância secundária para o bolsão do sul, o qual Guderian sabia representar uma ameaça muito maior para a retaguarda do seu avanço sobre Tula caso grandes unidades inimigas não fossem contidas no bolsão. Assim, Guderian dirigiu a 29ª Divisão de Infantaria Motorizada de Fremerey, a 293ª Divisão de Infantaria de Obernitz, a 25ª Divisão de Infantaria Motorizada de Clössner, o Regimento de Infantaria *"Grossdeutschland"* do coronel Walter Hörnlein e um regimento da 10ª Divisão de Infantaria Motorizada de Loeper para manter o perímetro leste do bolsão. Guderian procurou até mesmo redirecionar o XXXXVIII Corpo *Panzer* de Kempf para o norte a fim de reforçar o bolsão, uma vez que a frente era muito extensa, com rupturas e pontos de crise constantes na linha.[38] De fato, em 10 de outubro o diário de guerra do Grupo de Exércitos Centro registrou que as divisões de Fremerey e Obernitz estavam sob ataque pesado, repelindo as tentativas de fuga "em pontos onde grupos inimigos insignificantes tiveram sucesso".[39] No dia seguinte (11 de outubro) o mesmo diário de guerra destacou também as fraquezas da linha alemã, afirmando: "A evasão desse grupo inimigo em especial não podia ser evitada".[40]

As forças soviéticas presas no bolsão consistiam no XIII e III Exércitos e estavam sendo levadas em direção ao II Exército *Panzer* de Guderian, conduzidas pelo LIII Corpo de Exército do general de infantaria Karl Weisenberger.[41] Não é de surpreender que o medo e desespero dentro do bolsão sul de Briansk levassem as tropas soviéticas a tomar medidas cada vez mais enérgicas para escapar do cerco. Como mais tarde escreveu Eremenko, comandante da Frente de Briansk que também estava preso no bolsão do sul: "Todo o III Exército estava em perigo. Não tínhamos novos contingentes para organizar um ataque. Era essencial que os homens que já tivessem esgotado todas suas forças nos inócuos ataques anteriores recuperassem a energia". Com a maior parte do comando e controle sendo ineficaz acima do nível regimental, Eremenko assumiu o comando das forças em seu setor e tentou forçar um grande avanço na linha alemã por meio da ultrapassagem dos pontos fortes de defesa. Seu plano requeria em primeiro lugar a distribuição de dois batalhões por todo o flanco alemão para lançar um ataque na retaguarda das posições alemãs e assim dividir seu fogo defensivo. Conforme o relato de Eremenko explica:

> O tempo se arrastava. Esperamos com o coração pesado. De repente, quebrando o silêncio angustiante, ouvimos o estrondo de granadas, metralhadoras, rifles, explosões de morteiros, e depois, sobrepondo-se a tudo, o eco de um "hurra!" russo. O ataque há muito aguardado tinha começado... Um clarão subiu ao céu e homens de dois regimentos surgiram em cadeias de ataque apoiadas por dez tanques, incentivados pelo heroísmo de dois batalhões na retaguarda inimiga. Os artilheiros, atiradores de morteiros e de metralhadoras defendiam a infantaria e os tanques com uma parede de fogo... O surgimento de nossas tropas na retaguarda deles, somado ao nosso ataque repentino e audacioso, surpreendeu o inimigo. A boa coordenação de todas as nossas unidades nos ajudou a esmagar as defesas deles. Os nazistas no setor foram aniquilados e a rota de fuga da floresta estava aberta à nossa frente.[42]

O livro de memórias de Guderian reconhece que havia uma grande brecha nas linhas entre a 25ª e a 29ª Divisão de Infantaria Motorizada em 11 de outubro, mas alegava que o 5º Batalhão de Metralhadoras logo seria capaz de fechar a lacuna.[43] No entanto, a luta em torno dos dois bolsões de Briansk foi claramente menos unilateral se comparada às batalhas para romper o cerco de Viazma. Bock registrou a situação contrastante nos dois bolsões em 12 de outubro: "Guderian não está avançando, mas lutando com os bolsões de Briansk assim como Weichs. O bolsão em Viazma diminuiu ainda mais, o número de prisioneiros cresce tremendamente e as perdas do inimigo são enormes".[44]

Enquanto os soldados do Exército Vermelho eram encurralados às dezenas de milhares em Viazma e Briansk, a devastada frente soviética não tinha de maneira alguma se concentrado totalmente nesses dois bolsões. Na verdade, a área ao redor dos bolsões, então largamente arborizada, dava cobertura para inúmeras fileiras de soldados e oficiais soviéticos. Alguns deles queriam apenas evitar encontrar com os alemães, enquanto fugiam para o leste a fim de se juntar às linhas soviéticas, mas outros tomavam uma postura mais agressiva, atacando alvos alemães isolados, queimando vilarejos, destruindo pontes e minando estradas.[45] No entanto, a diferença entre um soldado do Exército Vermelho isolado atrás das linhas inimigas e um *partisan* de confiança logo se tornou turva e tendeu para o segundo caso, contra o que a Wehrmacht estava autorizada a agir com severidade máxima.[46] A transformação na forma como o inimigo soviético era descrito pode ser encontrada no diário de guerra do LVII Corpo *Panzer* de Kuntzen, que em 10 de outubro só falava da ação de "russos" em ambos os lados da sua rota de avanço, mas apenas dois dias depois atribuiu o mesmo problema ao "aumento da atividade dos *partisans*".[47] A diferenciação era importante. Os *partisans* acabavam mortos a tiros indiscriminadamente, enquanto a campanha anti-*partisans* era frequentemente enquadrada como indistinta do extermínio dos judeus soviéticos, que ocorria em paralelo. De fato, em uma conferência especial anti-*partisans* apresentada em setembro pelo comandante da área de retaguarda do Grupo de Exércitos Centro, o general de Infantaria Max von Schenckendorff, predominou a máxima "onde há um judeu há um *partisan*; e onde há um *partisan*, há um judeu".[48]

Com soldados soviéticos extraviados sendo associados a guerrilheiros *partisans* e guerrilheiros *partisans* a judeus, a terminologia utilizada contribuía para a deslegitimação da resistência, ao mesmo tempo que legitimava os assassinatos. Essas ações tampouco ficaram restritas às áreas de retaguarda ou pouparam as tropas ativas na linha de frente. Em 10 de outubro, uma ordem de Reichenau, comandante do VI Exército, associou aquilo a que ele se referiu como "sistema judeu-bolchevique" às "bestialidades infligidas aos povos germânicos e afins". Como resultado, Reichenau instruiu seus homens: "O soldado deve ter pleno entendimento da necessidade de punição severa, mas justa, da sub-humanidade judaica". Ele, então, relacionou inextricavelmente as duras medidas recomendadas para os judeus à campanha de extermínio travada contra os guerrilheiros *partisans*. "A batalha contra o inimigo atrás da linha de frente ainda não está sendo levada a sério o suficiente. Os insidiosos e cruéis *partisans* e suas mulheres depravadas ainda são considerados prisioneiros de guerra; franco-atiradores e vagabundos, semiuniformizados ou à paisana, estão sendo tratados como soldados decentes e levados para os campos de detenção."[49] A implicação de que *partisans* poderiam estar "semiuniformizados" reflete a indistinção na qual a ordem de Reichenau agora insistia. E isso não era apenas um reflexo da conhecida simpatia de Reichenau pelos nazistas.[50] Dois dias depois de a ordem ser emitida em 12 de outubro, Rundstedt, comandante do Grupo de Exércitos Sul, declarou estar "totalmente de acordo" com a ordem e a passou adiante.[51] A palavra de ordem se espalhou rapidamente e, quando o OKH analisou uma cópia, decidiu passá-la para todos os grupos do exército e dos exércitos no leste, solicitando que eles "emitissem instruções apropriadas seguindo as mesmas diretrizes".[52]

Na dianteira do Grupo de Exércitos Centro, durante a primeira quinzena de outubro de 1941, surgia claramente uma amostra do que viria a ser uma das regiões mais perigosas de atividade *"partisan"* ao longo do inverno de 1941/1942.[53] Como o grupo *Panzer* de Hoepner estava concentrado em proteger o perímetro das forças soviéticas cercadas em Viazma, o XXXX-VI Corpo *Panzer* de Vietinghoff registrou em seu diário de guerra: "O avanço [da frente soviética] aconteceu rápido demais para liberar realmente a área. Em todos os lugares, especialmente nas florestas, ainda permanecem elementos inimigos deixados para trás".[54] E isso não era um problema irrelevante. No dia 5 de outubro, o diário de guerra da 5ª Divisão *Panzer* de Fehn incluía uma reprimenda dos comandos subordinados da retaguarda depois que um ataque desencadeou um "clima de pânico" (*Panikstimmung*) nas fileiras. Ele se referia a homens "atirando descontroladamente para o ar" e sugeria que isso provinha das tropas verdes que não estavam "bem adaptadas" às condições do leste.[55] Perto dali, a 2ª Divisão *Panzer* de Veiel registrou estar envolvida no que foi descrita como uma "batalha *partisan*", em que cinco de seus homens foram mortos e nove ficaram feridos. Segundo o diário de guerra, a retaliação foi rápida: "A população civil se uniu aos *partisans*. Cinquenta russos foram abatidos".[56] Além do grande número de tropas do Exército Vermelho ainda livres atrás das linhas alemãs, o 3º Grupo *Panzer* de Reinhardt deixou claro que, dada a incapacidade de proteger adequadamente o grande número de prisioneiros de guerra soviéticos, seria "inevitável que o incômodo causado pelos *partisans* aumentasse".[57] Em 10 e 11 de outubro o diário de guerra do intendente no II Exército *Panzer* de Guderian registrou que as condições "preocupantes" do abastecimento se deviam principalmente à "inviabilidade" das estradas encharcadas e também aos "ataques constantes dos inimigos às rotas de abastecimento".[58]

Anotações pessoais de soldados alemães também registraram o crescimento da insegurança nas cercanias e imediatamente começaram a se referir aos soldados soviéticos extraviados pela designação mais sinistra: "*partisan*". O soldado de infantaria Horst Lange escreveu em seu diário em 12 de outubro: "Toda a área está cheia de russos dispersos, que continuam suas operações guerrilheiras".[59] Em parte, a obstinação da resistência soviética pode ser atribuída ao Número de Ordem 270 de Stálin de 16 de agosto de 1941, que declarava "traidores" aqueles que se rendessem ou desertassem e determinava que "suas famílias estavam sujeitas à prisão".[60] Peter von der Osten-Sacken registrou que durante o outono de 1941 a atividade guerrilheira tornou-se cada vez mais ostensiva. "Os trens foram descarrilados, as colunas de abastecimento foram atacadas e depósitos de munições foram explodidos. Pilotos de expedição e motoristas de caminhão foram baleados pelas costas e vários pontos auxiliares vulneráveis foram atacados, com todos os alemães mortos. A amargura era grande em ambos os lados e, não raro, se transformava em barbárie."[61] No entanto, nem todos os ataques à frente alemã em 1941 eram obra apenas de soldados soviéticos extraviados, pois as estimativas sugerem que pode ter havido mais de 65 mil pessoas envolvidas em organizações clandestinas ou agindo como *partisans* em toda a União Soviética ocupada durante 1941.[62] Um exemplo da ânsia das operações alemãs antiguerrilha em empregar violência exemplar atacando áreas civis consideradas "suspeitas" é o fato de que só o Grupo de Exércitos Centro registrou ter matado cerca de 80 mil *"partisans"* pela perda de 3.284 homens entre julho de 1941 e maio de 1942.[63] Em um dos exemplos mais infames, o major-general Gustav Freiherr von Mauchen-Heim genannt von Bechtoldsheim da 707ª Divisão de Infantaria relatou ter feito 10.940 prisioneiros em operações anti-*partisan* em apenas quatro semanas depois de 11 de outubro. Destes, 10.431 foram fuzilados posteriormente, embora tenham sido encontrados apenas 90 fuzis.[64] Como Osten-Sacken registrou: "Não fizemos prisioneiros. Quem era identificado como *partisan* esperava ser fuzilado. Isso também valeu para a população civil que ofereceu abrigo aos *partisans*."[65] A crueldade das medidas anti-*partisan* alemãs, bem como o péssimo treinamento e liderança dentro do movimento *partisan* em 1941, foram responsáveis pelo declínio do movimento ao longo do inverno de 1941/1942. Em janeiro de 1942, o movimento contava com apenas cerca de 30 mil combatentes, mas não ficou abaixo disso, e a partir da primavera de 1942 a desilusão generalizada com a nova ocupação alemã somada à perceptível melhoria no esforço de guerra soviético ajudou a transformar o movimento em uma força militar cada vez mais sólida e poderosa.[66]

Avanço nos flancos – a hiperextensão obstinada de Bock

Enquanto os exércitos soviéticos que deveriam defender Moscou eram rapidamente desintegrados e destruídos dentro dos bolsões alemães, a inteligência alemã acreditava que o caminho para Moscou estava aberto e que restavam apenas unidades especiais do NKVD e Milícias Populares defendendo a capital.[67] Até mesmo fontes soviéticas indicam que havia apenas cerca de 90 mil soldados disponíveis para conter a maré alemã.[68] Porém, o ataque a Moscou não era tão fácil mediante a simples comparação entre as forças opostas. Bock enfrentou uma série de problemas. Para começar, a maior parte do Exército Soviético cercado estava encurralado, mas não derrotado. Isso deu a Jukov, agora com a missão de defender Moscou, tempo para construir e reorganizar suas defesas e, ao mesmo tempo, infligir graves prejuízos às formações motorizadas posicionadas no cerco da linha de frente. O tempo perdido também era um problema, dada a rápida deterioração do clima: o aumento da chuva e nenhum calor de verão para secar o solo ampliava o número de regiões onde as condições impraticáveis paravam todo o movimento. Na segunda semana de outubro, as estradas na extensa área operacional de Bock variavam entre as razoáveis – às vezes com a construção de valas de drenagem ou de estradas de troncos com árvores derrubadas e amarradas – e aquelas já afundadas na lama, ao longo das quais apenas viaturas sobre lagartas ou tratores conseguiam passar. Outra complicação era o fato de as forças livres da frente do cerco (particularmente o 3º Grupo *Panzer*) estarem sendo enviadas para pontos distantes nos flancos e não diretamente para Moscou. De fato, dos oito corpos *Panzer* no Grupo de Exércitos Centro, apenas dois (LVII Corpo *Panzer* de Kuntzen e XXIV Corpo *Panzer* de Schweppenberg) tentavam avançar em direção a Moscou, sem muito sucesso.

Em 9 de outubro o corpo de tropas de Kuntzen informou que a falta de caminhões e combustível havia tornado o avanço "quase impossível".[69] No entanto, os soldados receberam ordens para avançar de qualquer maneira e logo descobriram que os soviéticos estavam empregando uma nova tática que se revelou uma forma de defesa muito econômica e eficaz. Diante das condições, as pontas-de-lança *Panzer* ficaram restritas quase que exclusivamente às estradas, pois atravessar o país era quase impossível. Como resultado, os alemães não podiam trazer reforços, e muitas vezes tinham de enfrentar a resistência soviética cara a cara, sem chance de realizar ataques flanqueantes rápidos. Como o diário de guerra de Kuntzen registra, isso permitiu que pequenos grupos de combate soviéticos dotados de infantaria, artilharia e alguns tanques retardassem ou até mesmo contivessem o avanço alemão.[70] Além disso, o tanque soviético T-34, que já era superior em velocidade, blindagem e armamento, agora se revelava ideal para as condições, com esteiras mais largas que permitiam atravessar com relativa facilidade aquela terra de ninguém repleta de campos encharcados. Como o LVII Corpo *Panzer* veio a descobrir, "a infantaria não possui nenhuma arma que possa combater efetivamente esses tanques fortemente blindados".[71] Uma ameaça ainda maior que o T-34 era o enorme tanque soviético KV-1, praticamente invulnerável a tudo, menos à arma antiaérea alemã de 88 milímetros. Um soldado alemão que inspecionou um KV-1 apreendido contou nada menos de 35 tiros na torre, vindos de armas anti-tanque alemãs de 37 milímetros e 50 milímetros. O gigante também exibia outras marcas, de cerca de quarenta tiros, que obrigaram o soldado a concluir: "Deve ter esvaziado várias armas antitanque alemã".[72] Apesar das dificuldades, o corpo *Panzer* de Kuntzen seguiu adiante incansavelmente, e em 11 de outubro tomou a cidade de Medyn a 140 km de Moscou. No entanto, a resistência soviética aumentou a cada retomada do avanço, fazendo com que as baixas alemãs crescessem na mesma proporção. Em 13 de outubro, o tenente-general Curt Jahn da 3ª Divisão Motorizada de Infantaria designou três batalhões para um ataque em que cada batalhão perdeu mais de 100 homens na luta ao longo do dia, enquanto o regimento *Panzer* da 20ª Divisão *Panzer* de Bismarck registrou ter perdido, no mesmo dia, todos os comandantes de sua companhia.[73] No dia seguinte (14 de outubro) a divisão de Bismarck estava reduzida a apenas 37 tanques operacionais.[74]

Ao sul, o XXIV Corpo *Panzer* de Schweppenberg vinha tentando tomar Mtsenk (50 km a nordeste de Orel) desde 6 de outubro, sem sucesso. Os repetidos ataques da 4ª Divisão *Panzer* de Langermann-Erlancamp foram repelidos com grandes perdas. Aqui, novamente, o Exército Vermelho vinha empregando novas táticas, que envolviam um ataque frontal da infantaria para cercar e "conter" a frente alemã, enquanto os tanques soviéticos manobravam ao redor do flanco e atacavam pela retaguarda. Como Guderian observou: "As descrições da qualidade e, acima de tudo, do novo manejo tático dos tanques russos eram muito preocupantes. Nossas armas defensivas disponíveis no período só eram bem-sucedidas contra o T-34 quando as condições eram extraordinariamente favoráveis".[75] A situação do grupo de batalha alemão formado para atacar Mtsensk em 10 de outubro não era nada promissora. Seu comandante, o coronel Heinrich Eberbach, registrou: "As forças estavam esgotadas, tinham sofrido reveses, usavam uniformes molhados e estavam congelando cada vez mais". Ele também discorreu sobre a falta quase absoluta de granadas de mão e munição para as metralhadoras, enquanto o inimigo, segundo ele, era numericamente superior e estava entrincheirado em posições defensivas.[76]

O clima era tão deprimente que Guderian lembrou: "Pela primeira vez durante esta campanha rigorosa o coronel Eberbach deu a impressão de estar esgotado, e o esgotamento agora perceptível era menos físico do que espiritual. Era realmente chocante constatar o quão profundamente nossos melhores oficiais foram afetados pelas últimas batalhas".[77] Em 10 de outubro, o grupo de batalha de Eberbach conseguiu flanquear as posições defensivas soviéticas e forçar caminho em direção a Mtsensk; no dia seguinte a cidade estava completamente em mãos alemãs.[78] Mas as tropas de Schweppenberg ainda estavam a 120 quilômetros do seu objetivo em Tula, enquanto a 4ª Divisão *Panzer* de Langermann-Erlancamp colocou em campo apenas quarenta tanques operacionais em 12 de outubro.[79] Além disso, apenas uma mínima porção de suprimentos conseguia chegar até as posições dianteiras, e o intendente do II Exército *Panzer* não antevia nenhuma melhora significativa no cenário até que o chão congelasse e endurecesse.[80] Por meses, homens como o coronel Eberbach vinham lutando incansavelmente para atingir seus objetivos, muitas vezes sob as mais difíceis circunstâncias, apenas para receberem novas ordens e novas missões. A quebra do moral era a menos relevante das dificuldades de tomar Mtsensk se comparada ao aparente perpetualismo da campanha alemã no leste e à necessidade constante de se conseguir mais objetivos com menos recursos.

À medida que aumentavam as dificuldades em manter as operações ofensivas, os problemas não eram bem aceitos pelo alto-comando, que ainda estava tomado pela euforia do sucesso da Tufão. Ao fazer uma comparação com o desânimo predominante no seu exército *Panzer*, Guderian escreveu: "Que contraste a euforia do OKH e do Grupo de Exércitos Centro! Havia uma diferença radical de atitude que aumentou com o passar do tempo até se tornar quase insuperável". Guderian até descreveu seus superiores dentro do exército como "embriagados com o cheiro da vitória".[81] O Grupo de Exércitos Centro tinha consciência da nova tática soviética de forte defesa das estradas e dos assentamentos que levavam a Moscou, em detrimento da manutenção de uma frente ampla.[82] No entanto, o grau de dificuldade que isso implicava para o avanço alemão, e o quanto piorava ainda mais as circunstâncias diante dos recursos limitados de Jukov foram fatos completamente ignorados por Bock. Agora haveria duros combates nas estreitas "frentes da estrada", mas Bock, consciente das estradas ruins, suprimentos limitados e das condições meteorológicas ainda piores que estavam por vir, vinha defendendo forças leves para manter o movimento e velocidade do avanço. Em uma conversa com Halder em 11 de outubro, o comandante do Grupo de Exércitos Centro falou sobre a próxima operação para cercar Moscou e afirmou: "Diante das condições, isso só pode ser feito de forma simples e do jeito mais 'colonial' possível. A situação do inimigo vai permitir isso".[83] Aqui Bock estava totalmente errado. Enquanto Kuntzen e Schweppenberg tiveram algum progresso na segunda semana de outubro, suas forças eram claramente insuficientes tanto para romper o perímetro defensivo de Moscou quanto para cercar a capital soviética. Por outro lado, no entanto, Bock também estava certo. Visto que a maior parte do Grupo de Exércitos Centro revolvia na lama e lutava para se manter com suprimentos escassos, um avanço total não seria possível, e muito menos de forma rápida. Deslocar um grande número de formações pesadas e equipadas para uma longa batalha levaria muito mais tempo, e era exatamente disso que Jukov precisava.

Enquanto o ataque em Moscou seria insuficiente mesmo contra as magras forças soviéticas, o alto-comando alemão era inflexível: os objetivos nos flancos distantes poderiam ser realizados simultaneamente com o cerco a Moscou. No sul, Guderian queria desviar o XXXXVIII Corpo *Panzer* de Kempf para reforçar sua posição no bolsão de Briansk, mas isso ia contra as ordens do OKH, o que levou à manutenção de contato com o Grupo de Exércitos do Sul e a ida em direção à leste para atacar Kursk. Nas condições vigentes, nenhum conjunto de ordens importava muito. A área do XXXXVIII Corpo *Panzer* foi uma das mais afetadas pelas chuvas de outono, e o diário de guerra da corporação registrou em 12 de outubro: "As divisões estão todas completamente imobilizadas [pela lama]".[84] Na retaguarda, centenas de veículos estavam atolados e abandonados nas vastas planícies de lama sem fundo.[85] Como um soldado anotou: "A lama é terrivelmente pegajosa porque o solo está repleto de resíduos oleosos... A água não flui, ela estagna; a sujeira se agarra aos pés de homens e animais".[86] Ela também atolava os veículos até os eixos, algo que não apenas comprometia os suprimentos de Kempf, como também deixava as tropas expostas e sujeitas a perdas devastadoras em caso de um contra-ataque soviético. Foi exatamente isso que aconteceu em 12 de outubro, evidenciando a importância de se manter a capacidade de manobra tanto na ofensiva quanto na defensiva, ao mesmo tempo em que demonstrou a eficiência da mobilidade do Exército Vermelho sob condições adversas. A 9ª Divisão *Panzer* de Hubicki suportou o peso do ataque, que rompeu a frente e penetrou na retaguarda ao norte da aldeia de Amon. O diário da divisão de guerra registrou: "Inúmeros veículos foram destruídos e os soldados auxiliares alemães restantes foram mortos". No rescaldo do ataque, reunir os vários grupos dispersos de homens e organizá-los em um posto de comando só seria possível lançando folhetos de propaganda pelo ar.[87] Hubicki poderia reconstruir sua frente, mas sua divisão ainda estava a mais de 80 quilômetros de Kursk, e dadas as circunstâncias, reunir seus homens seria extremamente difícil.

Enquanto as tropas *Panzer* de Kempf tentavam tomar Kursk com apenas uma divisão *Panzer* (apoiada por duas divisões de infantaria motorizada), na outra ponta da frente de Bock o 3º Grupo *Panzer* de Reinhardt estava sendo desviado para conquistar Kalinin. O XXXXI Corpo *Panzer* de Kirchner não participou do cerco a Viazma, inicialmente fornecendo proteção ao flanco do LVI Corpo *Panzer* do General de Tropas *Panzer* Ferdinand Schaal e, em seguida, recebendo ordens para atacar o nordeste em direção a Kalinin. Na vanguarda do XXXXI Corpo *Panzer* estava a 1ª Divisão *Panzer* de Krüger, que suportou sucessivos ataques aéreos inimigos nos primeiros dias da campanha[88] e depois participou de uma grande batalha com a 107ª Divisão de Infantaria Motorizada Soviética em 6 de outubro. Nessa ação, sessenta tanques soviéticos foram destruídos e as perdas alemãs foram incontáveis,[89] mas em 4 de outubro, dois dias antes da batalha, Krüger já contava com apenas quarenta *Panzers* operacionais.[90] Os ataques aéreos provaram mais uma vez seu alto custo em 8 de outubro,[91] e o coronel Hans Röttiger, chefe do Estado-Maior do XXXXI Corpo *Panzer*, afirmou que os ataques aéreos soviéticos "superaram tudo já vivido até hoje na Rússia".[92]

O que mais preocupava Krüger eram as mudanças do tempo e a deterioração das condições da estrada. Nesse caso, a região arborizada do flanco norte de Bock oferecia uma solução provisória. Como Siegfried Knappe relatou: "A única maneira de mover os veículos era cobrir as estradas com pequenos troncos dispostos lado a lado para formar uma superfície sólida... Essas estradas eram difíceis para os cavalos, e os veículos sacudiam por cima delas, mas pelo menos podíamos transportar suprimentos e munição".[93] Com a resistência soviética enfraquecida e uma mobilidade melhor do que em outros trechos da linha de frente, a tropa de Kirchner começou sua longa marcha para o nordeste. Em 10 de outubro a cidade de Sychevka, 70 quilômetros ao norte de Viazma, foi tomada, juntamente com 1.200 prisioneiros de guerra, vinte vagões de material rodante e quatro depósitos cheios de peças de avião e motores.[94] No entanto, Kalinin ainda estava a mais de 150 quilômetros (distância linear) à nordeste de Sychevka, e o coronel Röttiger, no XXXXI Corpo *Panzer*, foi claro sobre as dificuldades que se apresentavam: "A estocagem inadequada de suprimentos... deu frutos amargos na época. Os recursos disponíveis não eram de modo algum suficientes para tal operação de longo alcance". Röttiger observou que mesmo à medida que chegava a Sychevka, o preço era extremamente caro para as colunas de abastecimento, que "sofriam grandes perdas", ocasionando a redução considerável da tonelagem líquida transportada.

No entanto, não eram apenas as más condições das estradas e dos veículos que impediam o fluxo de provisões; o principal depósito de suprimentos para o 3º Grupo *Panzer* era por si só, muitas vezes, desprovido de produtos essenciais, e os caminhões esperavam dias pela chegada da próxima remessa.[95] Reinhardt sabia que, para alcançar seu objetivo, seria preciso esgotar todas as possibilidades no sentido de preencher a lacuna logística. Assim, Reinhardt emitiu uma ordem especial em 11 de outubro exigindo que o 3º Grupo *Panzer* tomasse medidas radicais:

> O comando superior sabe das dificuldades das tropas *Panzer* com as *condições dos veículos* e *fornecimento de combustível*. Sem levar em consideração esses fatores, a operação deve ser levada até o fim, mesmo que os objetivos determinados [terminar em Kalinin] só possam ser alcançados com algumas das unidades e os veículos tenham que ser levados ao limite de suas capacidades. Toda e qualquer *possibilidade* deve ser esgotada para compensar o baixo estoque de combustível e, apesar das condições dos veículos, assegurar que aqueles que podem ser usados em batalha sejam capazes de realizar a missão... As

tropas *Panzer*, de infantaria motorizada, engenharia e comunicação devem ser divididas e agrupadas de modo que as unidades com veículos utilizáveis possam ser organizadas e separadas daquilo que não serve mais. Deve ficar entendido que somente brigadas ou regimentos reforçados permanecerão nas divisões.[96]

Canibalizar divisões inteiras para formar grupos de batalha rápida sugere que Reinhardt estava antecipando um fim às principais operações, enquanto ao mesmo tempo corroborava com a crença de Bock de que as forças menores seriam suficientes para explorar o colapso da frente soviética. O absurdo dessa ideia ficaria evidente na semana seguinte. Por enquanto, porém, o XXXXI Corpo *Panzer* de Kirchner preparava a próxima etapa do seu avanço, enquanto o LVI Corpo *Panzer* de Schaal lançava a primeira de suas duas divisões *Panzer* (6ª Divisão *Panzer* de Landgraf) a partir do bolsão de Viazma.

O plano de ataque de Kirchner era simples: a 1ª Divisão *Panzer* de Krüger agiria no centro, conduzindo o ataque à frente com o regimento de infantaria motorizada do coronel Walther Krause, "Lehrbrigade 900", na reserva. A 6ª Divisão de Infantaria de Auleb daria cobertura ao longo do flanco esquerdo das tropas para o oeste, enquanto a 36ª Divisão de Infantaria Motorizada do tenente-general Otto Ottenbacher avançaria pela direita com sua frente voltada para o leste, a fim de oferecer proteção a contra-ataques soviéticos. Na falta de motorização nas outras divisões, a 6ª Divisão de Infantaria de Auleb teve que se esforçar ao máximo para manter o ritmo. Como um médico da divisão escreveu mais tarde:

O clima piorou. Ficou mais frio e nevou o dia inteiro. Mas a neve não permaneceu por muito tempo. Misturou-se na terra negra em que nossos veículos afundaram cada vez mais. As tropas puxaram e empurraram as rodas dos veículos; os galantes cavalinhos Panje estão suados e esgotados; às vezes tínhamos que fazer um breve descanso de dez minutos por pura exaustão; em seguida, de volta ao transporte, nossos pés afundavam na lama preta até os joelhos. Qualquer coisa para manter as rodas em movimento. Para compensar o tempo perdido, e em uma corrida desesperada contra o clima que sabíamos que iria piorar, marchamos a noite toda e chegamos à área ao norte de Sychevka em 11 de outubro.[97]

Para as divisões motorizadas, a ordem de Reinhardt significou medidas drásticas. Para economizar combustível, os veículos considerados não absolutamente necessários para o combate foram deixados para trás e tiveram o resto de seu combustível retirado.[98] Em 11 de outubro Zubtsov, 40 quilômetros ao norte de Sychevka, foi tomada. Também como evidência das demandas intermináveis do alto-comando, no mesmo dia, com Kirchner ainda muito aquém de Kalinin, Bock informou Reinhardt que, assim que chegasse a Kalinin, o grupo armado provavelmente receberia ordens para continuar o avanço para Torjok, 60 quilômetros a noroeste. Além disso, Bock informou Reinhardt que ele, provavelmente, também teria de fazer o reconhecimento no norte de Kalinin na direção de Rameshki, mais de 50 quilômetros diretamente a norte.[99] Era o mesmo tipo de planejamento delirante que dava ordens ilimitadas aos homens, e do qual os generais alemães viriam a acusar Hitler mais tarde pela ruína de suas operações supostamente bem elaboradas. Além disso, como observou Röttiger, mesmo que pudessem ser encontrados combustível e forças para esta operação, as forças soviéticas que naquele momento fugiam do emergente bolsão alemão provavelmente os venceriam.[100] De fato, se alguém prestasse atenção ao aviso de Reinhardt e tivesse consciência de que a força de Krüger consistia de apenas uma brigada, ou mesmo de um regimento reforçado, defender espaços tão vastos contra os avanços do inimigo certamente seria quase impossível, em especial levando-se em conta os exemplos dos bolsões mais ao sul.

Em 12 de outubro a 1ª Divisão *Panzer* de Krüger tomou Staritsa, 45 quilômetros a nordeste de Zubtsov. No mesmo dia, a distância que se abriu entre as principais lideranças do 3º Grupo *Panzer* e do IX Exército de Strauss convenceu Bock a subordinar Reinhardt diretamente ao Grupo de Exércitos Centro.[101] Foi uma boa notícia para os comandantes *Panzer* que há muito se ressentiam de receber ordens de – na opinião deles – generais com mentalidade de infantaria. Mais significativa ainda foi a captura de cerca de 500 caminhões soviéticos no dia 12 de outubro, embora o diário de guerra não registre quantos deles ainda estavam funcionando.[102] De toda maneira, qualquer caminhão capturado intacto era ao menos uma fonte vital de peças de reposição e, às vezes, de combustível extra. Na verdade tais aquisições extraoficiais eram vitais para a mobilidade de todo o *Ostheer* e eram procuradas intensamente por todas as formações. Como Gottlob Bidermann anotou: "As tropas tinham se tornado mestres em se defender por conta própria... a companhia tentou consertar os caminhões capturados. A partir da grande quantidade de material inimigo apreendido deixado pelo adversário em retirada... nossas tropas foram capazes de reunir um grande número de veículos utilizáveis. O comandante da companhia trouxe um caminhão cheio de combustível, o que aumentou muito o nosso estoque de suprimento de combustível 'negro' ou 'não oficial'".[103]

Também foi oferecido o apoio do VIII Corpo Aéreo de Richthofen ao XXXXI Corpo *Panzer*. Além de fornecer cobertura aérea e atacar as posições inimigas, o grupamento também fornecia inteligência em tempo real, lançando relatórios escritos à mão a partir de aviões de exploração. Em 12 de outubro a divisão de Krüger recebeu um desses relatórios dizendo: "Estrada para Kalinin entupida de colunas inimigas em fuga, não há mais resistência organizada!".[104] Krüger decidiu continuar o avanço na noite de 12 de outubro, mesmo que isso levasse à peculiar circunstância de os tanques e a infantaria motorizada alemães terem de prosseguir em meio a tropas soviéticas em fuga. Heinz Otto Fausten, que participou da marcha, lembrou: "Ficamos frustrados diante das cenas de desordem total. Os comandantes do Exército Vermelho nos insultavam de seus veículos, pensando que éramos russos fugindo da linha de frente. Veículos inimigos adentravam nossa coluna, juntavam-se a nós por algum tempo e, assim que reconheciam nossa identidade, desviavam novamente. Era tudo absolutamente inacreditável".[105] O oficial de operações na 1ª Divisão *Panzer*, tenente-coronel Walther Wenck, que, estranhamente para um oficial alemão, era famoso por seu humor irônico, informou ao grupamento: "Embora não se incluam em nossos quadros de execução de deslocamento, unidades russas estão tentando seguidamente dividir nosso espaço na estrada e, por isso, são em parte responsáveis pelo atraso do nosso avanço a Kalinin. O que fazer nesse caso, por favor?". A mensagem foi respondida: "Como sempre, a 1ª Divisão *Panzer* tem prioridade ao longo da rota de avanço. Reforce o controle de tráfego!".[106] Na mesma noite, o major Carl Wagener, oficial de operações no 3º Grupo *Panzer*, fez uma pergunta de rotina para a principal companhia *Panzer*: "Quem está dirigindo à frente de nossa formação?" A resposta veio: "Ivan".[107]

Enquanto alguns homens minimizavam a situação, o fato é que o grupo de avanço de Krüger há muito havia estendido desmedidamente a proteção de flanco das divisões de Ottenbacher e Auleb, cada vez mais adentrando perigosamente em território inimigo. Além disso, os homens estavam com frio e cansados das marchas quase ininterruptas. Helmut Pabst, que participou do avanço para Kalinin, escreveu em uma carta para casa:

> Está tudo correndo bem nas estradas congeladas deste país de colinas coroadas por aldeias. Mas 55 km é muita coisa. O trajeto levou das oito da manhã até às duas horas da madrugada do dia seguinte. E daí não encontramos acantonamentos. As poucas casas em nossa área de descanso já estavam há muito tempo ocupadas. Mas os rapazes se enroscaram nos cômodos superlotados, determinados a se esquentarem mesmo que para isso tivessem de ficar em pé.[108]

De fato, as temperaturas noturnas, agora congelantes, trouxeram novos problemas para a marcha. Logo em 10 de outubro o diário de guerra do 3º Grupo *Panzer* registrou que os motores dos tanques tinham de ser deixados em marcha lenta durante a noite, para impedir o congelamento. Isso, no entanto, agravou a falta de combustível.[109]

Mesmo com todas as dificuldades na longa marcha, a 1ª Divisão *Panzer* de Krüger chegou à cidade de Kalinin no início da manhã de 13 de outubro depois de ter percorrido mais de 70 quilômetros desde Staritsa e cerca de 150 quilômetros de Sychevka. Como em Orel dez dias antes, os bondes ainda circulavam e a população local ficou atordoada com a visão repentina dos tanques alemães chegando a suas ruas. No entanto, o espetáculo surreal não durou muito e logo um conflito feroz tomou as ruas, com participação da população civil.[110] Como em Mogilev em julho, Dnepropetrovsk em agosto e Leningrado em setembro, os alemães mais uma vez descobriram que chegar a uma cidade era apenas o primeiro passo para ocupá-la. Além disso, só a vanguarda da divisão de Krüger estava disponível para o dispendioso combate urbano em curso. O resto de sua divisão estava em péssimas condições ao longo dos 150 km de estrada.[111] Para complicar ainda mais, Bock já tinha ordenado a Reinhardt que continuasse o avanço para Torjok.[112] A hiperextensão do 3º Grupo *Panzer*, que custou tão caro nos combates em Smolensk, continuou mais uma vez em ritmo acelerado.

Na segunda semana de outubro, o cenário era favorável para uma vitória operacional triunfante do Grupo de Exércitos Centro, causando sérios danos ao Exército Vermelho e avançando significativamente suas linhas em direção a Moscou. No entanto, de um ponto de vista estratégico, seu sucesso operacional foi muito superestimado, e os mesmos problemas e equívocos que haviam minado a Operação Barbarossa agora ressurgiam para atrapalhar a Operação Tufão. A incapacidade de compreender as realidades estratégicas, porém, não era um fenômeno exclusivamente alemão. A liderança soviética tinha julgado de forma totalmente errada as intenções estratégicas alemãs, enquanto superestimava desastrosamente as forças das Frentes Ocidental, de Reserva e Briansk. Os desdobramentos estratégicos de Stavka também haviam colocado seus exércitos de campo muito perto da fronteira, aumentando o perigo de cerco. A varredura da linha de frente com forças leves, enquanto as formações maiores eram retidas para identificar e contra-atacar penetrações alemãs teria prevenido, ou pelo menos limitado, o tamanho dos bolsões.

No entanto, embora ambos os lados fossem culpados de má interpretação ou de ignorar certas realidades estratégicas, a União Soviética tinha uma compreensão muito melhor da guerra em um aspecto fundamental: desde os primeiros dias do conflito, os soviéticos tinham se conscientizado e se preparado para uma luta longa e dispendiosa. Em outubro de 1941 a ideia de libertar todo o território soviético, sem falar na de conquistar a Alemanha nazista, parecia uma esperança distante até mesmo para o comunista mais obstinado. Como resultado, enquanto Hitler continuou a subestimar drasticamente as implicações econômicas da luta no leste, a União Soviética já estava há três meses em mobilização de "guerra total", fabricando armamentos em grande quantidade. Na verdade, mesmo durante

Tabela 3. *Produção e perdas de tanques da Alemanha, setembro de 1939 a março de 1942*

		Produção						Perdas em combate					
		Mark I	Mark II*	Czech 38 (t)	Mark III†	Mark IV	Total	Mark I	Mark II*	Czech 38 (t)	Mark III†	Mark IV	Total
1939	Set		5	31	40		76	-89	-83		-26	19	-217
	Out		8	30	40	20	98						0
	Nov		2	11	35	11	59						0
	Dez				42	14	56						0
1940	Jan		2	10	42	20	74						0
	Fev		38	24	52	20	134						0
	Mar		4	31	57	24	116						0
	Abr		19	30	61	20	130	-5	-13		-6		-24
	Mai		12	30	75	20	137	-145	-194	-43	-110	-77	-569
	Jun		20	30	70	23	143	-43	-46	-11	-25	-20	-145
	Jul		18	30	96	26	170	-36					-36
	Ago		20	35	97	30	182	-3					-3
	Set		10	35	120	17	182						0
	Out		2	44	135	30	211						0
	Nov			27	117	30	174						0
	Dez			44	123	30	197						0

1941 Jan	3	45	132	31	208		-2		-30		-32
Fev	7	50	138	26	217						0
Mar	15	53	122	28	210						0
Abr	12	49	171	36	271						0
Mai	15	78	191	29	310				-5	-1	-6
Jun	21	65	189	38	307	-39	-16	-33	-30	-16	-134
Jul	36	65	161	38	285	-146	-117	-182	-175	-111	-731
Ago	37	64	229	44	373	-171	-106	-183	-104	-70	-634
Set	48	76	216	46	375	-8	-32	-62	-116	-23	-241
Out	45	53	235	51	387	-18	-65	-85	-102	-55	-325
Nov	45	50	252	52	399	-42	-30	-149	-126	-38	-385
Dez	39	50	217	61	367	-33	-92	-102	-227	-65	-519
1942 Jan	45	50	235	57	387	-37	-76	-31	-234	-48	-426
Fev	53	61	261	58	433	-22	-46	-8	-167	-49	-292
Mar	53	28	247	8	336	-16	-3	-12	-57	-10	-98

Observação: Os números registrados aqui não incluem perdas em virtude de problemas técnicos, como, por exemplo, tanques enguiçados.

*Inclui tanques lança-chamas e com defesa antiaérea.

†Inclui armamento.

Fonte: Adaptado de Rolf-Dieter Müller, "Beginnings of a Reorganization of the War Economy at the Turn of 1941/1942", in Militärgeschichtliches Forschuungsamt (ed.), Germany and the Second World War. Volume V/I. Organization and Mobilization of the German Sphere of Power. Oxford, 2000, p. 728.

os meses de crise de 1941, quando a União Soviética estava perdendo vastas extensões de terra e tendo desesperadamente de realocar grande parte de sua indústria pesada, as fábricas de Stálin ainda estavam ultrapassando a Alemanha nazista na produção de armas fundamentais. Em outubro de 1941 os soviéticos produziram cerca de 500 novos tanques,[113] enquanto a Alemanha, no mesmo mês e com muito menos limitações, produziu apenas 387.[114] Os tanques soviéticos não eram apenas de qualidade superior. À medida que mais fábricas eram adaptadas para a produção de guerra e outras eram reorganizadas após a realocação, os números da produção subiam na mesma medida. Em março de 1942 as fábricas soviéticas estavam entregando 1.000 tanques novos por mês[115] e esse número continuou a aumentar ao longo do ano. Em contraste, a produção alemã em março de 1942 tinha caído para apenas 336 tanques (ver Tabela 3) e o total em 1942 foi de cerca de 15.000 tanques *a menos* que a União Soviética (24.446 soviéticos para 9.200 alemães).[116]

Enquanto Stálin construía sua economia de guerra em uma base firme, o público soviético também estava sendo blindado contra qualquer pensamento derrotista. Ao contrário da propaganda alemã, que levou seu povo a acreditar que a guerra seria vencida dentro de algumas semanas, a propaganda soviética, enquanto prometia a vitória final, teve o cuidado de, em 1941, deixar bem clara a natureza "total" do conflito e incutir a ideia de que não havia alternativa à resistência continuada. Dessa forma, os desastres na linha de frente tiveram menos importância porque, contra um inimigo travando uma guerra de aniquilação, não havia alternativa a não ser continuar a luta. Assim, as atrocidades alemãs eram um tema central da propaganda soviética, com cartazes como "Morte aos assassinos de crianças", mostrando uma garota morta e um par de botas ensanguentadas e decoradas com a suástica caminhando para longe. Outros cartazes eram claramente dirigidos aos soldados do Exército Vermelho, com slogans como "Atirem nos assassinos de nossas mulheres e crianças", "Soldado, salve-me da escravidão" e "Guerreiro do Exército Vermelho, salve-nos". Ao mesmo tempo, as pessoas eram exortadas a lutar e ficar com a sensação de que a vitória era inevitável. Um cartaz de V. Koretskii mostrava uma massa de civis armados com o simples *slogan* "Nossa força é incalculável". Enquanto isso, a crise vigente na linha de frente dificilmente poderia ser ignorada com cartazes exigindo: "Defenda nossa capital", "Lutamos, estamos lutando e lutaremos"[117] e "Vamos defender a Mãe Moscou".[118]

Enquanto a propaganda soviética elevava a luta a novos patamares, é certo que não era sempre baseada na verdade. Solomon Lozovski, o vice--ministro soviético das Relações Exteriores, declarou em 6 de outubro que a Alemanha tinha um saldo de três milhões e meio de mortos na guerra até então.[119] No dia seguinte, enquanto os alemães fechavam o cerco em Viazma, Lozovski desconfortavelmente insistiu: "Quanto mais os alemães forçarem a entrada a leste, mais perto eles vão ficar do túmulo da Alemanha nazista".[120] Estava longe de ser o comentário mais razoável, mas, por outro lado, a hiperextensão do Grupo de Exércitos Centro tinha contribuído para a vantagem da União Soviética no verão e, com Bock agora tentando avançar em uma frente visando Torjok ao norte, Moscou ao centro e Kursk ao sul – totalizando cerca de 600 quilômetros –, o sucesso da Operação Tufão era tudo, menos garantido.

Enquanto Bock distribuía ao máximo os parcos recursos, Jukov concentrava-se na guarda da linha defensiva Mojaisk, localizada cerca de 110 quilômetros a oeste de Moscou e ancorada nas quatro rotas principais de acesso à cidade, em Volokolamsk, Mojaisk, Maloiaroslavets e Kaluga. Em 10 de outubro, Jukov assumiu o comando do que restava da Frente Ocidental, reforçada por cadetes, milícias populares, NKVD e unidades da polícia de Moscou. No entanto, a força que Jukov comandava ainda possuía apenas cerca de 90 mil homens em 13 de outubro, e, por isso, o Stavka incorporou a Frente de Reserva de Moscou à Frente Ocidental, estabelecendo o núcleo dos novos V, XVI, XLIII e XLIX Exércitos.[121] Porém, em meados de Outubro eram exércitos apenas no nome, e como Jukov explicou:

> Essas forças estavam longe de serem adequadas para uma linha contínua de defesa, por isso antes de tudo decidimos cobrir as principais rotas – Volokolamsk, Istrin, Mojaisk, Maloiaroslavets, Podol'sk-Kaluga. A artilharia básica e os recursos antitanque também foram concentrados ao longo dessas proximidades... Um extenso trabalho de campo de engenharia estava em curso na retaguarda das primeiras tropas do escalão, a fim de ampliar a defesa em pro-

fundidade. Obstáculos antitanque foram colocados ao longo de todos os eixos de avanço ameaçados por tanques. Aumentou-se o número de reservas nas proximidades.[122]

Já em 5 de outubro Stálin ordenou que os reservas da Frente Noroeste e da Frente Sudoeste fossem transferidos para Moscou a fim de se somarem aos reforços que vinham do extremo leste soviético.[123] Enquanto Jukov se concentrava em defender as próximas marchas para Moscou em 12 de outubro, mandou seu recém-nomeado vice, Konev, o ex-chefe da Frente Ocidental, para lidar com o avanço alemão em direção a Kalinin. Konev levou consigo três divisões de fuzileiros e uma brigada de tanques, enquanto era apoiado por outra brigada de tanques e mais quatro divisões que chegavam da Frente Noroeste.[124] Em 17 de outubro, as forças de Konev foram reorganizadas e reagrupadas para incorporar os recém-alocados XXII, XXIX e XXX Exércitos. No mesmo dia (17 de outubro) o seu comando foi renomeado como a Frente de Kalinin.[125]

Em Moscou, Stálin estava esperançoso de que Jukov fosse segurar os alemães na frente de Moscou como tinha feito em Leningrado, mas as memórias do desastre em Kiev deixaram o ditador soviético cauteloso quanto a esperar demais até mesmo de seus melhores generais. Assim, Stálin esperava pelo melhor e programava-se para o pior. Uma comissão especial foi formada para "preparar a tomada das indústrias e da área devastada de Moscou". Em 9 de outubro, eles identificaram 1.119 empresas para destruição total (com explosivos) ou dano (com fogo). Em 12 de outubro, foi determinado que uma nova linha defensiva deveria ser organizada nas imediações da cidade dentro de vinte dias. Para isso, nada menos do que 250 mil pessoas, a maioria mulheres, foram retiradas à força da cidade e enviadas para cavar valas antitanque e construir *bunkers*.[126] O trabalho era pesado e, às vezes, também perigoso, como Olga Sapojnikova lembrou: "Levaram-nos para alguns quilômetros além de Moscou. Éramos uma grande multidão, e nos disseram para cavar trincheiras... No primeiro dia fomos metralhados por um Fritz, que nos atacou repentinamente. Onze das meninas foram mortas e quatro ficaram feridas".[127] Em 14 de outubro, Stálin ordenou a evacuação de quatro dos mais prestigiosos teatros de Moscou (o Teatro Estatal Lênin, o Teatro Artístico Máximo Górki, o Pequeno Teatro Acadêmico e o Teatro Vakhtangov), e estes logo foram seguidos pela Universidade de Moscou e todas as embaixadas estrangeiras.[128] A capital soviética estava se tornando cada vez menos uma cidade e mais uma base defensiva na longa frente soviética. Além disso, só agora era possível saber a verdadeira extensão do colapso da frente soviética. Como o embaixador britânico para a União Soviética, Stafford Cripps, observou após uma orientação militar em 11 de outubro: "Era um cenário deprimente... a situação de Moscou é extremamente perigosa no momento".[129] Ainda mais alarmante foi o adido militar dos Estados Unidos em Moscou, que informou em 10 de outubro que tudo indicava que "o fim da resistência russa não está longe".[130]

CAPÍTULO 5

O triunfo final de Bock

"Todos nós morreremos aqui" – A batalha de Viazma

Em 3 de novembro de 1812, Viazma deu nome a outra batalha contra outro aspirante a conquistador da Rússia, Napoleão Bonaparte. Na ocasião, eram as forças russas que tentavam conter uma parte do Exército Francês, enquanto este batia em retirada na direção de Smolensk. A tentativa não foi bem-sucedida, mas, no processo, os russos libertaram Viazma e, pela primeira vez na guerra, a batalha resultou em perdas muito mais pesadas para o lado francês.[1] Viazma era, portanto, um marco histórico, conhecido pelos russos como um dos campos de batalha sagrados onde a liberdade do país foi defendida do domínio estrangeiro. O desastre que se desenrolou em Viazma 129 anos mais tarde não poderia ter oferecido um contraste mais gritante, e é considerado nada menos que uma calamidade para a União Soviética. No entanto, mais tarde essa visão foi contestada por Jukov em seu livro de memórias do pós-guerra. Enquanto a derrota da frente soviética e o cerco que se seguiu representaram um fracasso inegável do comando soviético, a recusa dos exércitos encurralados a capitularem, mesmo diante de todas as adversidades, teve um papel importante na contenção da marcha de Hitler a Moscou. Como Jukov explicou:

> Graças à persistência e à firmeza de nossas tropas que lutaram no cerco próximo a Viazma, ganhamos um tempo inestimável para o fortalecimento da linha de defesa Mojaisk. Por isso, o sacrifício e o derramamento de sangue das tropas cercadas não foram em vão. Seus feitos heroicos e sua enorme contribuição para a defesa de Moscou ainda ficarão na história.[2]

Na verdade, a fanática resistência soviética no bolsão de Viazma fez mais do que apenas ganhar tempo para Jukov. Embora qualquer proporção comparativa de perdas entre alemães e soviéticos mostre um desequilíbrio gritante a favor das forças de Bock, a verdade é que as perdas alemãs foram mais pesadas entre as divisões *Panzer* de Hoepner, reduzindo sua força operacional para a ofensiva posterior em direção a Moscou. Como declarou uma enfermeira alemã que trabalhava para o Grupo de Exércitos Centro em outubro de 1941:

> Houve tantas baixas que tivemos que colocar os feridos em leitos improvisados nos corredores. Na batalha de Viazma nossos *Panzers* tinham conseguido o impossível... mas a que preço? Eu trabalhava na época feito uma máquina, assim como todos. O trabalho era interminável. No entanto, muitos dos feridos que morreram poderiam ter sido salvos se tivessem sido trazidos mais cedo! Eles tiveram que esperar por ajuda durante muito tempo na lama, e as inflamações e gangrenas já haviam se espalhado de tal forma pelo corpo que só restava ao cirurgião amputar. Era terrível, tão terrível que não tenho palavras para descrever essas cenas.[3]

Quando chegou 12 de outubro, Bock estava eufórico com as notícias que vinham de Viazma e comentou em seu diário que "as perdas do inimigo eram enormes".[4] No entanto, o comando alemão não se perguntava a que preço essas vitórias vinham sendo conquistadas, e era apenas em frente ao cerco que os oficiais alemães viam o estrago causado em suas unidades, com soldados ensanguentados e às vezes dizimados em batalhas defensivas. Depois de intensos combates na área da 11ª Divisão *Panzer* de Esebeck em 11 de outubro, a batalha continuou em 12 de outubro com um ataque renovado por novas levas de tropas soviéticas. Para os defensores alemães, que já contabilizavam milhares de inimigos mortos diante de suas linhas, os novos ataques soviéticos em locais já repletos de cadáveres eram desgastantes tanto psicologica quanto fisicamente. Se a munição acabasse, a metralhadora emperrasse ou os soldados fossem cercados por fogo inimigo, as ondas de ataque não poderiam ser detidas. No entanto, às vezes os ataques soviéticos simplesmente dominavam o fogo defensivo alemão, apesar de todos os bloqueios. Era um preço muito alto, mas às vezes bem-

-sucedido. Durante as primeiras horas de 12 de outubro, a frente de Esebeck foi rompida e o ataque soviético prosseguiu até o posto de comando da divisão, antes que a chegada do regimento *Panzer* rechaçasse os atacantes, "com enormes perdas".[5] O padre Ernst Tewes, um sacerdote católico na 11ª Divisão *Panzer*, conta que outro contra-ataque da infantaria para limpar as posições alemãs "resultou em um banho de sangue horrível do lado russo. Terrível. Novamente, havia mulheres russas de uniforme, e até mesmo crianças. Todos mortos".[6] A divisão também capturou cerca de 2.000 prisioneiros de guerra soviéticos ao longo da noite,[7] mas outro relatório aponta que "grupos individuais fugiram para o leste".[8]

A 5ª Divisão *Panzer* de Fehn também foi duramente atacada nos dias 12 e 13 de outubro, repetindo as cenas perturbadoramente familiares de carnificina. Após a batalha, calcula-se que em frente às posições de apenas duas companhias jaziam cerca de 2.000 soldados soviéticos.[9] A ideia de tentar romper posições bem defendidas com ataques humanos em massa era cada vez mais desacreditada desde meados do século XIX. Em 1941, a competição entre homens e aço já havia sido decidida há muito tempo a favor do último, mas as contínuas tentativas soviéticas de buscar a vitória por meio de ataques maciços atestam o quanto o treinamento das tropas estava defasado.[10] Contudo, as táticas soviéticas em Viazma também foram paralisadas pela falta de reforços, combinada com a pressão para escapar o mais rápido possível do nó que rapidamente se apertava. Na verdade, para muitos dos comandantes soviéticos determinados a não se renderem, havia poucas alternativas a não ser atacar as linhas alemãs com cada homem que conseguissem convocar. Mesmo para os veteranos alemães endurecidos pelas batalhas da frente leste, confrontar as ondas de ataques em massa provou ser uma experiência traumática, e a dispersão das seções na linha de frente aumentava o risco de invasão.

As divisões *Panzer* de Esebeck e Fehn pertenciam aos XXXXVI Corpos *Panzer* de Vietinghoff, que até 13 de outubro já haviam feito 34.150 prisioneiros de guerra e capturado ou destruído 139 armas, 38 armas antitanque, 4 tanques e 800 caminhões.[11] Com base nesses números as tropas chegaram à conclusão de que haviam sido atacadas por um exército inteiro.[12] Mais ao norte, a 2ª Divisão *Panzer* de Veiel também se viu sob ataque de uma força soviética esmagadora. Um relato de H.E. Braun, um artilheiro antitanque, oferece uma visão clara sobre o que os homens das divisões de Veiel enfrentaram. Quando a noite caiu, Braun relembra que tons de vermelho iluminavam o céu a oeste enquanto aldeias remotas queimavam e batalhas distantes retumbavam. Vez ou outra ouvia-se uma grande explosão e, à medida que escurecia, Braun e seus companheiros podiam ouvir o movimento e o som dos motores aproximando-se atrás de suas linhas. "A tensão era insuportável", lembra Braun, pouco antes de os foguetes serem disparados no céu da noite. A claridade logo revelou centenas e depois milhares de tropas soviéticas, juntamente com a cavalaria de cossacos e colunas de caminhões avançando em direção à minguada frente alemã. "Meu sangue congelou", lembra Braun, mas o fogo defensivo começou a abrir brechas nas fileiras soviéticas. Ao longo da noite, os ataques aumentavam e diminuíam. Braun lembra que "várias vezes os russos foram despedaçados a tiros diante das posições". As últimas levas de soldados soviéticos empilharam seus próprios mortos para dar cobertura, enquanto outros grupos arrastavam-se entre os mortos e feridos para atacar repentinamente as linhas alemãs. Caminhões em chamas iluminaram trechos do campo de batalha até que a primeira luz da aurora chegou e os ataques finalmente cessaram. Braun acreditava que a luta havia terminado, até que o inimigo, assemelhando-se à "cabeça de uma hidra, brotando continuamente em formas cor-de-terra", lançou um novo ataque liderado por "um mar de soldados do Exército Vermelho". Como Braun observou:

> O fluxo [do inimigo] começou a destruir as barragens e adentrar pelas valas feito uma enchente. Então pequenas brechas foram rompidas até que finalmente a onda incontrolável inundou tudo. Bravos soldados [alemães] de infantaria e, em certos trechos, até mesmo equipes com armas antitanque foram pisoteados pela massa humana impulsionada pela certeza da morte na fuga para o leste.[13]

Alguns pontos fortes da frente alemã resistiram como "ilhas" de defesa atirando em todas as direções. À retaguarda, Braun explicou: "Agora chegou a hora de os homens de logística e das equipes... Cozinheiros armados lutaram em suas cozinhas e motoristas da retaguarda defenderam suas vidas com as próprias mãos". No entanto, as forças soviéticas adentraram pelas brechas. "Caminhonetes russas rodavam a toda velocidade, completamente lotadas de soldados." Nas batalhas defensivas as divisões *Panzer* acionaram seu regimento de tanques como uma espécie de brigada de incêndio – uma reserva móvel levada às pressas para tapar buracos nas fileiras. Veiel agora levava seu 3º Regimento *Panzer* para o corpo a corpo, e os tanques chegaram disparando seu armamento principal e metralhadoras. "Eles dispararam direto para as massas, sem mirar", relatou Braun, "atingindo os homens do Exército Vermelho que haviam invadido e também seus próprios homens." Com a entrada dos tanques na luta, o ataque foi rechaçado.[14] Nos registros era mais uma batalha vitoriosa, mas veio a um duro preço para a divisão de Veiel, e não era a primeira nem seria sua última batalha em Viazma.

Embora o 4º Grupo *Panzer* de Hoepner tenha feito a maior parte do trabalho nos lados leste e sul do cerco, em 12 de outubro só restava uma divisão *Panzer* do 3º Grupo *Panzer* de Reinhardt. A 7ª Divisão *Panzer* de Funck estava protegendo uma pequena seção no flanco norte do bolsão a oeste de Viazma, também palco de violentas batalhas que demandaram a ajuda do 25º Regimento *Panzer*. Reinhardt também comandou o V Corpo de Exército, sob a supervisão do general de infantaria Richard Ruoff, que cobria o flanco direito de Funck e se estendia para o noroeste. As forças de Reinhardt atuaram basicamente como uma bigorna, enquanto o VIII Corpo de Exército do general de artilharia Walter Heitz, pertencente ao IX Exército de Strauss, agia como o martelo, levando os soviéticos em direção às posições preparadas de Reinhardt. Do ponto de vista estratégico, foi uma operação perfeita e Reinhardt buscou uma conclusão rápida para a batalha para que ele pudesse concentrar toda a atenção na luta em Kalinin. Em nível tático, no entanto, esmagar exércitos inteiros soviéticos não era nada fácil e os custos, em uma leve comparação, ainda poderiam ser devastadores para as já enfraquecidas divisões envolvidas. Erich Krause, soldado da 35ª Divisão de Infantaria do Weikersthal (uma das três divisões no corpo de Ruoff), manteve um diário de suas experiências na batalha de Viazma.[15] Como quase todas as divisões de infantaria alemãs, a unidade de

Krause marchou para o campo de batalha e chegou às posições na frente do cerco em 12 de outubro. Como Krause anotou em seu diário: "Ainda não descansamos nem um pouco, embora tenhamos passado sete semanas lutando e mal podendo mover nossos pés, que estão feridos e sangrando. Eles exigem muito de nós, soldados". No entanto, depois de ter assumido posições a cerca de 16 quilômetros de Viazma, a unidade de Krause cavou trincheiras e esperou. Pouco antes da meia-noite ouviu-se um tiro, e então Krause registrou: "Abriram a porta do inferno". Seguindo um padrão quase idêntico ao do relato de Braun, Krause escreveu que a batalha durou quase toda a noite antes de um período de calmaria às 5 da manhã, quebrado uma hora mais tarde por um novo ataque "com vigor renovado". Desta vez, os tanques soviéticos lideraram e o batalhão de Krause começou a se dispersar:

> De nada adiantaram as pragas e reclamações dos oficiais e suboficiais. Todos fugiram dos tanques russos. Às vezes, conseguíamos mobilizar os homens e posicioná-los, mas logo um grupo inteiro debandava. Abandonamos nossos mortos e feridos, nossas armas e outros materiais. Uma imagem chocante que nunca vou esquecer enquanto eu viver... Agradeço ao Senhor por me tirar das garras da morte.

Como Krause concluiu: "Os russos empregaram todos seus esforços para furar o bloqueio, feito que conseguiram no final".[16] Não é de surpreender que a reserva móvel (o 25º Regimento *Panzer* de Funck) tenha se ocupado o tempo todo em tentar restaurar as brechas na linha.

Uma carta de Karl Fuchs, comandante de um tanque na divisão de Funck, revelava uma confiança muito maior na luta por Viazma, insinuando que o imenso esforço para defender posições estáticas nem sempre era compartilhado entre o regimento *Panzer*.[17] Fuchs escreveu a seu pai em 12 de outubro:

> Você deve ter ouvido os comunicados especiais sobre Viazma. Sim, você pode me encontrar aqui. Acho que esta batalha é a última faísca de uma outrora poderosa Rússia. Nos últimos dias o inimigo tentou penetrar nosso cerco de

ferro, mas seus esforços foram em vão. Onde quer que haja um ponto de acesso, nós aparecemos feito fantasmas e enfrentamos o inimigo na batalha. Ontem deve ter sido o dia de maior orgulho da nossa companhia ao longo desta campanha. O alarme soou e os tanques se deslocaram! Tanques russos reforçados com tropas de apoio queriam romper nosso anel... Assim que o nevoeiro se dissipou do vale, nós os atacamos para valer. Tanques, armas antiaéreas, caminhões e a infantaria atiraram em tudo que viam. Assim que o corpo principal da nossa companhia chegou, nossos camaradas destruíram o que restava das forças deles... Como pode ver, estamos preparados o tempo todo para derrotar o inimigo onde quer que ele apareça![18]

No entanto, assim que a batalha atingiu o clímax, os tanques de Funck não podiam estar em todos os lugares ao mesmo tempo, e a infantaria continuou a sofrer em demasia. O 7º Regimento de Granadeiros foi atacado na manhã de 14 de outubro e relatou: "Tanques russos enormes romperam a linha de combate principal no 3º Batalhão... Nosso armamento não pode derrotá-los... Os homens não têm mais munição e estão sendo atropelados pelos tanques russos".[19] De fato, cerca de 700 homens da divisão *Panzer* de Funck morreram na defesa do bolsão de Viazma. Em uma companhia de 140 homens, 105 foram mortos ou feridos.[20] A violenta luta também causou perdas dentro do 25º Regimento *Panzer*, e em 15 de outubro o tom das cartas de Karl Fuchs era muito diferente. A morte de seu grande amigo Roland fez com que Fuchs se perguntasse: "Por que ele tinha que perder a vida agora, com o fim praticamente à vista?".[21]

Quanto chegou 13 de outubro, o bolsão de Viazma estava sendo dividido em vários bolsões menores, enquanto a infantaria que avançava do oeste começou a encontrar as tropas *Panzer* de Hoepner e Reinhardt.[22] Isso acabou com a maior parte das grandes batalhas em torno da área de Viazma, embora a região continuasse altamente perigosa para unidades alemãs individuais nas semanas seguintes. Nem mesmo unidades de retaguarda estavam a salvo, pois não havia maneira de fechar totalmente e esquadrinhar cada metro quadrado do bolsão, o que significa que, enquanto algumas unidades soviéticas lutavam para sair, outras, conscientemente ou não, simplesmente passavam incógnitas pelo cerco alemão. Em 11 de outubro, a central de rádio do grupo *Panzer* de Hoepner foi fortemente atacada, apesar de estar localizada bem na retaguarda, em um local supostamente seguro. Além dos danos materiais significativos, quatro oficiais, doze suboficiais e 44 homens foram mortos ou feridos.[23] Em outro ataque, enquanto marchava por uma valeta, uma unidade alemã de tamanho desconhecido foi aniquilada durante a emboscada de uma força soviética.[24] O diário de guerra do XXXXVI Corpo *Panzer* de Vietinghoff anotou em 13 de outubro: "A evacuação da parte sudoeste do bolsão de Viazma está levando mais tempo do que a tropa esperava. Repetidas vezes surgem grupos dissidentes inimigos que, com liderança enérgica, persistem na resistência obstinada. Temos também dificuldades com o terreno, algo que não é perceptível pelos mapas".[25] Walter Neuser escreveu aos pais em 15 de outubro sobre a extensão dos problemas de segurança em sua área: "As florestas ainda estão cheias de russos, então ficar para trás geralmente significa a morte. Os relatórios falam diariamente sobre os ataques".[26]

À medida que as batalhas finalmente diminuíam diante das linhas defensivas das divisões *Panzer*, as cenas do campo de batalha contavam a terrível história do custo humano de Viazma. Walter Schaefer-Kehnert, oficial da 11ª Divisão *Panzer* de Esebeck, se lembra de ter visto meninas russas andando pelo campo de batalha: "Eu nunca vou esquecê-las – de calças e vestidas como soldados, elas chegaram em uma carroça, com um cavalo, pegaram um tambor de água e, em seguida, levaram a água para os soldados russos moribundos que jaziam no campo... E havia milhares deles ali, como no campo de batalha da história antiga".[27] Albert Neuhaus escreveu em uma carta em 14 de outubro, contando que os uniformes marrons dos soldados soviéticos "cobriam o chão" como "coelhos mortos".[28] Maria Denisova, de quinze anos, vivia em uma aldeia na região do bolsão de Viazma e perdeu os pais durante os combates. Seu pai foi fuzilado por suspeita de participação na guerrilha *partisan* e sua mãe foi morta por uma granada de mão jogada no porão onde ela se refugiava. Quando a luta finalmente terminou e Maria pôde sair do esconderijo, ela relembrou a cena:

> Havia muitos e muitos cadáveres por todos os lados. Caminhamos sobre eles como se fosse um chão atapetado de corpos. Eles estavam próximos uns dos

outros, por cima uns dos outros. Alguns não tinham pernas, cabeças ou outras partes. Tivemos que andar sobre eles, pois não havia outro lugar para pisarmos. Tudo estava coberto com eles: todo o rio e a margem do rio. É terrível de lembrar! O rio estava vermelho como se fosse formado apenas por sangue.[29]

Ao passar por um dos campos de batalha do bolsão, Horst Lange escreveu em seu diário em 15 de outubro: "Montanhas de russos mortos, cobertos de neve, às vezes com ferimentos terríveis". Lange, em seguida, disse ter visto mais russos mortos na estrada e descreveu como veículos alemães passavam sobre eles até que estivessem completamente esmagados.[30] Após a sondagem dos campos de batalha do bolsão onde o 3º Grupo *Panzer* lutara, Karl Fuchs escreveu uma carta para casa em 15 de outubro: "Nunca esquecerei da minha impressão dessa destruição".[31] Richthofen, comandando o VIII Corpo Aéreo, teve talvez a impressão mais marcante do tamanho da matança em Viazma quando sobrevoou o bolsão. "Há cenas terríveis de destruição nos lugares onde os soldados do Exército Vermelho fizeram tentativas frustradas de escapar. Os russos sofreram um banho de sangue total. Há pilhas de corpos, montes de equipamentos abandonados e armas espalhados por toda parte."[32]

No entanto, as cenas grotescas de morte e destruição não se restringiram apenas ao lado soviético, e muitos soldados alemães perderam seus camaradas durante os combates. Enquanto isso fazia com que a maioria sofresse silenciosamente em luto, também despertava o ódio em outros. Karl Fuchs, por exemplo, ficou amargurado pela perda de seu amigo Roland, e queria vingança: "Nós fincamos nossos capacetes e pensamos em vingança pelos nossos companheiros mortos".[33] De fato, assim que começaram as operações alemãs de limpeza do terreno, a crueldade e o derramamento de sangue que haviam caracterizado o combate continuaram nas operações de evacuação. O fato de as unidades soviéticas restantes não terem se rendido levou muitos comandantes alemães a condená-las imediatamente como *partisans*, a serem fuzilados em praça pública. As chamadas operações de evacuação muitas vezes eram ações terrivelmente brutais. Em uma entrevista após a guerra, Wolfgang Horn, um soldado que serviu em uma divisão *Panzer* em Viazma, lembrou a descoberta de um grupo de soldados soviéticos desarmados encolhidos atrás de um veículo destruído. Horn se aproximou deles e lhes ordenou em russo para que levantassem as mãos, mas os homens assustados se amontoaram cobrindo a cabeça com as mãos e os braços. Impassível, Horn então explicou: "Quando eles não se rendem, nós atiramos. Fazíamos isso naturalmente... Eles são covardes – não merecem nada melhor de qualquer maneira".[34]

Em 14 de outubro, Bock anunciou que a batalha de Viazma tinha acabado.[35] Blumentritt, que supervisionou a luta a partir da sede do IV Exército, descreveu-a como uma "batalha perfeita" e sugeriu, "podemos muito bem olhar nossas realizações do passado com orgulho, e olhar para a frente com confiança".[36] No entanto, como era comum entre os oficiais do Estado-Maior alemão, o entusiasmo de Blumentritt com a conquista do Grupo de Exércitos Centro em Viazma ficou muito aquém de uma contextualização estratégica adequada. Batalhas não existem fora de contexto e não podem ser julgadas apenas pelo número de perdas a favor e contra. Como Clausewitz reconheceu, uma batalha é apenas um elemento de um processo maior, um meio para um fim que deve ser ponderado e considerado dentro do contexto do objetivo final. Viazma foi uma vitória operacional indiscutível, superada em escala apenas pela batalha de Kiev, em setembro; no entanto, o sucesso estratégico dependia de Viazma provocar o colapso da resistência soviética, ou, no mínimo, a queda de Moscou. Estes eram os objetivos reais do grupo de exército de Bock na Operação Tufão. Vitórias em batalhas de varredura e novas grandes extensões de território inimigo capturado eram indícios comuns às operações alemãs em 1941, mas não conseguiam forçar o fim da guerra. Agora, com as pressões econômicas surtindo efeito e a proximidade do inverno, para o qual o *Ostheer* estava totalmente despreparado, Bock tinha que efetuar o golpe de nocaute no leste. Sua incapacidade de fazê-lo não implicava melhorar a escala do desastre soviético em Viazma, nem prejudicar a manobra de Bock na batalha. Viazma era, como um historiador chamou, "uma perfeita 'batalha de Canas'".[37] No entanto as perdas soviéticas, tão alarmantes como indubitavelmente foram, não impediram Jukov de reconstruir sua frente e de organizar a defesa de Moscou. Já as perdas alemãs, ao contrário, apesar de muito menores, não eram insignificantes e deviam ser consideradas sob a luz dos objetivos estratégicos alemães, bem como das consequências em caso de fracasso. A batalha de Viazma foi, sem dúvida, mais um sucesso operacional arrebatador para a Alemanha, mas as implicações desse sucesso não eram equivalentes às esperanças, nem às exigências absolutamente desesperadas do *Ostheer*.

Seja o que for que Viazma não tenha alcançado, as estatísticas dos feitos do Grupo de Exércitos Centro falam por si. Em 2 de outubro, cerca de 1,25 milhão de soldados soviéticos foram posicionados nas proximidades de Moscou em três frentes. Ainda não haviam se completado duas semanas desde que Bock anunciara que a batalha de Viazma acabara (14 de outubro), e o Grupo de Exércitos Centro já havia feito 508.919 prisioneiros de guerra soviéticos e capturado ou destruído 876 tanques, 2.891 armas, 465 armas antitanque, 355 armas antiaéreas e 46 aviões.[38] Esses valores totais dizem respeito principalmente à luta em torno de Viazma, mas também incluem perdas soviéticas dos bolsões menores e ainda ativos ao nordeste e ao sul de Briansk. Mesmo que a luta por Viazma fosse declarada oficialmente terminada, muitos prisioneiros de guerra soviéticos ainda estavam sendo cercados e registrados. Em 15 de outubro, apenas um dia depois de Bock ter declarado vitória em Viazma, o Grupo de Exércitos Centro elevou sua contagem do total de prisioneiros de guerra em mais 50 mil homens, num total de 558.825 prisioneiros soviéticos. Nesse tempo, estipulou-se também que cerca de 200 tanques teriam sido destruídos ou capturados, assim como 844 armas e dezenas de outros armamentos antitanque e antiaéreos.[39] Ao mesmo tempo em que esses números eram impressionantes, eles irritavam oficiais e tropas alemãs, que não conseguiam mensurar o tamanho exato do Exército Vermelho. Hans von Luck, um oficial da 7ª Divisão *Panzer*, escreveu: "Depois de limparmos o bolsão de Viazma, nós nos perguntamos como Stálin conseguiu reunir novas divisões... E de onde vieram os milhares de tanques e armas?".[40] Do lado soviético, no entanto, não havia mistério, e certamente ninguém sentia que os exércitos perdidos em Viazma fossem de algum modo dispensáveis ou facilmente substituíveis. De fato, muitos não acreditavam que outro desastre em tamanha escala pudesse acontecer às forças soviéticas. Viktor Strazdovski anotou: "O que aconteceu lá [em Viazma] foi como uma máquina de moer, quando as pessoas são enviadas para a morte certa, sem armas para lutar contra um exército bem treinado".[41]

Não há dúvida de que Viazma foi um completo desastre para o Exército Vermelho, mas o cerco alemão não estava de forma alguma hermeticamente fechado, e dezenas de milhares de tropas soviéticas conseguiram escapar e voltar para suas linhas. Yakov Pinus escreveu em uma carta a um amigo: "Quando chegamos a Viazma (eu estava com um pequeno grupo de nosso regimento) fomos cercados novamente. Levei duas semanas para conseguir sair. Cobri quase 200 milhas atrás das linhas alemãs, e em 19 de outubro fugi para Dorokhovo. Como eu soube mais tarde, poucos dos nossos rapazes conseguiram sair".[42] A 5ª Divisão (Frunze) de Abram Gordon estava reduzida a apenas 2.000 homens quando veio a ordem de fuga para o leste. Depois da batalha seguinte, sobraram apenas 300 homens. No decorrer dos combates foram feitos alguns prisioneiros alemães que, diante da incapacidade de encarceramento, foram prontamente assassinados. O grupo de Gordon continuou a fugir para o leste, mas mais uma vez encontrou forças alemãs perto de Yukhnov e, sem munição, acabou capturado. Depois de sobreviver ao processo de seleção alemã, que tentava identificar judeus e comissários, Gordon e outro oficial conseguiram escapar de sua prisão temporária em um matadouro e finalmente alcançaram as linhas soviéticas em 16 de dezembro. Mas esse não era o fim de seu calvário. Gordon e seu companheiro de fuga, o tenente Smirnov, foram enviados para uma divisão especial do NKVD em Moscou para interrogatório. Gordon foi liberado para serviço contínuo no exército, mas Smirnov foi enviado para um campo onde acabou morrendo mais tarde.[43]

Interrogatórios para soldados soviéticos que retornassem de períodos atrás das linhas alemãs não eram apenas comuns; em muitos casos, eram o mínimo esperado. A contraespionagem soviética (formada em 1943 sob uma agência conhecida como SMERSH – Morte aos Espiões) interrogava, torturava, prendia e executava todos os suspeitos de conluio com os alemães, e o fato de qualquer soldado não morrer na frente de batalha defendendo sua posição era motivo de desconfiança. Mesmo soldados judeus que voltaram para as linhas soviéticas ainda eram vistos assim. Um deles lembrou que lhe perguntaram: "Como você, um judeu, conseguiu escapar das mãos dos alemães? Que missão os oficiais [alemães] lhe deram?" Outro soldado judeu que conseguiu fugir do bolsão de Viazma posteriormente foi condenado a cinco anos no Gulag pelo NKVD.[44] Talvez tenha sido o temor justificado de ambos os sistemas, alemão e soviético, que levou um pequeno grupo de soldados russos a viver secretamente nas florestas ao redor de Viazma. Mesmo muito mais tarde, na primavera de 1942, Maria Denisova disse ter avistado soldados de vez em quando. "Nós tínhamos medo deles", lembrou ela. "Eles eram tão feios com suas barbas longas... Eu não sei como eles sobreviviam ou o que comiam."[45] As condições para aqueles que ficaram nas florestas próximas a Viazma, fosse por escolha própria como *partisans* ou como alternativa ao cativeiro, tornaram a sobrevivência muito difícil durante o primeiro inverno da guerra.[46] Para os soldados soviéticos cercados perto de Viazma a melhor chance de sobrevivência era passar pela desagradável experiência nas forças alemãs e depois contar uma história convincente em seu interrogatório no NKVD. Na verdade cerca de 85.000 homens encontraram seu caminho de volta para as linhas soviéticas a partir do bolsão de Viazma, e muitos deles retornaram ao Exército Vermelho logo em seguida.[47]

Na noite de 12 de outubro o tenente-general M.F. Lukin, que tinha sido encarregado do comando do grosso das forças soviéticas dentro do bolsão de Viazma, forçou uma fuga com os remanescentes de duas divisões. Lukin tinha astutamente escolhido uma parte do terreno pantanoso onde os blindados alemães não podiam manobrar. A fuga foi bem-sucedida, com alguns de seus homens afinal voltando para a linha defensiva soviética perto de Mojaisk e Kaluga, mas o próprio Lukin feriu-se gravemente na tentativa e foi capturado pelas forças alemãs.[48] Os comandantes do XX e do XXXII Exércitos, major-general A.N. Ershakov e major-general S.V. Vishnevsky, também foram capturados, enquanto o comandante do XXIV Exército, major-general K.I. Rakutin, foi morto em combate.[49] A perda de tantos comandantes do exército na batalha de Viazma atesta a calamidade que se abateu sobre o Exército Vermelho na primeira quinzena de outubro. Isso fica ainda mais evidente pelo fato de que mais exércitos soviéticos estavam sendo destruídos pelo Grupo de Exércitos do Sul na batalha de Briansk e em outras, ao que os alemães se referiam como a batalha no Mar de Azov.[50]

Enquanto a área ao redor de Viazma foi logo sendo pontilhada pelas valas comuns de soldados soviéticos caídos, elas não ficavam muito longe dos inúmeros túmulos individuais cavados para soldados alemães. Na verdade, as perdas do Grupo de Exércitos Centro foram nada menos do que 48 mil homens, somente na primeira quinzena de outubro. Estas se sobrepuseram aos 229 mil homens perdidos até 1 de outubro, levando a um total de 277 mil homens até 16 de outubro de 1941. Ao mesmo tempo Bock tinha recebido apenas 151 mil substituições, e os soldados do Exército de Reserva estavam além da exaustão, o que significava que as faltas nas unidades de combate não poderiam ser compensadas.[51] Claramente o sucesso da Operação Tufão estava começando a custar muito caro para o Grupo de Exércitos Centro. Sozinho na luta para recapturar a cidade fortemente guardada de Yelnya, o IX Corpo de Exércitos Centro registrou cerca de 5 mil baixas entre 2 e 8 de outubro.[52] Enquanto isso, com tantos soldados soviéticos fugitivos capturados atrás das linhas inimigas, Hans Roth resumiu o perigo onipresente das operações para todos os elementos de comando. "Nesta campanha é comum que soldados de todos os setores assumam deveres de infantaria, conforme necessário. Não há mais quartéis separados. Os cargos mais elevados não estão mais dando ordens em locais seguros. Agora todo mundo, diretor ou secretário, carrega uma arma o tempo todo, e a usa."[53] De ataques de atiradores de elite e breves tiroteios até batalhas de grande escala com duração de horas, para muitas unidades do Grupo de Exércitos Centro a luta era uma ocorrência diária que exigia estado de alerta constante e provocava cada vez mais baixas. Um padre alemão escreveu no outono de 1941:

Hoje enterrei mais alguns dos meus ex-paroquianos, *Gebirgsjäger* [soldados de montanha], que morreram nesta terra horrível. Mais três cartas para escrever e acrescentar ao total que já escrevi nessa guerra. Os nomes apagados daqueles que padeceram agora são mais numerosos no meu caderno de notas do que os nomes dos vivos. Minha paróquia está sangrando até a morte nas planícies deste país. Morreremos todos aqui.[54]

Sensações de morte iminente como essas não eram raras nem excepcionais. As tropas da frente de batalha viam repetidamente seus companheiros morrerem ou ficarem terrivelmente feridos, levando muitos a se perguntarem se e quando a sua vez chegaria. Siegfried Knappe lembrou: "Para o soldado de combate, a vida tornou-se uma série interminável de trabalho duro, coragem renovada, riso ocasional e uma terrível sensação de viver um destino impiedoso que inevitavelmente culminaria em sua morte ou mutilação".[55] Da mesma forma, Gottlob Bidermann escreveu após a morte de um companheiro:

> Os pensamentos daqueles mais próximos continuaram profundamente pessoais, e é impossível não lamentar pelo nosso irmão de dólmã cinza que foi atingido; ainda assim esses pensamentos fazem com que cada homem acabe se concentrando em si mesmo, sobre como ele pode ser o próximo a cair, o próximo a selar seu destino na Rússia. Às vezes esses pensamentos nos dominam, pois estamos tão indefesos contra eles quanto estamos contra a morte que engolfou rapidamente nosso irmão soldado. Assim começou a consciência de que estávamos sendo engolidos por esta terra estrangeira.[56]

Outro soldado alemão escreveu para casa, em desespero:

> O que será de mim?... Estou atormentado pela ideia de que serei morto. Vi muitas sepulturas alemãs e muitos alemães caídos ainda insepultos. Tudo isso é tão terrível!... Estamos sofrendo grandes perdas. Consertei minha trincheira e a forrei com palha. Eu gostaria muito de perguntar aos outros se eles já viram alguém que tenha cavado sua própria sepultura. Não aguento mais esses pensamentos horríveis, então Deus que me ajude![57]

Não é de surpreender que o público alemão estivesse dividido entre os relatórios oficiais que alegavam domínio absoluto do seu exército e as cartas particulares de parentes e amigos, muitas vezes fomentando um cenário bem mais tenebroso que circulava na sociedade alemã por meio de boatos e fofocas. Em 16 de outubro, Goebbels lançou um novo Sondermeldung relatando que o exército de Bock tinha feito 560 mil prisioneiros de guerra soviéticos e que 4.133 armas haviam sido capturadas ou destruídas.[58] No entanto, depois de ter sido bombardeado durante o mês anterior, enquanto repetidos *Sondermeldungen* relatavam contínuas vitórias da Alemanha, começou a haver especulação e preocupação acerca do número exato das enormes perdas alemãs. Como uma carta enviada para a Frente Oriental reclamava: "Eles não disseram uma palavra sobre isso, nem no rádio ou nos jornais. É por isso que não acredito em mais nada. As perdas acontecem sempre do outro lado".[59] Outra carta enviada a um soldado alemão no leste reclamava do mesmo problema: "Você nos escreveu muita coisa que não sabíamos antes... Como vamos saber o que realmente está acontecendo? Você não encontra essas coisas nos jornais ou nos noticiários. Para esses meios, tudo vai bem. Infelizmente a verdade nua e crua parece ser um pouco diferente".[60]

Ingeborg Ochsenknecht, uma enfermeira que trabalhava na Frente de Batalha Oriental, depois de ouvir sobre as vitórias do *Ostheer* no rádio, disse ao seu pai: "Eu só sei de uma coisa, que as pessoas no rádio não estão dizendo a verdade. Ouvimos dos feridos uma história completamente diferente sobre o andamento da guerra". Seu pai então respondeu: "É verdade. Eles mentem para nós; pensam que somos burros".[61] Enquanto isso, os jovens recrutas da Wehrmacht vindos dos quartéis de treinamento agora chegavam à Frente Oriental expressando alívio por terem chegado a tempo de participar das batalhas, e demonstravam toda a confiança exposta na propaganda de Goebbels. Como Hans von Luck observou: "Os jovens tinham primeiro de se acostumar com as condições difíceis. Em casa, tudo o que tinham ouvido falar era do 'enorme avanço da unidade' e que 'a Rússia seria derrotada em um futuro próximo'".[62] Outro grupo de recrutas novatos a caminho da frente de batalha recebeu a primeira instrução sobre os rigores da guerra no leste apenas quando encontraram soldados que retornavam. "Nós vimos carregamentos de soldados feridos voltando; um deles se aproximou de nós, e conversamos com alguns dos companheiros. O que eles nos contaram sobre as duras condições de batalha e os golpes que haviam recebido do Exército Vermelho atenuou muito a nossa arrogância."[63]

Na Alemanha nazista, sentimentos de superioridade sobre a União Soviética procediam de acordo com a distância da Frente Oriental. Não é de se estranhar, portanto, que Hitler e seus generais no OKW e no OKH frequentemente exigissem muito mais do que o *Ostheer* podia fazer. Ao mesmo tempo, na distante África do Norte, o general de tropas *Panzer* Erwin Rommel registrou em 12 de outubro, em uma carta à sua esposa: "Notícias maravilhosas da Rússia. Após a conclusão das grandes batalhas, esperamos que o avanço para o leste seja mais rápido e, assim, acabe com toda a possibilidade de o inimigo organizar novas forças significativas".[64] No entanto, em meados de outubro, nada conseguia se mover rapidamente em plena *rasputitsa* russa e, se a distância por si só pode explicar a avaliação exagerada de Rommel, o otimismo de Bock é ainda mais difícil de entender. O comandante do Grupo de Exércitos Centro não deu atenção aos avisos e levou seus exércitos implacavelmente adiante, determinado a se apropriar de sua inevitável vitória. Nos níveis mais altos quaisquer dúvidas eram afastadas e céticos eram ignorados. A batalha de Viazma tinha desobstruído o acesso para Moscou e, com Kluge e Hoepner agora livres para acelerar a unidade em direção ao leste, o pouco que sobrava da arruinada Frente Ocidental de Jukov, apoiada apenas por brigadas de jovens comunistas e batalhões de trabalhadores reunidos às pressas, seria esmagado em breve.

Do lado soviético, a situação era de fato triste, mas a batalha de Viazma logo assumiu um significado muito diferente. Da mesma forma que a derrota das forças britânicas e aliadas em Dunquerque em maio-junho de 1940 rapidamente se transformou (em parte graças à retórica de Churchill) em uma fuga heroica, os soviéticos também interpretaram uma derrota como uma vitória. Em Dunquerque os britânicos perderam uma batalha para salvar um exército, enquanto em Viazma os soviéticos perderam vários exércitos para salvar sua capital. Aqui os fins justificam os meios e, por maior que tenha sido a má gestão e incompetência dos comandantes soviéticos no campo de batalha, no final a Wehrmacht não conseguiu tomar Moscou no ano de 1941, assim como a vitória em Dunquerque deteriorou, mas não destruiu, o exército britânico em 1940. Como Jukov explicou mais tarde, foi somente nos difíceis dias *após* o cerco de Viazma que os russos ganharam um tempo precioso para organizar as defesas de Moscou:

Em meados de outubro, era essencial ganhar tempo para preparar nossas defesas. Sob este prisma, se avaliarmos as ações dos XVI, XIX, XX, XXIV e XXXII Exércitos e do Grupo Boldin cercados a oeste de Viazma, sua luta heroica merece uma homenagem especial. Graças à firmeza das nossas tropas na área de Viazma, as forças principais do inimigo foram contidas por alguns dias extremamente cruciais. Ganhamos um tempo precioso para organizar nossa defesa ao longo da linha Mojaisk.[65]

Viazma, a grande vitória ofensiva alemã, ou Viazma, o primeiro baluarte do sucesso defensivo de Moscou, tudo é uma questão de ponto de vista, mas no fim das contas, a Operação Tufão não se resumia à batalha de Viazma. O alto-comando alemão almejava objetivos muito mais amplos que, em meados de outubro, ainda estavam muito longe de serem alcançados. Nesse sentido, deve-se ter em mente que as batalhas não são fins em si mesmas; elas ganham sentido a partir das estratégias e circunstâncias políticas que provocam. Ao contrário de alguns relatos anteriores da Operação Tufão, em meados de outubro de 1941 a Wehrmacht não estava à beira da vitória, Moscou não estava prestes a cair, e a capacidade de guerra da União Soviética ia muito além das forças enfraquecidas posicionadas ao redor de Moscou. A batalha de Viazma tinha acabado, mas o avanço de Hitler em Moscou tinha ultrapassado apenas seu primeiro obstáculo.

"Sobrevivi ao inferno" – A batalha de Briansk

Enquanto o cerco em Viazma foi sem dúvida a batalha mais importante do Grupo de Exércitos Centro no caminho para Moscou, mais ao sul a batalha paralela de Briansk era, sob alguns aspectos, um osso ainda mais duro de roer. Enquanto o bolsão em Viazma era um cerco relativamente apertado, Briansk logo foi dividida em dois bolsões que se estendiam por uma vasta área e comportava uma densidade muito menor de tropas alemãs. O conhecimento de Bock sobre o tamanho dos bolsões a norte e sul de Briansk também era rudimentar. Em 11 de outubro, o diário de guerra do Grupo de Exércitos Centro informava que o bolsão norte de Briansk estava "praticamente terminado".[66] No entanto, no dia seguinte (12 de outubro) a 18ª Divisão *Panzer* de Nehring ainda relatava batalhas defensivas para afastar as tentativas de avanço soviético. A situação piorou em 13 de outubro, com o diário de guerra da 18ª Divisão *Panzer* informando:

> A situação durante a noite sempre é especialmente crítica quando o inimigo, em superioridade numérica, ataca uma das posições. Nossas medidas de segurança são simplesmente devastadas e então, em pequenos grupos, [o inimigo] irrompe para o leste. Levando em conta a vulnerabilidade das nossas unidades disponíveis, mudar essa situação é simplesmente impossível. Assim, apesar das elevadas e sangrentas perdas do inimigo, não temos como evitar inúmeras baixas do nosso lado.[67]

Lutando para extinguir o bolsão sul de Briansk, o XXXXVII Corpo *Panzer* de Lemelsen passava por dificuldades parecidas. Como se não bastasse a insuficiência das forças disponíveis, o terreno era tão densamente arborizado que as armas mais pesadas do Corpo *Panzer* não podiam ser posicionadas nos locais corretos, e a inteligência aérea apresentava resultados insuficientes. A infraestrutura deficiente e o mau tempo dificultaram ainda mais as tentativas alemãs de concentrar suas forças contra o que foi descrito como um inimigo "superior".[68] Reconhecendo as dificuldades perto de Briansk, Bock escreveu em seu diário: "Como resultado do combate [em torno de Briansk] e das péssimas condições das estradas, Guderian não conseguiu prosseguir para o nordeste – um sucesso para os russos, cuja teimosia valeu a pena".[69] Esse era o tipo de sucesso do qual os comandantes soviéticos preferiram se lembrar mais tarde, em meio ao caos e às impressionantes perdas do início de outubro.

Embora em 14 de outubro Bock declarasse a batalha de Viazma terminada,[70] a luta em torno de Briansk ainda se aproximava do seu apogeu. Em 13 de outubro, Eremenko, o comandante da Frente de Briansk cercada, dirigia as operações na área de Borshchevo quando foi gravemente ferido por um ataque aéreo alemão. Retirado do bolsão em uma pequena aeronave Po-2, mais tarde Eremenko recebeu a visita de Stálin no hospital e foi questionado sobre a situação na frente de batalha. "Eu rapidamente respondi que as tropas atacaram o cerco inimigo por oito dias e finalmente conseguiram escapar."[71] De fato, registros alemães relataram que "elementos dignos de combate do inimigo conseguiram passar pela 29ª Divisão de Infantaria Motorizada de Fremerey em 13 de outubro. No entanto, com todos os Corpos *Panzer* de Lemelsen totalmente concentrados na longa frente do cerco, foi preciso buscar reservas em outro lugar para lidar com o avanço. O XXIV Corpo *Panzer* de Schweppenberg vinha tendo lento progresso ao norte de Orel em direção a Tula, mas agora recebia ordens para despachar uma força para interceptar o inimigo.[72] Relatórios alemães quanto ao tamanho da força soviética variavam de duas divisões inteiras a uma força de apenas 600 a 1.000 homens.[73] Qualquer que fosse o caso, o comando alemão estava preocupado o suficiente para redirecionar forças do vagaroso ataque de Schweppenberg para lidar com o problema. Como Guderian observou em relação à persistente resistência soviética na segunda semana de outubro: "A perspectiva de vitórias rápidas e decisivas estavam desaparecendo como consequência".[74]

No bolsão norte, a 18ª Divisão *Panzer* de Nehring estava novamente em pleno combate. Na noite de 13 de outubro, forças soviéticas romperam suas linhas e conseguiram manter uma brecha de 2 km na linha alemã até que tanques alemães chegassem pouco antes do meio-dia para fechá-la. Ao mesmo tempo, nas proximidades, o regimento de infantaria *"Grossdeutschland"* de Hörnlein foi submetido a tentativas ferozes de avanço de uma força inimiga muito superior (pertencente ao antigo L Exército Soviético). Relatórios alemães falam de ataques soviéticos a baioneta, que, no terreno arborizado, conseguiram alcançar linhas alemãs, levando a uma selvagem luta corpo a corpo. Só nesse dia o regimento de Hörnlein perdeu cinco comandantes da companhia, incluindo alguns dos seus reverenciados destinatários da Cruz de Cavaleiro, mas seus homens também fizeram entre 3.000 e 4.000 prisioneiros de guerra soviéticos (incluindo elementos da equipe de comando do L Exército).[75] No dia seguinte, a 18ª Divisão *Panzer* de Nehring relatou "a chegada diária de milhares de prisioneiros", enquanto no mesmo lugar foram capturadas 159 armas soviéticas.[76] No Sul, entre os dias 9 e 14 de outubro o XXXXVII Corpo *Panzer* de Lemelsen fez cerca de

23.000 prisioneiros de guerra soviéticos,[77] e em 19 de outubro esse número tinha subido para 61.544.[78]

A batalha de Briansk tinha todas as características de uma vitória alemã, mas novamente o custo provava ser alto, enquanto o atrasado avanço para Moscou corria contra o tempo. Como Bock anotou em seu diário em 15 de outubro:

> A luta nos bolsões de Briansk é bastante imprevisível; hoje, por exemplo, um regimento alemão da 134ª Divisão [de Infantaria] [do tenente-general Conrad von Cochenhausen] foi cercado por todos os lados no bolsão meridional... Guderian me informou que, em razão da persistente resistência do inimigo, o avanço de seu exército para o noroeste não será possível até que o bolsão de Briansk seja eliminado e suas forças se reagrupem. Isso vai levar alguns dias.[79]

Enquanto isso, nas frentes de cerco, os homens do II Exército de Weichs e o II Exército *Panzer* de Guderian estavam enfrentando alguns dos combates mais ferozes que tinham experimentado em toda a campanha oriental. Ernst Guicking da 52ª Divisão de Infantaria escreveu para sua esposa, em 16 de outubro: "Dez dias lutando como nunca tínhamos experimentado ainda. E dez dias de privações. Mas sempre seguindo em frente".[80] Em outra carta escrita para casa em 16 de outubro, Will Thomas, que morreria em breve na Rússia, escreveu: "Por onde posso começar a explicar? Na verdade, não consigo dizer nada. Meu coração ainda está tão cheio de todos os horrores e das dificuldades dos últimos dias e horas". No entanto, mais adiante na carta Thomas contou alguns detalhes da luta que enfrentou. "Camaradas caíam repetidamente à esquerda e à direita, fazendo com que muitas vezes eu acreditasse que tinha restado sozinho no campo."[81] Da mesma forma Harald Henry escreveu para casa em 17 de outubro sobre os tormentos psicológicos que enfrentou durante os combates nas proximidades de Briansk:

> Toda vez que alguém pensa que sobreviveu ao pior, se engana. Sempre vem mais. Desde a última vez que lhe escrevi eu sobrevivi ao inferno... Parece maravilhoso que eu tenha sobrevivido ao 15 de outubro, o dia mais terrível da

minha vida. Meu corpo inteiro está tão doente, mas certamente não vão me deixar ir para o hospital... Estou muito deprimido para escrever mais. Mais tarde eu contarei sobre esses dias, o que pode ser dito. Queria que tudo terminasse. O que temos passado! Oh Deus![82]

Para os soldados alemães que suportaram a batalha de Briansk, após o terror imediato dos combates, confrontou-se então as horríveis visões dos campos de batalha cheios de mortos. Ernst Guicking escreveu à sua esposa em 15 de outubro: "Esquadrinhei as florestas. Passei por um trem de carga russo destruído. Uma visão horrível. Cavalos e homens destroçados. Mulheres mortas. Uma bateria destruída. Trezentos russos mortos. Inimaginável. Essa foi a vingança do Regimento 'Grossdeutschland' pelos seus dois titulares da Cruz de Cavaleiro que foram mortos".[83] No mesmo dia (15 de outubro) o major Shabalin, oficial soviético preso em outra parte do bolsão de Briansk, entrou em desespero pela sua situação e pelo estado de seu comando. Escrevendo sob a luz de uma fogueira Shabalin registrou: "Os alemães estão em toda parte – tiroteio incessante, morteiros e trocas de tiros de metralhadora. Fiquei vagando, vendo pilhas de cadáveres e horrores indizíveis – mais evidências hediondas do bombardeio do inimigo. Faminto e incapaz de dormir, peguei uma garrafa de álcool e entrei na floresta. Temo que nossa destruição total seja iminente... Nossa força militar tem simplesmente se dissolvido em torno de nós".[84] Natalia Peshkova, médica soviética presa no bolsão de Briansk, contou que seu grupo se dirigiu para o leste orientando-se pelo sol e completamente alheio à localização das forças alemãs ou soviéticas.[85] Em 17 de outubro o bolsão mais ao norte na batalha de Briansk foi finalmente eliminado depois de uma última batalha desesperada.[86] Guicking registrou em uma carta como os russos tinham sido encurralados em um espaço estreito e tinham, em seguida, tentado romper as linhas alemãs. O rescaldo o revoltou, mas ao mesmo tempo anestesiou sua sensibilidade para tais assassinatos em massa. "Nós tropeçamos em russos caídos. É um verdadeiro horror... mortos que não acabam mais. Muitas mulheres entre eles. Nenhum campo de batalha poderia parecer pior. Nos últimos dez dias, temos nos acostumado a isso. Temos nos acostumado a este horror... Nosso sucesso é grande, mas nossas perdas são também amargas e dolorosas. Companheiros tão queridos e bravos agora jazem aqui no solo russo."[87]

Na verdade o II Exército *Panzer* de Guderian tinha perdido mais de 2.000 homens apenas nos primeiros dez dias de outubro, e mais 2.300 até 20 de outubro, levando o total de mortes desde 22 de junho de 1941 a 45.643 homens.[88] Como Guderian observou em seu livro de memórias: "Se examinarmos o número total de mortes desde o início da campanha, foi um saldo grave e trágico. As tropas receberam algumas substituições, mas embora fossem homens interessados e ávidos eles ainda não tinham a experiência de combate e resistência dos homens mais velhos".[89] No entanto, a luta em Briansk não se resumia simplesmente a perdas rotineiras para as forças envolvidas. O diário de guerra da 18ª Divisão *Panzer* registra que as baixas durante a batalha foram "relativamente altas",[90] enquanto o diário de guerra do Grupo de Exércitos Centro classifica a batalha como "selvagem e custosa para ambos os lados".[91] Foi somente em 18 de outubro que Bock pôde declarar o bolsão sul de Briansk "encerrado" e, finalmente, Guderian pôde concentrar todos seus esforços em retomar seu avanço para Tula.[92]

Se é aceitável o ponto de vista soviético de que a resistência obstinada do Exército Vermelho nos cercos duplos em Viazma e Briansk contribuiu decisivamente para a defesa bem-sucedida de Moscou,[93] então Briansk, apesar de envolver muito menos homens, pode muito bem ter sido o triunfo mais significativo de Jukov. Ao longo de uma área consideravelmente maior que a da batalha de Viazma, os remanescentes da Frente de Briansk atrasaram Guderian e Weichs de 6 a 18 de outubro, ganhando um tempo precioso para que o Exército Vermelho organizasse e equipasse as novas linhas defensivas. No entanto, por mais que a posição estratégica soviética possa ter se beneficiado da luta prolongada em Viazma e Briansk, nada ameniza o fato de que os cercos duplos foram, em primeira análise, uma calamidade para o Estado soviético. Nada menos do que sete exércitos soviéticos foram destruídos, com outros gravemente avariados pelos combates. Das 95 divisões soviéticas que compunham as Frentes Ocidental, Reserva e Briansk em 2 de outubro, 64 foram posteriormente destruídas nos combates. Além disso, onze das quinze brigadas de tanques e cinquenta dos 62 regimentos de artilharia anexos foram perdidos. No início da Operação Tufão as três frentes soviéticas comandaram, juntas, cerca de 1,25 milhão de homens; um número estimado de 85.000 tropas do Exército Vermelho teve sucesso na luta para escapar do bolsão em Viazma e outros 23.000 conseguiram voltar dos cercos de Briansk para as linhas soviéticas. A retirada do XXII, XXIX e XXXIII Exércitos soviéticos, bem como do Grupo Ermakov, corresponde no total a mais 98.000 homens. Ao todo, o número de fugitivos provavelmente chegou a 250.000 homens, sem contar cerca de um milhão que foram mortos ou capturados.[94] Bock declarou em 19 de outubro que as batalhas gêmeas em Viazma e Briansk constituíram "a maior façanha armada da campanha!".[95] Um *Sondermeldung* alemão anunciando os resultados das duas batalhas foi emitido em 18 de outubro,[96] enquanto o número total de prisioneiros soviéticos capturados em Viazma e Briansk estava estipulado em 673.098,[97] com uma estimativa geral de cerca de 325.000 homens que poderiam ter sido mortos ou feridos durante o curso dos combates. Seja qual for a média de baixas em combate para o período em questão, esse era um número total atípico, que mais uma vez sublinha a posição única que a guerra nazi-soviética detém na história militar. No entanto, apesar de todas as morte e todo o sofrimento nos campos de batalha que levavam a Moscou, uma tragédia humana ainda maior estava prestes a acontecer nas áreas de retaguarda alemã, onde centenas de milhares de soldados soviéticos encontraram-se à mercê da Wehrmacht e dos órgãos de segurança da Alemanha.

Uma conversa gravada pela inteligência britânica em Trent Park em agosto de 1944 entre o tenente-general Georg Neuffer e o coronel Hans Reimann, ambos comandantes veteranos da Frente Oriental,em 1941, oferece uma visão imparcial sobre o tratamento dos prisioneiros de guerra soviéticos após a captura.[98] Neuffer começou:

Esse transporte dos russos de Viazma para a retaguarda foi um negócio medonho!
[Reimann:] Foi horrível. Eu estava presente quando eles estavam sendo transportados de Korosten para fora de Lovo. Eles foram levados como gado dos caminhões para os bebedouros e espancados para manterem-se enfileirados. Havia calhas nas estações; eles correram para elas e beberam como animais;

depois disso receberam apenas um pouco de comida. Em seguida, eles foram novamente conduzidos para os vagões, havia sessenta ou setenta homens em um caminhão de gado! Cada vez que o trem parava, dez deles eram retirados mortos; haviam sufocado por falta de oxigênio...

[Neuffer:] [...] Vi a coluna de prisioneiros de guerra após as batalhas gêmeas de Viazma-Briansk, quando os prisioneiros foram levados para a retaguarda a pé, muito além de Smolensk. Viajei muitas vezes naquela rota — as valas ao lado das estradas estavam cheias de russos mortos a tiros. Carros passavam por cima deles; era realmente medonho![99]

Da mesma forma, Josef Deck, um artilheiro da 17ª Divisão *Panzer*, viu a desgraça dos prisioneiros de guerra soviéticos capturados perto de Briansk. "Passamos por colunas intermináveis de prisioneiros, famintos, exaustos, moribundos – alguns caindo na frente das rodas dos nossos carros na neve, outros, tontos e apáticos, em roupas apodrecidas, desmaiando enquanto marchavam."[100] Durante uma inspeção da frente de batalha em 20 de outubro, Bock registrou ter testemunhado dezenas de milhares de prisioneiros de guerra soviéticos na estrada. "Morrendo de cansaço e meio mortos de fome, os infelizes cambaleavam. Muitos caíam mortos ou desmaiavam de exaustão na estrada."[101] Um médico italiano viu um transporte de prisioneiros soviéticos e notou como ele era "administrado" pelos guardas alemães:

Lá estavam eles: uma coluna marrom interminável de derrotados, soldados indefesos e humilhados, sendo empurrados e espancados por um grupo de alemães [...] Eles tentavam se apertar uns contra os outros para se proteger do frio. Marcas vermelhas em seus corpos evidenciavam os golpes infligidos a eles por seus guardas [...] Alguns [dos prisioneiros de guerra soviéticos] eram muito jovens. Alguns de meia-idade – todos eles corriam para evitar as varas dos guardas alemães que caíam sobre eles sem discriminação. Às vezes, havia lacunas nas fileiras, mas estas logo eram preenchidas por prisioneiros empurrando por trás. A procissão passou durante uns bons dez minutos e ainda não havia nenhum sinal do fim. Devia haver milhares de homens [...]

Alguns rostos expressavam ódio, mas a maioria não expressava nada além de medo — vil e degradante medo. Muitos dos prisioneiros estavam mancando. Alguns avançavam pulando sem jeito, como grandes pássaros. Muitos ainda mantinham-se junto ao grupo apenas porque eram ajudados por seus companheiros. Aqueles que ameaçavam atrasar a marcha da coluna levavam as piores surras [...]

E enfim vimos a parte final da coluna. Aqui os feridos, os doentes, os fracos e os exaustos lutavam para continuar, apoiados e, às vezes, carregados por seus companheiros, sendo chutados e espancados pelos guardas, arrastando os pés na estrada de asfalto, cambaleando sob os golpes, seus olhos selvagens com o medo da morte.[102]

Não surpreende que as estradas usadas para o transporte de prisioneiros estivessem cheias de corpos. Aqueles incapazes de acompanhar a coluna eram simplesmente assassinados e deixados insepultos.[103] Mulheres soviéticas que observavam as colunas passarem choravam abertamente; muitas procurando os rostos de seus entes queridos, mas qualquer tentativa de ajudar os homens, jogando pão para a coluna, provocava reações iradas dos guardas alemães.[104]

Uma vez nos campos de prisioneiros de guerra, a combinação de doenças, fome e frio dizimou as fileiras em um ritmo impressionante. Milhares de prisioneiros soviéticos morreram a cada semana até o final de outubro e a taxa de mortalidade continuaria alta durante todo o inverno, até que um total de quase dois milhões de ex-soldados do Exército Vermelho estivessem mortos em fevereiro de 1942.[105] Konrad Jarausch, que trabalhava em um dos campos de prisioneiros de guerra, escreveu para casa em 15 de outubro contando que o local já estava lotado, com 7.000 presos, e sem condições de alimentar os detidos ou de tratar a grande quantidade de feridos. No momento em que terminava a carta, mais de 2.000 prisioneiros de guerra estavam chegando escoltados por apenas quatro guardas alemães. "As coisas estão absolutamente caóticas",[106] concluiu Jarausch. Em outra carta, uma semana depois (dia 23 de outubro) Jarausch disse que a população do campo havia aumentado para 11.000 prisioneiros e, dois dias depois (em 25 de outubro), para 20.000. Um dos presos soviéticos resumiu a experiência em termos simples; "Este é o inferno", disse a Jarausch.[107] Tais condições horrendas não eram de modo algum uma exceção, levando muitos homens aos atos mais desesperados, incluindo o canibalismo. Um relatório de outubro de 1941 feito por Léon Degrelle, voluntário belga na Waffen-SS, registrou:

> Durante uma parada noturna, fomos acordados por gritos terríveis. Corremos para abrir as portas de um carro cheio de prisioneiros: asiáticos, famintos como piranhas, lutavam entre si enquanto arrancavam pedaços de carne. Essa carne pela qual brigavam era humana! Os prisioneiros estavam lutando sobre os restos de um mongol morto, que foi cortado com pedaços de latas de comida. Alguns prisioneiros se sentiram enganados por terem sido deixados de fora da distribuição, o que resultou na briga. Ossos roídos eram atirados por entre as barras. Vários deles estavam espalhados no chão lamacento, ao lado do vagão, ensanguentados.[108]

Embora o futuro bem-estar dos mais de 650.000 prisioneiros de guerra soviéticos estivesse em jogo, não era o destino deles que preocupava Bock e seus companheiros no Grupo de Exércitos Centro. Como consequência da batalha de Viazma, os comandantes do grupo de exército estavam confiantes e ávidos por aproveitar suas vitórias e assumir o controle da capital soviética, uma conquista que eles tinham como certa. Em 13 de outubro Bock recebeu aprovação de Heusinger do OKH (Halder estava se recuperando depois de cair de um cavalo e deslocar o braço direito)[109] para confiar o cerco a Moscou quase exclusivamente ao IV Exército de Kluge.[110] Havia pouca percepção de que isso representaria sérios problemas depois de a frente soviética ter sido absolutamente destruída. Como o chefe de gabinete do Quarto Exército, Blumentritt, escreveu mais tarde: "Tudo o que havia entre nós e a capital era a chamada Posição Defensiva de Moscou. Não tínhamos razões para acreditar que isso seria um osso particularmente duro de roer".[111] E essa não era uma opinião apenas do exército. Richthofen, o célebre comandante do VIII Corpo Aéreo da *Luftwaffe*, escreveu em seu diário em 11 de outubro: "Se todos se esforçarem ao máximo, os russos podem ser finalizados militarmente".[112] O chefe de imprensa do Reich, Otto Dietrich, novamente fez questão de enfatizar a importância das vitórias alemãs perante Moscou,[113] mas Goebbels, que recebia relatos militares detalhados diariamente, estava bem mais atento à situação desfavorável na frente de batalha de Bock. Goebbels anotou em seu diário em 13 de outubro: "As estradas afundaram muito por causa do mau tempo. É quase impossível para as tropas motorizadas avançarem. Somente as tropas de marcha conseguem. Isso quer dizer que nossas operações ofensivas não estão prosseguindo com as investidas destruidoras que prometemos após as primeiras vitórias".[114]

Seja o que for que Goebbels acreditasse particularmente sobre o andamento da campanha, sua propaganda da vitória ainda soava em tom triunfante, e muitos na Alemanha, assim como no leste, estavam convencidos de que a vitória final deveria estar finalmente ao alcance. Heinrich Witt escreveu em uma carta em 14 de outubro: "Em todos os lugares se ouve o mesmo espanto, de que a luta deveria acabar em 18 de outubro. Isso pode ser verdade considerando o tamanho da mobilização por aqui".[115] No dia seguinte (15 de outubro) Heinz Heppermann declarou: "E os relatórios indicam que sim, a aniquilação [da União Soviética] é iminente!".[116] Ludwig Bumke escreveu em 18 de outubro que ele e seus companheiros ainda acreditavam no discurso de Hitler em 3 de outubro,[117] no qual ele afirmava que os soviéticos seriam derrotados antes do início do inverno. Ironicamente, Bumke acreditava que ele tinha até mesmo uma prova desse fato, porque "o pedido do batalhão por roupas de inverno havia sido rejeitado".[118]

No entanto, os temores de Goebbels sobre o futuro da campanha se provaram fundamentados e, apesar das vitórias no campo de batalha, as esperanças e afirmações bombásticas da propaganda alemã logo tiveram de ser reexaminadas. Para muitos dentro do *Ostheer*, na metade de outubro começou uma nova e rápida expansão do abismo de credibilidade que havia entre os relatórios oficiais e a realidade cotidiana da guerra. As declarações incontestáveis de Dietrich e as notícias divulgadas pelos nazistas, anunciando o fim da guerra no leste, agora tinham de ser provadas, e o ceticismo dos soldados que questionavam relatórios oficiais crescia na mesma proporção. Escrevendo para sua família em 17 de outubro, Adolf B. observou:

O último *Sondermeldungen* estava extremamente alegre: Odessa tomada, Petersburgo e Moscou atacadas, o Exército Vermelho atingido e aniquilado por toda parte e outras notícias semelhantes de vitória! Davam a entender que a guerra no leste poderia acabar em breve... Nesse momento, a temperatura é de sete graus negativos e lá fora a neve está com vinte centímetros de profundidade. Os veículos mal conseguem manobrar; as estradas rurais estão tão barrentas que você atola em qualquer lugar.[119]

É evidente que a infame *rasputitsa* russa estava tomando conta e impedindo o deslocamento, exatamente como nas guerras anteriores. Não era novidade que se tratava de um grande problema para a operação móvel, mas nem Hitler, o OKH, nem os generais no Grupo de Exércitos Centro levaram em consideração as dificuldades sazonais envolvidas. As operações deveriam simplesmente abrir caminho através da lama de outono. Os próprios generais alemães foram um fator predominante para o fracasso da Tufão, tanto quanto os afamados "General Lama" e, posteriormente, "General Inverno", aos quais os veteranos alemães, após a guerra, gostavam de creditar a salvação da União Soviética em 1941.[120] Como um ex-oficial do OKH escreveu após a guerra: "Saber que faz frio na Rússia nesta época é algo que pertence ao beabá de uma campanha oriental".[121] Já em 7 de outubro Hans Roth anotou em seu diário:

O clima está mudando: um vento gelado sopra do norte sobre as vastas planícies. Lenta e seguramente, o frio se infiltra pelo tecido fino de nossos casacos surrados. Nossas mãos estão dormentes e duras. Olchana jaz em ruínas, e não é possível encontrar um quarto sequer em toda parte, que possa nos oferecer um pouco de calor. E, lentamente, uma premonição me domina: está se tornando cada vez mais claro até mesmo para o otimista mais incorrigível que a pior parte ainda está por vir; o segundo inimigo impiedoso está avançando – o inverno russo.[122]

Pela estimativa de Roth, a confiança inabalável do comando do exército parecia superar até mesmo o otimista mais incorrigível, mas Roth certamente não era o único a temer o pior com o aparecimento das condições do inverno. No mesmo dia em que a primeira neve foi registrada (7 de outubro) Wilhelm Prüller confidenciou em seu diário: "Hoje à noite tivemos a primeira tempestade de neve russa de verdade. A neve não ficava no chão, mas o vento assobiava por todos os cantos da nossa cabana, e esperávamos que o telhado de palha voasse a qualquer momento. Um bom prenúncio do inverno que chega. Isso pode ser um problema sério!".[123] Outros já se resignavam à sua sorte e tinham pouca esperança no futuro. O diário do Pastor Sebacher declarava em 7 de outubro: "Eu perdi a esperança de sair da Rússia neste inverno. Assim que o país estiver coberto de neve, não haverá salvação".[124]

Parte do problema que os alemães enfrentavam era o seu absoluto desconhecimento de como lidar com as condições encontradas, e em muitos casos a curva de aprendizagem era fatal. Camponeses russos normalmente dormiam em grandes cabanas de um quarto, em cima de enormes fogões de barro que os esquentavam, mas estes também poderiam ser mortais quando superaquecidos. Os fogões primitivos pegavam fogo facilmente se manuseados incorretamente e muitas cabanas, superlotadas com soldados alemães exaustos, queimaram totalmente. Na noite de 6 de outubro, a casa em que a equipe de comando do 3º Grupo *Panzer* estava alojada foi totalmente incendiada por um fogão superaquecido. A ausência de superlotação neste caso fez com que ninguém ficasse ferido, mas muitos incêndios posteriores se provariam mortais.[125] O exército distribuiu um panfleto especial para as tropas com dicas práticas de como proceder quando se está mal equipado no frio. Aconselhava-se cortar um par extra de meias de exército com furos para os dedos polegar e indicador, permitindo assim o manuseio de uma arma. Como um soldado comentou com amargura: "Obviamente alguém não estava ciente de que nossas botas estavam tão usadas, quase caindo aos pedaços, e que nossas meias eram pouco mais que trapos, já com tantos buracos que não teríamos nenhuma dificuldade de enfiar todos os cinco dedos".[126] Reconhecendo suas deficiências em táticas de inverno e técnicas de sobrevivência, o OKH procurou a ajuda da Finlândia, e uma escola de guerra de inverno foi mais tarde estabelecida no país, em Kankaapää.[127] Entretanto, em outubro de 1941 a sobrevivência ao frio era uma questão de improviso com a qual os homens do grupo de exércitos de Bock tiveram que lidar por conta própria, e os superiores toleravam qualquer comportamento que beneficiasse suas tropas.

Durante todo o verão de 1941, os homens do Grupo de Exércitos Centro foram encorajados a confiscar gêneros alimentícios para aliviar a demanda sobre o frágil sistema de logística. Isso às vezes resultava em quantidades abundantes, que iam muito além das necessidades mínimas das tropas e contribuíam para o empobrecimento do povo. De fato inúmeros camponeses soviéticos passaram fome durante o inverno, porque seus estoques escassos de gado e grãos tinham sido roubados no verão e no outono.[128] Como Hans von Luck afirmou, às vezes "não havia nada para 'confiscar' que pudesse melhorar a dieta das tropas".[129] Luck admitiu, no entanto, "nós nos ajudávamos o máximo que podíamos", aparentemente sem pensar no que restaria para o povo comer. No entanto, em outubro de 1941, quando a temperatura despencou, muitos lares russos também foram invadidos em busca de roupas de inverno. Na sequência, Luck relata como o exército "requisitava peles quentes de ovelhas russas para dar aos nossos motociclistas e granadeiros".[130] Novamente nada foi escrito sobre o que deixavam para os civis russos usarem. Na busca por roupas de inverno não foram saqueadas apenas casas de camponeses, mas também colunas de prisioneiros de guerra soviéticos que perderam botas, casacos e qualquer coisa de valor. Um relatório mencionava um transporte de prisioneiros em que os primeiros trinta a quarenta homens estavam quase nus e tinham de se agrupar para se aquecerem durante a marcha.[131] Max Landowski relatou que nem um desertor russo foi tratado de forma diferente: "Quando ele chegou, nossos rapazes começaram a tomar suas roupas. Um pegou o chapéu, o próximo pegou suas botas, outro precisava do seu casaco, e no final o sujeito ficou lá só de cuecas". Em seguida ele foi morto com um tiro porque, como Landowski comentou: "O russo não poderia caminhar daquele jeito, ele teria congelado até a morte".[132] Soldados soviéticos mortos também eram uma fonte de recursos. Gottlob Bidermann escreveu que ele e seus companheiros isolaram sua casamata com sobretudos "despojados do inimigo morto na frente de nossas posições. Os mortos do Exército Soviético também nos forneceram luvas grossas de flanela marrom".[133] Outro soldado, Max Kuhnert, vestiu-se quase inteiramente com roupas russas, incluindo um casaco acolchoado grosso e gorro de pele, que ele achava que o fazia parecer "estranho", mas que o mantinha aquecido.[134] No entanto, a aparência de Kuhnert poderia facilmente ser fatal visto que, apesar das insígnias militares alemãs, um ex-oficial registrou em um estudo pós-guerra "aqueles que usavam roupas russas eram muitas vezes confundidos com o inimigo e acabavam sendo atacados por fogo amigo".[135]

Enquanto as tropas de Bock faziam o possível para se sustentar, havia quase dois milhões de homens no Grupo de Exércitos Centro, em 2 de outubro (e mais de um milhão a mais no restante do *Ostheer*), e não havia simplesmente nenhuma maneira de equipar todos eles de forma adequada a tempo para o inverno. O comando do exército havia priorizado carregamentos de combustível e armamento em vez de roupas de inverno volumosas. A ideia era acabar com a guerra no leste em um último esforço máximo, e nenhum recurso seria poupado na busca desse objetivo. Os pedidos de roupas de inverno não eram apenas recusados, mas, de acordo com Guderian, os exércitos subordinados também "foram instruídos a não fazerem mais pedidos desnecessários desse tipo".[136] A ideia de que uma valiosa capacidade de transporte fosse reservada para roupas de inverno foi vista dentro do alto-comando quase como uma admissão de derrota e de resignação de que uma campanha de inverno tinha se tornado inevitável. O resultado foi uma firme recusa de reconhecer a dimensão do problema ou de tomar qualquer medida substancial a respeito. Como Guderian anotou, as consequências seriam vistas no sofrimento dos homens. "Os preparativos feitos para o inverno eram totalmente inadequados. Durante semanas pedimos anticongelante para os refrigeradores de água dos nossos motores; mas vimos tão pouco disso quanto roupas de inverno para as tropas. Nos difíceis meses seguintes, essa falta de roupas quentes provou ser o maior problema e causa de maior sofrimento para os nossos soldados."[137] O alto-comando alemão não apenas se recusou a tomar medidas que ajudassem efetivamente suas tropas, como também ainda tomou medidas que agravaram sua situação. Em Riga, milhares de trabalhadores judeus foram empregados, alguns diretamente sob o comando do Grupo de Exércitos do Norte, para transformar milhões de peles de ovelhas apreendidas em artigos de vestuário para as tropas. Eles confeccionaram protetores auriculares, bonés, coletes de pele e muito mais. Isso, no entanto, não os salvou. No final de novembro de 1941 todos os trabalhadores foram executados "de acordo com as ordens do *Führer*", quando o gueto de Riga foi liquidado.[138]

Enquanto a vida dos judeus não valia nada aos olhos dos invasores alemães, o valor dos cidadãos soviéticos não judeus era pouca coisa maior, e as necessidades das forças alemãs sempre vinham em primeiro lugar. À medida que a temperatura caía, os soldados alemães descobriam que já não podiam dormir ao relento como tinham feito durante grande parte do verão. De repente as cabanas de camponeses, anteriormente evitadas pela maioria dos soldados alemães, por medo de piolhos, insetos ou vermes, tornaram-se refúgios bem-vindos contra o frio. O problema era que raramente havia espaço suficiente para todos os soldados alemães, de modo que as famílias ocupantes foram simplesmente expulsas de suas próprias casas. Henry Metelmann escreveu sobre como sua unidade conseguiu abrigo no outono de 1941:

> Nossas ordens eram ocupar uma casa de campo por equipe, e botar os camponeses para fora. Quando entramos na "nossa", uma mulher e seus três filhos estavam sentados em torno da mesa perto da janela, obviamente tendo acabado de terminar uma refeição. Ela estava claramente com medo de nós, e eu pude ver que suas mãos tremiam, enquanto as crianças permaneceram em seus lugares e nos olhavam com olhos arregalados e confusos. Nosso sargento foi direto ao ponto: "*Raus!*" [Fora!] e apontou para a porta. Quando a mãe começou a protestar e seus filhos a chorar, ele repetiu "*Raus!*". Abriu a porta e apontou com a mão para fora de maneira inconfundível em qualquer lugar... Lá fora estava muito, muito frio... Eu os vi através da pequena janela, em pé ao lado de suas trouxas na neve, olhando impotentes em todas as direções, sem saber o que fazer... Quando olhei de novo um pouco mais tarde, eles tinham partido. Eu não queria mais pensar sobre aquilo.[139]

Metelmann pode ter expressado mal-estar com a prática, mas havia muitos soldados alemães para os quais o frio congelante e o cansaço extremo extinguiram qualquer sensibilidade em relação às pessoas que eles deixavam desabrigadas. Outros soldados não sentiam compaixão nem mesmo durante o melhor dos tempos e expressavam completo ódio pelos povos eslavos, que eles consideravam atrasados ou até mesmo inimigos perigosos. Assim, depois de terem roubado a comida e as roupas, muitos soldados alemães não sentiam nenhum remorso em tomar também as casas. O diário de Wilhelm Prüller relata a crueldade do processo de expulsão:

> Você deveria ver a reação dos civis quando deixávamos claro para eles que tínhamos a intenção de usar suas pocilgas para dormir. Começava um choro e uma gritaria como se suas gargantas estivessem sendo cortadas, até que nós os expulsávamos. Fosse jovem ou velho, homem ou mulher, eles ficavam parados na porta, em seus trapos e farrapos, e ninguém os convencia a sair... Quando finalmente os ameaçávamos apontando a pistola, eles desapareciam.[140]

Sem dúvida, muitos camponeses soviéticos podiam muito bem adivinhar o destino que aguardava a eles e suas famílias sem abrigo durante os meses mais frios do ano. No entanto, antagonizar os alemães era uma ideia arriscada, que, como Hans Becker descreveu, podia resultar em algo muito pior do que a perda de uma casa. "Uma palavra de raiva ou sinal de ressentimento podia acabar com um homem sendo expulso para fora de sua casa ou denunciado como *partisan*. Neste último caso, ele podia ser executado imediatamente ou preso para encontrar, provavelmente mais cedo do que tarde, uma morte cruel e revoltante." Becker também observou como a prática era injusta sob a perspectiva militar. "Até onde eu podia julgar, os homens eram praticamente obrigados a participar dessas guerrilhas – forçados pelo Exército Alemão!"[141] Suas cabanas eram ocupadas por soldados que ordenavam a seus relutantes anfitriões que se adequassem à sua própria conveniência.[142] Em um exemplo, dois oficiais da 20ª Divisão *Panzer* do major-general Wilhelm Ritter von Thoma,[143] que estavam hospedados na casa de um camponês, começaram a se embebedar. Depois de um tempo, um homem disse ao outro: "Eu não aguento olhar para a cara desses camponeses!". Ele, então, matou bruscamente o pai da família com um tiro, fazendo com que sua esposa "gritasse e chorasse aos berros" enquanto se escondia no canto com seus três filhos pequenos. Logo os homens se cansaram daquele pranto e atiraram na mulher, matando alternadamente em seguida cada uma das crianças.[144] Era uma forte indicação do valor da vida russa e, enquanto muitos soldados alemães não toleravam tais atos propositalmente assassinos, ao mesmo tempo poucos manifestavam qualquer restrição em simplesmente expulsar civis de suas casas – uma ação que frequentemente tinha a mesma consequência. Como Max Kuhnert explicou: "Se as pessoas ainda estavam nas casas ou não, isso não fazia nenhuma diferença, isso era a guerra".[145] Mas não era apenas a guerra; era uma guerra de aniquilação (*Vernichtungskrieg*).[146]

CAPÍTULO 6

Explorando a brecha

Entrando na caverna do Urso – Bock invade Moscou

Apesar de a batalha em Viazma ter sido um sucesso indiscutível para Bock, seu objetivo real na Operação Tufão era derrubar o poder soviético por meio da tomada de Moscou. Para o comando alemão, isso agora estava prestes a se realizar. As forças de defesa do Exército Vermelho haviam sido em grande parte destruídas em Viazma, e a distância restante até a capital soviética era menor do que as já cobertas pelas ofensivas anteriores em Minsk e Smolensk. A queda de Moscou parecia quase predestinada, mas os acontecimentos em campo sugeriam uma previsão muito mais preocupante acerca do estágio seguinte da ofensiva alemã.

Nas batalhas de defesa na margem oriental do bolsão de Viazma, as forças motorizadas do XXXX Corpo *Panzer* do general Georg Stumme e do XXXXVI Corpo *Panzer* de Vietinghoff tiveram papéis primariamente estáticos. Sob instruções rígidas de Kluge do IV Exército, Hoepner teve de manter um perímetro restrito a fim de prevenir fugas em grande escala, o que por outro lado também impedia que o 4º Grupo *Panzer* enviasse mais forças na direção de Moscou. Hoepner ficou furioso com a falta de visão de Kluge,[1] apesar do fato de que até mesmo sua grande concentração de forças motorizadas em Viazma encontrou dificuldade em conter os exércitos soviéticos cercados. Sem levar em consideração tais dificuldades, Hoepner depois se queixou: "A velocidade do impulso até Moscou foi reduzida pelos erros do alto-comando".[2] Hoepner conseguiu enviar apenas o LVII Corpo *Panzer* de Kuntzen em direção a Kaluga, em 7 de outubro, e o "Das

Reich" do *Obergruppenführer* Paul Hausser (que pertencia ao XXXX Corpo *Panzer* de Stumme) em direção a Gjatsk. O grupo *Panzer* de Kuntzen inicialmente consistia em apenas uma divisão *Panzer* (a vigésima),[3] e esta se reduzia a apenas 39 tanques utilizáveis em 11 de outubro.[4] O "Das Reich" de Hausser sofreu ainda mais. Em um ataque de flanco por tanques soviéticos em 10 de outubro, a divisão sofreu 500 baixas,[5] enquanto em 14 de outubro o próprio Hausser foi gravemente ferido por um estilhaço de granada (vindo a perder seu olho direito).[6] O solo encharcado também atrapalhou o ataque, segundo o diário de guerra da 20ª Divisão *Panzer*, que descreveu as estradas menores que saíam da rodovia como "catastróficas" e relatou a perda de muitos veículos.[7] Em 14 de outubro o IV Exército comunicou ao Grupo de Exércitos Centro que o *"movimento de veículos motorizados fora das estradas é impossível"*.[8] Ao mesmo tempo, também informou que o "Das Reich" tinha de continuar o ataque "a pé" porque os veículos não conseguiam mais avançar.[9] Embora as temperaturas agora estivessem congelantes na maioria das noites, elas subiam novamente durante o dia, o que evitava que o solo se firmasse. Como Wilhelm Prüller escreveu em 13 de outubro: "Neve e chuva se alternam o tempo todo e o solo simplesmente se recusa a endurecer. Ele congela apenas à noite, quando faz frio, mas às sete horas da manhã, degela novamente".[10]

Em 14 de outubro, com a batalha de Viazma finalmente concluída, o XXXXVI Corpo *Panzer* de Vietinghoff enfim recebeu permissão para continuar a marcha para o leste. Seguindo o "Das Reich", a 11ª Divisão *Panzer* de Esebeck (ponta de lança de Vietinghoff) atravessou primeiro Gjatsk (que havia sido capturada em um combate pesado em 9 de outubro)[11] e depois seguiu para noroeste. Mesmo assim, observou-se que o progresso era "muito lento" nas estradas descritas como "quase intransponíveis".[12] Vários riachos cruzavam a rota de avanço e, apesar de todo o esforço dos engenheiros para reforçar as muitas pontes pequenas, a maioria delas desabou. Outras pontes permaneceram intactas, mas imediatamente afundaram no pântano sob o peso de um tanque. Nessas condições, tentar qualquer tipo de reconhecimento dianteiro ou lateral foi considerado "sem sentido"[13] e mapas da área foram avaliados como "erráticos", o que impediu que o comando das divisões soubesse muito sobre o que eles poderiam encontrar.[14] Não surpreende então que, mesmo sem relatos de resistência do inimigo, em 15 de outubro a divisão de Esebeck tenha conseguido percorrer "apenas cerca de 25 km".[15] Mesmo com um avanço tão limitado, a perda de tração nas estradas levou a um consumo excessivo de combustível pela distância percorrida. Com as reservas de combustível já limitadas, em 16 de outubro Esebeck tomou a decisão drástica de abandonar partes de seu regimento *Panzer* para disponibilizar reservas de combustível para o principal *Kampfgruppe* (grupo de batalha).[16] Dois dias antes, em 14 de outubro, o XXXXVI Corpo *Panzer* de Vietinghoff havia ordenado a suas divisões constituintes que não continuassem com veículos desnecessários ou instáveis,[17] o que significava que a ponta de lança motorizada de Esebeck estava perdendo as forças rapidamente, mesmo sem contato com o inimigo.

Avançando para o sul da 11ª Divisão *Panzer* de Esebeck em curso mais ou menos paralelo estava a 2ª Divisão *Panzer* de Veiel, numericamente uma das mais poderosas da Frente Oriental na época. Contudo, seus muitos tanques precisavam de mais combustível e, em 17 de outubro, as reservas de Veiel estavam esgotadas e seu avanço paralisado até que mais recursos conseguissem chegar à linha de frente em 19 de outubro.[18] Evidentemente, o Exército Vermelho estava em situação ainda pior, e os interrogatórios das tropas inimigas capturadas pelos homens de Veiel revelaram que o estado soviético estava desesperado por recrutas. Os prisioneiros de guerra eram todos do Cazaquistão e haviam chegado à frente de Moscou apenas três dias antes. Eles tinham tido apenas dois meses de treinamento, e seu regimento estava apenas parcialmente armado. Mas isso não significava que deviam ser subestimados. No mesmo dia em que os prisioneiros de guerra foram capturados (17 de outubro), a divisão de Veiel perdeu sete tanques em um ataque.[19] Com o avanço de Veiel paralisado, o *Kampfgruppe* de Esebeck tentou continuar. Contudo, a temperatura em 17 e 18 de outubro ficou perceptivelmente mais quente, e a lama, que havia coagulado um pouco no clima mais frio, agora se diluía em um charco aquoso.[20] Chuvas fortes em 18 e 19 de outubro sobre toda a frente do Grupo de Exércitos Centro agravaram o problema e paralisaram qualquer movimento de veículos com rodas.[21] Como observou um soldado: "A chuva simplesmente não parava, caía e continuava a cair, e a lama se tornou um pântano cada vez mais profundo".[22] O diário de guerra do grupo *Panzer* de Vietinghoff registrou como as muitas dificuldades comunicadas agora ameaçavam seu planejado cerco a Moscou:

> O grupo está seriamente preocupado com o cumprimento [de suas ordens] porque após um cuidadoso estudo dos mapas, fica claro que para esta operação existe uma única estrada disponível. O grupo será forçado a avançar com três divisões nessa estrada, que segundo o histórico e a época do ano, estará em más condições. Como resultado, o grupo não poderá utilizar adequadamente seu poder de ataque, e será capaz de utilizar apenas pontas de lanças enfraquecidas. Além disso, os comboios de suprimentos conseguirão se movimentar apenas com muita dificuldade.[23]

Como demonstrativo, observou-se que a 11ª Divisão *Panzer* de Esebeck estava reunindo todos seus recursos para avançar com apenas um batalhão mas, como o grupo concluiu, o ataque não teria sucesso "porque sua força está frágil demais".[24] Outro oficial ressaltou que, enquanto a extensão normal de uma divisão *Panzer* seria de cerca de quarenta quilômetros, em meados de outubro sua divisão estava espalhada ao longo de 300 quilômetros.[25]

O XXXX Corpo *Panzer* de Stumme continha apenas uma divisão *Panzer* (a 10ª), que havia sido bastante exigida na luta nos arredores de Viazma, mas um *Kampfgruppe* reforçado foi enviado em direção ao leste como apoio ao avanço do "Das Reich". Em 14 de outubro, o resto da divisão partiu de Viazma para o leste onde o "Das Reich" de Hausser estava em uma contenda feroz para romper a Linha de Defesa de Mojaisk, que centrava nas quatro cidades fortificadas de Volokolamsk, ao norte, de Mojaisk e Maloiaroslavets, e até Kaluga, ao sul. Enquanto muitos no alto-comando alemão acreditavam que a espinha da resistência soviética havia sido quebrada, a divisão de Hausser, atacando a leste em direção a Mojaisk, encontrou um elaborado sistema de defesas erguido em tempo recorde pelos soviéticos, auxiliados pelas chuvas de outono e pela resistência tenaz do bolsão de Viazma. Em um relatório do *Obersturmführer*[26] Günther Heysing conta o que os soldados do "Das Reich" enfrentaram: "Fileiras embutidas de lança-chamas com ignição elétrica, todo tipo de obstáculos para tanques, rios enlameados, campos minados, cercas de arame, sistemas de bunker, declives íngremes e posições camufladas na floresta". Além disso, Heysing afirmou que as tropas soviéticas defendiam sua linha com "fogo defensivo concentrado de artilharia, armamento antiaéreo, armamento antitanques, morteiros, foguetes e metralhadoras".[27] Foi nesse dia (14 de outubro) que Hausser, no comando da "Das Reich", foi ferido e substituído pelo *Oberführer*[28] Wilhelm Bittrich. Naquele momento, elementos da 10ª Divisão *Panzer* de Fischer abriam fogo contra posições soviéticas alguns quilômetros mais ao norte, no antigo campo de batalha de Borodino. Foi ali que o Exército Russo enfrentou Napoleão em 7 de setembro de 1812, em uma das batalhas mais sangrentas de toda a Era Napoleônica.[29] A divisão *Panzer* de Fischer confrontou a 32ª Divisão de Fuzileiros do coronel Viktor Polosukhin, reforçada por três brigadas de tanques e os cadetes de um colégio militar de Moscou. No museu militar de Borodino, preenchendo o formulário "Motivo da Visita", Polosukhin escreveu: "Vim defender o campo de batalha".[30] O coronel Chales de Beaulieu, líder do 4º Grupo *Panzer*, observou: "Parecia que a vitória sacrificada de Napoleão em 1812 seria reprisada mais uma vez".[31] De fato, as forças *Panzer* de Fischer atacaram a Fortaleza de Shevardino, exatamente como Napoleão 129 anos antes.[32] Em dois dias de luta, em 16 e 17 de outubro, a divisão de Fischer teve 280 feridos e um número desconhecido de mortos.[33] Como Hoepner observou com certa incredulidade: "Os russos não contam mais com um exército reconhecível, e portanto não deveriam ter a capacidade de conduzir uma defesa bem-sucedida aqui. Contudo, as formações que nos opõem – [da] 32ª Brigada de Fuzileiros siberiana – mostraram-se excepcionalmente eficientes".[34] Houve até um revés local no qual os cadetes de Polosukhin obrigaram os homens de Fischer a recuar, mas após cinco dias mantendo sua posição em frente a Mojaisk e com enorme custo, que incluiu perdas de 80% entre os 4.000 jovens cadetes, Mojaisk caiu em 18 de outubro.[35] O XXXX Corpo *Panzer* de Stumme rompeu as defesas de Jukov, mas não a tempo de escapar da cada vez mais severa *rasputitsa* russa. Como o tenente Heysing relatou no mesmo dia (18 de outubro), "as chuvas de outono russas se estabeleceram e estão tirando dos soldados alemães a vitória que eles já conquistaram. Chove torrencialmente dia e noite. Chove e neva alternadamente sem descanso. O solo absorve a umidade como uma esponja e o ataque alemão está com lama até os joelhos".[36] Além da condição das estradas, a situação dos homens também pedia uma pausa. Um relatório da "Das Reich" para o quartel-general da SS em Berlim observava que "um descanso de vários dias, onde quer que seja possível em alojamentos aquecidos, é essencial para o sucesso de qualquer novo ataque".[37]

Embora as divisões *Panzer* dos grupos de Vietinghoff e Stumme primeiramente tivessem de completar a luta no bolsão de Viazma, o LVII Corpo *Panzer* de Kuntzen nunca foi convocado para o cerco, e portanto começou seu ataque a leste mais cedo. Mesmo assim, a 20ª Divisão *Panzer* de Thoma, que constituía a ponta de lança de Kuntzen, progrediu tão lentamente nas estradas encharcadas que não conseguiu alcançar a Linha Defensiva de Mojaisk antes da 10ª Divisão *Panzer* de Fischer, que havia lutado durante dias em Viazma. De fato, como reflexo das condições difíceis das estradas, o sucesso inicial mais significativo na exploração da frente soviética destruída não foi obtido pelas divisões motorizadas de Hoepner, e sim pelas divisões de infantaria de Kluge e Weichs. Juntos, o XIII Corpo de Exército do general de infantaria Hans-Gustav Felber (que pertencia ao II Exército de Weichs) e o XII Corpo de Exército do general de infantaria Walter Schroth (que pertencia ao IV Exército de Kluge) chegaram à extremidade sul da Linha Defensiva de Mojaisk, em Kaluga, no dia 10 de outubro. Com forças alemãs tão expressivas na retaguarda das defesas soviéticas, e sem tempo para que Jukov organizasse substituições ou estabelecesse novas posições, Kaluga caiu em 12 de outubro.[38] Quando os elementos principais da 20ª Divisão *Panzer* de Thoma finalmente ocuparam a Linha Defensiva de Mojaisk em 16 de outubro, a divisão conservava apenas 34 *Panzers* utilizáveis (e somente quatro tanques Mark IV).[39] A 2ª Divisão *Panzer* de Kuntzen, a 19ª Divisão *Panzer* do tenente-general Otto von Knobelsdorff, atacou as defesas em volta de Maloiaroslavets e foi afetada de acordo. Em 16 de outubro a divisão de Knobelsdorff perdeu doze tanques na luta[40] e, no dia seguinte (17 de outubro), outros dezoito, perfazendo um total de trinta tanques destruídos em apenas dois dias.[41] Maloiaroslavets caiu logo em seguida, mas como Bock observou em 17 de outubro: "A resistência inimiga é especialmente persistente na linha de frente do IV Exército".[42]

Enquanto Knobelsdorff lutava para tomar Maloiaroslavets, a 98ª Divisão de Infantaria do tenente-general Erich Schroeck batalhava pela cidade vizinha de Detschino, que finalmente caiu em 19 de outubro. Segundo um dos comandantes de batalhão de Schroeck (o tenente-coronel von Bose): "Não há muito que possa ser exigido de nós agora... A força de batalha do batalhão é de cerca 190 homens. No ataque a Detschino o batalhão perdeu quase cem homens, 48 destes mortos. Em vinte e quatro horas, cinco comandantes da companhia foram perdidos".[43] Sem dúvida, a Frente Ocidental de Jukov estava deficiente em muitas áreas, mas provou que ainda era capaz de resistência tenaz e que Moscou estava sendo defendida por muito mais que apenas o celebrado General Lama. De fato, após receber um relatório do LVII Corpo *Panzer* de Kuntzen, o diário de guerra do Grupo de Exércitos Centro diz: *"Na opinião do grupo, as últimas batalhas pelas posições inimigas foram as mais difíceis de toda a campanha oriental, por ser o inimigo especialmente resistente e fazer sua defesa a partir de* bunkers *de concreto pré-guerra"*.[44] Bock também reconheceu que o grupo de Kuntzen estava em uma "posição especialmente difícil" e não possuía infantaria suficiente, mas não havia muito que ele pudesse oferecer até que o grosso das divisões de infantaria de Kluge chegasse dos campos de batalha ao redor de Viazma.[45] Kluge fez o que podia. Ordenou que toda a artilharia pesada fosse abandonada e apenas veículos leves acompanhassem a marcha, mas no que foi descrito como *"condições de estrada catastróficas"*, Kluge observou que não seria possível cobrir nem vinte quilômetros por dia.[46]

Enquanto os grupos *Panzer* de Vietinghoff, Stumme e Kuntzen avançavam com todo o vigor e *élan* que haviam se tornado a marca registrada de seus sucessos anteriores, em meados de outubro a ofensiva estava lenta demais para romper e cercar as posições soviéticas. As táticas de *blitz*, que haviam estraçalhado a frente soviética no começo de outubro, quando o clima estava seco e as forças *Panzer* mais concentradas, agora eram impossíveis. Em lugar de um ataque relâmpago, o grupo *Panzer* de Hoepner partiu para um abrasivo golpe de frente, que rapidamente esgotou os recursos que o já exaurido sistema de suprimentos do Grupo de Exércitos Centro não conseguiu repor. Além disso, ao abandonar muito de seu equipamento pesado para poder continuar avançando, os comandantes alemães abandonaram muito do poder de fogo necessário para romper os *bunkers* de concreto e as fortificações entrincheiradas das novas linhas soviéticas. Acima de tudo, o Exército Vermelho não se dissolveu como o comando alemão havia esperado. O IV Exército (com o 4º Grupo *Panzer* subordinado de Hoepner) ainda seguia em frente, mas sem apoio nos flancos, pelo fato de o II Exército *Panzer* de Guderian estar distante ao sul e o 3º Grupo *Panzer* de Reinhardt estar ocupado em Kalinin, com o IX Exército de Strauss se apressando para o norte para apoiá-lo ou acabando com as últimas tropas inimigas em Viazma.[47] A expectativa era de que as forças míseras de Jukov fossem simplesmente varridas e Kluge e Hoepner chegassem logo à capital soviética.

O planejamento da tomada de Moscou já estava na verdade em progresso, e Hitler estava determinado a que a cidade não fosse ocupada por tropas alemãs. De acordo com Heusinger no OKH, esperava-se que a cidade estivesse "extensamente minada" e "perigosa demais para as tropas", o que sem dúvida refletia a ocupação alemã em Kiev no final de setembro, onde muitos edifícios notáveis foram destruídos por bombas após terem sido ocupados pelos alemães.[48] Brauchitsch propôs uma zona de exclusão de 45 quilômetros a partir do centro da cidade, mas Bock rejeitou esta proposta imediatamente, porque exigiria tropas demais e permitiria aos soviéticos muita liberdade de movimento. Consequentemente, Bock insistiu em um cerco muito mais fechado.[49] Contudo, com o exemplo de Leningrado, as implicações de cercar uma grande área urbana, com milhões de civis, não levantou nenhuma preocupação entre o Grupo de Exércitos Centro. De fato, o diário de guerra do grupo de exército observou devidamente que: "Deveriam ser tomadas todas as medidas para tornar insuportável a vida da população e das tropas cercadas".[50]

Embora o comando alemão estivesse concentrado na tomada de Moscou, não há indicação de que Hitler, o OKH ou Bock reconhecessem que o Grupo de Exércitos Centro poderia ter dificuldades em chegar até lá. Em 15 de outubro, a rádio britânica já comparava a ofensiva de Bock a um carro atolado na lama – o motor funcionava, as rodas giravam, mas ele não se movia para a frente.[51] Publicamente, Goebbels rejeitava essa propaganda como mera aspiração, mas em particular ele parecia aceitar a comparação. Quando Dietrich, o chefe de imprensa do Reich, procurou Goebbels após uma visita ao "Covil do Lobo", quartel-general de Hitler, e relatou apenas boas notícias, Goebbels permaneceu estranhamente hesitante em demonstrar entusiasmo. Ele primeiro resumiu o relatório radiante de Dietrich em seu diário. "O *Führer* estava em excelente forma. As operações ofensivas estavam avançando como esperado e a opinião é de que pelo menos a ação militar na União Soviética poderia ser concluída no decorrer de novembro." Contudo, Goebbels então reconheceu: "Eu ainda estou um pouco cético em relação a isso. A campanha oriental nos apresentou tantos quebra-cabeças e surpresas que pode ser bom armar-se com um pouco de dúvida".[52]

Se Hitler e seus generais no OKW tendiam para o otimismo, não eram de forma alguma os únicos. No OKH, Halder concebia operações muito além do simples investimento de Moscou, e em 19 de outubro ele expressou suas ideias a Greiffenberg, chefe do Estado-Maior do Grupo de Exércitos Centro. A sugestão mais recente de Halder refletia novamente sua perturbadora predileção por operações extremamente ambiciosas, lembrando as muitas superestimações e perigosos equívocos que destacaram todo o processo de planejamento da Operação Barbarossa. Halder propôs conduzir "antes do fim do outono" uma nova operação para um "enorme cerco" (*Riesenkessel*) ao norte e nordeste do Grupo de Exércitos Centro. Partindo de Kalinin, Halder queria primeiro destruir o inimigo diante do Grupo de Exércitos Norte e depois conquistar uma nova linha centrada em Vologda – a pelo menos 350 quilômetros (distância linear) a nordeste de Kalinin. Halder não só parecia acreditar que tal operação fosse possível antes da chegada do inverno, como também garantiu a Greiffenberg que uma vez estabelecidos nessa nova posição, "o ataque pelo inimigo a partir do interior profundo da Rússia seria prevenido ao máximo e ocuparia o menor número possível de nossas forças".[53] Enquanto o alto-comando alemão planejava operações mirabolantes e Hitler ansiava pelo fim das hostilidades em novembro, outros observavam os eventos com nítido receio. No mesmo dia em que Halder apresentava seus planos para um "enorme sítio" (19 de outubro), o ministro do exterior italiano escreveu em seu diário: "A chegada do inverno é vista com imensa preocupação por todos. Muitas ilusões foram alimentadas, de propósito ou involuntariamente, a respeito da curta duração do conflito e de uma vitória que seria supostamente fácil".[54] Ciano também parecia estar mais informado quanto à situação militar da Alemanha. No dia anterior (18 de outubro), ele já havia observado: "Os alemães estão começando a diminuir a velocidade antes de chegar a Moscou. Não seria o caso de terem cantado o hino da vitória cedo demais?".[55]

Quando Hoepner começou seu ataque em direção a Moscou após concluir a luta em Viazma, um grupo do 3º Grupo *Panzer* de Reinhardt acabara de tomar Kalinin após uma longa marcha de mais de 150 quilômetros. Chegando inesperadamente à cidade na manhã de 13 de outubro, a vanguarda do XXXXI Grupo *Panzer* de Kirchner logo se viu engajada em uma dura batalha urbana contra muitos locais que decidiram pegar em armas contra os alemães.[56] Após tomar o controle da cidade e se reabastecer, Kirchner tinha ordens de continuar avançando em direção a Torjok, 60 quilômetros além a noroeste. O OKH queria rolar o flanco direito da Frente Noroeste soviética e, embora Bock tenha apoiado a ofensiva de Reinhardt até Kalinin, ele começou a pensar melhor e temia que sua força estivesse sendo perigosamente dissipada. Em 14 de outubro, uma nova ordem chegou do OKH para que todo o IX Exército de Strauss marchasse a nordeste e se reunisse na área de Kalinin-Staritsa-Torjok, ao mesmo tempo que sugeria que o 2º Exército *Panzer* de Guderian talvez tivesse que estender sua ala direita até Voronej, mais de 250 quilômetros a sudeste de Orel. Os temores de Bock pareciam ter se confirmado e ele esbravejou em seu diário. "Como aconteceu depois de Smolensk, novamente o grupo de exércitos foi espalhado aos quatro ventos e assim seriamente enfraquecido em sua direção principal de avanço."[57] Contudo, precisamente por sua experiência em Smolensk, sem falar na tendência habitual do alto-comando de superestimar a força do *Ostheer*, Bock não deve ter se surpreendido por seu grupo de exército ter recebido novos objetivos que o empurravam para muito além do limite de sua resistência. De fato, dadas as implicações sinistras das ordens do OKH e dada a resultante perda de força que isso causaria para Moscou – o objetivo mais importante da Operação Tufão –, a aceitação relutante de Bock foi uma resposta nitidamente sem convicção ao "Fogo Sagrado de Küstrin".

Tendo invadido Kalinin, a 1ª Divisão *Panzer* de Krüger se viu envolvida em uma grande operação para esvaziar a cidade. Mesmo vinte e quatro horas depois de chegar à cidade, o diário de guerra da divisão falava da "mais difícil guerra urbana" contra "grupos de inimigos rapidamente formados – até mesmo operários e mulheres participaram da luta". Como resultado, o diário observou que o terreno só poderia ser conquistado de maneira lenta.[58] Enquanto o XXXXI Corpo *Panzer* de Kirchner consistia na 1ª Divisão *Panzer* de Krüger, a 36ª Divisão de Infantaria Motorizada de Ottenbacher e do regimento de infantaria motorizada de Krause "Lehrbrigade 900", nenhuma destas unidades chegou a Kalinin com seu complemento total de equipamento e pessoal, já que os regimentos haviam sido "aliviados" na pressa de chegar à cidade. Em vez de simplesmente invadir o interior soviético indefeso, os homens de Kirchner agora se viam em um combate urbano que empregou muitos recursos. Suprimentos e reforços estavam a caminho de Kalinin, especialmente porque o fim da luta em Viazma liberou o LVI Corpo *Panzer* de Schaal, mas estes foram prejudicados enormemente durante o longo trajeto pelo tempo que piorava e pelas condições deterioradas das estradas.

Outro problema que perseguia o movimento alemão no caminho para Kalinin foi o poder ressurgente da força aérea soviética. Os aviões da Frota Aérea 2 de Kesselring, cobrindo o Grupo de Exércitos Centro, eram operados a partir de aeródromos distantes, utilizando pistas de terra com poucos hangares e apenas a infraestrutura mais básica. Não era de se surpreender que o número de unidades enviadas fosse cada vez mais limitado, o que contrastava com a força aérea soviética, que tinha o benefício de numerosos aeródromos modernos ao redor de Moscou, com pistas de concreto e grandes hangares para aviões.[59] No começo de outubro, a Frota Aérea 2 de Kesselring conseguia despachar mais de 1.000 unidades por dia, mas após a virada do tempo, o número caiu para 559 em 8 de outubro e apenas 269 em 9 de outubro.[60] O diário de guerra do XXXXI Corpo *Panzer* de Kirchner observou em 14 de outubro que os aviões soviéticos tiveram a superioridade aérea "pela maior parte do dia", levando a "perdas tangíveis".[61] O problema se tornou comum para os alemães durante toda a batalha por Kalinin e perigosamente impediu que as provisões chegassem à cidade. Bombardeiros soviéticos concentraram seus esforços sobre os 70 quilômetros de estrada entre Staritsa e Kalinin, onde inúmeros veículos alemães se mostravam alvos lentos ou até imóveis.[62] Como observou Kesselring: "As unidades de exército estavam constantemente pedindo proteção contra os ataques rasantes russos de metralhadora, e unidades tinham de ser enviadas para mantê-los quietos, embora com pouco efeito".[63]

Como parte da reorganização das defesas de Jukov em frente a Moscou, ele enviou Konev, na época seu representante na Frente Ocidental, para gerenciar as defesas ao redor de Kalinin. Ele também desviou reforços substanciais (para incluir os recém-alocados XXII, XXIX e XXX Exércitos) para garantir a defesa da linha. Em 17 de outubro, essas forças foram agrupadas na nova Frente de Kalinin com Konev no comando.[64] No Grupo de Exércitos Centro, Bock notou a manobra de novas forças soviéticas no norte com desconforto evidente. Escrevendo em 15 de outubro, Bock observou: "O 3º Grupo *Panzer* está lutando em Kalinin; o inimigo está trazendo reforços de todos os lados, até de Moscou, para recuperar a posse deste ponto importante".[65] Com a maior parte do IX Exército de Strauss dirigindo-se ao norte para reforçar Reinhardt, Kalinin estava se tornando menos o trampolim para um ataque ao flanco aberto da Frente Noroeste soviética e mais uma grande batalha em si. Reconhecendo as dificuldades desta batalha e a necessidade de garantir um comando unificado para quando as divisões de Reinhardt e Strauss se cruzassem, Bock resubordinou o 3º Grupo *Panzer* ao IX Exército em 16 de outubro.[66]

Enquanto as forças inimigas se aproximavam de Kalinin vindas do norte, leste e sudoeste, Reinhardt aproveitou a oportunidade para retomar a iniciativa ofensiva e, em 16 de outubro, ordenou que a Iª Divisão *Panzer* de Krüger e a "Lehrbrigade 900" de Krause atacassem Torjok.[67] Era o tipo de decisão ousada que frequentemente dividia as tropas *Panzer*, mas nessa ocasião também refletia sua imprudência impetuosa. Usando quase cada gota de combustível disponível para os grupos *Panzer* e ignorando a posição cada vez mais terrível dentro da própria Kalinin, Reinhardt autorizou a ofensiva. No dia seguinte (17 de outubro) o avanço havia chegado ao vilarejo de Mednoye, 30 quilômetros a noroeste de Kalinin e a meio caminho de Torjok, mas cessou ali. A ofensiva se deparou com uma feroz resistência inimiga e não tinha munição para continuar o ataque.[68] O mais preocupante era que forças soviéticas haviam conseguido se infiltrar por trás da ponta de lança, isolando Krüger e Krause de Kalinin, enquanto a 36ª Divisão de Infantaria Motorizada do major-general Hans Gollnick[69] estava sob pressão crescente defendendo a cidade.[70] Para piorar a situação ainda mais, a inteligência aérea indicava que uma coluna inimiga "muito forte" com cerca de 1.000 caminhões e outros 3.000 veículos variados se dirigia a Torjok.[71] Sem alternativa confiável, o diário da 1ª Divisão *Panzer* observou que foi com "pesar no coração" que o ataque a Torjok teria de ser abandonado.[72] Reinhardt disse a Strauss que, em razão da falta de combustível e munição, outra tentativa de avançar em direção a Torjok seria agora impossível.[73] As implicações desse fracasso efetivamente arruinaram o plano alemão de rolar o flanco sul da Frente Noroeste soviética e tornaram Kalinin um desvio extraordinariamente custoso do objetivo principal da Operação Tufão – Moscou. Não apenas o plano alemão para o norte foi um fracasso, mas, assim como Halder se recusou a se retirar da cara e ainda obsoleta cabeça-de-ponte em Dnepropetrovsk durante a batalha de Kiev, o Alto-Comando do Exército também continuou insistindo que Kalinin fosse guardada e até reforçada. Hitler também deu grande importância a um impulso ao norte de Kalinin e recebeu bem os planos do OKH.[74] Bock também cedeu e, a despeito de suas queixas anteriores sobre seu grupo de exército estar sendo "espalhado aos quatro ventos",[75] ele decidiu reunir força para mais uma ofensiva no norte. Em 19 de outubro, Bock disse a Strauss no IX Exército "que Kalinin permaneceria sendo a 'ferida aberta' de seu exército se forças de infantaria potentes não fossem enviadas logo".[76]

É claro, a movimentação na Rússia durante a *rasputitsa* – para não falar de movimento rápido – era exatamente o problema. Fazer com que homens e material chegassem a Kalinin já era um desafio suficiente sem tentar lançar uma ofensiva através do lodo contra forças soviéticas que estavam se tornando mais fortes. Além disso, não parecia ocorrer a ninguém no Grupo de Exércitos Centro ou no OKH que o elemento de surpresa havia passado e a Frente Noroeste soviética não iria mais ser pega desprevenida por uma ofensiva que ainda estava a dias de distância, na melhor das hipóteses. Os 4.000 veículos que se dirigiam a Torjok pareciam sugerir que o comando soviético estava ciente do perigo ao seu flanco e estava adotando contramedidas. De fato a preocupação com operações ao norte parece ter eclipsado outras opções. O major Carl Wagener, o oficial de operações do 3º Grupo *Panzer*, observou após a guerra: "Kalinin permaneceu um objetivo secundário; o centro [onde Kluge e Hoepner estavam atacando] era o único que poderia produzir resultados: [portanto o 3º Grupo *Panzer* deveria] defender o flanco norte da ofensiva decisiva a Moscou".[77] Hoepner compartilhava o ponto de vista do 3º Grupo *Panzer* e do desdobramento do IX Exército, escrevendo em um relatório: "Novamente me parece que estão se fixando objetivos que, em relação à nossa força, são distantes demais; há muitos objetivos sendo buscados ao mesmo tempo".[78]

Um dos maiores desafios que confrontavam Strauss era a questão de abastecimento. Não apenas o 3º Grupo *Panzer* necessitava desesperadamente de quase todos os itens essenciais (combustível e munição acima de tudo), mas também com três grupos de infantaria marchando para norte, junto com o LVI Corpo *Panzer* de Schaal, manter um suprimento eficiente claramente se tornaria mais difícil. Strauss decidiu estabelecer um aeródromo ao sul de Kalinin para permitir que a *Luftwaffe* enviasse de avião suprimentos quase diretamente para as linhas do *front*. Contudo, Konev estava se movendo mais rápido que Strauss, e o cerco ao redor de Kalinin foi apertando tão depressa que, em 20 de outubro, apenas um corredor estreito permanecia aberto para o sudoeste. O aeródromo alemão estava contido neste corredor, e os aviões efetivamente na linha do *front*. O desespero da luta foi descrito por Hans Rudel, um dos pilotos alemães que voaram do aeródromo de Kalinin:

> Os soviéticos estão atacando o aeródromo com tanques e infantaria, e estão a menos de 1,6 km de distância. Uma fina camada de nossa infantaria protege nosso perímetro; os monstros de aço podem estar sobre nós a qualquer momento. Nós, Stukas, somos uma dádiva para as tropas terrestres que defendem a posição... o pessoal de solo pode seguir cada fase da batalha. Estamos exatamente no ponto, porque todo mundo sabe que, a menos que os tanques sejam retirados de ação, chegamos ao nosso limite.[79]

Outras posições alemãs não tiveram tanta sorte, e em 18 de outubro um único tanque KV-1 atravessou as linhas alemãs e entrou nas ruas de Kalinin, sem ser parado. O tanque subsequentemente destruiu inúmeros veículos e armas, incluindo armamento antitanques e lança-foguetes.[80] Como Rudel observou quando ele ouviu sobre o tanque destruidor na cidade: "Tudo pode acontecer aqui em Kalinin".[81] Com a batalha pela cidade se mostrando tão dispendiosa, havia uma necessidade urgente de equipamento de reposição e de suprimentos. Na luta em torno da cidade e depois no ataque abortado a Torjok, a 1ª Divisão *Panzer* de Krüger perdeu 45 tanques em apenas cinco dias, deixando a divisão com somente 34 tanques utilizáveis (oito Mark IIs, 22 Mark IIIs e quatro Mark IVs) em 19 de outubro.[82] Ao mesmo tempo, a divisão relatou ter perdido 548 soldados e 34 oficiais desde a chegada a Kalinin.[83] De fato, o número de batalhões de combate no XXXXI Corpo *Panzer* de Kirchner, que normalmente abrigava cerca de 750 homens, estava reduzido a um grupo de 100 a 200 homens.[84] Similarmente, algumas companhias com força pré-invasão de cerca de 150 homens agora tinham apenas de 25 a 30 homens.[85] Como o coronel Hans Röttiger, líder do XXXXI Grupo *Panzer*, observou: "Nossas perdas aumentaram seriamente. A força de combate fraca do ponto de vista numérico levou certas unidades a unirem suas forças".[86]

Claro que qualquer continuação do ataque ao norte de Kalinin dependia do reabastecimento do XXXXI Corpo *Panzer* de Kirchner (o LVI Corpo *Panzer* de Schaal ainda estava lutando para chegar ao norte). Contudo, a quantidade média de combustível fornecida diariamente pela *Luftwaffe* ao aeródromo de Kalinin era de 30 a 50 metros cúbicos, e o consumo médio em 24 horas de uma divisão *Panzer* era cerca de 220 metros cúbicos.[87] O grosso dos suprimentos devia ser trazido pelos caminhões do *Grosstransportraum* de uma estação de abastecimento recém-estabelecida (em 18 de outubro) em Sychevka. Mas Sychevka estava ainda a 150 quilômetros a sudoeste de Kalinin e, naquelas condições, cada carregamento individual levava muitos dias para chegar. Para piorar a situação, apenas 200 toneladas de suprimentos para o 3º Grupo *Panzer* chegavam diariamente ao centro de distribuição em Viazma, e isso mal atendia às necessidades do dia a dia, não restando nada a ser estocado para uma nova ofensiva. Tentando aliviar o problema, o *Grosstransportraum* de Reinhardt foi instruído a despachar uma porção de suas forças de volta a Smolensk para trazer mais suprimentos a Viazma.[88] Isso, contudo, não levou em consideração a relação de custo-benefício para cada entrega e resultou em um retorno líquido muito pequeno. Na verdade, o *Grosstransportraum* do 3º Grupo *Panzer* estava em um estado lastimável. Em 18 de outubro, o Grupo de Exércitos Centro criticou o IX Exército de Strauss pelo "terrível estado das coisas" na estrada para Kalinin, onde reinava o caos no controle de tráfego. "Neste trecho todo o IX Exército vive e morre!"[89] Contudo, as condições eram extraordinárias, e simplesmente não havia precedente no Exército Alemão para o que se tentava. Em uma área particularmente em más condições, estima-se que 1.000 caminhões tenham atolado.[90] Como Bock observou em 19 de outubro, "o grupo de exércitos está preso em lodo e charco. O combustível não chega ao 3º Grupo *Panzer*".[91] A situação estava se tornando tão crítica que Strauss perguntou se os suprimentos de combustível destinados aos 2º e 4º Grupos *Panzer* poderiam ser redirecionados para o 3º Grupo *Panzer*. Bock abruptamente rejeitou o pedido, mas como um pequeno consolo, no mesmo dia 200 metros cúbicos de combustível foram descobertos em Rjev (115 quilômetros ao norte de Viazma).[92] De forma geral, o XXXXI Corpo *Panzer* de Kirchner via a situação como terrível o suficiente para excluir qualquer ofensiva "momentaneamente". O diário de guerra da tropa ilustrava as dificuldades crescentes dos homens pelo surgimento de cartazes que diziam, por exemplo: "Quem troca 10 litros de gasolina por um filão de pão?".[93]

O processo de deslocar as provisões até Kalinin foi prejudicado não só pelas condições do tempo, mas também por fogo inimigo. A estreita passagem que abastecia a cidade era um corredor de artilharia soviética, morteiros e fogo aéreo, o que infligiu custos pesados. Sobrevoando a cidade, Hans Rudel observou: "Nossas linhas de abastecimento não estão funcionando direito, porque a estrada principal de comunicação de Staritsa a Kalinin passa bem em frente da cidade nas mãos do inimigo, que exerce uma pressão contínua do leste sobre nossa linha de frente. Poderei ver em breve com meus olhos o quão difícil e complicada a situação está".[94] Como resultado de fogo inimigo, a 36ª Divisão de Infantaria Motorizada de Gollnick perdeu, só na primeira semana em Kalinin, 84 caminhões, 21 carros, três tratores, quinze motocicletas e cinco cozinhas de campo.[95] O líder do XXXXI Corpo *Panzer* observou que quando os soviéticos cruzaram o rio Volga para o sudeste e praticamente isolaram a cidade, a penetração à rota vital de abastecimento alemão "só conseguiu ser selada de maneira inadequada. Como resultado, os carregamentos de suprimentos para Kalinin continuaram paralisados durante este período, e puderam acontecer apenas sob uma pesada guarda de comboio".[96] Além da ameaça direta de interdição pelas forças regulares do Exército Vermelho, veículos individuais e comboios pequenos também foram atacados por *partisans* ou soldados soviéticos isolados no longo trajeto ao longo da área recém-ocupada.[97] Até o chefe do Estado-Maior do IX Exército, o coronel Kurt Weckmann, foi atacado na rua em Sychevka enquanto andava à noite. Ele foi golpeado na cabeça e esfaqueado algumas vezes (mas sobreviveu ao ataque).[98]

É claro que o estado lastimável da logística do 3º Grupo *Panzer* refletia muitos dos problemas mais amplos dentro do Grupo de Exércitos Centro e, sem dúvida, de todo o *Ostheer*. A arrogância que reinava no planejamento do exército é visível nas cartas particulares do intendente-geral sênior, o major-general Eduard Wagner, que escreveu em 12 de outubro: "A frente inteira está se movendo! Inacreditável este teatro de guerra. Todos os dias me perguntam: Até onde você vai? Eu sempre respondo: Até agora não deixei ninguém ao léu!".[99] Em 20 de outubro, contudo, o tom autoconfiante de Wagner mudava à medida que até os mais otimistas no alto-comando alemão não conseguiam negar os efeitos da *rasputitsa*. "Não é mais possível disfarçar", Wagner escreveu; "estamos até o pescoço na lama, no sentido mais puro".[100]

A debilitada ofensiva de Bock – forçando seu exército e sua sorte até Moscou

Enquanto o ataque a Moscou pelo 4º Grupo *Panzer* de Hoepner fraquejava e o 3º Grupo *Panzer* de Reinhardt[101] era parado em Kalinin, o II Exército *Panzer* de Guderian, junto com elementos do II Exército de Weichs, acabava de concluir a luta no bolsão de Briansk. O XXXXVII Corpo *Panzer* de

Lemelsen, junto com a 3ª Divisão *Panzer* de Model (do XXIV Corpo *Panzer* de Schweppenberg) estavam livres para reforçar o avanço parado em Tula. Contudo, não foi apenas a batalha de cerco em Briansk que atrasou Guderian. Apenas metade do seu exército *Panzer* participou da batalha, enquanto ele tentava realizar o ataque no leste com o resto de suas forças. A 4ª Divisão *Panzer* de Langermann-Erlancamp (do XXIV Corpo *Panzer* de Schweppenberg) ficou presa em Mtsensk e, em vez de avançar a nordeste em direção a Tula, ficou sob pressão intensa apenas mantendo controle da cidade. Como observou Hans Schäufler:

> Passamos seis dias vivendo como homens das cavernas nas cavernas úmidas e frias.[102] Barramos a entrada do pátio, porque os tanques pesados russos continuavam a entrar na cidade, um após o outro. Minas antitanque[103] foram posicionadas na entrada do porão, armadas e prontas, uma vez que eram o único meio com que podíamos combater aqueles monstros pesados.[104]

Em contraste com a facilidade do ataque anterior da 4ª Divisão *Panzer* a Orel, o inimigo estava se mostrando um adversário difícil para as forças enfraquecidas da divisão de Langermann-Erlancamp. O diário de guerra divisional observou que o inimigo era um "oponente bem-comandado e que lutava tenazmente determinado a reaver Mtsensk".[105] Em suas memórias, Guderian observou como na luta ao redor de Mtsensk alguns de seus melhores oficiais da 4ª Divisão *Panzer* estavam começando a perder as esperanças. Eles recebiam ordens continuamente para alcançar novos objetivos com cada vez menos recursos, sobre o que Guderian comentou: "Que contraste com o otimismo em evidência no OKH e no Grupo de Exércitos Centro!".[106] Mesmo assim, era Guderian que dava as ordens deles, e sua correspondência privada da época revela que sua própria avaliação dos eventos estava muito mais de acordo com o OKH do que com seus oficiais da 4ª Divisão *Panzer*. Escrevendo à sua mulher em 11 de outubro, Guderian disse que as operações alemãs recentes "acabaram de destruir a grande massa do Exército Russo. Não podem ter sobrado muitas [unidades soviéticas] capazes". Mesmo após dias de chuva e neve, Guderian agora expressava a esperança de que a campanha pudesse ser vencida em até duas semanas: "Agora estamos esperando por tempo bom e seco por pelo menos quatorze dias; então a tarefa principal estará cumprida".[107] A questão primordial para os oficiais da 4ª Divisão *Panzer* era como isso poderia ser feito. Em 12 de outubro, Langermann-Erlancamp contava com apenas quarenta tanques úteis em sua divisão, e os estoques de munição estavam "muito curtos para todos os calibres". Os aviões soviéticos também estavam muito ativos em torno de Mtsensk e, apesar de uma certa presença da *Luftwaffe*, "a impressão é de superioridade aérea russa".[108] O estado das estradas era outra grande preocupação, a qual o diário de guerra do Grupo de Exércitos Centro observou que atrasaria a transferência de reforços a Mtsensk após o final da luta no bolsão de Briansk.[109] Mais importante, a distância de Mtsensk a Tula era de 120 quilômetros, e havia mais 170 quilômetros de Tula até Moscou. As ordens de Bock em 14 de outubro mandavam que o II Exército *Panzer* "cercasse a cidade [de Moscou] ao sul e a leste",[110] o que, dado as distâncias envolvidas, o estado das estradas, o fortalecimento da resistência soviética e o fato de que os reforços para Guderian ainda estavam a dias de chegar, tornava todo o empreendimento extremamente ingênuo.

Em 20 de outubro, apesar de uma semana sem avanços, Langermann--Erlancamp conseguiu restabelecer em serviço apenas 6 tanques, dando--lhe um total de 46 tanques de uma força original de 170, mais uma remessa de 35 reposições no final de setembro. Sua artilharia listava 41 armas de uma força inicial de 57, e suas perdas em pessoal deixaram "apenas uns poucos oficiais idosos e suboficiais disponíveis". As unidades de luta continham "uma porcentagem considerável de substitutos com pouco treinamento e experiência de combate". Além disso, sem roupas de inverno, as tropas estavam "muito estressadas". Os caminhões de abastecimento de munição contavam apenas 18% do normal, enquanto os caminhões de combustível estavam a 40%.[111] Não era uma divisão que Langermann-Erlancamp agora comandava. De fato, em alguns aspectos, mal era um regimento, mas isso não mudou suas ordens ou a expectativa quanto ao cumprimento destas. A ofensiva alemã em direção a Tula não foi sujeita a uma investigação quanto à força de Schweppenberg em materiais ou efetivos; para Hitler e o OKH o triunfo da "vontade" e da superioridade "natural" do soldado alemão eram suficientes.

Embora o XXIV Corpo *Panzer* de Schweppenberg estivesse paralisado em Mtsensk, não era a única ofensiva que o II Exército *Panzer* estava tentando realizar. No sul, o XXXXVIII Corpo *Panzer* de Kempf procurava invadir Kursk a partir da cidade de Dmitriev-Lgovskiy, 85 quilômetros a noroeste de Kursk. Aqui novamente o Grupo de Exércitos Centro tentava um objetivo sobredimensionado, que estendia consideravelmente o comprimento de sua linha de frente. Kursk não ficava a menos de 460 quilômetros ao sul de Moscou (distância linear) e, se considerarmos as distâncias adicionais a Kalinin e depois a Ostashkov (na fronteira com o Grupo de Exércitos Norte), o que o Grupo de Exércitos Centro estava propondo era manter uma linha de quase 800 quilômetros (distância linear) de extensão. Enquanto isso, a tropa *Panzer* de Kempf ainda estava longe de Kursk e sofria com a luta árdua em uma cabeça-de-ponte que a 9ª Divisão *Panzer* de Hubicki mantinha a leste de Dmitriev-Lgovskiy. A divisão *Panzer* de Hubicki estava em combate quase constante desde que escapou da cabeça de ponte de Kremenchug durante a batalha de Kiev um mês antes, e sua habilidade de combate estava exaurida. Em 16 de outubro, o diário de guerra divisional mencionou um "estado geral de exaustão", no qual "muitos exemplos de fadiga surgiram". Ao mesmo tempo, a força das unidades dianteiras parecia "afundar a cada hora",[112] e o diário de guerra do XXXXVIII Corpo *Panzer* mencionou a situação "crítica" na frente de Hubicki.[113] Em 20 de outubro, Hubicki protestava contra suas ordens para continuar com a ofensiva e citou três razões principais: primeiro, qualquer avanço apenas estenderia seus flancos, para os quais não havia forças adicionais; segundo, o estado desastroso das estradas não permitia qualquer avanço; e, terceiro, seus regimentos estavam militarmente muito enfraquecidos. Como exemplo do último item, Hubicki relatou que a divisão tinha um total de apenas sete tanques utilizáveis, enquanto um dos regimentos de infantaria motorizada, que deveria operar com 287 caminhões, estava reduzido a apenas 51.[114] Claramente, a 9ª Divisão *Panzer* de Hubicki, com apenas sete tanques, era uma divisão *Panzer* apenas no nome.

Além de suas três tropas *Panzer*, o II Exército *Panzer* de Guderian também comandava o XXXIV Corpo do Exército de Waeger e o XXXV Corpo do Exército de Kaempfe. Juntos, esses dois corpos incluíam seis divisões

de infantaria (45ª, 95ª, 134ª, 262ª, 293ª e 296ª), bem como a 1ª Divisão de Cavalaria. Em 19 de outubro, o II Exército *Panzer* de Guderian foi reforçado
por mais dois corpos, o LIII Corpo do Exército de Weisenberger (56ª, 112ª,
167ª e um terço da 52ª Divisão de Infantaria) e o XXXXIII Corpo do Exército de Heinrici (31ª e 131ª Divisão de Infantaria).[115] A infantaria em alguns aspectos era mais móvel que as tropas motorizadas e *Panzer*, visto que sua
principal forma de movimento era marchar, mas as condições ainda apresentavam problemas para os cavalos e vagões pesados, além de também
reduzirem a velocidade da marcha. O XXXIV Corpo do Exército de Waeger, por exemplo, conseguia se mover a uma média de apenas 1 quilômetro por hora.[116]

Algo mais sério ainda era o fato de, por a infantaria estar exposta em
um grau muito maior ao ar gélido e à umidade, vestindo roupas inadequadas e com os pés perpetuamente em lama e água geladas, doenças logo deram um golpe debilitador nos homens. Em 18 de outubro, o XXXV Corpo
do Exército de Kaempfe tinha uma força de combate média entre suas companhias de apenas cinquenta homens.[117] Mesmo assim, no *Ostheer* apenas
as doenças mais sérias poderiam ser motivo para dispensa do serviço e, portanto, muitos homens enfermos continuaram em seus postos apesar de sofrer de gripe ou bronquite.[118] Em um estudo de 1,5 milhão de casos médicos alemães registrados entre 1º de setembro de 1941 e 31 de agosto de 1942,
50% de todas as doenças registradas tinham relação com o clima frio.[119] O
diário de Hans Efferbergen inclui uma passagem em 10 de outubro onde
ele escreve: "De tempos em tempos a artilharia russa ruge e ronca e nós
nos atiramos para dentro da indescritível lama... algo aflige a todos nós
agora; a mudança no tempo envenenou a vida de todos".[120] De forma similar, Harald Henry escreveu uma carta para casa em 18 de outubro sobre as
dificuldades físicas encontradas na marcha e os efeitos que elas causavam:

> Nossa companhia... penetrou a floresta até que estivéssemos até os joelhos
> na neve, que enchia nossas botas. Atravessamos pântanos congelados que se
> rompiam e faziam água gelada correr para dentro das botas. Minhas luvas es-
> tavam tão molhadas que eu não as aguentava mais. Enrolei uma toalha em
> volta de minhas mãos arruinadas... Meu rosto estava contorcido pelas lágri-

mas, mas eu já estava em uma espécie de transe. Continuei marchando em frente com olhos fechados, murmurando palavras sem sentido e pensando que eu estava vivendo tudo como se estivesse sonhando. Tudo era uma loucura... Agonia sem fim... Estamos todos mais ou menos doentes.[121]

Heinrici, no comando do XXXXIII Corpo do Exército, observou em uma carta à sua esposa em 16 de outubro o quanto os homens que comandava sofreram no frio. "Ninguém tem ideia do que esses homens tiveram de suportar neste tempo, neste terreno, nessas condições e com essas exigências de batalha."[122] Ernst Guicking, um soldado servindo no LIII Corpo do Exército de Weisenberger, observou em 17 de outubro que desde o início da Operação Tufão em 2 de outubro, ele não passou um dia sem lutar.[123] Outro soldado descreveu as condições em uma carta para casa em 15 de outubro: "Temos que servir dia e noite, com pouco sono e comida quente apenas de vez em quando".[124] Dadas as condições severas, bem como a rotina penosa de serviço, não é surpresa que os homens do Grupo de Exércitos Centro ficassem doentes em número recorde, mas isso ainda era apenas o meio de outubro, e o pior ainda estava por vir.

Apesar de os homens da infantaria estarem sofrendo, sem dúvida estavam em melhor situação do que as dezenas de milhares de cavalos que puxavam suas armas, suprimentos e equipamentos variados. No 3º Grupo *Panzer*, Wagener contou que os cavalos morriam em um índice de 1.000 por dia.[125] Um relato do LIII Corpo do Exército de Weisenberger no meio de outubro observou que os cavalos puxando a artilharia estavam "muito cansados" e metade deles teve de ser abandonada em Briansk.[126] Como alternativa, o exército convocou os cavalos panje de criação local, pequenos mas extremamente resistentes. Mas os cavalos panje eram fracos demais para transportar a artilharia alemã, e conseguiam apenas puxar pequenas carroças de madeira. Transportar a peça de artilharia alemã padrão, uma arma de 105 mm, exigia pelo menos seis cavalos saudáveis de tração, e a arma de 150mm, mais pesada, exigia uma equipe de oito cavalos. Os cavalos panje também não conseguiam puxar os pesados vagões de aço dos quais o exército necessitava para transportar a munição e equipamento da infantaria.[127] As cargas menores e mais leves que os cavalos panje suportavam tiveram um desempenho muito melhor durante o período da *rasputitsa*, tornando-os uma ajuda importante no problema de transporte do exército, mas certamente não conseguiam substituir a perda das raças europeias ocidentais mais pesadas.

Mesmo antes da queda nas temperaturas e da chegada das chuvas de outono, a 56ª Divisão de Infantaria do tenente-general Karl von Oven (pertencente ao LIII Corpo do Exército de Weisenberger) relatou uma "pesada precipitação de cavalos mesmo nas estradas boas".[128] Os meses de campanha e demandas excessivas sobre os cavalos os enfraqueceram a tal ponto que eles estavam literalmente morrendo nos arreios. Como Horst Lange escreveu em seu diário em 22 de outubro: "Os cavalos precisam trabalhar muito. Os maus condutores chicoteiam os grupos de cavalos sem motivo. A floresta ecoa com gritos".[129] Helmut Pabst observou outro problema que afligia os cavalos: "Alguns dos cavalos ainda estão com as ferraduras de verão, escorregando e caindo".[130] Em uma carta em 20 de outubro, Hans Meier-Welcker registrou o efeito que isso tinha nos cavalos do IX Exército: "As estradas rapidamente congelaram e nossa rota ficou forrada de cavalos mortos que haviam quebrado a perna ou caído de pura exaustão".[131] À medida que os meses de verão passavam e o ritmo do ataque diminuía, ficava cada vez mais difícil de encontrar forragem e os cavalos tiveram que comer gravetos de bétula, casca de árvores e os velhos telhados de palha de casas de camponeses.[132] Mesmo assim, como observou Max Kuhnert, que serviu na 1ª Divisão de Cavalaria do major-general Kurt Feldt, a lama era a maior dificuldade para os cavalos. Como Kuhnert escreveu: "A lama era, claro, o maior obstáculo para todos, principalmente para os cavalos. Não apenas eles tinham de nos carregar, como também não tinham descanso ou alimento adequado. Tudo estava grudento e molhado, não havia abrigo. As condições eram impossíveis para os homens e os animais".[133] Outro relato descreveu os cavalos na estrada para Moscou como "magros como esqueletos, macilentos, mancos e sem força".[134] Como resultado do mau tratamento, bem como das condições climáticas, o general da infantaria Hermann Geyer, comandando o IX Corpo do Exército, observou ao final de outubro: "As perdas em cavalos eram assustadoras".[135] A companhia veterinária da 30ª Divisão de Infantaria do tenente-general

Kurt von Tippelskirch tratou 1.072 cavalos entre 16 de setembro e 30 de novembro de 1941, mas apenas 117 destes por ferimentos provocados por fogo inimigo; o resto sofria de exaustão. Apesar da adição de cavalos de reposição mandados da Alemanha para o leste durante a campanha, no começo de novembro, as divisões de infantaria do *Ostheer* contavam com apenas 65% de seu transporte puxado a cavalo.[136]

À medida que as divisões de infantaria do II Exército *Panzer* lutavam para manter sua mobilidade e força, tanto a infantaria como as tropas *Panzer* de Guderian compartilhavam um problema muito profundo, que, com a conclusão da luta em Briansk, ameaçava fazer cair por terra qualquer nova ofensiva. Em 19 de outubro, o Grupo de Exércitos Centro determinou que o estado das estradas havia deteriorado a um ponto de constituir *"uma severa crise no abastecimento* das tropas com provisões, munições e, acima de tudo, combustível".[137] No mesmo dia (19 de outubro) o intendente-general do II Exército *Panzer* declarou que o suprimento de combustível sendo trazido era "completamente inadequado"[138] e Guderian informou ao Grupo de Exércitos Centro que "operações com alcance amplo não eram possíveis no momento".[139] Não surpreende então que a expressão anterior de Guderian de esperança de que a campanha pudesse ser completada em duas semanas estava agora passando por uma certa reavaliação. Escrevendo à sua mulher em 15 de outubro, o comandante *Panzer* sugeriu: "A vitória aqui certamente não nos vai cair do céu... a guerra será continuamente mais dura quanto mais longa for".[140] Passando pelas dificuldades em primeira mão, o intendente-general da 3ª Divisão *Panzer* de Model observou que nas estradas enlameadas "uma tragédia está acontecendo, ninguém ajuda".[141] Em 19 de outubro, Model determinou que o sucesso só poderia ser alcançado se um período prolongado de geada endurecesse o solo,[142] uma visão compartilhada pelo XXIV Corpo *Panzer* de Schweppenberg.[143] Mais ao sul, a 9ª Divisão *Panzer* de Hubicki se queixou já em 12 de outubro de que mover-se adiante na área do XXXXVIII Corpo *Panzer* de Kempf era possível apenas com veículos e tratores rebocados.[144] Para este propósito, a *Luftwaffe* precisou despejar feixes de corda para os veículos afetados.[145] O XXXXVII Corpo *Panzer* de Lemelsen tirava seus suprimentos de uma estação de distribuição em Roslavl a 170 quilômetros de distância, e tudo fluía por uma estrada principal. Uma jornada Roslavl-Briansk-Karachev levava três dias.[146] Em razão da crescente crise de abastecimento por toda a extensão da frente do Grupo de Exércitos Centro e pelo fato de que o movimento estava tão seriamente restringido pelas condições, não é surpresa que a prudência de se continuar com a ofensiva agora estava sendo questionada em níveis mais elevados. Certamente muitos dos soldados congelados, molhados e exaustos eram a favor de uma parada. Um soldado escreveu: "Não podemos continuar. Não há mais gasolina e nada vai chegar. O caminho é longo e as estradas ainda piores desde os últimos dias. A neve derreteu e piorou a sujeira. As rações ainda não chegaram. E estamos sentados em meio à imundície o dia todo".[147] Outro soldado perspicazmente sugeriu que o avanço constante para o interior da União Soviética era menos um exemplo de conquista e mais um caso de estar sendo "sugado", atraído, para a vantagem do inimigo. Dirigindo sua carta para a própria Rússia, o soldado escreveu: "Rússia, sua portadora de más novas, ainda não sabemos nada sobre você. Começamos a lutar e marchar neste charco e ainda não entendemos você. Enquanto isso, você vai nos absorvendo para dentro de seu interior duro e grudento".[148]

Inevitavelmente, depois da guerra historiadores e ex-oficiais alemães debateram as alternativas estratégicas do Grupo de Exércitos Centro na segunda metade de outubro, e alguns chegaram à conclusão de que a Alemanha deveria ter paralisado suas operações ofensivas e começado a preparar posições de inverno. Embora a visão de agora possa sugerir que esse teria sido o passo mais prudente que os alemães poderiam ter tomado, na época era simplesmente impensável para os generais *Panzer*, Bock, Halder e Hitler. Um impasse no leste e uma campanha de inverno deviam ser evitadas a todo custo. Além disso, retirar-se de Moscou após aparentemente ter eliminado os exércitos soviéticos que protegiam a cidade era incompreensível. De fato, além de continuar a ofensiva, não houve discussão sobre outra opção estratégica dentro do Grupo de Exércitos Centro ou do alto-comando alemão até o final de outubro.

Enquanto Guderian lutava com os desafios logísticos quase insuperáveis, por todo o II Exército *Panzer* estes foram exacerbados pelo poder considerável de forças soviéticas extraviadas bem como pelos primeiros movimentos *partisan* nascentes na área de Briansk. O diário de guerra da 18ª Divisão *Panzer* de Nehring observou em 16 de outubro que nas áreas de retaguarda uma "força inimiga superior" ainda predominava e isso apresentava um problema manifesto às colunas de transporte isoladas e imóveis da divisão.[149] A inteligência aérea indicava que em uma área de floresta da autoestrada cerca de 1.000 tropas soviéticas pilhavam uma coluna de caminhões alemães. Perto dali, cinco tanques soviéticos contornados chegaram à autoestrada e estavam se dirigindo para leste por uma estrada onde inúmeros outros caminhões alemães estavam atolados na lama. Em outra cidadezinha ao sul, uma coluna com quarenta a cinquenta veículos alemães foi cercada e atacada por uma força inimiga superior.[150] Os ataques continuaram, e em 20 de outubro, o XXXXVII Corpo *Panzer* de Lemelsen observou que a 18ª Divisão *Panzer* de Nehring havia perdido a maior parte de três colunas de abastecimento, bem como uma companhia de reparos de motores.[151] No mesmo dia (20 de outubro) o diário de guerra do XXXXVIII Corpo *Panzer* de Kempf relatou que "os serviços de abastecimento da [9ª *Panzer*] divisão continuam muito atrasados em combate com os *partisans*".[152] No Grupo de Exércitos Centro, Bock observou a situação com alarme crescente. Ele observou que o abastecimento via Briansk continuava "inacreditavelmente difícil", enquanto a atividade inimiga resultara em 33 demolições, incluindo onze pontes grandes, que teriam de ser consertadas ou reconstruídas.[153] Em geral a situação continuava extremamente precária e mesmo os otimistas mais ferrenhos no OKH finalmente começavam a compreender a escala do empreendimento. Wagner, o intendente-geral do exército, escreveu em uma carta em 17 de outubro:

> Nesta situação altamente tensa... sou o homem mais consultado e o oficial em comando [Brauchitsch] quer me ver todo dia. Resultados tremendos são exigidos [para continuar o avanço], que vão até o limite humano, material e equino; o teatro de guerra no centro está no momento uma mistura de lodo, neve, gelo e frio. Ou seja, tudo de que um soldado não precisa.[154]

Ter compreensão dos desafios em curso não significava que o OKH estivesse perto de encontrar soluções ou mesmo de reduzir suas expectativas quanto ao grupo de exércitos de Bock. De fato, em vez de aprender as lições ensinadas pelos meses anteriores e se proteger contra os perigos da superextensão, o OKH foi tão culpado quanto Hitler em não entender o conceito de Clausewitz sobre "o interior".

Embora o estado das estradas soviéticas, o clima inclemente e a força rapidamente enfraquecida dos grupos *Panzer* alemães fossem complicações sérias à Operação Tufão, não se permitia que tais dificuldades impedissem o entusiasmo da propaganda nazista. As vitórias em Viazma e Briansk foram complementadas pela luta nos Estepes Nogai, na qual o Grupo de Exércitos Sul de Rundstedt conseguiu uma vitória significativa na batalha no mar de Azov. Ali mais dois exércitos soviéticos (o IX e o XVIII) da Frente Sul do tenente-general D. I. Riabyshev (I. T. Cherevichenko substituiu Riabyshev em 5 de outubro) foram cercados pelo rápido movimento sul do I Exército *Panzer* de Kleist. Em 11 de outubro, os alemães registraram 106.332 prisioneiros de guerra soviéticos e a captura ou destruição de 212 tanques e 672 armas.[155] Seguiu-se a este sucesso o ato final no prolongado e notavelmente custoso cerco de Odessa pelos romenos. Tendo selado todos os acessos por terra à cidade no começo de agosto, os romenos realizaram algumas grandes ofensivas contra a cidade, as quais moeram as defesas soviéticas, mas não conseguiram tomar seu controle. Finalmente, necessitando urgentemente de tropas para a defesa da Crimeia, a Frota Soviética do mar Negro evacuou de Odessa o Exército Costeiro do tenente-general G. P. Sofronov entre 2 e 16 de outubro. Em 17 de outubro, os romenos entraram em Odessa.[156] Goebbels imediatamente publicou outro *Sondermeldung* proclamando o sucesso de seu aliado, enquanto a rádio alemã tocava o hino nacional romeno. A euforia de Hitler não levou em consideração o fato de que o exército de Antonescu[157] havia sofrido assombrosas 98.000 baixas em menos de dois meses de luta em Odessa, e que houve cerca de 80% de baixas nas doze divisões que participaram.[158] Como o próprio Hitler observou em setembro, "Antonescu está usando na frente de Odessa as táticas da Primeira Guerra Mundial".[159] Antonescu, por sua vez, também negligenciou o custo e organizou um grande desfile em Bucareste para 8 de novembro com as presenças do chefe da Wehrmacht alemã, o marechal-de-campo Keitel, e do rei Miguel.[160]

Enquanto as potências do Eixo celebravam suas vitórias no leste, nem todos estavam tão convencidos pelo verniz do sucesso. Na Itália, Ciano observou em seu diário em 20 de outubro:

> Alfieri relata uma longa conferência com von Ribbentrop, que dizia o de sempre: a vitória foi conquistada, o Exército Russo esmagado, a Inglaterra havia chegado ao fim de seus dias. E mesmo assim Moscou mantém uma resistência muito forte e as divisões armadas estão em um impasse, muitos soldados alemães vão morrer com o nome de suas mães nos lábios antes que a bandeira do Reich tremule sobre o Kremlin. Enquanto isso, o inverno se aproxima, e as operações militares logo se tornarão muito limitadas.[161]

Nenhum desses escrúpulos, contudo, arrefeceu o espírito popular na Alemanha, onde os relatórios secretos do SD falavam em uma euforia generalizada brotando da recente inundação de *Sondermeldungen*. No final das contas, de acordo com os jornais nazistas, a guerra havia sido "decidida". A pesquisa do SD de 16 de outubro afirmava que o povo ficou muito encorajado com os relatos de que os campos de batalha em Viazma e Briansk estavam já "muito para trás da linha de frente", e muitas comparações eram feitas agora com a fase final da guerra na França, que sugeria que a captura de Moscou, como a de Paris, seria logo seguida por um armistício.[162] Goebbels observava essas expectativas exageradas com apreensão crescente, sabendo que a menos que a resistência soviética desabasse logo, seria a elevada aprovação pública da liderança alemã que desabaria. O ministro da propaganda alemã lamentava que o termo "decisão da guerra" estava sendo confundido com "fim da guerra" e declarou que o mais importante agora era que a Frente Oriental chegasse a uma conclusão "definitiva".[163] Nesse aspecto não eram apenas os soviéticos que podiam perder algo na luta diante de Moscou. A Alemanha superestimou seu poder nas declarações públicas de forma tão grande que o prestígio de todo o Estado nazista, incluindo sua muito exultada Wehrmacht, agora estava exposto a uma derrota amplamente pública. Capturar Moscou confirmaria apenas as proclamações de triunfo, enquanto o fracasso levantaria o prospecto de uma aparentemente atordoante vitória soviética arrancada, como o foi, das garras da derrota.

Apesar do evidente otimismo entre a opinião pública alemã e a expectativa de que a União Soviética havia de fato sido subjugada, foi exatamente a audácia de tal afirmação que convenceu um número recorde de alemães a sintonizar transmissões de rádio estrangeiras.[164] A falha de credibilidade nos relatórios nazistas sobre a guerra estava sendo rapidamente exposta, e Goebbels reparou com evidente alarme em 22 de outubro que o atraso da frente de Bock constituía um "gigantesco serviço de propaganda" em favor dos Aliados. Por isso, Goebbels achou conveniente culpar o "General Inverno"; contudo, o real culpado era a arrogância irrestrita de seu próprio ministro da propaganda, ajudado em grande escala pelos planos imprudentes e direção negligente da guerra pelo alto-comando alemão. A propaganda estrangeira, Goebbels observou, agora estava entremeada com "novas esperanças",[165] enquanto os alemães de todos os lugares estavam começando a imaginar o que havia acontecido com a vitória que tanto lhes havia sido prometida. Como Ingeborg Ochsenknecht recorda de outubro de 1941: "Pela primeira vez, me perguntei se esse '*Führer*', a quem admirávamos tanto, realmente sabia o que estava fazendo".[166] Ao mesmo tempo, a rádio britânica alimentava os piores medos da população alemã ressaltando a enormidade das perdas da Wehrmacht no leste. O Serviço Estrangeiro da BBC transmitiu o som do tique-taque de um relógio e, a cada sétimo tique, uma voz alemã dizia: "A cada sete segundos um alemão morre na Rússia. É seu marido? É seu filho? É seu irmão?".[167]

Nem a propaganda dos Aliados tinha apenas como alvo a frente civil alemã. Soldados na Frente Oriental frequentemente recebiam relatórios exagerados sobre a eficiência dos bombardeamentos britânicos que, dado o sucesso limitado do Comando Bombardeiro em 1941, pode ter sido uma contribuição mais potente que a destruição física relativamente inconsequente causada.[168] Como um soldado alemão no leste observou:

Temos muito poucas notícias de casa, apenas fragmentos aqui e ali pelo telégrafo. O que ouvimos nem sempre era bom – o bombardeamento de nossas cidades era um fato comum, e muitos de nossos soldados de primeira-linha estavam desesperados, especialmente aqueles que tiveram más notícias sobre suas famílias nas áreas bombardeadas. Um soldado devia lutar na linha de frente e defender seu país, e notícias desmoralizantes assim tornaram nossa luta aqui na Rússia um escárnio.[169]

Folhetos soviéticos jogados por aviões contribuíram para aumentar a ofensiva de propaganda e similarmente enfatizavam um nível fictício de destruição alcançado pelas bombas britânicas. Um folheto afirmava que os jornais alemães estavam escondendo a verdadeira escala da ofensiva aérea britânica, que incluía 1.000 toneladas de bombas sendo despejadas sobre Colônia em um período de seis dias em julho de 1941, 500 toneladas de bombas sendo atiradas em Bremen e mais de 2.000 toneladas na área industrial de Ruhr. "O bombardeamento irá matar seus pais, suas mulheres, seus filhos. As vítimas humanas são incontáveis."[170] Outro folheto descrevia as condições deploráveis de trabalho para as mulheres alemãs, que se dizia estarem trabalhando por apenas 40% da renda de um homem, enquanto trabalhavam em turnos de dez a doze horas. Relatava-se que crianças alemãs passavam fome e que, portanto, o crime juvenil estava aumentando rapidamente com casos de exploração sexual de crianças e prostituição infantil. "O que está acontecendo com sua família?" o folheto perguntava.[171]

A partir de 1º de agosto de 1941, os soviéticos até tentaram manter despejos regulares de folhetos sobre as linhas alemãs fornecendo propaganda com o título *Auslands-Nachrichten* (*Notícias do Exterior*). Cada folheto incluía uma série de artigos curtos como "Os EUA ajudam a União Soviética", "Insurreição na Iugoslávia", "Campos de petróleo romenos em chamas", "Hospitais tchecos e romenos transbordam com feridos alemães", "Peru corta relações com a Alemanha" e "Hopkins fica impressionado em sua visita a Moscou".[172] Outro folheto soviético recorrente nas linhas alemãs era o *Nachrichten von der Front* (*Notícias do Front*), que também incluía uma série de artigos curtos detalhando notícias militares da Frente Oriental. Artigos apareciam com títulos como "Esmagando o 307 IR [Regimento de Infantaria] da 163ª Divisão de Infantaria", "Perdas do 312 IR", "Sucesso dos *partisans* vermelhos" e "Soldados alemães falam sobre as perdas da Frente Oriental".[173] Outros folhetos soviéticos eram mais diretos com imagens simples satíricas, como a de Hitler de pé sobre uma grande pilha de corpos alemães e equipamento quebrado olhando para longe através de um telescópio;

atrás dele, Göring e Goebbels perguntam: "Já consegue ver a vitória, Adolf?".[174] Mais macabra era uma imagem de esqueletos deitados em uma trincheira com capacetes alemães e a legenda "Visão do Futuro", seguida pelo aviso: "Isto também o aguarda se continuar com esta guerra sem sentido contra a Rússia Soviética".[175] Complementando essa imagem havia outro folheto com soldados alemães sorridentes se rendendo; a legenda dizia: "Eles não vão morrer. Siga o exemplo deles".[176]

Muitas das incursões soviéticas na propaganda foram rejeitadas pelos soldados alemães como sendo grosseiras, e às vezes até engraçadas, tentativas de enganação. Hellmuth H. escreveu em uma carta para casa em 23 de outubro sobre uma "guerra de papel vigorosa" que estava sendo travada no leste. Os soviéticos, ele afirmava, ofereciam: "'Notícias da Pátria', 'Notícias do Exterior' e até 'Notícias do *Front*'... Todos estes flertando com os Vermelhos; não há absolutamente esperança alguma de que alguém vá cair nisso; os russos parecem não saber nada de psicologia de massas ou psicologia pura e simples".[177] Mas se havia um furo na armadura da moral alemã em 1941, este eram suas perdas. Era um ponto que a propaganda soviética repetidamente enfatizava e era a única afirmação que mesmo os oficiais nazistas mais ardentes achavam difícil refutar. Paul Stresemann observou como no outono de 1941: "Resignei-me com a ideia de perder minha vida... A estupidez e enormidade daquela guerra estavam realmente me fazendo pensar, mas eu não conseguia ver saída. Não poderia desertar, então que esperança restava? Senti-me aprisionado, como milhões de meus camaradas".[178] Era esse sentimento de estar aprisionado e constantemente ameaçado por perigo mortal que levou cada vez mais homens a tomarem medidas radicais. Erich Hager, que operava tanques na 17ª Divisão *Panzer* de Arnim, observou em seu diário em 20 de outubro: "Thomas atirou em sua própria perna. A perna esquerda, com um fuzil russo".[179] No mesmo dia (20 de outubro) Wilhelm Prüller, servindo na 25ª Divisão de Infantaria Motorizada de Clössner, escreveu em seu diário que um tenente havia perdido a coragem durante um ataque russo e fugido com todos seus homens. Além disso, Prüller disse que foi descoberto que dois suboficiais haviam atirado em suas próprias mãos. "Por medo sobre sua própria segurança e esperando que dessa forma pudessem ter uma vida mais tranquila e me-

nos perigosa... É escandaloso, não apenas por eles, mas para as companhias."[180] Tal comportamento talvez fosse escandaloso para o senso de hon-
ra muito santificado do Exército Alemão, mas quando cada vez mais homens
estavam prontos para atirar em si próprios acreditando ter mais chances
de sobreviver à guerra, os perigos da Frente Oriental foram fortemente
sublinhados. Como Henning Kardell recorda de suas experiências no leste em 1941: "Você sabia que chegaria sua vez algum dia. Você não esperava chegar ao fim da guerra vivo".[181]

Mesmo com as crenças distorcidas da elite nazista, as perdas na Frente
Oriental não podiam ser ignoradas. No final de setembro, antes que a Operação Tufão tivesse mesmo começado, Hitler observou: "Nós nos esquece-
mos da forte tenacidade com a qual os russos lutaram contra nós na Primeira Guerra Mundial. Da mesma forma, as próximas gerações verão nas
campanhas que se desenrolam agora apenas a operação magnífica que elas
virão a ser, sem pensar muito nas numerosas crises que tiveram de ser supe-
radas por essa tenacidade".[182] De fato, no meio de outubro, Kluge, cujo IV
Exército estava dirigindo o ataque principal a Moscou, fez referência a uma
crise emergente de confiança em toda a operação alemã para tomar Moscou.
Em 15 de outubro, o diário de guerra do Grupo de Exércitos Centro dizia:
"Na opinião do marechal-de-campo Von Kluge o 'momento mais crítico do
ponto de vista psicológico da campanha oriental' havia começado." Kluge se
referia à ausência de roupas de inverno e abrigo para os homens, as dificuldades de movimento e a dura resistência inimiga, que "atrapalhou grandemente o avanço contínuo dos fracos grupos de ataque".[183]

O que tornou claro que Kluge estava tendo sérias reservas quanto ao
curso da guerra foi sua decisão de despachar seu assistente de confiança, o
tenente Fabian von Schlabrendorff, para fazer contato com grupos de oposição na Alemanha a fim de descobrir se a oposição estava se cristalizando
e assegurá-los de que "se estava pronto para agir".[184] O antigo diplomata e
conspirador anti-Hitler Ulrich von Hassell recebeu bem a oferta de apoio
de Kluge, mas as perguntas do marechal-de-campo sobre se havia qualquer
garantia de que a Grã-Bretanha faria as pazes logo após a mudança de regime ser efetuada lembrou a Hassell "da ingenuidade com que os generais
abordavam este problema". Em seu diário, Hassell registrou sua resposta:

"Disse a ele [Kluge] que não havia tais garantias e não havia como tê-las... O incidente todo é gratificante porque, pela primeira vez, algum tipo de iniciativa vinha daquela fonte... se esperarmos até que a impossibilidade de vitória se torne clara para todo mundo teremos perdido a chance de uma paz aceitável".[185] Claramente, a guerra no Oriente estava tendo um efeito polarizante dentro da liderança alemã, com um espectro de opiniões que ia dos dispostos a proclamar vitória iminente aos que previam a desgraça que se aproximava da Alemanha. Na verdade, contudo, havia pouca ambiguidade sobre o perigoso predicamento estratégico alemão e, com a grande ofensiva do Grupo de Exércitos Centro agora vacilante, isso só se tornaria cada vez mais evidente.

Um estudo da correspondência de campo alemã feito por Martin Humburg menciona uma "crise de outono" em 1941, que afirmava que as muitas agruras do avanço alemão pela União Soviética resultaram em dois episódios psicológicos que afetaram o espírito dos soldados alemães. O primeiro foi a decepção das esperanças por uma vitória direta em 1941, e o segundo foi perceber que uma campanha de inverno havia se tornado inevitável.[186] O desgaste físico do avanço alemão com combate e sacrifícios constantes foram frequentemente sustentados pela promessa de uma vitória final e libertação dos tormentos da guerra. Já durante o verão o desgaste mental da campanha oriental havia sido excessivo, mas agora com as condições piorando continuamente e a guerra prometendo continuar ao longo dos duros meses de um inverno russo, o moral alemão sofreu um golpe que nem as vitórias recentes em Viazma, Briansk, mar de Azov e Odessa conseguiam neutralizar. O problema era que o *Ostheer* parecia estar ganhando todas as batalhas, mas não a guerra em si. Como Helmut Pabst se queixou em uma carta para casa: "Que país, que guerra, onde não há prazer no sucesso, não há orgulho, não há satisfação; apenas um sentimento de fúria reprimida".[187] Similarmente, Harald Henry reclamou que após todas as batalhas das quais participou ainda não havia fim discernível à vista. Em uma carta para casa em 20 de outubro, Henry escreveu: "Quanto tempo mais isso levará! Isso deve finalmente terminar ou, pelo menos, devemos ter algumas reposições. Em todas as grandes batalhas de cerco do Grupo de Exércitos Centro, Belostok, Minsk, Mogilev, Roslavl, Desna,

Viazma e Briansk fomos excepcionais e participamos com perdas pesadas. Pelo menos uma vez é necessário nos permitir um descanso. Não é mais possível suportar".[188]

Para o soldado alemão enfrentando as imensas pressões do combate, do clima e da ordem implacável de avançar, a guerra no leste trazia uma rotina diária de muito desgaste físico e severo sofrimento mental. Ernst Guicking observou em 19 de outubro: "Aqui, fica-se louco. Aqui é necessário ter nervos de aço".[189] Helmut Günther refletiu sobre como as tensões da guerra mudavam os homens e o efeito brutalizante que isso tinha. "Fazia tempo que tínhamos deixado de ser os caras que atravessaram o Rio Bug em 26 de junho de 1941 em Brest-Litovsk. A movimentação constante e a batalha inexorável com lama, chuva, neve e o frio nos desgastou. Nós nos endurecemos, em relação aos outros e a nós mesmos."[190] Max Kuhnert também aludiu aos ânimos que caíam e como isso estava ligado à perspectiva cada vez menor de que a guerra terminasse e de fugir dos tormentos da Frente Oriental. "Os ânimos estavam acirrados porque todos estavam famintos e exaustos, além de molhados até os ossos; e a artilharia russa continuava a mandar bala em nossa direção, o que evidentemente não ajudava nossos ânimos... Não apenas perdemos homens e material, até coisas como caminhões, mas acima de tudo perdemos muita esperança de sair dessa confusão desgraçada algum dia."[191] Rumores de reforços, de ser retirado da linha e afastado, ou mesmo de ser transferido para fora da União Soviética e ser mandado para servir na França eram ocorrência comum na Frente Oriental e parecem ter permeado a maioria das divisões. No outono de 1941, contudo, tais rumores circularam tão frequentemente que muitos ignoraram tais ideias para se proteger de uma eventual decepção. Helmut Günther observou: "No começo, ainda tínhamos alguma esperança. Os rumores circularam sobre sermos rendidos para a França. Agora... apenas acreditávamos no que tínhamos disponível. Fé era geralmente uma coisa do passado!".[192]

De fato, no meio de outubro de 1941 várias formações principais receberam ordens de voltar para oeste do grupo de exércitos de Bock. Foi outro elemento da reação exacerbada do OKH aos sucessos de Viazma e Briansk e outro enfraquecimento dramático do Grupo de Exércitos Centro. Quatro divisões de infantaria e a 1ª Divisão de Cavalaria de Feldt deviam ser transferidas para a França,[193] mas à medida que as dificuldades aumentavam e o avanço de Bock atrasava, apenas a 1ª Divisão de Cavalaria de Feldt foi retirada da linha de frente em 25 de outubro (para ser reorganizada como a nova 24ª Divisão *Panzer*). Em novembro, a extremamente empobrecida 28ª Divisão de Infantaria do tenente-general Johann Sinnhuber e a maior parte da 8ª Divisão de Infantaria do major-general Gustav Höhne seguiram-se e foram enviadas à França para reconstrução. Mais preocupantemente, em novembro Bock também veria Kesselring, a equipe de comando da Frota Aérea 2 e a II Tropa Aérea de Loerzer (com treze grupos aéreos) todos transferidos para o Mediterrâneo, deixando para o Grupo de Exércitos Centro apenas a VIII Tropa Aérea de Richthofen.[194] Enquanto a perspectiva de transferência para uma parte muito mais tranquila e quente da Europa alimentava as esperanças de salvação dentro das bases do Grupo de Exércitos Centro, na verdade a retirada das divisões de Feldt e Sinnhuber apenas aumentava o fardo dos homens que ficavam.[195]

Ao mesmo tempo, as perdas constantes pioraram continuamente as condições e a carga de trabalho dos homens que ficaram para trás. A mesma distância de frente tinha que ser mantida, mas agora por menos tropas. Os períodos de descanso ficaram mais curtos à medida que as tarefas laboriosas, como sentinela, cavar trincheiras, distribuição de munição, conduzir patrulhas e reunir inteligência local, eram revezadas muito mais rápido entre os homens das companhias desfalcadas e superestiradas. O diário de Horst Lange descreve o humor dos homens, incluindo um jovem tenente, como "alarmante" e afirmou que "eles não davam mais a mínima para a guerra. Eles falam abertamente sobre 'fugir' durante o próximo ataque. Só é possível mantê-los unidos por força e determinação inabalável".[196] Embora tais atos flagrantes de insubordinação continuassem sendo exceção, e não regra, sem dúvida ressalta até onde o moral alemão afundava no quarto mês de guerra no Oriente. O mais comum era os soldados alemães simplesmente aguentarem seus tormentos diários, alguns ainda esperando por uma vitória total e outros preferindo não pensar além de suas circunstâncias pessoais. Helmut Pabst abordou a questão diretamente em uma carta para casa: "Já chega para mim? Não. O que tiver de ser, será. Temos de continuar avante com toda nossa energia." Então, contudo, ele sinistramente chamou atenção para seu velado sexto sentido: "Mas há outra parte de nós que nos acorda à noite e nos deixa inquietos – todos nós, não somente eu".[197] Até mesmo Léon Degrelle, um proeminente líder fascista belga lutando com a voluntária Waffen-SS e recém-chegado à Frente Oriental, escreveu: "O otimismo ainda é muito grande, mas nota-se que algumas coisas são ignoradas em silêncio".[198]

Mesmo o sucesso no campo de batalha se mostrou uma experiência relativa, e nem sempre positiva, para os soldados que passaram pela brutalidade e terror da luta. Após um ataque noturno Gottlob Bidermann, da infantaria alemã, descreveu formas escuras enchendo o campo de batalha com soldados inimigos feridos "estrebuchando em agonia diante de nossas posições". Isto, contudo, era apenas o prelúdio para repetidos ataques soviéticos, todos terminados em fracasso. Descrevendo a horrível cena do próximo ataque, o relato de Bidermann continua:

> Em minutos, enfrentamos mais outro ataque, e o sol subiu acima do horizonte para revelar o horror total do campo de batalha. Empurrados para o ódio... seus brados de "hurra!" novamente perdidos no rugir ensurdecedor das armas que explodiam. Sobre o caos ouvi o operador da metralhadora gritar "não posso continuar matando!" enquanto apertava o gatilho e o segurava com firmeza, mandando um rio de balas do cano fumegante da metralhadora sobre as massas de atacantes. Nossos projéteis Pak[199] gritavam e abriam buracos nas fileiras que desabavam. Esse ataque parou a menos de cinquenta passos da boca de nossa arma.[200]

Novos ataques logo se seguiram, com incontáveis quantidades de homens atirados contra as linhas alemãs em ondas de massa. Os ataques continuaram por muitas horas até que, em algum ponto da tarde, pararam, e então Bidermann contabilizou as perdas devastadoras. "Mal continuamos conscientes enquanto cambaleávamos através de um ar espesso com vapores de cordite, ouvidos zumbindo, corpos vencidos e exaustos pelo esforço e terror da batalha." Ele então chamou atenção para a devastadora visão de corpos empilhados até o alto diante das posições alemãs. "Lembrei-me de uma história de como alguns defensores de uma fortaleza durante a Idade Média empilharam os mortos em fileiras para serem usados como defesas de emergência. Agora a comparação me veio à mente." O custo para as forças soviéticas havia sido devastador, mas Bidermann notou que seu batalhão também havia sofrido numerosas baixas com as forças soviéticas conseguindo penetrar uma seção da linha alemã e tendo de ser repelida em um custoso embate corpo a corpo. Contudo, o que para as autoridades altas era outra vitoriosa batalha defensiva, deixou sua marca nos defensores cansados e abalados. "Nosso único pensamento era fugir desse pesadelo, escapar deste lugar de imundície, miséria e morte, para longe, onde não houvesse balas." Contudo, o horror de tais batalhas não terminou para muitos dos homens que testemunharam e sobreviveram a elas. Como Bidermann concluiu: "Muito tempo depois ainda conseguia ouvir as palavras do operador da metralhadora durante o meu sono, 'não posso continuar matando!'".[201]

Como a guerra de Hitler no leste excedeu tão drasticamente o que seus pressionados exércitos jamais poderiam esperar alcançar, ele exigiu de seus soldados o limite de suas capacidades física e psicológica. Já no meio de agosto Halder avisou que o Grupo de Exércitos Centro poderia sustentar uma última grande ofensiva, e posteriormente esta foi direcionada à Ucrânia (para a batalha de Kiev), e uma outra foi formulada em direção a Moscou como parte da Operação Tufão. Agora que a Tufão chegava aos limites de seu avanço, como resultado de fadiga, falta de suprimentos, mau tempo, lamentável direção estratégica alemã e dura resistência soviética, mais uma vez esperava-se que o exausto soldado alemão suportasse e conseguisse mais e mais resultados, com cada vez menos condições. Um ponto de ruptura era inevitável e logo o comando alemão teria de aceitar o veredito de que suas forças não conseguiriam avançar apesar de suas ordens. No meio tempo, os homens do Grupo de Exércitos Centro cambaleavam adiante da melhor maneira que podiam, imaginando qual seria seu destino à medida que o inverno russo se aproximava e as dificuldades aumentavam. Para um soldado alemão escrevendo para casa em 18 de outubro havia apenas uma salvação certa: "Quando um dia deixarmos este país nefasto".[202]

CAPÍTULO 7

Enfrentando a tempestade

"Espere, pois voltarei, desafiando toda morte." (Konstantin Simonov)

Apesar de todos os problemas que o Grupo de Exércitos Centro enfrentava na estrada para Moscou, para os soviéticos ficou evidente na segunda semana de outubro que a capital soviética logo estaria na linha de frente. Stálin estava tão preocupado com o avanço inexorável das forças alemãs que ordenou em 15 de outubro que o governo fosse evacuado para Kuibyshev, 2,5 mil quilômetros a leste de Moscou.[1] Também deu ordens para que as grandes empresas industriais fossem desmontadas e transportadas para o leste, e as que não pudessem ser salvas, incluindo 1.119 instituições educacionais, administrativas e industriais, deveriam ser equipadas com explosivos e preparadas para serem destruídas.[2] Tais medidas, contudo, não deveriam ser entendidas como um abandono de Moscou. Certamente não havia intenção de entregar a cidade, mas apenas salvar o que podia ser salvo e impedir que os alemães tivessem acesso ao resto. Não há símbolo maior da determinação de Stálin em defender Moscou do que sua decisão de permanecer no Kremlin mesmo após as ordens de evacuação. Muitos disseram que essa decisão galvanizou a resistência dentro do Exército Vermelho, inspirando a esperança de que a cidade pudesse de fato ser salva e elevando Stálin ao *status* de um comandante de linha de frente.[3] Foi na luta por Moscou que o popular grito de guerra "Stálin está conosco!" nasceu.[4]

Mesmo assim, a recusa de Stálin em deixar a cidade não evitou as cenas de pânico que irromperam por toda a cidade em 16 de outubro. Entender as raízes do pânico de Moscou nos revela mais a má administração da crise pelo governo soviético do que, como alguns sugeriram, um colapso do ânimo entre a população da cidade. De fato, a própria ideia de um "pânico em Moscou" sugere que o motivo para os saques e a desordem teria sido o medo e, ainda que isso sem dúvida fizesse parte da equação, uma boa porção da conduta desordeira poderia ser mais bem caracterizada como raiva e frustração pelo abandono dos oficiais do partido e gerentes de fábricas. Nesse sentido não foi, como acreditavam os alemães, "o aparecimento de um espírito antissoviético na população", mas sim a deserção geral da cidade pela liderança civil e política que detonou muito desse "pânico". Como o historiador russo Mikhail Gorinov observou: "A 'histeria' foi passada para as massas 'vinda de cima'; dessa forma, a 'fuga de Moscou' foi iniciada pelos líderes das fábricas, que sugeriram por iniciativa própria que os operários fossem para o leste".[5] Depois de meses de declarações oficiais que pediam os maiores sacrifícios e insistiam em uma resolução de aço diante do inimigo, a fuga da elite soviética agora parecia uma grande hipocrisia. Em 17 de outubro, N. K. Verjbitskii descreveu o espírito de profundo ressentimento entre as massas: "Eles começaram a lembrar e contabilizar os insultos, a opressão, as injustiças, a pressão, as maquinações burocráticas do oficialismo, o desprezo e a autoexaltação dos membros do partido, as ordens draconianas, as privações, a enganação sistemática das massas, os jornais zurrando autocongratulações [...] será que uma cidade realmente conseguiria resistir com tal disposição?".[6]

Na verdade, para uma porção significativa da população, foi exatamente a determinação de defender seus lares que alimentou sua fúria. Centenas de milhares vinham trabalhando longas horas cavando defesas antitanque nos acessos imediatos à cidade; antes disso, muitos haviam trabalhado até a exaustão nas fábricas de armamentos, enquanto à noite enfrentavam os bombardeios da *Luftwaffe*. Para essas pessoas, era simplesmente inconcebível que Moscou fosse repentinamente abandonada, e, apesar de esta não ter sido a intenção da liderança soviética, a percepção foi suficiente para causar revolta. Embora a evacuação do governo soviético, das missões estrangeiras e das grandes empresas industriais da cidade constituísse um passo prudente face à ameaça emergente à cidade, isso não foi explicado ao povo de Moscou e nem conduzido de forma adequada à sensibilidade da população. Para os espectadores exasperados da cidade, era a elite soviética, que havia pedido tanto e sacrificado tão pouco, que, face ao perigo real, era vista agora salvando-se primeiro, abandonando os moscovitas ao seu destino.

Além da percepção de injustiça na evacuação de Moscou, outro aspecto importante na compreensão do advento do pânico da cidade era o medo muito real que o povo sentia. Isso, contudo, foi também grandemente exacerbado pela grande incompetência e pelo flagrante mau gerenciamento da crise pelo governo soviético. Desde o começo de outubro, as autoridades soviéticas foram deliberadamente reservadas sobre os eventos exatos que aconteciam na parte central da linha de frente, relutantes em revelar a abrangência de outra derrota devastadora. A população ainda estava absorvendo as notícias dos avanços profundos da Alemanha na Ucrânia, bem como o recente sítio de Leningrado no norte. De fato, apenas em 7 de outubro houve a primeira referência oficial soviética à nova ofensiva alemã a Moscou, que mencionava "luta pesada na direção de Viazma".[7] No mesmo dia (7 de outubro), Lozovski, o ministro soviético interino das Relações Exteriores, curiosamente anunciou que a captura de qualquer cidade soviética não determinaria o resultado da guerra, o que, como o correspondente da BBC Alexander Werth observou, "era como se ele estivesse preparando a imprensa para a possível perda de Moscou".[8]

Embora a verdadeira dimensão da calamidade que engolia as linhas de frente do Ocidente, de Reserva e de Briansk não fosse informada em Moscou, a população tinha boas informações por fontes não oficiais de que a situação no *front* estava evoluindo para outro desastre. Peter Miller, um historiador famoso que vivia em Moscou, registrou em 7 de outubro:

O silêncio do SovInformBuro [Agência Soviética de Informação] é irritante, embora as pessoas não leiam mais [seus] comunicados [...] Há uma atmosfera de catástrofe e fatalismo. As lojas estão vazias, até o café desapareceu [...] há uma sensação de catástrofe iminente no ar, e incontáveis rumores: Orel se rendeu, Viazma caiu, os alemães chegaram a Maloiaroslavets [...] O clima está particularmente pesado hoje.[9]

Enquanto boatos extravagantes e rumores infundados alimentavam um crescente senso de pânico, a ausência de declarações oficiais que confirmassem ou negassem um retrato real dos eventos apenas contribuía para aumentar os maiores temores do povo. Tais absurdos chegaram a novos níveis quando, em 8 de outubro, o artigo principal no *Pravda*, o jornal diário soviético, falava sobre "O trabalho da mulher em tempos de guerra".[10] Para rebater a disseminação de rumores sobre uma crise na frente soviética, os oficiais começaram a soltar avisos de que espiões e agentes inimigos estariam tentando "desorganizar a retaguarda e criar pânico". Ainda assim, em 12 de outubro o próprio *Pravda* fazia referência ao "perigo terrível" que ameaçava o país.[11] Mas até onde o povo sabia, a luta estava concentrada nos arredores de Viazma, onde de fato os alemães ficaram detidos por algum tempo eliminando o bolsão que haviam criado ali. Quando, porém, forças alemãs subitamente apareceram em Mojaisk, a apenas cem quilômetros da capital soviética, a confirmação de que outro desastre havia acontecido ao Exército Vermelho parecia irrefutável. Isso, junto com a pressa repentina de evacuar a área governamental e minar centenas de edifícios importantes, só fez confirmar o perigo que rondava Moscou. A muitos parecia que os tanques alemães chegariam à capital em um ou dois dias, e que a cidade sucumbiria diretamente aos alemães da mesma forma que Orel, Viazma, Briansk e Kalinin. Como Olga Sapojnikova recorda de 16 de outubro: "Havia uma sensação de que os alemães poderiam aparecer nas ruas a qualquer instante".[12] Da mesma forma, Stephan Mikoyan observou: "Boatos da proximidade dos alemães se espalhavam como fogo junto com as notícias de que as grandes indústrias haviam sido evacuadas e os prédios mais importantes da cidade minados. Isso detonou um pânico geral".[13]

Contribuindo para a crescente sensação de pavor dentro da cidade, houve uma confusão alarmante, nunca explicada completamente, na rede de rádio do SovInformBuro. Em 16 de outubro, o primeiro dia do pânico de Moscou, os alto-falantes que transmitiam o noticiário matinal subitamente ficaram mudos e uma música começou a tocar. Inicialmente, muitos acharam que fosse a canção patriótica soviética, *The March of the Airmen*, mas a melodia era diferente e apenas alguns a reconheceram como a *Horst*

Wessel Lied, o hino do partido nazista de 1930 a 1945. Seriam os alemães começando a tomar a cidade? Momentos depois, a música foi cortada e o apresentador voltou às notícias da manhã sem explicação nenhuma.[14] Tais eventos intensificaram mais ainda os rumores já extravagantes e levaram a sugerir que Stálin havia sido preso em um golpe de Estado e que os alemães haviam chegado a Fili, onde a autoestrada de Mojaisk chega a Moscou.[15] Outros sugeriram até que paraquedistas alemães haviam aterrissado na praça Vermelha e que tropas alemãs, usando uniformes do Exército Vermelho, já haviam invadido Moscou.[16] Os nervos já à flor da pele chegaram ao ponto de ruptura e, quando as pessoas começaram a extravasar seus medos e frustrações em atos de desobediência pública, as turbas rapidamente detonaram a onda de descontentamento e os resultados foram tumultos, saques e tentativas frenéticas de fugir da cidade. Houve até casos públicos de pessoas denunciando o poder soviético, gritos de apoio a Hitler e apelos de "Espanquem os judeus".[17]

Apesar de tudo que o pânico de Moscou poderia sugerir sobre a disposição pública, é preciso tomar o cuidado de não dar muita atenção aos elementos mais radicais.[18] Boa parte da desordem se deu sem violência, e a maioria das pessoas se ateve a observar a ação, sem participar dela.[19] O que aconteceu poderia ser mais precisamente caracterizado pelo medo de que a capital estivesse sendo entregue aos alemães e pela frustração causada pela partida das elites governamentais.[20] Há muito menos evidência de um sentimento antissoviético dominante em Moscou; na verdade, a jovem classe operária urbana russa constituía o apoio mais ativo do Estado soviético em 1941.[21] Também não havia diminuição na determinação do moscovita médio em continuar a guerra com a Alemanha, apenas consternação com a maneira como a guerra estava sendo administrada.[22] Quando, em 16 de outubro, não havia jornais, lojas abertas, metrô ou dinheiro para salários, e os operários chegaram a fábricas que estavam ou trancadas e abandonadas ou sendo equipadas com explosivos, a muitos pareceu que a cidade estava sendo abandonada à própria sorte. Nesse sentido, o caos que se seguiu foi principalmente uma resposta à percepção de negligência com a defesa da cidade,[23] e não, como afirmaram alguns, um pânico causado simplesmente pela aproximação das forças alemãs.[24]

Enquanto a cidade entrava em turbulência, em 16 de outubro Stálin presidiu uma reunião na qual ordenava o retorno imediato de serviços para a cidade. O metrô deveria voltar a operar, os trabalhadores deveriam receber seus pagamentos e as lojas serem reabertas.[25] Além disso, A. I. Shakhurin, o comissário para a indústria de aviação, fez um discurso público em 17 de outubro pedindo calma e assegurando a população de que Moscou seria defendida "tenaz e ferozmente, até a última gota de nosso sangue".[26] Essas medidas não puseram um fim completo à intranquilidade, mas garantiram que em 17 de outubro o ápice da desordem já ficara para trás.[27] De fato, em 16 de outubro, quando Stálin soube dos distúrbios e da desordem, incluindo sugestões de saques generalizados, sua reação foi notavelmente tranquila para um homem que insistia tanto na obediência absoluta. O ditador soviético disse a Shakhurin: "Bem, isso não é tão ruim. Achei que as coisas seriam piores".[28] Mas, paralelamente a essas medidas mais benevolentes para acalmar a população de Moscou, Stálin nunca perdeu a fé nos métodos mais confiáveis do NKVD, que também estava empenhado na restauração da ordem.[29] Um dos oficiais, Mikhail Ivanovich, recorda após a guerra: "Era necessário, absolutamente necessário, estabelecer a ordem. E, sim, atiramos nas pessoas que se recusavam a deixar as lojas e escritórios onde comida e outros bens estavam armazenados".[30]

Em 19 de outubro, a inquietação em Moscou já havia cessado. Em um período de 24 horas, de 19 a 20 de outubro, as autoridades municipais detiveram 1.530 pessoas, das quais 1.442 eram soldados ausentes de suas unidades sem licença; o resto, menos de cem pessoas, foi preso por vandalismo e perturbação da paz – um número singularmente baixo para uma cidade do tamanho de Moscou. De fato, a única ameaça imaginável veio de quatorze pessoas presas por serem *agents provocateurs* – agentes inimigos. Da mesma forma, a decisão de Stálin em 20 de outubro proclamando Moscou em "estado de sítio" e autorizando medidas draconianas, incluindo execuções sumárias, era mais uma resposta à ameaça alemã iminente do que uma reação a conflitos internos.[31] O chamado estado de sítio era uma nova designação de emergência para áreas estrategicamente importantes, a fim de garantir a máxima mobilização de recursos, ao mesmo tempo que garantia medidas imediatas para *provocateurs*, espiões e qualquer um que propagasse agitação.[32] Seis dias após a declaração do "estado de sítio" de Moscou (em 26 de outubro), Tula também recebeu a designação, e três dias depois, toda a Crimeia foi declarada sob sítio.[33]

Apesar de o episódio do pânico de Moscou ter causado uma perturbação séria à operação da capital soviética por um período de dois ou três dias, não foi mais do que isso, e não deve ser interpretado como um desafio substancial ao poder soviético, assim como não deve colocar em dúvida a resolução do moscovita comum em continuar a guerra contra a Alemanha. O caos que irrompeu em 16 de outubro foi construído sobre um descontentamento crescente, que as autoridades soviéticas alimentaram com seu grosseiro mau gerenciamento da crise que confrontava a cidade e o galopante medo, ainda que infundado, de que as forças alemãs estivessem prestes a invadir a cidade. Na verdade, Stálin estava se preparando para duas eventualidades: primeiro, fornecer todos os recursos possíveis para a defesa de Moscou, e, segundo, ser capaz de governar a União Soviética no caso da perda da cidade. Sem conhecer a verdadeira dimensão das dificuldades que confrontavam o grupo de exército de Bock, a decisão de Stálin de evacuar o governo soviético, as indústrias essenciais e as missões estrangeiras para Kuibyshev foi totalmente prudente. Ao mesmo tempo, a retirada do contingente soviético para leste revela a loucura das esperanças alemãs de que a tomada de Moscou pudesse de alguma forma forçar o fim da guerra. De qualquer forma, essa esperança baseava-se na ideia de que a batalha por Moscou poderia ser vencida pela Alemanha e, visto que Bock havia quase esgotado suas forças a cem quilômetros da cidade, apenas chegar até ela já seria difícil para o Grupo de Exércitos Centro, que dizer conquistá-la. Enquanto isso, Moscou estava sendo transformada em um colossal campo de batalha para uma guerra urbana, de forma que se as forças alemãs, contrariando a última ordem de Hitler, de fato tentassem tomar a cidade de assalto, pagariam caro por isso.

Os ombros sobre os quais a defesa de Moscou repousava mais diretamente eram os do talentoso, mas totalmente implacável, marechal Jukov. Nascido em 1896, Jukov era originário da cidade de Strelkovka, cujo nome é derivado da palavra russa *streltsi* (arqueiros) porque foi ali que Ivan, o Terrível, estabelecera o acampamento de seus arqueiros para defender Moscou da invasão dos tártaros.[34] Obstinado e intransigente, Jukov era nos melhores momentos um superior exigente, mas, nos piores, também podia ser brutal e simplesmente impiedoso no sacrifício de seus homens. E, contudo, foram exatamente essas as características que conquistaram Stálin e o fizeram confiar a Jukov os setores mais críticos da frente soviética. Assim, em 13 de outubro Jukov deu ordens exigindo a execução sumária de "covardes e instigadores de pânico que abandonassem o campo de batalha e se retirassem de suas posições sem permissão". Não era uma ameaça vazia: uma semana depois, Jukov mandou executar sem julgamento o comandante da 17ª Divisão de Fuzileiros por ter permitido que suas forças retrocedessem em várias ocasiões sem permissão superior.[35] Contudo, talvez por causa de sua implacabilidade, Jukov projetava uma certa autoconfiança inabalável em suas habilidades, o que em certos momentos de sua carreira permitiu uma superconfiança grosseira, mas, em uma crise como a de Moscou em outubro de 1941, significava que não havia nenhum sinal de derrotismo no topo. No final de outubro, com as forças soviéticas ainda teimosamente na defensiva de Moscou, Jukov já pensava adiante em uma ofensiva contra Bock. Escrevendo a A. A. Jdanov no Conselho de Guerra da Frente de Leningrado, Jukov audaciosamente afirmou: "Consegui arquitetar uma organização razoável e praticamente detive o avanço inimigo, e você sabe como me proponho a continuar: eu o esgotarei e depois acabarei com ele".[36] A determinação de Jukov em derrotar os alemães enquanto eles ainda avançavam para Moscou provavelmente contém um pouco de bravata, mas a ideia de que Jukov poderia defender Moscou não era absolutamente sem fundamento.

Até 20 de outubro, meio milhão de moscovitas haviam sido mobilizados para cavar um total de 8 mil quilômetros de trincheiras e valas antitanques nos acessos imediatos à cidade. Além disso, foram estendidos mais de 300 quilômetros de arame farpado.[37] Como o próprio Jukov lembrou:

Naqueles dias, eu via milhares e milhares de mulheres moscovitas, que não estavam acostumadas a trabalho pesado e que haviam deixado seus apartamentos na cidade em roupas leves, trabalhando naquelas estradas intransitáveis, na lama, cavando valas antitanques e trincheiras, erguendo obstáculos antitanques e barricadas, e carregando sacos de areia.[38]

Dentro da cidade, uma miríade de barreiras foram erguidas, e incontáveis fortificações foram construídas no topo de edifícios e dentro de apartamentos. As estradas foram minadas e as pontes, equipadas com explosivos. A cidade estava protegida por uma linha de defesa externa principal que corria em um semicírculo ao redor de Moscou por um raio de 16 quilômetros. Esta foi então ampliada por três linhas "urbanas" distintas dentro da própria cidade, que foram designadas "linha ferroviária circular", "anel urbano A" e "anel urbano B".[39] O Conselho da Cidade de Moscou dirigiu a construção, e cada distrito recebeu instruções detalhadas sobre o que construir e onde.[40] Irina Bogolyubskaia recorda que soldados vieram ao apartamento de sua família e montaram um espaldão para metralhadora em uma das janelas voltadas para a rua. "Eles estavam se preparando para lutar nas ruas", ela observou.[41] Falava-se na época sobre Moscou ser transformada em uma "super Madri", uma referência ao papel de Madri na Guerra Civil Espanhola, que resistiu sob sítio de novembro de 1936 até sua queda em março de 1939.[42]

Medidas de emergência foram tomadas na produção de armas rudimentares para as novas unidades de voluntários que se formavam por toda a cidade. I. E. Kozlov, o diretor de uma popular fábrica de refrigerantes, começou a adaptar suas linhas de produção para fazer "coquetéis Molotov" de meio litro. Da mesma forma, muitas das metalúrgicas e fábricas de concreto de Moscou receberam instruções para começar a produzir "ouriços",[43] emaranhados de arame farpado, casamatas de concreto reforçado e espaldões fortificados para armas de fogo.[44] Como o relato oficial de um soviético afirmava: "Os moscovitas tornaram sua cidade uma fortaleza invulnerável [...] Cada edifício se tornou um bastião, cada rua, uma área fortificada. Moscou eriçava-se com barricadas, armadilhas de metal para tanques e arame farpado".[45] Ainda que os relatos da era soviética tenham uma certa tendência para o exagero, não há dúvida de que Moscou estava se preparando para uma luta de grandes proporções. De fato, a difícil experiência da Alemanha com guerras urbanas em 1941, na fortaleza de Brest,

Mogilev e Dnepropetrovsk, sem contar a experiência romena em Odessa, sugere que capturar uma cidade do tamanho de Moscou quarteirão por quarteirão certamente se mostraria inacessivelmente dispendioso.[46]

Contudo, mesmo supondo que os alemães conseguissem tomar o controle de Moscou, L. P. Beria, o chefe do NKVD, preparava-se para repetir o sucesso de Kiev, minando dúzias de edifícios famosos da cidade na expectativa da ocupação alemã. O Teatro Bolshoi, por exemplo, foi carregado com explosivos em novos contêineres antimagnéticos especialmente desenvolvidos, que tornavam as minas muito mais difíceis de detectar.[47] Mesmo antes da ocupação alemã, o NKVD havia planejado a destruição de mais de mil edifícios e empresas proeminentes de Moscou.[48] Além disso, ao longo das últimas duas semanas de outubro, cerca de 200 trens e 80 mil caminhões partiram de Moscou para o Volga e os Urais, transportando os equipamentos essenciais de quase 500 fábricas.[49] Como concluiu um historiador: "Se os alemães tivessem de fato tomado Moscou, teriam encontrado um deserto".[50] Os serviços de segurança soviéticos também montaram "equipes secretas", que tinham de desempenhar uma variedade de funções, incluindo reunir inteligência, realizar sabotagens e executar assassinatos com alvo. Uma tropa de quatro artistas foi recrutada pelo NKVD para apresentar espetáculos para os alemães, esperando ter sucesso o bastante para conquistar uma audiência de oficiais de alto escalão nazistas ou da Wehrmacht. Nesse caso, eles concluiriam seu espetáculo atirando granadas disfarçadas na plateia, matando o maior número possível de alemães.[51] No entanto, a defesa da cidade dependia mais do Exército Vermelho que do NKVD.

No início de 1941, Moscou tinha uma população de 4,2 milhões de pessoas, mas uma combinação de serviço militar, relocação industrial e evacuação civil[52] reduziu esse número para 3,1 milhões em outubro de 1941.[53] Para aumentar as forças de Jukov, cada um dos 25 distritos de Moscou recebeu instruções para erguer um batalhão de assim chamados *opolchenie* – um tipo de milícia popular que geralmente consistia em voluntários mal-equipados com pouco ou nenhum treinamento militar. Havia 7.963 voluntários na primeira semana da convocação, o que, considerando que os inclinados a se voluntariar para o serviço militar já tinham tido várias oportunidades para fazê-lo, não foi um mau resultado, ainda que esse número fosse bem inferior ao total desejado. Os voluntários foram reunidos na 3ª Divisão Comunista e convocados à linha de frente no fim do mês.[54] Outras cinco divisões de fuzileiros de Moscou foram criadas com voluntários, subunidades do exército regular, novos recrutas e os chamados batalhões de destruição[55] estabelecidos no início da guerra.[56] Mais 100 mil trabalhadores começaram a receber treinamento militar nas horas de folga, enquanto 17 mil mulheres se inscreveram para serem treinadas como enfermeiras e assistentes médicas.[57] Como Jukov observou, várias de suas novas tropas "tinham muito a aprender", mas, acrescentou ele, "todos distinguiam-se por características em comum: um alto grau de patriotismo, uma determinação inabalável e plena confiança na vitória final. Não foi por acaso que essas unidades voluntárias acabaram se tornando excepcionais forças de luta após ganhar um pouco de experiência militar".[58] Colocando de lado a bravata tipicamente soviética presente nas afirmações de Jukov, a verdade é que ele precisava desesperadamente de todos os reforços que pudesse conseguir, e até as duvidosas unidades *opolchenie* eram melhores do que nada.[59] A favor de Jukov estava o fato de que a luta havia se transformado em uma difícil série de ataques frontais alemães ao longo das estradas principais que levavam a Moscou. Com as forças *Panzer* alemãs destituídas de seus perigosos cercos ágeis, até as unidades *opolchenie* poderiam ter um papel, por mais custoso que fosse, na defesa de Moscou.

Quando Jukov tomou o controle da Frente Ocidental defendendo os acessos a Moscou, ele comandava apenas 11 divisões de fuzileiros, 16 brigadas blindadas e mais de 40 regimentos de artilharia, aproximadamente 90 mil homens no total. A Linha Defensiva de Mojaisk era o ponto de encontro de todas essas forças, com o XVI Exército do tenente-general K. K. Rokossovski defendendo Volokolamsk, o V Exército do major-general D. D. Leliushenko cobrindo Mojaisk, o XLIII Exército do major-general K. D. Golubev ocupando posições em Maloiaroslavets e o XLIX Exército do tenente-general I. G. Zakharkin defendendo Kaluga.[60] Contudo, a partir do meio de outubro essas forças foram aumentadas não apenas pelas forças recém-convocadas de Moscou, mas também por unidades mandadas às pressas do interior soviético.[61] No final de outubro, treze divisões de fuzileiros adicionais e cinco brigadas blindadas foram entregues à frente de Jukov.[62] Além disso, o recém-formado XXXIII Exército do tenente-general M. G. Efremov foi inserido na linha em Naro-Fominsk, entre o V Exército de Leliushenko e o XLIII Exército de Golubev.[63] Em 20 de outubro, muito da Linha Defensiva de Mojaisk estava em mãos alemãs, mas o grupo de exército de Bock acabara de repelir as forças de Jukov e ainda estava a quase cem quilômetros de Moscou. A batalha pela capital soviética ainda estava apenas começando, mas uma semana após a propaganda nazista ter proclamado a campanha oriental "decidida", Jukov seguia paralisando efetivamente o progresso alemão. Com as costas viradas para Moscou, o Conselho Militar da Frente Ocidental exaltava seus soldados para obter o máximo esforço, a fim de conter o avanço alemão de uma vez por todas. "A pátria nos chama a ser uma muralha indestrutível e barrar as hordas fascistas de nossa amada Moscou. O que é necessário agora, mais do que nunca, são vigilância, disciplina de ferro, organização, ação determinada, vontade inflexível de vitória e disposição para o auto-sacrifício".[64]

Tais discursos mobilizadores, cuja intenção era inspirar os homens do Exército Vermelho a feitos gloriosos no campo de batalha, eram um tema comum da historiografia soviética, mas um estudo recente de Roger Reese sugere uma nova visão do moral e da motivação do soldado soviético comum. Reese rejeita tanto a "punição draconiana" quanto o "amor à pátria" como as explicações populares, mas contrastantes, para a eficiência do Exército Vermelho na Segunda Guerra Mundial. Seu estudo sugere que o desempenho do soldado soviético dependia muito mais de influências extrínsecas, como boa liderança, treinamento abrangente e apoio dentro de seu grupo primário e da sociedade em geral, bem como de motivações intrínsecas, como patriotismo, ódio ao inimigo e a justificativa moral de uma guerra justa.[65] Tal pesquisa nos aproxima muito mais de uma explicação para as respostas radicalmente diferentes dentro do Exército Vermelho à invasão alemã em 1941, e sugere que fazer um retrato das motivações do Exército Vermelho em pinceladas amplas é inerentemente problemático. Também rejeita conclusivamente a popular imagem nazista do soldado soviético, presente em numerosos livros de memória alemães escritos no pós-guerra,[66] como um ser ostensivamente mecânico privado de pensamento independente e até mesmo do instinto primal de autopreservação.

Não pode haver dúvida de que o Exército Vermelho sofreu perdas excepcionais em 1941. Nos primeiros seis meses da guerra, a Frente Ocidental soviética sozinha sofreu 956 mil baixas irrecuperáveis – quase o dobro de seu número inicial, significando que foi quase completamente eliminada duas vezes apenas em 1941.[67] Mas, contrariando um outro mito da era nazista, a sobrevivência da União Soviética não era apenas uma questão de forçar às fileiras ainda mais massas de homens, retirados de uma reserva de mão de obra ostensivamente inesgotável; os novos recrutas tinham de querer lutar contra o inimigo alemão.[68] Aqui, em muitos aspectos, estava a real fonte de poder do Estado soviético. Não porque os homens do Exército Vermelho quisessem lutar pelo regime de Stálin – muitos evidentemente tinham bons motivos para insultá-lo[69] –, mas porque o Estado soviético gozava de um espectro mais amplo de emoções, que transcendiam uma única construção nacional, ideológica ou política. Em outras palavras, muitas pessoas lutavam pelo socialismo, ainda que nem sempre por aquele associado à marca particular de Stálin, enquanto outros lutavam, apesar do sistema socialista, por sua pátria e na esperança de uma maior liberdade política após a guerra.[70] Como um cidadão soviético resumiu seus sentimentos:

Mesmo aqueles entre nós que sabiam que nosso governo era perverso, que havia pouca escolha entre a SS e o NKVD exceto no idioma, e que desprezavam a hipocrisia da política comunista – sentíamos que tínhamos de lutar. Porque todo russo que vivera a revolução e os anos 1930 havia sentido uma brisa de esperança pela primeira vez na história de nosso povo. Éramos como o broto na ponta de uma raiz que havia se esgueirado por séculos por entre o solo pedregoso. Sentíamo-nos a centímetros do céu aberto.
Sabíamos que iríamos morrer, é claro. Mas nossos filhos herdariam duas coisas: um país livre do invasor; e tempo, no qual os ideais progressistas do comunismo poderiam vir a emergir.[71]

Stálin astutamente estimulou um grau de liberalização cultural a fim de explorar sentimentos históricos e religiosos que, como ele corretamente avaliou, iriam conquistar apoio ao seu esforço de guerra. Também houve uma certa ofensiva cultural, lançada em 1941, para arrebanhar o apoio de todos os setores possíveis da *intelligentsia* criativa, fosse das artes ou humanidades. Historiadores ressaltaram temas patrióticos e sugeriam uma continuidade entre o antigo tabu do passado imperial russo e o presente soviético. Compositores levaram o heroísmo e o sofrimento da guerra para o palco em obras como a sinfonia *Leningrado*, de Shostakovich, e a ópera *Guerra e Paz*, de Prokofiev. Diretores de cinema começaram a trabalhar em novos épicos de guerra, como a obra-prima de Ilya Kopalin e Leonid Varlamov de 1942, *Moscow Strikes Back*.[72] Mas talvez a maior influência de todas tenham sido os escritores soviéticos, muitos dos quais se tornaram populares correspondentes de guerra com muitos seguidores. Os mais famosos eram Ilya Ehrenburg, Vassili Grossman e Konstantin Simonov. Seus poemas, artigos de jornal, panfletos e obras de ficção retratavam dramaticamente temas típicos da guerra, como perda, dor, patriotismo, convicção, vingança e serviço ao Estado.[73] *O juramento de um soldado*, de Aleksei Surkov, escrito em 1941, também ilustra com fidelidade muitos desses temas e os explora na bombástica, mas altamente eficiente, prosa da época:

> Sou um homem russo, soldado do Exército Vermelho. Meu país colocou um fuzil em minhas mãos e me enviou para lutar contra as hordas negras de Hitler que invadiram meu país. Stálin me disse que a batalha será dura e sangrenta, mas a vitória será minha.
>
> Ouvi Stálin, e sei que assim será. Eu sou os 193 milhões de soviéticos livres, e para todos eles o jugo de Hitler é mais amargo que a morte [...]
>
> Meus olhos viram milhares de corpos de mulheres e crianças ao longo das ferrovias e estradas. Eles foram mortos pelos abutres alemães [...] As lágrimas de mulheres e crianças fervem em meu coração. Hitler, o assassino, e suas hordas pagarão por essas lágrimas com seu sangue de lobo; pois o ódio do vingador não conhece misericórdia.[74]

Demonizar os alemães e exaltar os homens do Exército Vermelho a servirem de vingadores era um lado da ofensiva cultural soviética, mas fornecer apoio e reforçar o sofrimento do seu povo cada vez mais brutalizado era igualmente importante. Nos seis meses e nove dias da guerra em 1941, a União Soviética sofreu a assombrosa perda de 4.473.820 homens e mulheres em combate.[75] Com perdas em uma escala sem precedentes, a necessidade de mecanismos públicos de superação, no lugar das referências religiosas e espirituais oficialmente proibidas, apresentou aos escritores soviéticos um desafio especial. Mas o magistral poema de Simonov "Espere por mim", que apareceu pela primeira vez no outono de 1941, era uma forma de oração secular que combinava fé ilimitada com convicção irracional. O poema professava que um ente querido perdido realmente voltaria se a esperança não fosse abandonada.[76] O poema foi um sucesso imediato, e incontáveis mulheres que esperavam por notícias de seus entes queridos perdidos o recitavam quase como um mantra ao longo de 1941 e 1942.

> Espere por mim e voltarei, mas espere intensamente.
> Espere, quando a tristeza vier ao observar a chuva amarelada;
> Espere, quando o vento varrer os montes de neve,
> Espere no calor sufocante,
> Espere quando os outros tiverem parado de esperar, esquecendo seu passado.
> Espere mesmo quando as cartas de longe não chegarem,
> Espere mesmo quando os outros tiverem cansado de esperar.
> Espere mesmo quando minha mãe e filho pensarem que não existo mais.
> E quando os amigos beberem à minha memória, sentados ao redor do fogo.
> Espere, e não se apresse em beber à minha memória também;
> Espere, pois voltarei, desafiando toda morte.
> E deixe aqueles que não esperaram dizerem que tive sorte;
> Eles nunca compreenderão que, em meio à morte,
> Você, ao me esperar, salvou-me.
> Apenas você e eu saberemos como sobrevivi:
> Porque você esperou quando ninguém mais o fez.[77]

"Uma combinação de Estados finalmente foi formada contra o hitlerismo." (Viacheslav Molotov)

Enquanto os exércitos de Bock lutavam desesperadamente para chegar a Moscou, uma ameaça mais imediata ao povo da cidade foi apresentada pelos bombardeiros de Kesselring. Desde julho, quando a Frota Aérea 2 adquiriu bases aéreas ao alcance da capital soviética, Moscou fora alvo de ataques esporádicos, com 76 incursões noturnas e 11 missões diurnas entre 21 de julho de 1941 e 5 de abril de 1942.[78] Embora fosse extrínseca às tarefas da *Luftwaffe* de suprimir a atividade aérea soviética e fornecer suporte tático ao exército, Hitler insistiu em uma campanha estratégica de bombardeamento como represália aos ataques soviéticos a Bucareste e Helsinque.[79] O primeiro ataque aéreo alemão a Moscou na noite de 21 de julho foi também o maior já efetuado pelo *Ostheer*, envolvendo 195 bombardeiros e a utilização de 104 toneladas de altos explosivos e 46 mil bombas incendiárias. Em 25 de outubro, os bombardeiros haviam efetuado 59 ataques aéreos e despejado um total de mil toneladas de altos explosivos, que correspondiam a apenas metade do que a Força Aérea Real utilizaria em uma só noite durante sua campanha estratégica de bombardeamento à Alemanha em 1944. De fato, muitos dos ataques aéreos de Kesselring eram decididamente fracos numericamente. Dos 75 ataques efetuados até 6 de dezembro de 1941, apenas 3 envolveram mais de 100 aeronaves; 6 envolveram mais de 50 bombardeiros; 19 ataques, entre 15 e 40 aviões; e 59 ataques aéreos alemães continham entre 3 e 10 aeronaves.[80] Não era nem de longe o suficiente para devastar Moscou. Mesmo o primeiro grande ataque em 21 e 22 de julho resultou em apenas 130 mortos, 241 feridos e 37 edifícios destruídos.[81] Uma estimativa atribui apenas 3% do dano total à cidade ao bombardeamento alemão.[82] Contudo, os recursos exigidos pela campanha de bombardeamento restringiram as outras operações de Kesselring e levaram ao que ele chamou de uma "danosa dissipação".[83] Outro problema era que as bases aéreas da *Luftwaffe* ainda estavam muito distantes de Moscou, o que significava que as bombas tinham de ser substituídas por combustível extra, resultando no fato de que a tonelagem despejada na capital soviética nem sempre justificava as grandes perdas de aviões. No outono, as aeronaves às vezes tinham de ser desenterradas da neve que caíra durante a noite, e o frio tornava difícil dar partida nos motores.[84] Como Hans Rudel observou sobre as condições do outono: "Aos poucos o frio se instala, e temos uma amostra do inverno que se aproxima. A queda na temperatura causa a mim, como oficial engenheiro do esquadrão, todo tipo de problemas técnicos, porque subitamente as aeronaves começaram a ter problemas que são causados apenas pelo frio".[85] No começo de outubro, a taxa de operacionalidade em toda a força de bombardeio da Luftwaffe despencara para apenas 40% e continuava a cair, chegando a 32% em dezembro de 1941. De fato, a Luftwaffe vinha perdendo uma média de 268 bombardeiros, tanto como perdas totais ou por danos, todos os meses entre junho e novembro de 1941.[86]

As contramedidas soviéticas garantiram que os acessos a Moscou estivessem protegidos por quase 800 armas médias antiaéreas, mais de 600 grandes holofotes e quase 600 aviões de combate. Dentro da cidade, mais armas antiaéreas foram posicionadas no topo de edifícios, junto com holofotes menores e mais de cem balões de barragem, com a intenção de fazer os alemães voarem alto e confundir sua mira.[87] Como afirmou o comandante de esquadrão Hans-Georg Bätcher: "Os ataques aéreos a Moscou foram as missões mais difíceis que voei na Frente Oriental [...] o fogo antiaéreo era extremamente intenso e os atiradores disparavam com precisão assustadora".[88] Da mesma forma, Richard Wernicke descreveu o medo que sentiu ao sobrevoar Moscou. "Era terrível: o ar estava cheio de chumbo, e eles atiravam com precisão. Nunca tínhamos visto nada assim antes."[89] De fato, as defesas aéreas de Moscou excediam em muito até mesmo as de Londres durante a Blitz. O correspondente de guerra americano Henry Cassidy surpreendeu-se com a pequena extensão dos danos após o primeiro ataque aéreo alemão a Moscou. "O que parecia ser um ataque fulminante acabou se revelando leve. A maior parte da impressão de intensidade [...] vinha da violência não do bombardeio, mas das defesas antiaéreas."[90] O poder da defesa aérea de Moscou chocou até as equipes aéreas alemãs que sobrevoaram Londres. "Os ataques a Moscou causaram em mim uma grande ansiedade. As equipes baleadas tinham de ser descartadas, a eficiência das armas e holofotes antiaéreos russos impressionavam até nossos aviadores que haviam sobrevoado a Inglaterra. Além disso, com o tempo, os aviões de combate da defesa russa apareciam em número cada vez maior."[91] Realmente, alguns daqueles caças no final de 1941 eram Hurricanes britânicos e Tomahawks americanos, despachados para a União Soviética como parte do acordo Lend-Lease.[92] Outra característica do primeiro ataque alemão sobre Moscou foi incluir um dos primeiros casos registrados de um piloto soviético abalroando uma aeronave alemã, o que fontes soviéticas afirmam ter acontecido 300 vezes durante a guerra. Nessa ocasião, Boris Vassiliev, pilotando um caça Yak-1, usou sua hélice para serrar a cauda de um bombardeiro alemão.[93]

Apesar de a campanha estratégica de bombardeamento ter sido muito mais fraca que a *Blitz* de Londres e Moscou ter sido muito mais protegida, ainda era uma experiência angustiante para a população da cidade.[94] Bombas incendiárias causavam centenas de incêndios que às vezes sufocavam as pessoas escondidas em seus abrigos antiaéreos, enquanto outras foram enterradas vivas em prédios de apartamentos inteiramente demolidos por bombas de altos explosivos. O próprio Kremlin sofreu danos, assim como o Teatro Bolshoi,[95] mas, como em Londres, a vida nos abrigos antiaéreos logo criou sua própria rotina. De fato, quando algum tempo depois o risco foi avaliado como baixo o suficiente, houve pessoas que simplesmente se recusavam a procurar a segurança dos *bunkers* subterrâneos. Um engenheiro de uma fábrica de tanques observou o movimento: "Eles bombardearam a cidade, mas os projetistas e copistas não abandonaram o trabalho".[96] Mesmo Stálin se refugiou na estação de metrô Kirovskaia, onde lhe deram um compartimento de trem especialmente preparado, oculto por painéis de compensado. Em outra ocasião, Stálin sentiu-se suficientemente seguro para observar um ataque aéreo ao retornar à sua *datcha* fora da cidade, nas primeiras horas da manhã.[97] Evidentemente, a propaganda alemã contava uma história muito diferente, insistindo que os ataques aéreos tinham sido altamente eficientes. Em 5 de agosto, a rádio alemã anunciou: "Unidades poderosas de aviação alemã toda noite sujeitam esse grande centro industrial do país a um devastador bombardeio. Fábricas nos arredores de Moscou foram destruídas, o Kremlin foi destruído, a praça Vermelha foi destruída [...] Moscou entrou em uma fase final de ruína".[98] Em contraste, as notícias dos ataques alemães a Moscou tiveram um efeito distintamente humilhante para o público britânico, como dizia uma faixa pendurada em uma rua de Londres: "Noites tranquilas, graças à Rússia".[99]

Em outubro de 1941, a campanha aérea de Kesselring reproduzia a mesma exaustão e desgaste dos exércitos de Bock. Já no verão o marechal de campo Erhard Milch, inspetor-geral da *Luftwaffe*, informara sobre as dezenas, até mesmo centenas, de aeronaves danificadas e inoperantes espalhadas pelos aeródromos do leste.[100] Em novembro de 1941, as perdas pesadas e constantes reduziram o número de aeronaves a ponto de exaurir os estoques de reserva e a produção não conseguir acompanhar as perdas.[101] A chegada do mau tempo comprometeu ainda mais as taxas de operabilidade e diminuiu o ritmo das operações, levando o major-general Hoffman von Waldau, chefe do Departamento de Operações da *Luftwaffe*, a comentar em seu diário no dia 16 de outubro: "Nossos sonhos mais loucos foram levados pela chuva e neve".[102] Entre 22 e 25 de outubro, a Frota Aérea 2 de Kesselring conseguiu efetuar apenas de 614 a 662 envios por dia, o que era uma pequena fração do que conseguia no começo da campanha oriental.[103] Além disso, com o inverno à espreita o pior ainda estava por vir. Quando o recém nomeado inspetor-geral dos caças, coronel Werner Mölders (que era o "ás", o melhor piloto de caça da *Luftwaffe*, com 101 "abates" reconhecidos), encomendou um estudo sobre os efeitos prováveis do inverno sobre as operações orientais da *Luftwaffe* e enviou os resultados condenatórios a Hitler, Göring, Keitel, Brauchitsch e ao chefe de gabinete da *Luftwaffe*, o general de aviação Hans Jeschonnek, houve agitação. Göring, como chefe da *Luftwaffe*, ficou indignado com as ações de Mölders e o repreendeu severamente por causar tal alarme.[104] Claramente, mesmo a alta posição e a influência notável de um homem como Mölders só era bem-vinda enquanto suas notícias sustentassem o que o alto-comando queria ouvir. As predições calamitosas eram igualadas a um pensamento derrotista, e não havia lugar para isso no celebrado triunfo da vontade do 3º Reich. Como Mölders disse à sua mulher: "O *Reichsmarschall* [Göring] sempre diz: Meu *Führer*, nós podemos fazer isto, nós podemos fazer aquilo. Mas, Ponny – não podemos fazer mais nada".[105]

Quando os bombardeiros alemães atacaram a capital soviética pela primeira vez, em julho, o tenente-general Semyon Javaronokov, comandante da Força Aérea Naval Soviética, decidiu organizar ataques de represália a Berlim. Embora soubesse que os danos físicos de tais ataques seriam mínimos, motivavam-no o potencial golpe no prestígio alemão, assim como o correspondente estímulo ao moral soviético, que decorreriam de se levar a guerra à Alemanha. Com a Wehrmacht já profundamente infiltrada nas fronteiras soviéticas, o único ponto de acesso a Berlim era por um aeródromo na ilha estoniana de Saaremaa, e Javaronokov enviou seu primeiro ataque de quinze bombardeiros DB-3T em 7 de agosto de 1941. Como esperado, o dano foi em grande parte insignificante, mas todos os aviões atingiram sua área de alvo e voltaram para casa em segurança. As defesas aéreas de Berlim, por outro lado, foram tomadas completamente de surpresa, já que seus sistemas de alerta precoce estavam dirigidos principalmente para o oeste. Na noite seguinte (de 8 para 9 de agosto), Javaronokov repetiu a incursão, despejando 72 bombas e 2.500 folhetos de propaganda, mas dessa vez perdeu uma aeronave. Apenas mais sete ataques se seguiram antes que os alemães invadissem Saaremaa. No total, os soviéticos enviaram 54 unidades contra Berlim e perderam 20 aeronaves, mas Javaronokov deixou sua marca e, no mínimo, conseguiu um golpe de propaganda muito necessário.[106]

Outro ato audacioso da aviação soviética em 1941 foi a formação de três regimentos de bombardeio exclusivamente femininos em 8 de outubro. O mais famoso deles era o 588º Regimento de Bombardeamento Noturno, depois conhecido como o 46º Guardas do Regimento de Aviação de Bombardeamento Noturno, que pilotava velhos PO-2s, biplanos de dois lugares feitos de lona e compensado. O regimento voou 24 mil excursões durante a guerra e se concentrou principalmente em bombardear posições dianteiras alemãs com cargas de munição de até 400 quilos. Como observou Nadejda Popova: "Os alemães já sabiam de nós. Eles nos chamavam de 'bruxas da noite'." Todas as mulheres eram voluntárias, e o regimento todo, mesmo a parte de mecânica de aeronaves, não contava com homens. Os aviões voavam à noite, para não serem alvos fáceis para os caças alemães, muito mais velozes, mas os *cockpits* abertos dos biplanos tornavam as condições de voo para as mulheres extremamente desconfortáveis, especialmente nos congelantes meses de inverno. Também havia o risco de perder o caminho ou não encontrar o aeródromo após uma missão, uma vez que a aeronave não tinha equipamento especial para voos noturnos. "Não era um trabalho fácil", Popova recorda, "quase toda vez tínhamos de navegar através de uma parede de fogo inimigo." Mas apesar das perdas por vezes grandes do regimento, Popova concluiu: "Praticamos nossa 'bruxaria' desde quase o primeiro até os últimos dias da guerra".[107]

Enquanto os bombardeiros soviéticos faziam o possível para retaliar a ofensiva aérea alemã contra Moscou, outros aspectos da máquina de guerra soviética causaram problemas mais sérios para o *Ostheer*. Entre estes, o principal era o número crescente de tanques T-34 soviéticos, contra os quais os alemães tinham poucas defesas adequadas. À medida que os meses passavam, os tanques soviéticos mais antigos e muito menos eficientes (T-26s e série BT) faziam cada vez menos parte do arsenal de tanques soviéticos, já que as fábricas soviéticas vinham progressivamente substituindo a produção por T-34s, KV-1s e o leve tanque T-60. Cerca de 500 novos tanques foram produzidos só em outubro[108] e, apesar do tumulto da evacuação industrial, durante o trimestre final de 1941 cerca de 441 KV-1s, 765 T-34s[109] e 1388 T-60s foram montados.[110] Hitler estava ciente do problema o bastante para insistir que as unidades na Frente Oriental fossem equipadas uniformemente com canhões Flak de 88 mm para lidar com o "extraordinário número de tanques pesados que apareciam em comparação com anteriormente".[111] Embora os canhões Flak de 88 mm fossem altamente eficientes em postura defensiva, as divisões *Panzer* alemãs em ataque frequentemente tinham poucas alternativas em confrontos diretos com os T-34s.[112] Na comparação dos tanques, os alemães estavam simplesmente ultrapassados, como deixa claro um relatório da 4ª Divisão *Panzer* de Langermann-Erlancamp: "Repetidas vezes, nossos tanques foram partidos por golpes da linha de frente e os domos de comando dos tanques Mark III e IV foram completamente estourados, prova de que a blindagem é inadequada e o sistema que prende os domos, defeituoso, e também prova da grande precisão e penetração do canhão do tanque russo [T-34] de 7,62 cm".[113] Nas palavras de um soldado, o "T-34 acabava com nossos tanques como coelhos".[114] Kesselring descreveu como se provou difícil para os atiradores atingirem os T-34s do ar. No primeiro caso, ele afirmou que pilotos tinham de voar "de forma imprudente" para acertá-los, mas mesmo assim o efeito era mínimo. De acordo com Kesselring: "Continuamos a atacar os tanques do ar, mas não conseguíamos, e não causamos nenhum estrago sério".[115] O resultado foi um instrumento de guerra que os operadores dos tanques alemães temiam verdadeiramente. Como um dos operadores de tanque da 4ª Divisão *Panzer* colocou:

Não há nada mais assustador do que uma batalha de tanques contra forças superiores. Números não significam muito, estávamos acostumados a isso. Mas contra máquinas melhores era terrível [...] Os tanques russos são tão ágeis, de perto eles conseguem subir uma encosta ou atravessar um trecho de pântano muito mais rápido do que você consegue girar a torre. E através do barulho e da vibração, você continua ouvindo o clangor dos tiros contra o metal. Quando eles atingem um de nossos *Panzers*, há frequentemente uma longa e grave explosão, um rugido do combustível queimando, um rugido alto demais, graças a Deus, para nos permitir ouvir os gritos da tripulação.[116]

A artilharia soviética era outra desgraça do *Ostheer*. Diferente dos tanques soviéticos mais recentes, a questão não era tanto a superioridade da artilharia do Exército Vermelho, e sim o fato de que suas vastas reservas de armas e munições frequentemente garantiam uma vantagem preponderante em poder de fogo.[117] Em junho de 1941 o Exército Vermelho possuía o impressionante total de 112.800 armas e morteiros e, ainda que as perdas nos cinco meses subsequentes tivessem eliminado a maioria destes, uma produção frenética garantiu que em dezembro de 1941 o Exército Vermelho ainda dominasse com 70.100 armas e morteiros à sua disposição.[118] Portanto, a infantaria alemã estava frequentemente em desvantagem, mas isso contou menos nos estágios iniciais da guerra, quando a frente ainda era fluida e a habilidade soviética de organizar e coordenar suas armas se mostrava frequentemente muito ruim. Contudo, conforme a linha de frente se acomodava e os comandantes soviéticos adquiriam mais experiência, a consequência para o *Landser* foram bombardeios angustiantes. Hans Roth escreveu em seu diário:

> Não podemos nos esquecer de mencionar a artilharia, aquelas malditas baterias bolcheviques que têm bem mais poder do que imaginávamos. Suas armas de todos os calibres parecem infinitas; nós as encontramos até nos menores estágios [...] Encontramos às vezes baterias únicas com mísseis. Há munição disponível em boa quantidade e qualidade.[119]

Henning Kardell observou após a guerra: "Isso foi algo que aprendemos com os russos: quanto mais fundo você estiver enterrado, maior a chance de sobrevivência".[120]

Novas armas de infantaria soviéticas também apareceram em 1941, como a PPSh-41, que viria a se tornar a submetralhadora icônica do Exército Vermelho pelo resto da guerra. A produção da PPSh-41, que era durável em combate e simples de fazer, começou no final de 1941, e na primavera de 1942 chegava a três mil por dia.[121] Como muitas outras armas soviéticas bem-sucedidas, não era incomum que os homens da infantaria alemã procurassem substituir suas próprias armas por modelos soviéticos capturados. Como Gottlob Bidermann escreveu: "Peguei uma das submetralhadoras e vários carregadores de tambor de um dos prisioneiros para meu próprio uso, já que eu não tinha mais muita confiança na lenta carabina de 98k para combate próximo. Senti-me mais confiante equipado com a arma automática de alta capacidade, e ela ficaria comigo por muitos meses".[122]

Contudo, um combate bem-sucedido não dependia apenas dos armamentos e, embora a Wehrmacht merecidamente conserve a mística de ser o exército mais profissional e bem treinado em 1941[123] (ao menos nas formações médias e inferiores), isso não significava que não houvesse nada a se aprender com o Exército Vermelho. Em muitos aspectos, foram exatamente as numerosas privações do Exército Vermelho que forçaram o soldado soviético a se tornar um especialista em improvisação e, conforme o *Ostheer* experimentava uma rápida desmodernização ao longo de 1941, adaptar a arte da autossuficiência se tornou uma prioridade para a Wehrmacht. Um exemplo de improvisação soviética foi uma construção especial de minas terrestres na qual os invólucros e as partes eram totalmente feitas de madeira, para que fossem quase indetectáveis.[124] A mesma carta em que um soldado relatava ter encontrado as minas de madeira também expressava admiração por outras construções soviéticas: "O trabalho irrepreensível dos russos novamente suscitou espanto e admiração. O russo é mestre na construção de posições de campo e camuflagem".[125] Outro soldado alemão observou: "Aprendemos a arte da improvisação e da autossuficiência com o inimigo".[126] De fato, à medida que o inverno se firmava, um número crescente das habilidades de sobrevivência do *Ostheer* seria aprendido com o Exército Vermelho. Mas o Exército Vermelho improvisava tanto para matar como para sobreviver. No amanhecer do dia 14 de outubro, um grupo de soldados soviéticos disfarçados com uniformes alemães abordou um destacamento dianteiro da 4ª Divisão *"Polizei"* SS do *Brigadeführer*[127] Walter Krüger e matou todos os soldados desprevenidos.[128] Em outros casos, soldados soviéticos fingiram se render apenas para poder atacar os pretendentes a captores de perto.[129] Como um soldado alemão concluiu: "Nunca vi sujeitos mais duros que os russos, e é impossível prever as táticas deles".[130] Outra característica muitas vezes destacada era a intrepidez e audácia do inimigo soviético. "Os russos não são covardes como os retratamos", concluiu outro soldado alemão em uma carta para casa.[131]

Embora nos estágios iniciais da guerra o Exército Vermelho parecesse capaz de uma ampla gama de respostas no confronto com as forças alemãs – da rendição passiva à resistência feroz –, no outono havia uma consistência muito maior entre as unidades soviéticas na adoção da última linha de ação. Enquanto a determinação e tenacidade dos soldados de infantaria soviéticos inspiravam um respeito relutante em alguns integrantes do *Ostheer*, muitos soldados alemães adotavam em vez disso conceitos nazistas populares que tentavam explicar a "dureza" soviética como uma predileção primitiva típica de uma suposta ordem racial inferior ou como efeito do bolchevismo.[132] Hans Roth escreveu em seu diário em 29 de setembro:

> O bolchevismo conscientemente destruiu tudo que tem alma, tudo que é individual e privado que também constitui o caráter e o valor de um ser humano. O que resta é o animal no bolchevique que, contudo, não possui seus instintos mais sofisticados. Os humanos em estado animal são muito inferiores ao animal de verdade. Eis por que o animal bolchevique é tão duro e sedento de sangue, cruel e obstinado contra o inimigo e contra si próprio. É assim que se deve entender a conduta dos soviéticos nesta guerra. O que parece ser coragem é brutalidade![133]

Esses pontos de vista não se restringiam às bases. Os ideais nazistas não foram impostos ao *Ostheer*; eles eram orgânicos a ele, e a disseminação de tal propaganda era ativamente iniciada por muitos dos generais.[134] Mesmo após a guerra, Kleist, o comandante do I Exército *Panzer* em outubro de 1941, disse a um entrevistador: "Os russos são tão primitivos que não desistiam mesmo cercados por uma dúzia de metralhadoras. Eu diria que a diferença entre a bravura alemã e a russa seria que a primeira é lógica, e a última, brutal".[135] Soldados alemães também expressaram assombro ao verem os homens do Exército Vermelho lutando tão ferozmente para defender um país tão assolado pela pobreza, o que Albert Neuhaus concluiu que apenas poderia resultar de "estupidez ou ódio organizado".[136] A ideia do bolchevismo como a ruína da civilização foi a visão exposta por Hitler na noite de 17 de outubro, quando disse ao seu círculo interno: "Tudo que parece com civilização foi suprimido pelos bolcheviques, e não tenho remorsos quanto à ideia de acabar com Kiev, Moscou ou São Petersburgo".[137] De fato, em seu novo império oriental, Hitler previa apenas os papéis mais básicos e subservientes para os povos eslavos escravizados:

Não nos estabeleceremos nas cidades russas, e as deixaremos cair aos pedaços sem intervir. E, acima de tudo, sem remorso quanto a esse assunto! Não vamos brincar de babás; não temos absolutamente nenhuma obrigação no que se refere a essas pessoas. Lutar contra as cabanas, espantar as pulgas, fornecer professores alemães, trazer jornais – nada disso para nós! Nós nos limitaremos, talvez, a instalar uma transmissora de rádio, sob nosso controle. Quanto ao resto, que eles saibam apenas o suficiente para entender nossas placas de trânsito, para que não sejam atropelados por nossos veículos! Para eles, a palavra "liberdade" significa o direito de se lavar nos dias de festa [...] Há apenas um dever: germanizar esse país através da imigração de alemães, e menosprezar os nativos como peles-vermelhas.[138]

A visão de Hitler sobre o *Lebensraum* no leste, apoiada pelas ordens criminosas do exército e do inerente efeito brutalizador da guerra, alimentava o pensamento dos soldados alemães no leste e radicalizava seu comportamento para com o povo soviético.[139] O trabalho de base havia sido feito por Brauchitsch, que disse aos comandantes seniores do *Ostheer* em 27 de março de 1941: "As tropas precisam perceber que essa luta está sendo perpetrada por uma raça contra a outra, e proceder com a severidade necessária".[140] Desde os primeiros dias da guerra, o diário de Rudolf Lange revela uma grande compulsão pela matança e pela destruição. Escrevendo em 27 de junho, ele afirmou: "Não sentimos compaixão, apenas um grande ímpeto de destruir. Meus dedos coçavam pela vontade de disparar minha pistola contra a multidão. Logo a SS chegará e acabará com todos. Estamos lutando pela grandeza da Alemanha. Os alemães não podem comungar com esses asiáticos, russos, caucasianos e mongóis".[141] Apesar de muitas percepções a respeito da União Soviética e seus povos serem fortemente coloridas pela ideologia nazista, nem todos os alemães expressavam tal desdém pelo povo soviético, e alguns até apreciavam as muitas diferenças.[142] Johannes Huebner escreveu para casa em 18 de outubro: "Faz agora quase quatro meses, e a 'viagem de férias' ao paraíso soviético certamente significou muito para todos. Eu, pessoalmente, sinto-me muito bem entre os russos. Seu estilo de vida simples é atraente e admirável".[143] Outro soldado mencionou a atitude amigável da população local, mas foi forçado a se questionar o quanto ela era genuína e se era às vezes inspirada apenas pelo medo.[144]

A imagem que os alemães tinham do inimigo (*Feindbild*) no Oriente era claramente influenciada por muitos fatores, e nem todos eram necessariamente negativos, mas a representação principal era extremamente hostil.[145] Isso não surpreende, dado o conteúdo da propaganda nazista e sua proliferação dentro da Wehrmacht.[146] Reconhecer a adoção generalizada de preceitos nazistas em relação ao inimigo soviético não significa necessariamente que a grande maioria dos soldados alemães defendesse avidamente o Partido Nazista. A Frente Oriental deu até mesmo aos soldados alemães mais experientes um novo conjunto de desafios muito perturbadores, e o *Feindbild* nazista simplesmente oferecia as estratégias de superação de que eles tanto precisavam, o que permitiu aos soldados alemães encontrar algum sentido da guerra, e ao mesmo tempo refletir sobre seu próprio papel nela. Desumanizar o inimigo soviético legitimava o processo de matança e permitia que ele continuasse sem remorso. Também evitava, ou pelo menos aliviava, os sentimentos de culpa pelas crueldades frequentes que os soldados alemães observavam e das quais participavam às vezes. Outro motivo poderoso no *Feindbild* do *Ostheer* era a disposição do Exército Vermelho para perpetrar crimes brutais contra soldados alemães capturados, do que havia também evidência frequente. Isso rapidamente dissipou sentimentos de solidariedade pelo inimigo e encorajou atos de vingança odiosos mesmo por parte daqueles que não tinham testemunhado pessoalmente as atrocidades soviéticas. Ernst Guicking observou um grupo de soldados soviéticos que pareciam "felizes em ter vindo a nós", e talvez tivessem acabado de desertar; mesmo assim, ele concluiu que eram culpados: "Esses bandidos, é sempre a mesma coisa. Os horrores que fizeram com nossos camaradas, não esqueceremos tão cedo".[147] O *Feindbild* nazista recebeu aceitação geral na Frente Oriental porque tornava as tarefas do soldado alemão mais fáceis de executar, enquanto, ao mesmo tempo, apresentava o *Landser* comum como vítima da bárbara injustiça do inimigo. Dessa forma, o *Ostheer* fortalecia-se psicologicamente contra a "fraqueza" e era encorajado a agir como uma força destrutiva agressiva e incessante.

Embora o *Ostheer* fosse de fato uma formidável força de luta, foi justamente a ameaça percebida à União Soviética que reconciliou antigos rivais no leste e no oeste e permitiu a formação de uma poderosa nova aliança contra a Alemanha de Hitler. A partir de junho de 1941, Churchill, Roosevelt e Stálin passaram a compartilhar a derrota do nazismo como seu único e principal objetivo, eclipsando suas diferenças anteriores e permitindo a aparição de um espírito de cooperação sem precedentes. O que melhor simbolizou a nova determinação em trabalhar juntos foi o resultado da Conferência dos Três Poderes, que concedeu vastas somas de ajuda dos Aliados à União Soviética sob os termos de um acordo estendido de *Lend-Lease*. Conhecido como Primeiro Protocolo e assinado em 1º de outubro de 1941, o acordo dizia que a Grã-Bretanha e os Estados Unidos prometiam fornecer à União Soviética 400 aeronaves e 500 tanques por mês, além de grandes estoques de outros armamentos, matérias-primas, gêneros alimentícios, suprimentos médicos e equipamento militar.[148] Ao concluir o acordo, o ministro soviético das Relações Exteriores, V. M. Molotov, declarou: "Uma combinação de Estados foi finalmente formada contra o hitlerismo".[149] Não foi sempre uma aliança feliz, mas durou pelo resto da guerra e, por meio de provisões do acordo *Lend-Lease*, deu ao Ocidente um papel indireto, mas sem dúvida importante, na luta na Frente Oriental.

O próprio Stálin escreveu a Churchill em 3 de outubro para expressar sua gratidão, mas também para pedir para que "os governos britânico e americano façam todo o possível para aumentar as cotas mensais e também aproveitar todas as oportunidades de acelerar as entregas planejadas agora, porque os hitleristas usarão os meses pré-inverno para exercer a máxima pressão sobre a URSS".[150] A resposta de Churchill, três dias depois (6 de outubro), enfatizou sua disposição em cooperar, traçando planos ambiciosos para operar um ciclo contínuo de comboios que partiriam a cada dez dias.[151] Esses planos colocaram o almirantado britânico sob enorme pressão, uma vez que ele havia planejado comboios partindo a cada quarenta dias.[152] Mas Churchill, reconhecendo a importância terrível dos eventos na União Soviética, insistiu no cumprimento de seu cronograma. O segundo comboio para a União Soviética (tendo o primeiro, com o codinome de "Dervish", partido em 21 de agosto) partiu no final de setembro, transportando 193 aviões de combate e 20 tanques. Começando com esse segundo comboio, o almirantado instituiu um novo sistema de letras para cada comboio: "PQ" seguido por uma sequência de números para os comboios com destino à União Soviética, e "QP" para os que voltavam ao Reino Unido.[153] O PQ.1 navegou de Hvalfjord, na Islândia, com onze mercadores mais escolta e conseguiu fazer a passagem até Archangel sem ser perturbado por navios ou aeronaves alemãs. O PQ.2 saiu de Scapa Flow em 17 de outubro com seis navios mais escolta e chegou igualmente ileso.[154] De acordo com o telegrama de Churchill para Stálin, o PQ.2 transportava 140 tanques pesados, 200 veículos transportadores Universal Carrier[155] e 100 caças Hurricane.[156] Os comboios árticos tiveram um bom início, mas desde o começo, Stafford Cripps, o embaixador britânico em Moscou, alertara que, "após o espetacular sucesso da conferência [dos Três Poderes], a decepção virá quando os carregamentos não chegarem".[157] De fato, apesar dos esforços do almirantado, simplesmente não era possível atender ao pedido de Churchill de que um comboio partisse a cada dez dias, e o PQ.3 partiu apenas em 9 de novembro, 23 dias após o PQ.2. No total, sete comboios com um total de 53 mercadores partiram para a União Soviética em 1941, e quatro comboios com 34 mercadores fizeram o trajeto inverso. Notavelmente, nenhum dos navios foi perdido e a maior dificuldade em fazer a carga chegar às mãos soviéticas veio no final do ano, quando blocos de gelo fecharam o porto de Archangel; os navios foram desviados para Murmansk, cujo porto tinha uma infraestrutura extremamente ruim.[158]

Os tanques britânicos fornecidos à União Soviética consistiam do médio Valentine e do pesado Matilda, que não eram superiores aos T-34 e KV-1, mas em geral tinham desempenho melhor que os modelos mais antigos de tanques soviéticos, bem como o leve T-60. Antes que os tanques britânicos pudessem chegar à linha de frente, um programa de treinamento intensivo foi dado no centro de treinamento de Kazan com os vinte primeiros tanques do acordo *Lend-Lease*. Cerca de 1,6 mil soviéticos foram treinados na operação de tanques britânicos em cursos que duravam apenas quinze dias. Os soviéticos reclamavam das pequenas dimensões do canhão de 40 mm (2 libras) e houve até propostas de reforçar o Valentine com um 45 mm e o Matilda com um armamento principal de 75 mm. Contudo, provavelmente devido à necessidade urgente de apoio armado em Moscou, essas ideias não deram em nada. Os soviéticos também se decepcionaram com o desempenho vagaroso de travessia dos tanques britânicos, que era em média de apenas 24 quilômetros por hora, menos da metade do que o T-34 conseguia (51 quilômetros por hora) e também menos do que o muito mais pesado KV-1, que chegava a 35 quilômetros por hora. De forma geral, os tanques britânicos claramente não se igualavam aos melhores modelos soviéticos, mas os britânicos não precisaram empregá-los no campo de batalha, e a comparação com os *Panzer* alemães Mark III e Mark IV era mais favorável. Em outro nível, o sucesso no campo de batalha dos tanques britânicos na Frente Oriental em 1941 foi provavelmente menos importante do que o estímulo que ofereceram ao moral soviético, bem como o compromisso tangível que eles representavam para a recém-formada aliança.[159] Enquanto 466 tanques britânicos chegaram à União Soviética durante o ano de 1941, apenas 27 tanques leves M3 americanos alcançaram a costa soviética no mesmo período, fazendo os oficiais soviéticos concluírem: "De forma geral, as remessas dos EUA estão sendo conduzidas de forma extremamente insatisfatória".[160]

As aeronaves aliadas despachadas para a União Soviética em 1941 começaram a chegar em setembro, e ficaram inicialmente concentradas no aeródromo de Vianga (27 quilômetros a nordeste de Murmansk, no mar de Barents), onde pilotos soviéticos eram treinados por elementos que vieram com a 151ª Fighter Wing britânica.[161] O comboio inicial Dervish carregou Hawker Hurricanes e Curtiss Tomahawks, o que significava que tanto caças britânicos como americanos atuariam na Frente Oriental no outono de 1941. Apesar de tudo o que o Hurricane da Força Aérea Real havia realizado na Batalha da Bretanha, a verdade era que, no outono de 1941, a aeronave aproximava-se rapidamente da obsolescência. O Hurricane era significativamente mais lento que os melhores caças alemães (Bf 109E/Fs) e suas metralhadoras disparavam pequenas balas de 7.7 mm das quais os soviéticos caçoavam, dizendo serem boas apenas para estragar a pintura dos alemães. Mas nem tudo eram más notícias para os pilotos soviéticos. Cada Hurricane era equipado com um rádio bidirecional, quando apenas uma em cada três aeronaves soviéticas no começo da guerra contava com rádio, e mesmo assim muitas vezes tinham apenas receptores, e não transmissores. Os aviões soviéticos também sofriam com a má transparência da cúpula, o que significava que os Hurricanes, com seu vidro blindado superior, ofereciam aos pilotos muito mais visibilidade e proteção. De forma geral, contudo, o Hurricane não era muito popular entre os pilotos soviéticos. Era ligeiramente superior aos LaGG-3, mas perdiam para os Yak-1 e MiG-3. Mesmo assim, as deficiências das aeronaves não impediram que vários pilotos soviéticos alcançassem o *status* de "ás". O capitão Sergei Kurzenkov efetuou 225 missões em seu Hurricane, abatendo 12 aeronaves alemãs e destruindo outras 5 em solo. Ele recebeu o título de "Herói da União Soviética" em 24 de julho de 1943.[162]

O Tomahawk americano era considerado um caça confiável e capaz pelos pilotos soviéticos. Não chegava a ser igual aos Yak-1 e MiG-3, ou mesmo ao alemão Bf 109E/Fs, mas era melhor que o Hurricane. Era extremamente robusto, capaz de aguentar grandes danos de batalha, e poderosamente armado com seis metralhadoras de alto calibre. As desvantagens incluíam uma velocidade menor que a dos Bf 109s e um desempenho lento em altitudes acima de 15 mil pés (embora a maioria dos combates aéreos na Frente Oriental ocorresse em baixas altitudes). Os planejadores do *Lend-Lease* também falharam por não fornecer peças sobressalentes para os

Tomahawks em quantidades suficientes, deixando muitos aviões inoperantes porque partes rudimentares de reposição não estavam disponíveis. Embora os primeiros pilotos soviéticos tivessem começado a treinar nos Tomahawks em 15 de setembro, foram logo realocados para a Zona de Defesa Aérea de Moscou e entraram em ação pela primeira vez em 12 de outubro. Devido ao seu desempenho firme em combate, o Tomahawk produziu uma quantidade maior de "ases" de combate que o Hurricane. Petr Belyasnik reivindicou 7 "abates" na batalha de Moscou e outros 4 em Stalingrado, tornando-se um "Herói da União Soviética" em 28 de abril de 1943 e terminando a guerra com 26 "abates" individuais ou em conjunto. Outro piloto soviético, Stepan Ridnyi, derrubou 6 aviões alemães na batalha de Moscou e já tinha 21 "abates" individuais ou em conjunto antes de sua conversão para o Tomahawk. Ridnyi, porém, foi morto em 17 de fevereiro de 1942, quando seu Tomahawk sofreu uma falha de motor na decolagem e caiu.[163]

Mesmo com a força inicial da Grande Aliança forjada em grande parte com base nos acordos de *Lend-Lease*, a União Soviética continuava sustentando o enorme peso da guerra contra a Alemanha nazista, o que rapidamente levou a correntes de tensão entre Londres e Moscou. Na cabeça de Churchill, ele já forçava os limites do que a Marinha Real poderia fazer, enquanto ao mesmo tempo negava à sua própria força aérea e exército centenas de aeronaves e tanques de reposição. Além disso, logo depois da ocupação anglo-soviética do Irã, em 12 de outubro, Churchill, esperando liberar mais unidades para o pressionado Exército Vermelho, ofereceu substituir as cinco divisões soviéticas em função de guarnição por mais tropas britânicas.[164] Do ponto de vista soviético, contudo, isso indicava que ainda havia claramente limites no compromisso britânico com a guerra no Oriente, o que tendia a reforçar a ideia de algumas pessoas no governo soviético de que a Grã-Bretanha estava preparada para lutar até o último soldado do Exército Vermelho. Suspeitas cercavam a oferta de Churchill no Irã, e a pergunta era: se os britânicos estavam tão ansiosos para ajudar seu aliado, por que não mandavam forças adicionais diretamente para a Frente Sul soviética?[165] Stálin também notou uma relutância britânica em declarar guerra à Finlândia, Romênia e Hungria, que haviam estado todas lutando contra a União Soviética desde o começo da Operação Barbarossa.[166] Churchill relutava no caso da Finlândia e da Romênia porque ambas, inicialmente pelo menos, estavam empenhadas em guerras de liberação para retomar territórios agressivamente tomados pelos soviéticos no ano anterior.[167] Havia também a consideração de que uma vez declarada a guerra, esses países estariam unidos a Hitler e a possibilidade de influenciá-los de volta em direção ao campo dos Aliados estaria perdida para sempre. Mas Stálin interpretou a hesitação britânica como falta de compromisso com a aliança, o que minou sua confiança, especialmente considerando que no mês anterior Churchill havia terminantemente rejeitado o prospecto de lançar uma segunda frente na Europa em 1941 e a frente do norte da África estava especialmente tranquila desde o fracasso da ofensiva Battleaxe britânica em junho. Assim, quando Churchill concluiu seu telegrama de 12 de outubro para Stálin insistindo que "palavras são inúteis para expressar o que sentimos sobre sua vasta luta heroica. Esperamos agora poder demonstrar com ações",[168] Stálin pode ter sentido uma certa ironia ácida.

Stafford Cripps, o embaixador britânico agora baseado na capital-reserva soviética de Kuibyshev, estava empenhado em mostrar a Churchill os danos que a impressão da inatividade britânica causava às relações anglo-soviéticas. Escrevendo ao primeiro-ministro em 26 de outubro, Cripps declarou: "Eles [os soviéticos] estão agora obcecados com a ideia de que estamos preparados para lutar até a última gota de sangue russo [...] e interpretam cada ação desse ponto de vista ou do ponto de vista de que estamos recostados e descansando enquanto eles lutam".[169] Churchill justificadamente fez objeção a ser repreendido por inação pelos soviéticos, quando eles mesmos, apenas cinco meses antes, haviam sido aliados econômicos e políticos de Hitler contra uma Grã-Bretanha isolada.[170] Ainda assim, além dos já vastos compromissos do Primeiro Protocolo, Churchill não estava preparado para fazer mais. Apenas em resposta ao crescente clamor para que as tropas britânicas fossem destacadas para a União Soviética, não apenas do governo soviético, mas com o apoio de Cripps, do secretário de Estado para Assuntos Exteriores Anthony Eden e de grande parte do público britânico, Churchill concordou com Oliver Lyttelton, ministro de Estado no Oriente Médio, que as tropas britânicas talvez tivessem de fato de ser transferidas do Mediterrâneo para a Frente Oriental. Como Churchill escreveu a Lyttelton: "Estou sendo confrontado com exigências russas para que forças britânicas tomem seu lugar na linha no flanco esquerdo russo o mais cedo possível. Não será possível, diante da crescente indisposição do povo britânico contra o que eles consideram inatividade nossa, resistir a tal exigência indefinidamente." [171]

No final de outubro já estava claro que a Grande Aliança, apesar do acordo do Primeiro Protocolo no começo do mês, teria de superar vários novos desafios, que seriam complicados por antigas suspeitas. Mas outubro de 1941 também foi uma época especialmente difícil para a aliança. Stálin estava preocupado por estar prestes a perder Moscou, e as notícias terríveis do leste da Ucrânia e da Crimeia apenas aumentavam o seu senso de urgência e frustração. Ao mesmo tempo, Churchill estava irritado pelos atrasos constantes à iminente ofensiva Crusader no norte da África[172] e, tendo já cedido tanto para apoiar o Exército Vermelho, ele agora temia que o esforço de guerra britânico pudesse ficar comprometido pela causa soviética. Em outras palavras, a repentina tensão nas relações anglo-soviéticas era tanto resultado das questões divisoras em si quanto das circunstâncias externas nas quais as disputas ocorriam. Nenhuma nação, contudo, questionou o valor de sua aliança e nem as discussões se tornaram hostis ou acrimoniosas. De fato, se as nuvens que pairavam sobre a aliança em outubro tinham um lado bom, este era o segredo cuidadosamente resguardado, revelado pelos deciframentos Enigma, que indicavam que a ofensiva Tufão da Alemanha estava perdendo o fôlego.[173] Ainda mais encorajadoras eram as esperanças de beligerância por parte dos EUA após as notícias de 17 de outubro de que o USS *Kearney* havia sido torpedeado com a morte de onze marinheiros americanos. A isto se seguiu em 31 de outubro o afundamento do USS Reuben James por outro torpedo alemão, resultando na perda de 115 marinheiros.[174] Tais incidentes sugeriam que a entrada dos Estados Unidos na guerra era apenas questão de tempo, e, com a ajuda dos Aliados agora correndo para leste, a interdependência mútua da Grande Aliança se mostrava superior às suas dificuldades. Em 10 de outubro, uma transmissão de rádio da BBC captada e gravada no diário de guerra do Grupo de Exércitos Centro falava sobre a defesa soviética de Moscou e concluía: "Eles estão acuados contra a parede e se defendendo o melhor que podem, mas atrás dessa parede está a Grã-Bretanha com os Estados Unidos da América".[175]

CAPÍTULO 8

De tanque vazio

Chutando cavalo morto – O avanço estancado do Grupo de Exércitos Centro

Em 19 de outubro de 1812, após ter ocupado Moscou por 34 dias (começando no dia 15 de setembro), Napoleão começou sua longa retirada da Rússia. A essa altura, o imperador francês já contabilizava suas perdas, enquanto procurava escapar dos temidos efeitos de um inverno russo. Em 19 de outubro de 1941, os exércitos de Hitler lutavam para seguir a leste em direção a Moscou, e ainda estavam longe de capturá-la. De fato, em 20 de outubro, a 98ª Divisão de Infantaria de Schroeck, uma das divisões mais a leste do Grupo de Exércitos Centro de Bock, encontrou uma placa indicando que ainda faltavam 69 quilômetros para seu objetivo.[1] Ao mesmo tempo, em uma colina próxima a Tarutino, os alemães passaram por uma coluna da vitória em comemoração ao triunfo do czar Alexandre I sobre os franceses em 1812.[2] Para os exércitos de Bock, que enfrentavam a lama viscosa e uma resistência crescente, os presságios de derrota no caminho para Moscou eram muito evidentes.

De seu quartel-general em Smolensk, Bock observava com crescente desespero a força de seu grupo de exércitos se deteriorar. Apenas dez dias antes, ele parecia ser o conquistador irresistível de Moscou, mas a balança virara, o grupo de exército estava se atolando e Bock procurava qualquer expediente que pudesse manter seu avanço. Ele preparou uma ordem instruindo unidades motorizadas, "que estavam paralisadas pelas condições da estrada", a abandonarem seus veículos e "se unirem como infantaria com artilharia limitada". Contudo, quando Bock solicitou o consentimento de Brauchitsch, o comandante do exército recusou totalmente.[3] Durante uma conversa ao telefone no dia seguinte (22 de outubro), Brauchitsch, como tantos no alto-comando alemão, simplesmente não conseguia acreditar que as coisas haviam gado a tal ponto que os próprios instrumentos da guerra móvel moderna deveriam ser simplesmente abandonados. De fato, parece que Brauchitsch ainda tinha esperanças de que o tempo melhorasse.[4] A verdade era que o alto-comando alemão havia subestimado totalmente, e continuava a fazê-lo, a natureza penetrante da *rasputitsa* russa. Como o chefe do Estado-Maior do IV Exército, Blumentritt, observou, a realidade da *rasputitsa* tinha de ser vivida para ser verdadeiramente compreendida. Escrevendo sobre as condições de outubro após a guerra, Blumentritt explicou:

> Havíamos previsto isto [a *rasputitsa*], é claro, porque havíamos lido sobre ela em nossos estudos sobre as condições russas. Mas a realidade excedeu de longe nossas piores expectativas [...] É difícil fazer um retrato de como era para alguém que não a experimentou de verdade [...] Os soldados deslizam na lama, enquanto muitos cavalos são necessários para puxar cada canhão. Todos os veículos sobre rodas afundam até os eixos no lodo. Mesmo tratores se movem com muita dificuldade. Uma grande proporção de nossa artilharia pesada logo ficou presa e portanto indisponível para a batalha em Moscou. A qualidade da lama pode ser entendida quando se percebe que mesmo tanques e outros veículos de tração mal conseguem avançar e atolam frequente e repetidamente. O desgaste que tudo isso causou em nossas tropas já exaustas talvez possa ser imaginado.[5]

Bock, como muitos comandantes na linha de frente, certamente teve uma curva de aprendizado muito mais íngreme do que os homens do OKH e do OKW. Até mesmo Goebbels, que havia expressado anteriormente preocupações sérias sobre as condições sazonais no Oriente e recebia relatórios militares diários detalhando os problemas, ainda se recusava a aceitar que o tempo pudesse impedir a vitória alemã. Escrevendo em 21 de outubro, Goebbels observou: "Temos de obter a vitória mesmo contra o clima. Isso é, sem dúvida, mais difícil do que pensamos originalmente, mas afinal a guerra não pode fracassar por conta do tempo".[6] De fato, o clima não era o único fator que impedia o progresso de Bock, e por esse motivo a afirmativa pós-guerra de que o mau tempo de outubro foi o solitário calcanhar de Aquiles da Operação Tufão simplesmente não resiste a uma análise mais profunda. Jukov combatia Bock com tudo de que dispunha e transportava suas reservas em condições idênticas. De fato, a "conclusão geral" do Grupo de Exércitos Centro em 21 de outubro foi de que os soviéticos estavam destacando todas as unidades disponíveis para a linha de frente e, principalmente, sua artilharia voltava a se mostrar forte. Havia também um constante aparecimento de unidades mecanizadas, e viam-se fortificações de campo cavadas às pressas em toda parte.[7] Não surpreende então que a ofensiva do Grupo de Exércitos Centro estivesse afundando. Como Bock observou em 21 de outubro, o II Exército *Panzer* de Guderian e o 3º Grupo *Panzer* de Reinhardt "estão essencialmente em um impasse". De fato, Guderian havia cessado seus ataques a Tula e estava reunindo forças para lançar um novo esforço em 23 de outubro. As forças de Reinhardt dentro e ao redor de Kalinin, por outro lado, estavam sob imensa pressão apenas para manter suas posições contra uma vigorosa contraofensiva soviética lançada pela nova frente de Kalinin de Konev. No centro da frente de Bock, o IV Exército de Kluge, com o 4º Grupo *Panzer* de Hoepner, ainda conseguia um "progresso limitado", mas naquela noite Kluge ressaltou a Bock "a tremenda dificuldade de qualquer movimentação".[8] De fato, no dia seguinte (22 de outubro), Bock iniciou sua anotação no diário com a seca observação: "Nenhum progresso significativo em lugar algum".[9]

No 4º Grupo *Panzer*, Hoepner descreveu em uma carta no dia 19 de outubro o problema conjunto das estradas terríveis e da resistência crescente do inimigo:

> Desde 13/10 estou ainda no mesmo lugar. Como resultado das horríveis estradas, avançamos lentamente. Além disso, a resistência da zona de defesa de Moscou é muito forte. Os russos conseguiram destacar uma divisão do extremo leste a tempo [...] Depois trouxeram dez brigadas de tanques completamente novas = 1.000 tanques. É desconcertante. Tenho as batalhas mais difíceis em Mojaisk porque as construções mais fortes e a defesa mais corajosa estão nas estradas. E por causa das estradas, contorná-las faz com que o progresso seja lento.[10]

No XXXXVI Corpo *Panzer* de Vietinghoff, no flanco norte de Hoepner, o movimento adiante era restringido não apenas pelas estradas ruins e pela resistência soviética, mas também pela falta de combustível, o que, mesmo antes da rejeição de Bock pelo OKH, havia resultado em ordens para que os grupos de batalha de avanço abandonassem seus veículos e continuassem a pé.[11] O único modo de obter suprimentos era rebocar caminhões com tratores; até carroceiros mal conseguiam passar com suas carroças porque os cascos dos cavalos afundavam na lama.[12] Em uma ocasião, Bock observou pessoalmente que um único canhão estava sendo arrastado por um grupo de 24 cavalos.[13] Em toda a frente do XXXXVI Corpo *Panzer* havia problemas profundos. Em 22 de outubro, Vietinghoff esperava conseguir pelo menos usar os tanques da 5ª Divisão *Panzer* de Fehn no ataque, mas com apenas um quarto de carga de combustível (o suficiente para um avanço de 25 quilômetros em boas condições), isso foi considerado "impossível". No mesmo dia (22 de outubro), na área da 11ª Divisão *Panzer* do major-general Walter Scheller[14] foi relatada uma nova concentração de cem tanques soviéticos.[15] Além disso, a 2ª Divisão *Panzer* de Veiel relatou ataques constantes de aviões russos e observou: "Caças necessários com urgência".[16] O solo nos aeródromos alemães próximos, contudo, havia sido afetado por dias de chuva e chegou ao ponto em que os aviões não conseguiam mais alcançar velocidade suficiente para decolar. Em 26 de outubro, o diário de guerra do corpo *Panzer* de Vietinghoff expressava um retrato deprimente de dificuldades extraordinárias:

Como resultado de novas chuvas, as estradas chegaram a um ponto de pantanosidade desconhecido na Europa Central. Mesmo as carroças panje, amplamente utilizadas, estão atolando nas estradas mais movimentadas. Às vezes um cavalo afunda até o pescoço na lama e tem de ser sacrificado. Na rota de avanço encontram-se numerosos caminhões, alguns dos quais presos até a carcaça no lodaçal, a ponto de não poderem mais ser puxados por tratores / tanques. Nas estradas, apenas tratores pesados conseguem passar; o resultado temido para o sobrecarregado tráfego de suprimentos serão pesadas consequências. Os caminhos de toras, que são construídos em distâncias longas, em pouco tempo já ficam cobertos com 30 a 40 cm de lama aquosa que se infiltra pelas frestas entre os troncos.[17]

Em vários sentidos, as tropas de Vietinghoff, assim como todo o IV Exército de Kluge, estavam essencialmente se desfazendo. O enorme desgaste de empurrar adiante a linha de frente só contribuía para aumentar a distância que os suprimentos e reforços tinham de percorrer.[18] Naquelas condições terríveis, os motores falhavam, cavalos morriam de exaustão e os homens sofriam privações incalculáveis marchando na lama, congelando no frio, atacando posições soviéticas e, quando feridos, esperando muitas horas, ou mesmo dias, para chegar até as estações de auxílio.[19] Mesmo a comida estava se tornando um bem escasso, já que o avanço era lento demais para continuar a prática anterior de viver da terra, e o abastecimento vindo da retaguarda havia quase parado de funcionar.[20]

Ao sul do XXXXVI Corpo *Panzer* de Vietinghoff estava o XXXX Corpo *Panzer* de Stumme, que, após uma batalha recente, havia conseguido ultrapassar a muito fortificada linha soviética em Mojaisk, sofrendo grandes perdas no processo. Em uma semana de luta, o "Das Reich" de Bittrich sofreu 1.242 baixas (incluindo 270 mortos), enquanto a 10ª Divisão *Panzer* de Fischer teve mais 776 baixas (incluindo 167 mortos).[21] Mesmo após um combate tão duro, não era possível esmorecer na perseguição ao inimigo, e Stumme pressionou seus homens adiante apesar do fato de, em 19 de outubro, o diário de guerra do XXXX Corpo *Panzer* ter observado que "o grosso dos veículos das duas divisões motorizadas está atolado".[22] Para a maior parte dos soldados, portanto, o avanço continuou a pé, como escreveu o *Obersturmführer* Günther Heysing:

> Esses soldados, todos com a mesma expressão facial sob seus quepes de campo desbotados, pisoteiam a lama em silêncio, passo a passo para o leste. O líquido barrento entra por cima de suas botas. Que diferença faz? Seus pés estão mesmo ensopados há dias. Também estão molhadas as calças que colam em torno de seus joelhos como compressas frias todas as noites. Os casacos também estão molhados, sujos de barro. As únicas coisas secas e quentes são as bitucas de cigarro cintilantes penduradas nos cantos de suas bocas e seus corações batendo em seu peito.[23]

DE TANQUE VAZIO

Não só o avanço tinha diminuído de ritmo, mas, em contraste com os envolvimentos estratégicos rápidos do começo de outubro, o Corpo *Panzer* de Stumme seguia de perto a autoestrada Smolensk-Moscou, o que significava que a direção de seus ataques era totalmente previsível. Ataques frontais ainda favoreciam as mais bem treinadas e mais experientes forças alemãs, mas o custo de se lutar contra linhas defensivas soviéticas constantemente recorrentes por mais 80 quilômetros até Moscou era proibitivamente alto. Em 23 de outubro, o diário de guerra do XXXX Corpo *Panzer* listava as muitas dificuldades do ataque. Pontes e estradas eram explodidas para atrapalhar a movimentação, enquanto a área estava cheia de "muito numerosas" minas, algumas até preparadas com detonadores de ação retardada. Os soviéticos também começaram a destacar múltiplos tanques pesados, lança-foguetes Katyusha e a efetuar ataques com "força de esquadrão" junto a caças e bombardeiros inimigos.[24] Boris Baromykin, que lutou contra o XXXX Corpo *Panzer* na retirada de Borodino e da Linha Defensiva de Mojaisk, lembrou após a guerra:

Os alemães continuavam tentando acabar conosco [...] à medida que descíamos a autoestrada Smolensk–Moscou, os tanques deles vinham no nosso encalço. Mas resistimos obstinadamente. Frequentemente virávamos nossos canhões e atirávamos à queima-roupa para repelir a perseguição. Nós contra-atacamos a infantaria deles [...] Para retardar o avanço alemão, ateamos fogo em tudo, para que não ficasse com o inimigo. Estávamos determinados a não deixá-los passar.[25]

Como a 10ª Divisão *Panzer* de Fischer e o "Das Reich" de Bittrich tentaram repetidamente romper as linhas soviéticas, o peso sobre suas já esgotadas unidades de combate foi excessivo. No final de outubro, quando Fischer relatou sua força efetiva a Stumme, diz-se que o comandante da tropa teria exclamado: "Meu Deus, isso não é mais do que uma patrulha de reconhecimento reforçada".[26]

O 3º Grupo *Panzer* de Hoepner operando no flanco sul do 4º Grupo *Panzer* era o LVII Corpo *Panzer* de Kuntzen, com duas divisões *Panzer* e uma divisão de infantaria motorizada.[27] Tendo capturado Maloiaroslavets em 18 de outubro, a ponta de lança de Kuntzen (a 19ª Divisão *Panzer* de Knobelsdorff) conseguiu avançar mais 30 quilômetros até a entrada da cidade de Kamenskoye, a 70 quilômetros de Moscou. Ali, contudo, o avanço parou, e não se moveria novamente em outubro. A 19ª Divisão *Panzer* de Knobelsdorff estava agindo sozinha, já que a 20ª Divisão *Panzer* de Thoma, que estava reduzida a 34 tanques em 16 de outubro, havia sido deixada na retaguarda para descansar e se reequipar.[28] Como o diário de guerra de Thoma resumiu o problema: "O espírito está disposto, mas o caminhão está frágil".[29] Em Kamenskoye, a divisão de Knobelsdorff novamente encontrou uma dura resistência soviética, bem como as estradas mais alagadas do Grupo de Exércitos Centro. O diário de guerra do LVII Corpo *Panzer* de Kuntzen observou que mesmo tratores e tanques não conseguiam atravessar algumas áreas.[30]

Em 25 de outubro, o avanço na frente de Kuntzen estava paralisado havia quase uma semana, mas o corpo *Panzer* ao menos agora conseguia apoio nos flancos pela chegada contínua de divisões de infantaria do IV Exército de Kluge. Qualquer esperança, contudo, de uma renovação da ofensiva foi despedaçada, juntamente com qualquer ilusão remanescente de um inimigo soviético derrotado, quando a Frente Ocidental lançou uma ofensiva contra a Frente Sul de Kluge. Como Bock observou no Grupo de Exércitos Centro: "O inimigo trouxe novas forças da Sibéria e do Cáucaso, e lançou contra-ataques nos dois lados das estradas que vão para o sudoeste de Moscou. A metade sul do IV Exército, com uma grande parte de sua artilharia atrasada pelas estradas enlameadas, foi forçada à defensiva."[31] A ofensiva foi lançada de ambos os lados de Naro-Fominsk, com o XII Corpo de Exército de Schroth sofrendo as perdas mais pesadas em 25 de outubro, enquanto era obrigada a recuar dois ou três quilômetros. No final do dia, uma companhia do corpo relatou ter apenas 12 homens restantes.[32] No dia seguinte (26 de outubro), a ofensiva se expandiu, exigindo que Kluge mandasse o XII Corpo de Exército de Schroth, o XIII Corpo de Exército de Felber e o XX Corpo do Exército do general de infantaria Friedrich Materna para a defesa. Kluge também engajou suas duas divisões de reserva (a 15ª Divisão de Infantaria do tenente-general Ernst-Eberhard Hell e a 183ª Divisão de Infantaria do major-general Richard Stempel)[33] na luta e até pediu a Bock a liberação adicional da reserva do grupo de exército.[34] O golpe mais duro em 26 de outubro foi sobre a 98ª Divisão de Infantaria de Schroeck, que foi atacada por tanques T-34 e KV-1, ultrapassando as linhas de frente tão rapidamente que uma fortificação que abrigava uma equipe de batalhão foi esmagada com os ocupantes dentro.[35] Apenas o engajamento do regimento *Panzer* da 19ª Divisão *Panzer* de Knobelsdorff restaurou a situação.[36] Mas o custo foi terrível: no 290º Regimento de Infantaria, as companhias terminaram o dia com forças de apenas 20 homens. O coronel Martin Gareis, comandante do 282º Regimento de Infantaria em 26 de outubro, recordou-se desse dia como o "dia negro". Além disso, ele constatou "que este dia trará uma decisão, que o avanço sobre Moscou chegará ao final e que o ímpeto ofensivo da divisão será quebrado por longas semanas por vir".[37]

Apesar de os restos destroçados de uma divisão de infantaria certamente deixarem claros os desafios de se continuar a invasão de Moscou, a verdade é que não era necessário esperar por tais desastres para determinar que o grupo de exército de Bock, longe de tomar a capital soviética, estava passando por um arriscado ponto sem volta, a partir do qual ficaria sobrecarregado, imobilizado e cada vez mais exposto a contramedidas soviéticas. Além disso, apenas um filete de suprimentos agora chegava à linha de frente, fazendo com que os estoques de munição ficassem perigosamente baixos e forçando muitos soldados a passar fome. Como sinal da extraordinária desconexão entre os acontecimentos na linha de frente e a compreensão do alto-comando, Wagner, o intendente-general do exército, observou em uma carta em 24 de outubro: "No *front* tudo vai muito bem diante de Moscou. Se o tempo estivesse melhor, seria até mais rápido. Podemos ficar satisfeitos e mal pensamos no fato de que, desde 2 de outubro, percorremos mais 300 quilômetros".[38] Na verdade, já em 4 de outubro o 4º Grupo *Panzer* havia se queixado de que apenas 50% de seu transporte motorizado ainda estava utilizável, e, quatro dias mais tarde, o IV Exército de Kluge reclamara do pequeno número de trens de combustível que chegavam à retaguarda.[39] De fato, enquanto o número total de trens que chegavam à Frente Oriental em setembro já havia se mostrado inadequado (2.093), houve ainda menos deles em outubro (1.860).

Mau planejamento, dificuldades de operação e baixa capacidade de transporte significavam que a crise de abastecimento de outubro era um fato já consumado, exacerbado pelo mau tempo, mas não causado por este. A extensão da frente para o leste desgastou ainda mais os recursos, e no começo de novembro o Grupo de Exércitos Centro precisava de pelo menos 32 trens por dia apenas para cobrir seus custos de operação, mas apenas 16 chegavam.[40] Com suprimentos extremamente insuficientes chegando às estações de abastecimento dianteiras, o grupo de exército então se viu às voltas com o problema secundário de mover as poucas provisões que recebiam para a frente. Parte do problema era a distância que as provisões percorriam, já que as estações de abastecimento não conseguiam acompanhar o avanço. A 15ª Divisão de Infantaria de Hell, por exemplo, estava recebendo parte de seus suprimentos de Smolensk, a 350 quilômetros de sua posição atual.[41] Ao mesmo tempo, a 98ª Divisão de Infantaria de Schroeck transportava suas munições a partir de 300 a 400 quilômetros na retaguarda.[42] Mesmo com a finalização da estação planejada para Viazma (em 23 de outubro), a frente ainda estava mais de 115 quilômetros a leste em seu ponto mais próximo, e a 200 quilômetros de Kalinin ao norte. Mesmo sob circunstâncias normais, essas distâncias seriam consideradas longas, mas nas condições prevalecentes um sistema de abastecimento operável era impossível. Assim, embora o comando alemão se recusasse a aceitar o fato, a invasão da Operação Tufão a Moscou estava amplamente condenada.

Já na frente havia sinais de desespero real. Um soldado lembra: "Muitas vezes naquele primeiro outono não tivemos pão por dias seguidos, e havia muito pouco que pudéssemos requisitar ou até comprar da população civil".[43] Até a normalmente bem provida Waffen-SS sofria uma escassez severa. Günther Heysing do "Das Reich" observou: "Munição, combustível para nossos veículos e pão logo se tornaram raros como ouro. Não conseguíamos nem transportar nossos feridos até um lugar seguro".[44] Mostrou-se impossível até mesmo trazer uma cama de campanha especialmente encomendada para o marechal de campo Kluge.[45] Muitos milhares de caminhões do Grupo de Exércitos Centro, necessários para fazer a ponte entre as estações de abastecimento de Bock e a frente, começaram a Operação Tufão com uma vida útil extremamente limitada. Muitos funcionavam apenas graças a reparos altamente provisórios ou eram "caminhões híbridos", reconstruídos e consertados com partes improvisadas ou retiradas de outros veículos e máquinas. A confiabilidade desses caminhões, extremamente carregados com suprimentos e viajando longas distâncias em estradas ruins, era excepcionalmente baixa. De fato, muitos dos veículos que agora tinham de ser puxados nas estradas alagadas não teriam se movido muito mais rapidamente em estradas secas. Uma avaliação dos veículos de uma unidade do XXXXVI Corpo *Panzer* de Vietinghoff mostrou que alguns modelos em serviço eram "completamente inadequados" ao leste, passando mais de 50% do tempo na estação de reparos. Mais preocupante ainda era o fato de que, com a movimentação agora dependente dos tratores para puxar os caminhões pelas áreas mais pantanosas, os resultados mostravam um índice de perda muito grande na frota de tratores. Dos 40 veículos usados para este fim, em 20 de outubro apenas quatro ou cinco ainda estavam operando.[46] A incapacidade do exército de fornecer peças de reposição era um dos maiores problemas para as equipes de conserto, que, apesar da cultura de autossuficiência praticada na Frente Oriental desde o verão, viu, em casos extremos, caminhões sendo despachados de volta para a Alemanha para obter as peças necessárias.[47]

O verdadeiro segredo da mobilidade contínua de muitas unidades na Frente Oriental foi o confisco incessante de equipamentos soviéticos capturados, especialmente após grandes batalhas como a de Viazma e Briansk. Como lembra Georg Lehrmann, sua unidade rapidamente aprendeu algumas lições para ajudar a manter sua mobilidade:

> Outra divisão nos disse: "Se seus veículos não funcionam, tentem encontrar tanques russos"; e assim fomos procurar alguns, havia o bastante por ali. Quando encontramos tanques que não estavam queimados, empilhamos barras de dinamite para explodir o eixo de transmissão onde o canhão estava montado e os usamos para rebocar os outros veículos. Tínhamos tratores de 10 toneladas para rebocar os canhões de artilharia e os usávamos como veículos de recuperação. Havia tantos tanques russos abandonados que outras divisões também puderam encontrar alguns. Sabíamos exatamente onde eles estavam, e dessa forma conseguimos nos arrastar para fora da lama. Mas foi um esforço tremendo.[48]

Outro soldado alemão relatou em 17 de outubro que sua unidade havia encontrado 300 tanques soviéticos abandonados e levara alguns consigo; contudo, acrescentou: "Neste tempo, eles também não conseguem ir muito longe".[49] Gottlob Bidermann observou as linhas não oficiais de suprimento que sustentavam muitas unidades, "à medida que as tropas aprendiam a viver da terra e de recursos inimigos capturados".[50] Os caminhões soviéticos capturados podem ter ajudado a desacelerar o ritmo da desmotorização no *Ostheer*, mas nem essas capturas e nem as entregas limitadas de novos caminhões da Alemanha poderiam deter o declínio absoluto em número de veículos na Frente Oriental. De um total inicial de 600 mil veículos[51] no início da Operação Barbarossa, o *Ostheer* estava reduzido a apenas 75 mil veículos utilizáveis em meados de novembro de 1941.[52]

Mesmo quando o 4º Grupo *Panzer* de Hoepner ficou preso na lama de outono, ainda era a formação *Panzer* mais formidável da Frente Oriental. As perdas na batalha de Viazma haviam sido mínimas. A 5ª Divisão *Panzer* de Fehn, por exemplo, havia perdido apenas dois tanques Mark II e seis Mark III até 14 de outubro.[53] Ainda assim, com um total combinado de 780 tanques no começo da Operação Tufão,[54] a progressão subsequente de Hoepner para o leste foi especialmente exigente no consumo de combustível. Havia também as inevitáveis taxas de defeito resultantes do avanço de cem quilômetros a partir de Viazma, bem como as perdas pesadas sofridas durante os ataques frontais contra a Linha Defensiva de Mojaisk. Em 24 de outubro, a 10ª Divisão *Panzer* de Fischer contava com uma força de 92 tanques (44 dos quais eram Mark I ou Mark II) e havia perdido 40 tanques em combate. Ao mesmo tempo, a 2ª Divisão *Panzer* de Veiel havia sofrido perdas totais de 13 tanques e 40 estavam fora de operação, deixando 149 *Panzers* operacionais. A 11ª Divisão *Panzer* de Scheller perdeu no total 64 tanques, 45 estavam fora de operação e 90 operacionais.[55] A 20ª Divisão *Panzer* de Thoma, que em 25 de outubro estivera descansando e sendo reequipada por uma semana, tinha 65 tanques operacionais.[56]

Portanto, não foi por falta de poder de fogo que o grupo *Panzer* de Hoepner não conseguia prosseguir adiante e, visto que os veículos de tração ainda estavam amplamente móveis nas estradas principais para Moscou, não foi a *rasputitsa* que impediu seu uso; foi, sim, a inabilidade do exército em abastecê-los com combustível e munições. Havia pouquíssimos trens chegando às estações de abastecimento, e mesmo as quantidades inadequadas que estavam sendo entregues não podiam ser transportadas até a linha de frente pelo imobilizado *Grosstransportraum* do grupo de exército. As pesadas chuvas e a lama espessa estavam, portanto, impedindo a movimentação tanto de forma direta como indireta. Mesmo o árduo processo de rebocar os caminhões de combustível e suprimentos até a linha de frente era contraproducente, como um soldado explicou: "Engenheiros, regimentos de defesa antiaérea e de tanques enviam seus veículos de tração pesados para a retaguarda para colocá-los em frente aos veículos de abastecimento e rebocá-los. Mas é tudo em vão. O combustível transportado dessa maneira só é suficiente para abastecer os destacamentos de reboque".[57] De muitas formas, continuar com o avanço para Moscou era um círculo vicioso de causa e efeito que prejudicou muitos dos melhores esforços de Hoepner. Mover as provisões exigia caminhões, os caminhões precisavam de estradas, as estradas exigiam veículos de tração e os veículos de tração precisavam de combustível. Mesmo assim, nenhum desses problemas pôde ser resolvido logo. Como Wilhelm Prüller observou: "Tudo é cinza, escuro e impenetrável. A Rússia inteira está afundada na lama".[58] Da mesma forma, Albert Neuhaus observou em uma carta em 27 de outubro: "Você não pode imaginar que tipo de dificuldades temos de superar. Temos de chafurdar no lodo até quase os joelhos, e então você pode imaginar os veículos, e especialmente os veículos pesados".[59]

Enquanto o grupo *Panzer* de Hoepner estava parado ainda distante de Moscou, no norte o 3º Grupo *Panzer* de Reinhardt lutava desesperadamente em Kalinin. O XXXXI Corpo *Panzer* de Kirchner estava quase completamente cercado, pressionado de todos os lados por ataques da frente de Kalinin de Konev. O outro corpo de Reinhardt, o LVI Corpo *Panzer* de Schaal, ficara detido por muito mais tempo na batalha de Viazma, e agora lutava para conseguir seguir ao norte pelas estradas ruins a fim de auxiliar Kirchner com um grupo de batalha formado a partir da 6ª Divisão *Panzer* de Landgraf. Um destacamento avançado ainda menor havia partido para Kalinin por volta de 13 de outubro, e chegou à cidade em 16 de outubro. Mas o progresso do grupo de batalha não foi muito mais rápido que o da infantaria.[60] Gerhard vom Bruch, que participou da marcha, escreveu em 20 de outubro: "Cada vez mais tempo está sendo perdido – e estamos passando por infindáveis paradas. Durante o dia, a neve degela um pouco; à noite ela congela novamente, e uma neve fresca varre as planícies". Ele então conclui: "Terá sido uma mera ilusão achar que poderíamos derrotar este colosso russo em apenas alguns meses?".[61] O major-general Erhard Raus, um comandante de brigada na 6ª Divisão *Panzer*, escreveu sobre as condições do outono: "Veículos motorizados quebraram, com problemas na embreagem ou no motor. Cavalos ficaram exaustos e caíram. As estradas estavam cheias de animais de tração mortos. Poucos tanques estavam operacionais. Caminhões e carroças puxadas por cavalos atolavam".[62] O LVI Corpo *Panzer* de Schaal também comandava a 7ª Divisão *Panzer* de Funck, que enviou pelo menos um de seus regimentos de granadeiros ao norte para Kalinin, mas o grosso da divisão, incluindo o regimento *Panzer*, ficou descansando e se reequipando em Viazma até 25 de outubro. Quando finalmente a divisão partiu para o norte, encontrou as estradas em condições extremamente ruins,[63] e uma carta de Karl Fuchs, um operador de tanque do regimento *Panzer* da divisão, indica como era difícil a movimentação. Escrevendo em 26 de outubro, Fuchs explicou: "Chuva, chuva, nada além de chuva! O campo parece um pântano cinza sem fim. As estradas, ao menos o que restou delas, se tornaram totalmente intransitáveis. Até caminhar se tornou um feito. É muito difícil ficar de pé – de tão escorregadio".[64] No dia seguinte (27 de outubro), uma passagem no diário de guerra do 3º Grupo *Panzer* afirmava que pelo menos 50% do 25º Regimento *Panzer* (que pertencia à 7ª Divisão *Panzer*) já havia caído como resultado das condições do tempo e das estradas.[65]

Enquanto o corpo *Panzer* de Schaal praticamente não teve papel na luta em Kalinin até o final do mês, em 20 de outubro o XXXXI Corpo *Panzer* de Kirchner estava em combate ininterrupto havia 17 dias, e, com a pressão soviética aumentando, não havia sinal de alívio.[66] Em 21 de outubro, a 1ª Divisão *Panzer* de Krüger ainda estava na margem norte do Volga a 10 quilômetros de Kalinin, e lutava para abrir caminho de volta à cidade após ter sido isolada durante seu avanço abortado a Torjok. O diário de guerra divisional observou que a condição dos homens causava "preocupações sé-

DE TANQUE VAZIO

rias" e que a divisão estava tentando atravessar de volta o Volga "sem muitas perdas materiais".[67] Contudo, a divisão de Krüger fora devastada na luta. Em 14 de outubro, a 1ª Divisão *Panzer* tinha 79 tanques utilizáveis,[68] mas em 21 de outubro esse número encolheu para apenas 24.[69] Dois dias depois (23 de outubro), foi relatado que mais oito tanques haviam sido perdidos, quatro por ação inimiga e quatro explodidos para evitar a captura após quebrarem.[70] Ao mesmo tempo, a divisão relatou a perda de 765 homens e 45 oficiais entre 13 e 20 de outubro.[71] Perder mais de 800 homens em apenas uma semana era grave o bastante, mas desde 22 de junho de 1941 a divisão havia perdido 265 oficiais (de um complemento inicial de 387) e 4.935 soldados e suboficiais.[72] Como observou Hans Röttiger, o chefe do Estado-Maior do XXXXI Corpo *Panzer*:

> Devido à pesada pressão russa contra a estrada Mednoye–Kalinin [Mednoye é um vilarejo a meio caminho de Torjok], a [1ª] Divisão [*Panzer*] teve de restringir sua retirada a uma faixa muito estreita ao longo da margem norte do Volga. Como resultado, um grande número de homens e especialmente equipamento foi perdido.[73]

O perímetro defensivo em torno de Kalinin estava sendo guardado pela 36ª Divisão de Infantaria Motorizada de Gollnick, pelos remanescentes retirados da 1ª Divisão *Panzer* de Krüger e da "Lehrbrigade 900" de Krause (que também havia participado da invasão de Torjok), por um destacamento avançado da 6ª Divisão *Panzer* e por um recém-chegado destacamento avançado da 129ª Divisão de Infantaria do major-general Stephan Rittau. Helmut Pabst, cuja unidade chegou a Kalinin em 23 de outubro, escreveu em uma carta no dia seguinte:

> Estamos em Kalinin desde a noite passada. Foi uma marcha dura, mas conseguimos. Fomos a primeira divisão de infantaria a chegar [...] Marchamos pela estrada que vai até esta cabeça de ponte como um longo braço, sem muita cobertura em qualquer dos flancos. A cabeça de ponte deve ser protegida para fins estratégicos e de propaganda. A estrada ostenta o selo da guerra: equipa-

mento destruído e abandonado, casas devastadas e incendiadas, enormes crateras de bombas, os restos lamentáveis de homens e animais.[74]

A situação era frequentemente desesperadora, uma vez que a frente de Kalinin de Konev lançava ataques implacáveis e os executava, de acordo com Hans Röttiger, "sem se importar com baixas".[75] Um oficial soviético capturado afirmou que Stálin havia exigido a retomada de Kalinin até 27 de outubro ou o oficial em comando, presumivelmente Konev, seria fuzilado.[76] No começo do mês, Stálin havia considerado mandar fuzilar Konev pelo fiasco em Viazma, o que fazia tal ameaça estar no campo das possibilidades, mas Kalinin não foi retomada na data estipulada e Konev não foi fuzilado. Contudo, se for verdade, isso diz muito sobre os métodos de "motivação" de Stálin.

Em 22 de outubro, o IX Exército relatou ao Grupo de Exércitos Centro que, a menos que as forças soviéticas ao sul e sudeste da cidade pudessem ser repelidas, Kalinin não poderia ser guardada indefinidamente, e certamente não seria possível efetuar outras ofensivas.[77] Contudo, isso entrava em conflito com a última orientação de Hitler, que Kesselring comunicou a Bock no dia anterior (21 de outubro). Não apenas Hitler ainda contemplava uma ofensiva a partir de Kalinin, como em lugar do avanço de 60 quilômetros a Torjok, que havia se mostrado além da capacidade do corpo de Kirchner, o ditador agora propunha um avanço até a cidade de Bejetsk, a 110 quilômetros de distância para o nordeste. Bock ficou atônito. "Somos empurrados de volta a Kalinin; primeiro precisamos guardar Kalinin! Eu sempre disse que essa seria a ferida aberta do IX Exército."[78] Em 23 de outubro, Bock discutiu suas ordens para o IX Exército com Halder no OKH. A sede do grupo de exército ainda não havia recebido instruções de Hitler exigindo um avanço em direção a Bejetsk, então Bock insistiu que sua primeira prioridade era eliminar as forças soviéticas que atacavam através do Volga e guardar Kalinin pelo sul. Bock, contudo, então reiterou seu desejo de outra ofensiva a Torjok.[79] Em 25 de outubro, os ataques soviéticos ao sul de Kalinin, em vez de diminuírem, golpeavam com vigor renovado através do Volga vindos do oeste. Bock, por outro lado, foi encorajado pelo fato de que dois corpos do IX Exército (o VI Corpo de Exército do general de engenharia Otto-Wilhelm Förster e o XXIII Corpo de Exército do general de infantaria Albrecht Schubert) estavam conseguindo progredir a partir do sul em direção a Torjok.[80] Contudo, ainda estavam a 40 quilômetros da cidade, e o corpo de Schubert relatou no dia seguinte (26 de outubro) que até seus veículos puxados por cavalos estavam agora atolados na lama a um metro de profundidade.[81]

Em 26 de outubro, Hitler se reuniu com Brauchitsch para discutir planos de novas ofensivas nos flancos de Bock. Hitler parecia pensar que o IV Exército de Kluge poderia operar sem o 4º Grupo *Panzer* de Hoepner diante de Moscou, apesar de seus ataques combinados terem sido detidos no sul e retardados no norte. Contudo, Hitler queria ação nas alas, e no norte seus pensamentos se voltaram novamente para Bejetsk. Dessa vez, ele constatou que as estradas primitivas não aguentariam as unidades motorizadas, então o avanço teria de ser efetuado pela infantaria do IX Exército de Strauss. Ao mesmo tempo, Strauss também teria de garantir que Kalinin estivesse defendida a oeste. Enquanto isso, o 3º Grupo *Panzer* de Reinhardt e o 4º Grupo *Panzer* de Hoepner seriam combinados para uma nova operação em direção a Yaroslavl–Rybinsk, 250 quilômetros a nordeste de Kalinin.[82] O Grupo de Exércitos Centro deveria fornecer informações sobre a possibilidade logística das operações propostas, ao que Bock acrescentou a observação cautelosa em seu diário: "Prometi examinar a situação na ala norte, mas salientei que, no momento, um avanço por forças motorizadas no sentido estratégico estava fora de questão, uma vez que eles estavam atolados até os eixos na lama".[83] Mesmo assim, em contraste com os protestos anteriores de Bock sobre Kalinin ser a ferida aberta do IX Exército, sem mencionar o estado das estradas e as grandes distâncias, Bock subitamente demonstrou um certo apoio às ideias de Hitler. Continuando em seu diário em 26 de outubro, Bock escreveu:

> Se preciso avançar a Bejetsk, seja com infantaria ou com tanques, primeiro tenho de ter Torjok e proteger meu flanco esquerdo [...] Examinarei se é possível forçar dois grupos blindados a nordeste entre Moscou e o Volga e abastecê-los. Halder respondeu que ele não achava que funcionaria. Mas temos

de chegar de algum modo à área de Rybinsk e Yaroslavl, a fim de eliminar o inimigo a nordeste dessa linha para continuar a guerra no ano que vem.[84]

Se a arrogância inerente ao planejamento estratégico alemão permitiu que muitas das falhas finais na Operação Barbarossa passassem despercebidas e inesperadas, a Operação Tufão confirmou que os mesmos homens haviam aprendido pouco nos quatro meses anteriores de campanhas no leste. Os relatos da situação do dia a dia em Kalinin – os ataques soviéticos, a falta de suprimentos alemães, a dificuldade de movimentação – simplesmente não são compatíveis com as discussões estratégicas que aconteciam no alto-comando alemão. Mesmo argumentando que Hitler e os generais do OKW e do OKH permaneciam de certa forma isolados da dura realidade das condições de outono no leste, foi Bock que insistiu em tomar Torjok e depois "de algum jeito" chegar à área de Rybinsk e Yaroslavl. Mesmo Halder, que alimentava suas próprias ilusões extremamente otimistas sobre o que o Grupo de Exércitos Centro poderia conseguir, considerou os novos planos duvidosos, e tudo isso acontecia independentemente da invasão titubeante a Moscou, bem como da outra ofensiva improvável ao sul do grupo de exército. Se as batalhas de Viazma e Briansk forneceram o esteio do sucesso da Operação Tufão, elas também paradoxalmente podem ter alimentado a arrogância que provocou seu fracasso no final.

Quando o 3º Grupo *Panzer* de Reinhardt tomou conhecimento dos planos em discussão no alto-comando, houve uma exasperação mal disfarçada. O abastecimento do XXXXI Corpo *Panzer* de Kirchner em Kalinin já estava se mostrando exigente o bastante sem o prospecto de estender as operações, especialmente considerando o estado das estradas. Para deixar a situação absolutamente clara, o grupo *Panzer* informou as reservas de combustível de cada divisão e qual a distância que estas conseguiriam percorrer nas condições em que então estavam as estradas. A 1ª Divisão *Panzer* poderia andar um máximo de 20 quilômetros, enquanto a 36ª Divisão de Infantaria Motorizada e a 129ª Divisão de Infantaria conseguiriam, na melhor das hipóteses, percorrer 30 quilômetros. A massa da 6ª Divisão *Panzer* de Landgraf ainda estava bem ao sul de Kalinin e tinha combustível suficiente para viajar apenas 60 quilômetros, o que não seria suficiente nem para chegar à cidade. A 7ª Divisão *Panzer* de Funck era a mais próxima aos armazéns da área de retaguarda e, portanto, tinha combustível para até 180 quilômetros, mas isso só os levaria até Kalinin.[85] Mesmo independentemente de considerações práticas como a potência da frente de Kalinin de Konev, que não aparecia nas discussões do alto-comando, simplesmente não havia combustível para golpes operacionais profundos. Suprimentos de munições foram similarmente afetados: os estoques estavam muito baixos e limitavam o fogo defensivo alemão em e ao redor de Kalinin. As provisões de gêneros alimentícios haviam se esgotado alguns dias antes e, em 25 de outubro, a *Luftwaffe* começou a atirar pães a partir de aeronaves em voo baixo.[86] Sobre o *status* de abastecimento de seu grupo *Panzer* na segunda metade de outubro Reinhardt escreveu:

> Como resultado do clima, foi quase impossível abastecer as tropas em e ao redor de Kalinin mesmo com as exigências mais básicas de comida e de combate. Quem não passou por isso não pode imaginar que tipo de experiência cada movimentação nas estradas exige do meio de outubro ao começo de novembro, mesmo nas ditas estradas boas. O que fizemos nesse período, especialmente graças aos motoristas, para trazer suprimentos por centenas de quilômetros na lama e neve derretida, foi espantoso. No final, apenas as colunas panje, e às vezes os barcos no Volga, restaram para trazer os bens mais importantes.[87]

Enquanto as colunas panje constituíam a forma de transporte mais eficiente, o diário de guerra do grupo *Panzer* também deixava claro que para um avanço a Bejetsk não havia "possibilidade satisfatória de uso de veículos panje".[88] Claramente a desconexão entre o alto-comando alemão e as condições em solo diminuíram consideravelmente as chances da continuidade do sucesso da Operação Tufão. Após as batalhas de Viazma e Briansk, o alcance das operações precisava ser reduzido e ter um foco central claro. Mesmo assim, com as condições em solo se mostrando tão problemáticas, o esforço investido tinha de ser balanceado com os ganhos projetados, que não podiam absolutamente ser garantidos, especialmente com o endurecimento da resistência soviética. O combate em Kalinin foi um bom exemplo; a cidade havia sido tomada por um ousado avanço que explorou a brecha nas linhas soviéticas ao norte de Viazma, mas manter o controle da cidade vinha sugando o XXXXI Corpo *Panzer* de Kirchner e exigia cada vez mais força do IX Exército de Strauss para se manter. O sangrento combate urbano nas margens do Volga, que notoriamente destruiu o VI Exército Alemão em 1942-1943, foi na verdade prefaciado em 1941 por outra batalha urbana nas margens do mesmo rio. Enquanto a batalha de Stalingrado condenou a Operação Azul do Grupo de Exércitos Sul em 1942, em 1941 Kalinin fazia praticamente o mesmo com a Operação Tufão do Grupo de Exércitos Centro.

O último ataque – A invasão de Guderian a Tula

As dificuldades do Grupo de Exércitos Centro podem ter sido inconscientemente ignoradas pelo alto-comando alemão, mas o papel do ministro de propaganda de Goebbels ao exagerar o caso da queda de Moscou e promover a iminente vitória do *Ostheer* foi intencional. De fato, como Hitler acompanhava atentamente os noticiários semanais de Goebbels, não é descabido sugerir que o ditador tenha sido literalmente influenciado por sua própria propaganda. Certamente, os relatos do SD mostram que boa parte da população alemã ainda esperava resultados decisivos em um futuro muito próximo. A penetração da Linha Defensiva de Mojaisk, junto com as notícias de que o governo soviético e as missões diplomáticas estrangeiras haviam fugido da capital, inspiraram ainda mais confiança. Em 23 de outubro, os últimos relatórios do SD diziam:

> A batalha na seção do meio [da Frente Oriental] é acompanhada com avidez. A declaração de que Moscou está em "estado de sítio", a partida dos corpos diplomáticos e a fuga do governo soviético para Samara reforçaram a opinião da população de que Moscou já está fortemente ameaçada e a conquista da capital russa aguarda em um futuro não muito distante.[89]

Isso, é claro, estava longe de refletir os acontecimentos no *front*, e a fanfarra do rádio trombeteando a marcha vitoriosa a Moscou foi recebida por muitas tropas com desgosto e zombaria. Um tenente participante da invasão de Tula escreveu para casa em 25 de outubro sobre o "patriotismo entusiasmado" na frente civil, que, segundo ele, soava como uma peça radiofônica ou uma companhia de propaganda, e a qual só "se podia lamentar".[90]

Guderian havia adiado a invasão a Tula pelo II Exército *Panzer* até 23 de outubro a fim de trazer suprimentos, que também não estavam se deslocando bem em sua área. Heinrici, o comandante do XXXXIII Corpo de Exército que estava seguindo do oeste em direção a Tula, escreveu à sua família em 23 de outubro que os caminhões precisavam de 36 horas para percorrer 35 quilômetros. Ele também observou que as estradas estavam cheias de cavalos mortos e caminhões quebrados, que eram o resultado não apenas do desgaste provocado pelas condições, mas também por crateras de meio metro de profundidade na estrada cheias de água, o que disfarçava sua profundidade. Heinrici também confirmou que as colunas panje formavam a base de toda a movimentação, mas acrescentou que transportar suprimentos por distâncias de 100 a 120 quilômetros, e depois a mesma distância na viagem de volta, dificilmente seria viável.[91] Em vista de tais dificuldades, não é surpresa que em 23 de outubro a ponta de lança de Guderian, a 3ª Divisão *Panzer*, se queixasse de que o ataque não poderia prosseguir por falta de combustível.[92] Mas Guderian foi inflexível, e o XXIV Corpo *Panzer* de Schweppenberg foi comandado para a ofensiva. O primeiro obstáculo era atravessar o rio Zusha a noroeste de Mtsensk, o que teve início em operações preliminares na noite de 22 de outubro. O ataque foi levado adiante, encontrando árdua resistência da infantaria soviética e tanques T-34. Os campos minados eram outro problema, então os tanques alemães seguiam o mais próximo possível o rastro do veículo sacrificial à frente. Essa tarefa ingrata foi atribuída aos pequenos tanques Mark I, que logo sofreram perdas.[93] Só no dia 25 de outubro foi possível capturar a cidade de Chern, apenas 28 quilômetros a nordeste de Mtsensk e a 95 quilômetros adicionais até Tula.[94]

De qualquer forma, Guderian pelo menos se movia adiante após uma parada forçada de quase duas semanas em Mtsensk. Ele também havia rompido a linha defensiva soviética principal ao sul de Tula, e agora enfrentava estradas ruins, pontes detonadas, campos minados e falta de combustível tanto quanto as aparições esporádicas do Exército Vermelho. Caminhos de troncos tinham de ser construídos para distâncias longas a fim de manter a movimentação, e a ponta de lança agora estava reorganizada em um grupo de batalha conduzido pelo coronel Heinrich Eberbach. Como Guderian recorda: "A força das unidades de avanço dependia menos do número de soldados que da quantidade de gasolina disponível para mantê-los em movimento".[95] Mas Eberbach também adotou táticas soviéticas e colocou um batalhão do Regimento de Infantaria "Grossdeutschland" de Hörnlein para montar nos tanques, enquanto a *Luftwaffe* priorizava o grupo de batalha com suporte aéreo próximo.[96] Aviões de carga também conseguiam trazer até Chern combustível suficiente para reabastecer o equivalente a dois regimentos *Panzer*.[97] Em 27 de outubro, o grupo de batalha de Eberbach havia tomado Plavsk, 36 quilômetros a nordeste de Chern, e continuava avançando mais rapidamente do que as defesas soviéticas conseguiam se organizar para detê-lo. Foi um feito notável em vista das condições sazonais, mas possibilitado pelo avanço ter ocorrido quase totalmente pela estrada principal Orel–Tula–Moscou, que permitia movimentação suficiente para manter o ritmo. O tempo no final de outubro também incluiu algumas geadas leves e uma breve prorrogação das chuvas contínuas que ensopavam o solo.[98] Em 29 de outubro, os tanques dianteiros de Eberbach haviam chegado a 5 quilômetros de Tula, e tentaram tomar a cidade diretamente depois da marcha, como havia sido feito em Orel no começo do mês. Mas, em Tula, as defesas soviéticas estavam preparadas, e o avanço alemão foi detido por forte fogo antitanques e antiaéreo, que infligiu perdas severas ao destacamento avançado de Eberbach.[99]

Os resultados do avanço de Eberbach tinham sido sem dúvida impressionantes, mas Tula se mostraria o marco do nível máximo do avanço outonal de Guderian.[100] A 3ª Divisão *Panzer* de Model estava no final de suas reservas de combustível e, considerando a distância adicional até a estação de abastecimento, um reabastecimento rápido estava fora de questão.[101] Além disso, o 6º Regimento *Panzer* da divisão contava com apenas 40 tanques operacionais.[102] Ao mesmo tempo, a resistência soviética em Tula tinha a vantagem de estar muito mais perto de suas fontes de abastecimento. Tula também era um grande centro populacional, com mais de um quarto de milhão de habitantes, e tinha o apoio de uma indústria de armamentos pesados que conseguia servir e abastecer o L Exército de Defesa Soviético diretamente das fábricas.[103] Além da situação imediata em solo, as implicações estratégicas da invasão de Guderian a Tula aumentaram a pressão sobre Moscou, mas não muito. Tula ainda estava a 175 quilômetros de Moscou, e a oposição soviética, organizada pela frente de Briansk, havia sido fragilizada por perdas sofridas nos cercos ao redor de Briansk, mas não destruída. Havia pouco a se esperar das divisões castigadas e muito empobrecidas, muitas com no máximo 3 mil soldados,[104] mas o grupo de batalha de Eberbach em si mal tinha força regimental. Além disso, quando Eberbach finalmente chegou a Tula, o L Exército de Defesa Soviético começou a receber reforços consideráveis das reservas soviéticas.[105] A ofensiva de Guderian havia chegado ao seu ponto culminante, que, conforme definido por Clausewitz, era o ponto em que a força do ataque era suplantada pela potência da defesa. De fato, a invasão de Tula foi de muitas maneiras o último turbillhão da Operação Tufão do Grupo de Exércitos Centro. Mas essa não foi a conclusão tirada pelo alto-comando alemão, que apenas via evidência de que os ataques podiam de fato ser pressionados por longas distâncias mesmo naquelas terríveis condições.

Mesmo antes que Guderian lançasse seu ataque a Tula, o alto-comando do Exército pressionava Bock por ofensivas contra Kursk no sul, Moscou no centro e, mais recentemente, Bejetsk no norte. Bock estava extremamente cético e disse a Halder em 23 de outubro que, dadas as circunstâncias, ele não poderia manter três ofensivas separadas em três direções diferentes. Como Bock concluiu: "Se eu me estender em todas as três direções, o ataque a Moscou terá de ser prejudicado".[106] Mas apenas no dia anterior (22 de outubro), Brauchitsch havia pedido a opinião de Bock sobre uma nova operação no sul em direção à cidade de Voronej, com o XXXXVIII Corpo *Panzer* de Kempf. Naquele momento, a única divisão *Panzer* de Kempf (a 9ª de Hubicki) estava detida cerca de 85 quilômetros a noroeste de seu objetivo atual em Kursk, e em 24 de outubro, seu 33º Regimento *Panzer* estava reduzido a apenas 11 tanques utilizáveis.[107] A ofensiva a Voronej proposta por Brauchitsch, uma ideia que fora originada com Hitler, implicaria um avanço de 285 quilômetros (distância linear) para sudeste. Como era de se esperar, Bock rejeitou a ideia, "uma vez que o poder de luta das divisões blindadas e motorizadas era apenas de regimentos, e que finalmente a tropa ficaria atolada na lama a leste de Kursk exatamente como estava agora a oeste da cidade".[108] Mas o conselho de Bock foi desprezado e, dois dias depois, em 24 de outubro, o Grupo de Exércitos Centro recebeu ordens para reestruturar suas forças no sul e invadir Voronej "assim que possível".[109] Hitler não se opunha a se sobrepor aos seus comandantes de campo e permaneceu totalmente convencido de sua própria infalibilidade. Na noite de 21 de outubro ele disse ao seu círculo mais próximo: "Um líder de guerra é o que sou, contra minha vontade. Se dedico minha mente a problemas militares, é porque, no momento, sei que ninguém seria melhor nisso do que eu".[110] Com uma bravata tão prepotente e nenhuma palavra de discordância dos submissos generais do OKW, o autoengano de Hitler continuou incontestado. Além disso, desde o confronto de agosto com os generais do OKH, Hitler havia intimidado Brauchitsch completamente, tanto que perdera qualquer disposição para outros conflitos e preferia passar mensagens e transmitir qualquer objeção em vez de fazê-las ele mesmo. Halder, por outro lado, tinha uma personalidade mais forte, mas também estava infectado pelo encanto de vitórias arrasadoras baseado nos sucessos de Viazma e Briansk. Sobrava apenas Bock, cujas rejeições e desculpas sugeriam apenas a falta da firmeza necessária para superar as dificuldades e forçar as operações com engenho e ardente determinação. Na verdade, o fato de ter visto suas bem fundamentadas objeções à operação de Voronej sendo indeferidas pode ter influenciado a decisão posterior de Bock de não se opor à proposta bizarra de mandar o 3º Grupo *Panzer* de Reinhardt para o norte até Yaroslavl. Nessa ocasião, o marechal de campo argumentou que o primeiro objetivo deveria ser a cidade de Torjok, muito mais próxima, que, como ele deve ter calculado, já apresentaria desafio suficiente.

Com a autorização da operação de Voronej, a ala sul do Grupo de Exércitos Centro foi reorganizada para fornecer forças para duas ofensivas simultâneas, em Tula e Voronej. O II Exército *Panzer* de Guderian perdeu o

DE TANQUE VAZIO

XXXXVIII Corpo *Panzer* de Kempf, o XXXIV Corpo de Exército de Wae-ger e o XXXV Corpo de Exército de Kaempf, e entregou ao II Exército de Weich a direção das operações no sul.[111] Estranhamente, Guderian parece ter aceitado a perda dessas forças de seu exército *Panzer*, o que pode suge-rir que ele tinha dúvidas sobre a sensatez da operação ou simplesmente que ele estava já ocupado demais com a batalha para chegar a Tula. De qualquer forma, o II Exército de Weich agora tinha a tarefa de chegar à li-nha geral de Kursk–Maloarchangelsk (a 90 quilômetros de distância) e de-pois seguir para Voronej. Bock aceitou a decisão com amarga resignação e comentou em seu diário em 25 de outubro: "A divisão do grupo de exérci-to, junto com o tempo horrível, nos fez atolar. Como resultado, os russos estão ganhando tempo para restaurar a força de suas divisões dilaceradas e reforçar sua defesa, especialmente porque detêm a maioria das ferrovias e estradas ao redor de Moscou. Isso é muito ruim!".[112] Mas por pior que as coisas estivessem, a ferida autoinfligida pela má administração estratégica do alto-comando alemão ainda não tinha se fechado.

Em 26 de outubro, enquanto o exército *Panzer* de Guderian ainda fa-zia todos os esforços para chegar a Tula, novas informações chegaram ao quartel-general de Bock vindas de Heusinger no OKH de que novas dis-cussões haviam ocorrido entre Hitler e Brauchitsch, nas quais o ditador ex-pressara a opinião de que Tula não deveria mais ser o objetivo de Gude-rian. Após três dias de ofensiva, Hitler achou que seria melhor Guderian parar, dar meia-volta e ser mandado de volta ao sul para auxiliar Weichs na captura de Voronej. O raciocínio de Hitler, de acordo com Heusinger, era duplo: de um lado, a falta de equipamento para pontes do exército *Pan-zer* o impedia de conseguir atravessar os muitos riachos e rios no curso nor-te de Guderian. De outro, Hitler aparentemente acreditava que a ala direi-ta do IV Exército de Kluge, que agora estava na defensiva e empregava todas as suas reservas apenas para manter suas posições, ainda possuía a força necessária para assumir a tarefa de Guderian de cercar Moscou pelo sul.[113] Bock ficou perplexo, e mesmo que nenhuma ordem formal tivesse chegado instruindo-o a parar o ataque de Guderian, o comandante do Gru-po de Exércitos Centro imediatamente chamou Halder e lhe disse:

Eu não faço ideia de qual seja o objetivo da partida do II Exército *Panzer* para Voronej. Ele é essencial em Tula e mais a nordeste. A situação é tal que a metade sul do IV Exército, entre o [rio] Oka e a rodovia, foi forçada à defensiva pelo inimigo cada vez mais forte [...] Alívio para o IV Exército e uma possível retomada do ataque podem vir apenas se o exército *Panzer* continuar a avançar até Tula a nordeste. Fazer esse exército dar meia-volta é injustificável.[114]

Halder disse concordar com Bock; contudo, no fim do dia seguinte (27 de outubro), uma ordem do OKH chegou instruindo o Grupo de Exércitos Centro a deter o avanço de Guderian. Bock tentou contatar Halder imediatamente, mas conseguiu falar apenas com Heusinger. Totalmente incrédulo, o comandante do Grupo de Exércitos Centro protestou contra a ordem ao ponto da insubordinação. Da forma como Bock via a decisão, "deter o exército *Panzer* significa cessar o ataque em toda a frente do grupo de exército".[115] Bock novamente afirmou todas as razões contra tal movimento e então, em um extraordinário ato de desacato ao marechal de campo, ele simplesmente se recusou a repassar a ordem. Escrevendo em seu diário, Bock declarou: "Se o comando do exército quiser fazer isso, ele mesmo terá de dizer ao exército [*Panzer*]. O avanço do exército *Panzer*, incluindo suas tropas de infantaria, foi iniciado por meio de um esforço indizível e após a superação de grandes dificuldades. Se agora eu ordenar que parem, vão achar que estou louco".[116] Certamente havia um grau de loucura na hesitante estratégia alemã e na quase diária improvisação de novos planos, nenhum dos quais refletia a menor compreensão das condições que confrontavam o Grupo de Exércitos Centro. O desgaste emocional que isso colocava em Bock, além das já enormes exigências da campanha, apenas aumentava seu fardo. Durante a noite de 27 de outubro, mais dois telegramas chegaram ao Grupo de Exércitos Centro, ambos insistindo que o II Exército *Panzer* de Guderian fosse detido, mas Bock teimosamente se recusou a transmitir as ordens.[117] Finalmente, na tarde de 28 de outubro, o OKH enviou uma ordem consentindo que o II Exército *Panzer* continuasse a invasão a Tula "para não perder tempo".[118] Embora Bock não tenha registrado uma resposta a esse novo acontecimento, pode-se imaginar o que o marechal de campo deve ter pensado de mais uma reviravolta nas ordens de seus superiores. Bock, entretanto, aludiu às dificuldades sobre a questão de Voronej entre Hitler e o OKH. Contudo, parece haver pouca probabilidade de que Hitler teria deixado que a oposição de Halder ou Brauchitsch no OKH o impedissem de fazer Guderian. Portanto, é muito mais provável que Hitler simplesmente tenha sido convencido pelo progresso surpreendentemente bom de Guderian em direção a Tula. Seja como for, é um indicativo claro da conduta do alto-comando alemão que a única ofensiva na frente de Bock a conseguir algum progresso tanto contra o ressurgente Exército Vermelho quanto contra as condições terríveis tenha sido quase paralisada por disputas internas e indecisão estratégica.

Enquanto a interferência do alto-comando e sua insistência em operações nos flancos agiam como um freio extrínseco às operações de Bock, as perdas em combate se mostraram uma restrição intrínseca. No mês de outubro, o *Ostheer* perdeu mais 41.099 soldados,[119] enquanto as perdas totais do período até 6 de novembro chegaram a impressionantes 686[108] baixas. Em termos diretos, um em cada cinco soldados que entraram na União Soviética em 22 de junho de 1941 agora era uma baixa, e o perigoso período de inverno ainda não tinha nem começado.[120] De fato, no quarto trimestre de 1941, o índice diário de perdas do *Ostheer* atingiria 1.300 homens mortos por dia.[121] Uma carta do tenente-general Kurt Himer, comandando a 46ª Divisão de Infantaria, observou que a dura resistência soviética havia feito com que seus batalhões de combate fossem reduzidos para entre 180 e 200 soldados. Himer então explicou a difícil natureza da luta: "Os russos resistem com tenacidade inigualável. Os pontos fortes têm de ser capturados individualmente, um após o outro. Muito frequentemente, não conseguimos retirá-los nem com lança-chamas, e precisamos explodir tudo em pedaços".[122] Ernst Kern observou algo similar em 15 de outubro: "Nossa recém-reforçada companhia foi reduzida a um pequeno grupo miserável. A batalha por esse vilarejo nos custara quarenta vidas".[123] Helmut Günther, que serviu no "Das Reich", recorda tanto as grandes perdas quanto a ausência de reforços. "Chegávamos cada vez mais perto da capital russa. A luta recente havia novamente cobrado seu tributo: nossa equipe estava claramente menor. Não havia possibilidade de reposições."[124] O que ficou claro na segunda metade de outubro foi que, mesmo após o combate pesado em batalhas grandes como Viazma e Briansk, o Grupo de Exércitos Centro continuava a perder um significativo número de soldados em incontáveis confrontos menores na linha de Mojaisk, ao redor de Kalinin e nos acessos a Kursk e Tula.

Além disso, as batalhas vitoriosas e os avanços dos exércitos da Operação Tufão tiveram um custo pouco considerado nos planos e objetivos do comando alemão. Um comandante regimental da pressionada 98ª Divisão de Infantaria questionou: "Será que alguém lá 'em cima' sabe a magnitude da perda constante de força da infantaria de julho a outubro?".[125] Os soviéticos certamente tinham noção do que estava acontecendo, e fizeram o possível para explorar a situação com sua propaganda. Um folheto soviético atirado por aviões mostrava a Frente Oriental como uma grande caveira cercada por fogo, para a qual marchava uma coluna de tropas alemãs.[126] E tal dramatização não estava longe da verdade. Bock observou em seu diário em 30 de outubro que em todo o grupo de exército havia mais de vinte batalhões sob o comando de tenentes.[127] Mesmo os soldados veteranos expressavam choque com relação ao número de mortos. Horst Lange escreveu em seu diário em 7 de outubro: "Meu companheiro de barraca voltou ontem com uma carona de carro até o *front* (a 25 quilômetros de distância) e me contou chocado (tanto quanto ainda é possível) como nossos mortos estão espalhados ali".[128] Duas semanas depois, uma carta de Kurt Miethke à sua esposa afirmava que ele teve de ficar de guarda em um posto onde 2 mil homens foram enterrados. "Mas isso não nos choca mais, nós nos acostumamos."[129] Outro soldado alemão disse simplesmente: "Rússia, o túmulo de nossa juventude".[130]

Parte da razão para o grande número de mortos em outubro foi o fato de que muitos dos feridos não podiam ser transportados rapidamente para as estações de socorro e depois para os hospitais de campo. Ingeborg Ochsenknecht, uma enfermeira alemã que servia em um hospital de campo na retaguarda do Grupo de Exércitos Centro em outubro de 1941 observou: "Os curativos estavam cheios de terra que grudava nas feridas, o fedor de carne apodrecendo, os vermes que haviam se espalhado sob uma atadura de gesso, os gritos de dor dos soldados – era o inferno".[131] Não apenas era necessário muito tempo para levar os feridos aos hospitais, como os serviços médicos alemães que atendiam a Frente Oriental estavam em geral subequipados e com poucos recursos. Cada divisão tinha apenas duas companhias médicas e um hospital de campo, que frequentemente não conseguia dar conta do dilúvio de feridos em períodos de combate pesado.[132] Max Kuhnert recorda:

> O pior era sempre a visão penosa dos feridos; havia muito pouco conforto – os medicamentos e bandagens estavam acabando [...] era simplesmente indescritível, não apenas ver, mas ouvir seus gemidos e pior. O transporte era difícil demais, e transportar os feridos às vezes mais prejudicava do que ajudava, especialmente quando tinham ferimentos internos. Tentávamos muito conseguir palha ou algo em que eles pudessem se deitar, para protegê-los da neve e do granizo. Várias lonas foram levantadas para montar uma barraca de primeiros socorros, mas temo que não fosse de forma alguma o bastante [...] Só posso admirar os médicos de campo; eles trabalharam incansavelmente em condições atrozes e aparentemente sem dormir e até sem descanso.[133]

Os feridos eram etiquetados de acordo com três categorias relacionadas ao seu transporte: duas listras vermelhas na etiqueta significavam não transportável, uma listra vermelha significava transportável e nenhuma listra vermelha colocava o soldado entre os feridos que conseguiam andar.[134] Nas condições de outubro, muitos soldados alemães consideravam uma sentença de morte quando um camarada era ferido no *front* e imediatamente recebia uma etiqueta com duas listras vermelhas. Ferimentos graves podiam ser tratados apenas com primeiros socorros, e sem a possibilidade de transportar os homens até a retaguarda, eles geralmente morriam em decorrência dos ferimentos. As estações de socorro eram extremamente rudimentares; não havia instrumentos esterilizados ou luvas, então as mãos eram lavadas com álcool. A ênfase era na velocidade, fechando as feridas o mais rápido possível e levando os homens aos hospitais para suas operações. Feridas na barriga eram frequentemente os casos mais graves, exigindo cirurgia imediata.[135] Nos hospitais de campo, o acúmulo de casos urgentes significava que os médicos frequentemente amputavam membros que, em circunstâncias normais, poderiam ter sido salvos. O desgaste da equipe médica quase sempre chegava ao ponto da exaustão absoluta. Ingeborg Ochsenknecht recorda-se de um cirurgião que repetia após cada operação: "Não vou conseguir suportar isto por muito mais tempo. Isto é o inferno".[136]

À medida que incontáveis milhares de feridos abarrotavam os hospitais de campo no leste, trens de hospital lotados transportavam os feridos de volta à Alemanha, cujos hospitais logo também se viram incapazes de atender à demanda. Rudolf Stützel, que chegara à Alemanha para se recuperar de seus ferimentos, viu-se em um hospital de campo convertido em Bad Lausick, próximo a Leipzig. "O complexo todo foi claramente recém-convertido em hospital de campo, assim como muitos postos de saúde, escolas e outras instalações. Uma necessidade decorrente dos muitos feridos que estão saindo da Rússia e chegando à Alemanha."[137] De fato, alguns dos novos hospitais haviam sido disponibilizados pelo programa nazista Aktion T4, que organizava o assassinato de pacientes incuráveis e deficientes mentais.[138] Em 1941, Anna Wendling trabalhava como enfermeira na Alemanha e recorda as mudanças trazidas pela Operação Barbarossa. "A rotina não mudou muito até o verão de 1941, quando houve um grande influxo de militares feridos que transbordavam dos hospitais no leste. Algumas visões eram horripilantes, e eu tive de endurecer, já que, apesar de minha experiência, aquilo era algo pior." À medida que o ano continuava, Wendling observou que novas medidas foram adotadas para tentar estabelecer uma forma improvisada de hospitais cirúrgicos móveis que operassem mais ao leste. "Quando, contrariando as expectativas, a guerra na Rússia não acabou, fomos informados de que equipes especiais seriam formadas para lidar com os feridos de forma móvel [...] Carregávamos um carro ou furgão com todo nosso equipamento e corríamos para algum lugar, a vários distritos, mas sempre fora da cidade e geralmente milhas para o leste, onde nos estabelecíamos em todo tipo de alojamento temporário para executar operações." Mas Wendling concluiu que, mesmo com todos esses expedientes, "a organização quebrou e era insuficiente para atender um número tão grande de baixas". Além disso, ela observou que a carga de trabalho aumentara devido ao acréscimo de soldados soviéticos feridos, embora ela acreditasse que a maioria destes não eram levados para os hospitais, e sim "abandonados à morte no campo".[139]

Além dos ferimentos que tinham de ser tratados pelos serviços médicos na Frente Oriental, havia também uma variedade de doenças não encontradas normalmente na Europa Central. O tifo era a mais perigosa e, embora fosse um problema menor em 1941, viria a se tornar uma epidemia em grande escala, com dezenas de milhares de casos em 1942.[140] De fato, o *Ostheer* viria a sofrer cerca de 10 mil mortes como resultado do tifo em 1941 e 1942.[141] Também eram correntes na União Soviética muitas das doenças normalmente associadas com vida em acampamentos e baixos níveis de higiene, como febre tifoide, paratifoide e disenteria. No final do século XIX, a cólera não era mais uma característica de guerra europeia,[142] mas ainda houve casos registrados no Exército Alemão em 1941.[143] Um pequeno número de casos de pé-de-trincheira apareceu em outubro, quando as chuvas de outono começaram e os soldados não conseguiam manter os pés secos por dias a fio.[144] A malária fora um problema nos densos pântanos da União Soviética, mas o clima mais frio o eliminara. Doenças venéreas também foram relatadas no leste, mas com frequência muito menor que entre as tropas de ocupação no oeste.[145] De forma geral, durante o primeiro ano da guerra no leste menos de 1% de todos os casos registrados de doenças sérias resultou em morte, embora outros 6% tenham sido considerados permanentemente inaptos para serviço ativo. O mais importante para o *Ostheer* era o fato de que os soldados relatados como doentes eram normalmente capazes de retornar ao dever 27 dias após receber tratamento (ver Tabela 4).[146]

Embora uma maioria esmagadora de soldados doentes retornasse ao serviço em algum momento, seu número crescente desgastava mais ainda os efetivos do *Ostheer*, especialmente à medida que o inverno se instalava. O tenente-general Walter Graf von Brockdorff-Ahlefeldt, comandando o II Corpo de Exército, escreveu em 28 de outubro:

> A saúde dos homens e dos cavalos está se deteriorando devido às miseráveis acomodações [...] Os homens ficam deitados por semanas na chuva e ficam de pé na lama até os joelhos. É impossível trocar as roupas molhadas. Vi os

soldados e falei com eles. Estão com os olhos fundos, pálidos, muitos deles doentes. A incidência de congelamento é alta.[147]

Muito da correspondência de campo em outubro fala da dificuldade crescente em encontrar alojamento quando ficou frio e molhado demais para dormir ao ar livre. Harald Henry escreveu em 20 de outubro que o alojamento de sua unidade "piorava a cada dia, geralmente 30 homens dormindo no chão do quarto de uma casa de fazenda. O ar é terrível." Para piorar a situação, Henry observou que todos os homens, incluindo ele mesmo, tinham diarreia e dor de estômago.[148] Em outro caso, na noite de 16 de outubro, um comandante de batalhão no IV Exército de Kluge transmitiu por rádio ao seu superior na sede regimental o pedido: "Estamos congelando, queremos atacar!" E veio a resposta um tanto desconcertada: "Atacar para onde?" O comandante de batalhão respondeu: "Não importa, precisamos de alojamento!" O regimento então autorizou um ataque ao vilarejo de Avdotnya, prontamente tomado pelo batalhão.[149] Parte do problema era que o Exército Vermelho estava implementando uma política implacável de terra arrasada à medida que se retiravam, deixando pouco abrigo para os alemães que avançavam. Max Kuhnert lembra a dificuldade de se encontrar refúgio na estrada para Moscou. "Não teria sido tão ruim se, após um longo período marchando, um abrigo seco nos aguardasse, mas não tivemos tal sorte [...] Todos os estábulos que encontramos haviam sido destruídos há muito e embora agora pudéssemos entrar nas casas, elas não eram adequadas para acomodar a todos."[150]

Embora os lares dos camponeses russos oferecessem aos soldados alemães um bem-vindo abrigo, eles também introduziam novos problemas aos homens, razão pela qual alguns comandantes haviam anteriormente proibido seus homens de dormir nelas. Para começar, as casas camponesas na maior parte da União Soviética eram construções primitivas, mas altamente eficientes, especialmente para os longos meses de inverno. As casas camponesas raramente consistiam em mais do que um único cômodo, no qual toda a atividade era centralizada. As paredes espessas eram feitas de tijolos de barro ou pedras do campo cimentadas com barro. O telhado era de palha e não havia forro na parte de dentro. A maioria das casas tinha apenas uma ou duas pequenas janelas, a fim de não perder calor de-

Tabela 4. Baixas da Alemanha na Frente Oriental, junho de 1941 a junho de 1942

	Perdas* por conta de:	
	Doenças/Frio	Armas
Mortos em ação	—	23%
Mortos por doença e/ou ferimentos	1%	9%
Incapazes para o serviço militar	1%	2%
Tropas de guarnição	5%	10%
Restituídos ao serviço ativo	93%	56%
Tempo médio de afastamento em caso de doença e/ou ferimentos	27 dias	98 dias

Fonte: Adaptado de Bernhard R. Kroener, "The Winter Crisis of 1941-1942: The Distribution os Scarcity or Steps Towards a More Rational Management of Personnel", in Militärgeschichtliches Forschungsamt (ed.), *Germany and the Second World War. Volume V/I. Organization and Mobilization of the German Sphere of Power*, Oxford, 2000, p. 1012.
* Para cada baixa em decorrência de ferimentos causados por armas, ocorriam 1,9 baixas causadas por doenças ou consequências do frio severo.

mais no inverno. Os vidros eram fixados diretamente nas paredes, então as janelas não podiam ser abertas. No centro do cômodo havia um grande fogão de barro, que ocupava cerca de um terço do espaço e continha muitos nichos para armazenamento e objetos de valor. O fogão era usado para aquecer e cozinhar, mas à noite era coberto com peles de animais e cobertores para ser usado como a base aquecida da cama da família. A luz vinha de velas, lampiões ou uma engenhoca simples chamada de "vela fumegante", que consistia em uma garrafa de vodca cheia de óleo e com um pavio de barbante, trapos ou feltro que saía da garrafa. O banheiro ficava do lado de fora, e na maioria dos casos consistia apenas em um buraco com duas tábuas.[151] Muitas casas tinham mais de um ou dois séculos, refletindo as poucas mudanças que haviam afetado a vida dos camponeses na era moderna. De fato, no casos dos camponeses mais pobres que não tinham estábulos para seus animais, as galinhas, gansos, porcos e às vezes até as vacas compartilhavam a casa da família no inverno.

A reação que isso provocava nos soldados alemães, especialmente quando tomavam ou compartilhavam casas de famílias, era frequentemente indignada. Karl Fuchs observou em uma carta à sua mulher: "Higiene é algo totalmente desconhecido para essas pessoas [...] Essa gente vive junto com os animais; de fato eles vivem como animais".[152] Ao passar uma única noite em uma casa camponesa, Wilhelm Prüller e seus camaradas não conseguiram suportar o mau cheiro e, frustrados por não conseguir abrir uma janela, simplesmente quebraram o vidro.[153] Claro, nem todos os camponeses russos viviam em circunstâncias tão primitivas. Em sua marcha a Kalinin, Helmut Pabst observou ao passar por vilarejos com casas de tijolos com dois andares:

> Vi casas mobiliadas com muito bom gosto, brilhando de limpas, com pisos esfregados até ficarem brancos, tapetes feitos à mão, fogões holandeses brancos de ferro com peças em latão, camas limpas e pessoas vestidas de forma simples mas elegante. Nem toda casa é assim, mas muitas são. As pessoas são geralmente prestativas e simpáticas.[154]

Embora não totalmente desprovidos de certo medo e desconfiança, os camponeses russos tendiam a ser muito mais receptivos aos alemães recém-chegados que seus compatriotas urbanos. Isso se devia em grande parte às políticas duplas de coletivizar a terra e reprimir a Igreja ortodoxa, da qual muitos camponeses russos eram membros devotos. Na verdade, foi sugerido que muitos camponeses confundiram a cruz negra da Wehrmacht (a *Balkenkreuz*) com um sinal de libertação cristã.[155]

Com soldados alemães rotineiramente morando nas casas camponesas, uma peste nova e potencialmente mortal foi introduzida no Exército Alemão. Como Helmut Günther observou: "Não era segredo que estávamos infestados com piolhos desde que o frio nos levou para dentro das construções e não era mais possível dormir a céu aberto."[156] Wagener, o oficial de operações do 3º Grupo *Panzer*, observou que a partir do meio de outubro, cerca de 80% da infantaria tinha piolhos.[157] Não era difícil encontrar o motivo, uma vez que os relatos de soldados alemães mencionam infestações galopantes em algumas casas de camponeses. Helmut Pabst conta ter pendurado um par de meias para secar e, na manhã seguinte, descoberto que estavam brancas de ovos de piolho.[158] Erich Hager escreveu em seu diário em 15 de outubro, após uma noite em uma casa camponesa: "Piolhos, insetos, pulgas. Exércitos deles!".[159] Na verdade, não foram os piolhos que os soldados encontraram primeiro ao entrar em algumas das casas. Havia todo tipo de insetos e roedores as ocupando. Helmut Pabst observou: "Fiquei sozinho em uma casa e acendi um fósforo, e os insetos caíam do teto. Nas paredes e no chão, regimentos de pragas rastejavam. Ao lado da lareira estava preto: um horrível tapete vivo. Quando eu ficava parado, conseguia ouvi-los farfalhando e chiando sem parar." Mas Pabst acrescentou então sua silenciosa resignação e aceitação. "*Nitchevo* [Nada] me incomoda mais. Apenas me admiro e balanço a cabeça."[160] Não surpreendentemente, muitos soldados alemães logo pegaram piolhos, que, sem tratamento adequado, se mostraram quase impossíveis de erradicar e eram potencialmente um risco de morte. O piolho do corpo humano é o único vetor da *Rickettsia prowazekii*, uma bactéria que causa tifo epidêmico.

Enquanto o tifo epidêmico era a doença mais comum propagada por piolhos na Frente Oriental, não era a única transmitida por eles. *Rickettsia quintana* causava febre das trincheiras e *Borrelia recurrentis*, febre recorrente. Havia ainda a febre maculosa, mas esta era disseminada por ácaros, percevejos e pulgas, não piolhos.[161] Heinrich Haape, um médico da 6ª Divisão de Infantaria de Auleb, ficou preocupado com a possível implicação sanitária de tais doenças e repreendeu suas ordenanças pelo estado lamentável dos soldados, especialmente devido à predominância crescente dos piolhos. "Exércitos inteiros foram devastados rapidamente pela febre maculosa. Você pode achar que os russos derrotaram Napoleão. Bem, eu lhe digo agora que a febre maculosa, mais do que os russos, expulsou Napoleão de Moscou. A mesma coisa pode acontecer com nosso exército."[162] Os homens então foram instruídos a manter-se livres de piolhos, mas isso se mostrou quase impossível sem estações móveis de despiolhamento, que não apareceram na Frente Oriental até o final de 1942.[163] Um dos problemas principais era o fato de que no frio os homens tomavam banho com muito menos frequência e tinham menos disposição de se despir e catar os piolhos de suas axilas e virilha, onde eles se multiplicavam e se espalhavam. Também as roupas eram muito menos lavadas, especialmente porque os homens estavam sempre com frio e eram frequentemente forçados a vestir tudo o que possuíam. Ernst Kern observou que os piolhos eram relativamente discretos do lado de fora, no frio, "mas assim que entrávamos em um quarto quente e desejávamos descansar e dormir, a coceira e seus movimentos nos levavam ao desespero".[164] Quando a oportunidade surgia, os homens frequentemente competiam entre si para ver quem encontrava e removia o maior número de piolhos. Em uma dessas competições, Ferdinand Melzner contou ter encontrado 26 piolhos em sua camisa e pulôver, mas observou que isso não era nada comparado a alguns companheiros, que os removiam em "companhias" (150).[165]

Enquanto os soldados alemães improvisavam soluções temporárias e geralmente inadequadas para se livrar dos piolhos, em muitos sentidos esse era apenas um pequeno exemplo de um problema muito maior, que fez o *Ostheer* se adaptar a circunstâncias imprevistas aparentemente sem ideia alguma do que encontraria pela frente. Raramente havia planos de contingência, já que muitos dos problemas não haviam sido previstos, ou simplesmente se acreditava que a guerra seria vencida antes que complicações sérias surgissem. Em sua raiz, a invasão alemã da União Soviética foi atormentada por falhas de inteligência sistemáticas e evidentes, que impregnavam quase todos os aspectos de planejamento e operações no leste. O corpo central de coleta e análise de inteligência militar no OKW era o Departamento de Inteligência Estrangeira e Contrainteligência do almirante Wilhelm Canaris. Mas Canaris era considerado um mau organizador, que fazia indicações erradas para posições de responsabilidade e favorecia tantos amigos pessoais que os oficiais do Estado-Maior se referiam ao seu departamento como "Canaris e Filho S/A".[166] Para ser justo com Canaris, a inteligência alemã sobre a União Soviética era extremamente fraca mesmo antes de sua nomeação em 1935 e, como se descobriu subsequentemente, os serviços de inteligência da Polônia e da França não tiveram muito mais sorte em penetrar a segurança soviética. De fato, o tenente-general Ernst Köstring, que havia nascido na Rússia e havia sido o adido militar alemão em Moscou de 1931 a 1933 e novamente de 1935 a 1941, disse a Canaris que "seria mais fácil um árabe de albornoz andar despercebido por Berlim do que um agente estrangeiro passar pela Rússia!".[167] Mesmo assim, tal era a confiança do alto-comando alemão durante o prelúdio da Operação Barbarossa que o chefe do Departamento de Operações da Wehrmacht, o coronel-general Jodl, informou Canaris em janeiro de 1941 que não era necessário ter informações sobre o Exército Vermelho e que ele deveria limitar as atividades de agentes às regiões de fonteira.[168] Essa tarefa foi facilitada por um pequeno número de agentes que a Alemanha operava nos Estados bálticos e no que havia sido a antiga Polônia Oriental,[169] mas quando essas áreas foram tomadas, a Alemanha achou extremamente difícil operar novos agentes na União Soviética. O programa de treinamento de agentes foi de fato rapidamente expandido em 1941, e foram feitas tentativas de usar agentes da Romênia, China e Japão. A contrainteligência soviética, contudo, se mostrou extremamente eficaz em eliminar tais homens. Isso em parte era devido aos rigorosos procedimentos de segurança do NKVD, mas também foi resultado da documentação falha da Alemanha, que frequentemente continha pequenos erros em documentos de identificação, cartões do partido, passes de viagem e ordens militares. Outro fator foi a reação exagerada e paranoica do Estado soviético à escala do problema, levando dezenas de milhares de seus próprios cidadãos e soldados a serem erroneamente denunciados e fuzilados como espiões. Em resposta, a inteligência alemã passou a recrutar prisioneiros de guerra soviéticos. Isso trazia o problema de garantir a lealdade do candidato, que foi resolvido, de acordo com um método, fazendo com que ele atirasse em outro prisioneiro de guerra enquanto o ato era fotografado. Milhares de prisioneiros de guerra soviéticos concordaram em trabalhar para os alemães, muitos simplesmente para escapar da dura vida de cativeiro, e após chegar ao território soviético, grande parte deles se entregava à contrainteligência soviética.[170]

Além do Departamento de Inteligência Estrangeira e Contrainteligência do OKW, o OKH operava seu próprio mecanismo de inteligência, dividido em dois ramos principais: "Exércitos Estrangeiros Ocidentais", cobrindo o Império Britânico e os Estados Unidos, e "Exércitos Estrangeiros Orientais", concentrado na Europa Oriental, Escandinávia, Japão, China e, principalmente, a União Soviética. O coronel Eberhard Kinzel chefiou a divisão Exércitos Estrangeiros Orientais de novembro de 1938 a março de 1942, embora não tivesse treinamento especializado em inteligência, não falasse russo e não tivesse familiaridade anterior com o país.[171] Antes de 22 de junho de 1941, a divisão Exércitos Estrangeiros Orientais montou um retrato básico da ordem de batalha do Exército Vermelho nos distritos ocidentais a partir de transmissões de rádio interceptadas e localizadores de direção de rádio. Esse método, contudo, era limitado em alcance e prejudicado pelo fato de que o Exército Vermelho ainda era deficiente em tecnologia de rádio e contava mais com o telégrafo e com o telefone. Havia também alguns poucos desertores soviéticos que ajudaram os alemães, bem como a cooperação dos serviços de inteligência da Finlândia, Hungria, Romênia e Japão. De forma geral, a divisão Exércitos Estrangeiros Orientais formou um retrato razoavelmente preciso das disposições soviéticas nas áreas fronteiriças, mas não tinha muita ideia do que seria encontrado no interior soviético.[172] De fato, as reservas soviéticas permitiram um índice sem precedentes de geração de forças, o que a inteligência alemã falhou completamente em prever. Em julho de 1941 nada menos que 13 novos exércitos de campo apareceram, e em agosto mais 14 entraram em serviço. Isso continuou por todo o ano de 1941 e início de 1942, permitindo ao Exército Vermelho crescer apesar de suas perdas tremendas. Em outubro, os soviéticos adicionaram mais quatro exércitos à sua ordem de batalha e outros oito em novembro e dezembro (a maioria destacada para a região de Moscou).[173]

A divisão Exércitos Estrangeiros Orientais também não conseguiu avaliar com precisão como o clima e a topografia da União Soviética afetariam a operação de aeronaves, veículos motorizados e tanques. Além disso, havia uma clara deficiência em inteligência cartográfica, o que a inteligência fotográfica aérea dificilmente conseguiria remediar dada a dimensão do país. Como Peter von der Osten-Sacken observou: "Os mapas disponíveis estavam muito desatualizados e imprecisos. Vários pequenos vilarejos nem eram mostrados".[174] Apesar das grandes brechas na inteligência alemã, a confiança do exército no sucesso da Operação Barbarossa permaneceu inabalada porque tudo o que era desconhecido sobre a União Soviética era neutralizado pelos preceitos nazistas sobre os eslavos e a visão tradicional e grandemente disparatada da Rússia por parte do Estado-Maior.[175] Tais visões desfavoráveis eram usadas para encobrir imagens mais positivas e mesmo preocupantes do Exército Vermelho, que de forma alguma estiveram ausentes do processo de planejamento. O memorando Walther da Embaixada Alemã em Moscou (outubro de 1940) previu que não havia chance de um colapso interno soviético e argumentou que a Ucrânia, a Bielorrússia e os Estados bálticos provavelmente seriam mais um fardo do que uma vantagem para a situação econômica da Alemanha.[176] Além disso, Köstring, o adido militar alemão em Moscou, avisou Halder em setembro de 1940 das exigências que o terreno e clima da União Soviética fariam sobre o *Ostheer*.[177] No mês seguinte, Köstring destacou as qualidades defensivas do Exército Vermelho, ao mesmo tempo enfatizando a ausência de estradas e os extremos no clima, que ele concluiu serem os maiores aliados da União Soviética, assim como o tempo e o espaço.[178] Apesar de objeções tão bem pensadas, o Estado-Maior alemão operou em ordem reversa, planejando suas operações primeiro e depois usando a inteligência para avaliar a reação mais danosa do inimigo, em vez de fazer a inteligência moldar o conceito operacional desde o início.[179]

Muitos dos temores de Köstring certamente foram confirmados durante o curso da Operação Barbarossa e, em termos de clima e ausência de estradas, duplamente na Operação Tufão. Mas o Grupo de Exércitos Centro enfrentava um novo problema no final de outubro. A deficiência de inteligência alemã havia sido de certa forma compensada nos primeiros meses da campanha pela movimentação rápida do *Ostheer*, o que forneceu um fluxo de documentos do Exército Vermelho capturados bem como prisioneiros de alto escalão. Com a paralisação da campanha, a melhor fonte de inteligência operacional para os elementos dianteiros da agência de Canaris (os *Frontaufklärungskommandos* e *Frontaufklärungstrupps*) secou. Logo depois, os soviéticos lançaram uma ofensiva de inteligência avassaladora, alocando grandes números de agentes por trás das linhas alemãs e ordenando uma grande expansão nas operações de sabotagem e desvio pelo nascente movimento de resistência. Isso foi particularmente danoso, já que os alemães não possuíam unidades de contrainteligência militar móveis para ajudar a resistir a tais ataques, fazendo as unidades de campo, novamente, improvisarem soluções.[180] Isso era frequentemente executado com a conhecida brutalidade e implacabilidade da Wehrmacht. Um relato da 7ª

Divisão *Panzer* de Funck durante a batalha de Viazma observou: "Pegamos um garoto com idade entre 13 e 15 anos carregando consigo códigos de baixo nível, instruções de como usar rádios e sinalizar com lampiões. Ele estava tentando chegar às areas cercadas. Tendo sido provado culpado além da dúvida, foi fuzilado".[181]

Enquanto os alemães lutavam para conduzir e repelir operações de inteligência dentro e fora da União Soviética, suas falhas se estenderam bem além da Frente Oriental, uma vez que os criptologistas britânicos que trabalhavam no projeto Ultra em Bletchley Park haviam decodificado os códigos Enigma alemães. Agir com base em tal inteligência sem revelar o conhecimento que tinham dela foi um dilema que ocuparia os britânicos pelo resto da guerra, mas isso não os impediu de passar informações altamente sigilosas aos soviéticos. Em 24, 25 e 27 de setembro, os britânicos retransmitiram informações avisando sobre o acúmulo de forças no grupo de exércitos de Bock. Os soviéticos reconheceram o valor de tal inteligência e solicitaram aos britânicos mais informações sobre as baixas alemãs, a ordem de batalha das formações alemãs e a organização de forças romenas e italianas que lutavam na Frente Oriental. À medida que a Operação Tufão progredia na primeira metade de outubro, o Departamento de Guerra em Londres autorizou a liberação de mais informações para o comando soviético, que, conforme indicam os registros britânicos, "revelaram o contorno do plano alemão e o agrupamento de suas divisões blindadas para o ataque a Moscou". O alto-comando soviético ficou "muito satisfeito" com essa informação.[182]

É claro que os soviéticos tinham suas próprias fontes de informação e, embora nada se comparasse ao sucesso do projeto Ultra, sua rede de espiões não perdia para nenhuma outra. A mais bem-sucedida e importante para a batalha de Moscou foi sem dúvida a rede de espionagem controlada por Richard Sorge da Embaixada Alemã em Tóquio.[183] Ele já havia ganho bastante credibilidade devido a seus repetidos avisos em junho de que os alemães estavam prestes a atacar a União Soviética (o que na época foi desconsiderado furiosamente por Stálin).[184] Muitas histórias dão crédito a Sorge por fornecer a inteligência vital em setembro e outubro de 1941 que convenceram Stálin de que os japoneses não atacariam no Extremo Oriente, deixando-o livre, portanto, para autorizar a transferência de divisões siberianas para a frente de Moscou. Tal interpretação, contudo, tende a superestimar o impacto do papel de Sorge, ja que havia vários outros fatores influenciadores.[185] Para começar, havia várias outras indicações de que os japoneses estavam se preparando para um ataque no sudeste asiático, e não contra a União Soviética. Além disso, a ideia de o Japão lançar uma invasão à Rússia oriental em outubro foi considerada cada vez mais improvável e, de qualquer forma, não havia dúvidas de que a defesa de Moscou era mais importante para a União Soviética do que a de Vladivostok.[186] Portanto, apesar de Sorge ter fornecido ao comando soviético muita inteligência vital sobre as intenções alemãs e japonesas, sua prisão em 18 de outubro não foi nem de longe o fim da espionagem soviética. Na Alemanha, a inteligência soviética adquiriu informações do que a Gestapo chamou de rede de espionagem *Rote Kapelle* (Orquestra Vermelha)[187] e na Suíça, da muito mais eficiente rede de espionagem Lucy.[188] Visto o abismo na eficiência de coleta de inteligência entre as forças Aliadas e a Alemanha nazista, não é de se admirar que, em outubro de 1941, Hitler e seu alto-comando não parecessem saber o quanto seu esforço de guerra estava ameaçado.

CAPÍTULO 9

O olho do furacão

O ponto culminante do ataque – O Grupo de Exércitos Centro para

Com os três grupos *Panzer* do Grupo de Exércitos Centro parados em todos os *fronts* e as Frentes Soviéticas Ocidental, de Kalinin e de Briansk recebendo reforços em um ritmo muito mais rápido, a Operação Tufão vinha se tornando uma ofensiva somente no nome. Quando chegou a última semana de outubro, as disposições de Bock no mapa permaneciam praticamente inalteradas de um dia para outro e sua força total estava em um estado de declínio lento, mas ainda assim declínio. Não somente a 1ª Divisão de Cavalaria de Feldt estava sendo transferida para fora do Grupo de Exércitos Centro, como a recém-chegada Divisão Azul Espanhola, renomeada 250ª Divisão de Infantaria, que havia sido originalmente atribuída para Bock, de última hora foi redirecionada para o Grupo de Exércitos Norte de Leeb. A Divisão Azul, comandada pelo general Muñoz Grandes, era uma divisão voluntária composta em sua maior parte de veteranos da recente Guerra Civil Espanhola e estava em sua força total, com mais de 18 mil homens (641 oficiais, 2.272 suboficiais e 15.780 militares de outras patentes).[1] No entanto, durante sua marcha de um mês até a linha de frente, o comportamento ardiloso e aparentemente indisciplinado levou a muitos relatos depreciativos por parte dos oficiais de ligação alemães, sendo que um deles foi registrado no início de setembro por Bock, em seu diário:

> Os espanhóis acham que cuidar dos cavalos é um incômodo, e alimentá-los é desnecessário. Cintos e suspensórios são cortados dos arreios novos. Recipientes de máscaras de gás muitas vezes são usados como bules de café. Óculos

O OLHO DO FURACÃO

de proteção para dirigir e contra poeira são cortados das próprias máscaras de gás. Se um espanhol tem um calo, ele corta buracos em seus sapatos e botas para evitar o atrito. Os rifles costumam ser vendidos. Bicicletas novas são jogadas fora, pois eles acham chato consertar os pneus. A MG 34 [uma metralhadora] é muitas vezes montada com a ajuda de um martelo. As partes que sobram durante a montagem são enterradas. Eles consideram todas as mulheres abordáveis. Em Grodno, houve orgias com judias, que também eram levadas em seus veículos.[2]

Os espanhóis deveriam supostamente ser designados ao IV Exército de Kluge; no entanto, quando Kluge ouviu sobre o comportamento incontrolável dos espanhóis, ele tomou a extraordinária iniciativa de rejeitar a inclusão deles em seu próprio exército, perguntando retoricamente: "São soldados ou ciganos?".[3] Os espanhóis foram então designados ao IX Exército de Strauss, mas mesmo nesse caso o diário de guerra do exército deixou claro que não se esperava quase nada em termos de qualidades em combates. "O destacamento da divisão da Espanha é menos uma vantagem militar do que um efeito político de propaganda. Portanto, apesar de qualquer falta de habilidade, eles devem ser recebidos como camaradas de armas."[4] No entanto, na última hora Hitler decidiu reforçar a longa ala direita de Leeb com a Divisão Azul de Muñoz,[5] negando outra divisão a Bock, que em combate viria a se provar muito mais valiosa do que vários dos relatos alemães iniciais haviam sugerido. Um oficial alemão lembrou sobre outubro de 1941: "Os espanhóis tiveram um bom desempenho perante o inimigo; eles seguraram sua área defensiva apesar de grandes perdas".[6] Mesmo Goebbels, que no começo do mês havia se enfurecido com a atitude intransigente de Franco quanto ao esforço de guerra do Eixo,[7] referindo-se à Divisão Azul Espanhola como uma mistura de soldados e "inacreditáveis tipos criminosos",[8] notou seus sucessos "contrastantes" no pesado combate de outubro.[9]

Enquanto Bock perdeu a chance de receber ajuda dos espanhóis, no dia 22 de outubro ele foi informado pelo OKH que ele receberia a recém-formada Légion des Volontaires Français contre le Bolchevisme (Legião de Voluntários Franceses contra o Bolchevismo, ou LVF). Porém, enquanto os espanhóis enviaram uma divisão inteira para a Frente Oriental, os franceses, sob restrições muito mais difíceis impostas pelas autoridades de ocupação alemãs, foram capazes de mobilizar somente 3 mil homens. O resultado foi no máximo uma força do tamanho de um regimento (com somente dois batalhões de infantaria), sob o comando do coronel Roger Henri Labonne. A LVF, logo redesignada como 638º Regimento de Infantaria, foi atribuída à 7ª Divisão de Infantaria do tenente-general Eccard Freiherr von Gablenz. Mas as dificuldades no transporte significaram um rompimento do regimento na marcha até a linha de frente, e o I Batalhão apenas conseguiu alcançar a Frente Oriental em 24 de novembro, enquanto o II Batalhão levou até o dia 3 de dezembro. Mesmo então, cerca de 605 homens ainda estavam em algum lugar da retaguarda.[10] Se Bock teve de esperar um longo tempo pelo que de qualquer forma era uma das menores formações estrangeiras enviadas à Frente Oriental, ele ficaria ainda mais desapontado por seu desempenho. O regimento de Labonne teve um desempenho tão fraco em suas primeiras batalhas e sofreu tantas baixas (cerca de 450 homens em duas semanas) que logo foi retirado da Frente Oriental e nunca mais foi empregado contra o Exército Vermelho.[11]

A LVF não era o único contingente de voluntários estrangeiros a alcançar a Frente Oriental no outono. A Légion Wallonie belga, que consistia em um único batalhão, alcançou a Frente Oriental no final de outubro e durante os seis meses seguintes teve um desempenho razoavelmente bom como parte tanto do I Exército *Panzer* de Kleist quanto do XVII Exército de Hoth.[12] O 369º Regimento de Infantaria Croata Reforçado alcançou a linha de frente no começo de outubro, após uma marcha de 750 quilômetros a partir da Bessarábia, e também serviu no XVII Exército de Hothe.[13] A 5ª Divisão "Wiking" da SS do *Brigadeführer* Felix Steiner foi concebida como a primeira divisão verdadeiramente internacional da Waffen-SS e, embora a propaganda atribuísse boa parte de sua composição internacional a recrutas da Holanda, da Noruega, da Dinamarca, da Bélgica e da Finlândia além de alguns *Volksdeutsche* dos Bálcãs, em 1941 a divisão continuava esmagadoramente provida de alemães (cerca de 90%).[14] Enquanto as várias unidades voluntárias acrescentavam uma aparência de credibilidade à "cruzada europeia contra o bolchevismo" de Hitler, seu desempenho variava muito. A LVF, por exemplo, teve um desempenho fraco assim como os croatas no começo, mas com o tempo, à medida que as forças voluntárias estrangeiras ganhavam experiência e se expandiam em número (mais formações surgiram em 1942 e 1943), elas constituíam uma contribuição cada vez mais significativa ao *Ostheer*.

Além das pequenas unidades voluntárias, as mais importantes contribuições estrangeiras de longe vinham dos exércitos do Eixo que serviam dentro do Grupo de Exércitos Sul de Rundstedt, assim como na frente finlandesa no norte distante. O maior número de baixas foi sofrido pela Romênia por causa do cerco assombrosamente árduo em Odessa, que tirou a vida de quase 100 mil homens entre agosto e outubro. Após a breve campanha da Romênia para libertar os territórios soviéticos anexados da Bessarábia e do norte de Bukovina, Hitler desejara reter a ajuda dos exércitos de Antonescu, tanto para aliviar a pressão sobre o *Ostheer* quanto para garantir que nenhuma hostilidade armada se daria entre a Romênia e a Hungria. Em 1940 a Romênia havia sido forçada a ceder o norte da Transilvânia à Hungria na Segunda Arbitragem de Viena; no entanto, longe de resolver as tensões entre os dois países, a ameaça de confronto havia aumentado. Uma vez iniciada a Operação Barbarossa, Hitler procurou compensar a Romênia concedendo-lhe toda a costa do mar Negro até o rio Dniepre,[15] que Antonescu aceitou sem abandonar a rejeição à Segunda Arbitragem de Viena. A captura de Odessa em meados de outubro completou, portanto, a conquista do novo território da Romênia e contribuiu para a euforia pela vitória no leste. Hitler declarou no dia 17 de outubro que, "com a queda de Odessa, a guerra terá praticamente terminado para a Romênia. Tudo que restou aos romenos é consolidar sua posição".[16] Em Bucareste, Mihail Sebastian observou no dia 14 de outubro: "Cartazes de notícias na rua: 'A hora decisiva está chegando'. 'A paz está chegando'." Três dias depois (17 de outubro), ele continuou: "Odessa caiu. As ruas estão enfeitadas com bandeiras".[17] Um relatório alemão do dia 25 de outubro sobre o estado do IV Exército Romeno em Odessa contatava sobre quão exigente a batalha havia sido. A única divisão *Panzer* do exército, que de qualquer forma começou a guerra com somente 70 tanques, possuía apenas 10 na metade de setembro. Reportou-se que parte da infantaria estava marchando descalça, enquanto outros estavam armados somente de baionetas.[18] Todavia, a guerra da Romênia no leste estava longe de terminar, já que o III Exército Romeno lutava na campanha da Crimeia e perdeu mais 10 mil homens até o começo de novembro.[19] Antonescu tampouco se esquivou de lutar sua própria guerra paralela contra os judeus soviéticos. Consequentemente à conquista de Odessa, as forças romenas atiraram contra 19 mil dos judeus da cidade,[20] e no decorrer da Segunda Guerra Mundial um total de aproximadamente 300 mil judeus morreram durante a ocupação romena.[21]

Enquanto os romenos celebravam a queda de Odessa, Mussolini lamentava as notícias, enxergando a si mesmo como menos importante que Antonescu e descarregando sua frustração contra os generais italianos.[22] Na verdade, as três divisões do CSIR de Messe haviam tido um bom desempenho, considerando seu pequeno tamanho (em comparação com os romenos) e circunstâncias adversas.[23] Quando Odessa caiu, o CSIR havia viajado 1,4 mil quilômetros por todo o leste europeu, lutado em algumas ações bem-sucedidas, capturado 12 mil prisioneiros de guerra soviéticos e abatido 33 aeronaves inimigas.[24] Quando chegou o final de outubro, o CSIR havia também exercido um importante papel na captura de Stalino.[25] Porém, Mussolini insistia em uma drástica elevação das forças italianas na Frente Oriental e no dia 22 de outubro apressadamente instruiu Ciano a informar Hitler que mais 15 divisões italianas seriam preparadas para a Frente Oriental. De fato, o alto-comando italiano exibia até mais tendências delirantes, com o chefe do comando supremo italiano, general Ugo Cavallero, alegando absurdamente que ele teria 92 novas divisões prontas para uso até a primavera de 1942. Ao mesmo tempo, Cavallero proclamou que a solução para a terrível falta de motorização da Itália seria aumentar a distância diária de marcha das tropas de 18 quilômetros para 40. Em seu diário, Ciano denunciou tal "otimismo artificial, hipócrita e servil" como "insuportável".[26]

Enquanto Antonescu e Mussolini seguiam em frente com seu compromisso com a guerra de Hitler no leste, o líder húngaro, almirante Miklós Horthy, já havia tentado sem sucesso extrair seu Corpo Móvel de elite durante discussões com Hitler no começo de setembro. Hitler tentou aplacar os húngaros com promessas de novos materiais e equipamentos de guerra para o estabelecimento de uma divisão blindada, mas Horthy, assim como muitos em seu alto-comando, temia as consequências danosas de uma longa guerra no leste, que o exemplo da Romênia já parecia confirmar. Logo, uma nova proposta húngara foi enviada ao alto-comando alemão, propondo a retirada do Corpo Móvel e de duas brigadas do "Grupo dos Cárpatos" em troca de quatro novas brigadas comprometidas com objetivos de ocupação. A intenção húngara era clara: manter seu compromisso numérico no leste, enquanto trocava a guerra de alta intensidade contra o Exército Vermelho por um papel muito menos custoso nas áreas de retaguarda. A resposta alemã refletia a crescente crise de efetivos no leste ao rejeitar novamente quaisquer retiradas, mas aceitando de bom grado o envio de quatro novas brigadas.[27] Parte do problema era que o Corpo Móvel do general Béla Miklós era bem visto tanto pelo I Exército *Panzer* de Kleist quanto pelo XVII Exército de Hoth.[28] No entanto, o próprio Miklós não tinha ilusões quanto à natureza da guerra germano-soviética e expôs sua opinião a Horthy durante uma visita de retorno no dia 30 de outubro: "Uma guerra longa e sangrenta, cujo resultado é questionável, aguarda a Alemanha. A Hungria não deveria se envolver com esta guerra; só temos a perder!".[29] Uma semana antes, o chefe do Estado-Maior húngaro, tenente-general Ferenc Szombathelyi, havia expressado a visão de que "a Hungria gradualmente teria de lutar a guerra com todas as suas forças ao lado da Alemanha".[30] Com alertas tão terríveis, o governo húngaro fez uma pressão incansável pela retirada, e no começo de novembro o OKW finalmente aprovou a retirada do Corpo Móvel de Miklós em troca de duas novas brigadas destinadas a deveres de segurança na retaguarda. Quando chegou o momento de sua retirada, o Corpo Móvel havia sofrido 4,5 mil baixas (dentre 26 mil homens), e perdido 90% de seus tanques e 30% de suas aeronaves, mas os húngaros escapavam do combate na Frente Oriental por ora, deixando ao *Ostheer* a tarefa de cobrir mais uma brecha na linha.[31]

O compromisso da Eslováquia na guerra da Alemanha no leste lembrava o da Hungria no sentido de que o entusiasmo inicial em comprometer uma ampla força na guerra logo foi suplantado pelas realidades práticas. No caso da Eslováquia, isso se devia primeiro às pressões econômicas domésticas (não havia mais homens o suficiente para trazer a colheita) e, em segundo lugar, aos temores de que o alto número de reservistas no exército (66%) significava que este estava pouco propenso a suportar uma guerra custosa que poucos apoiavam. De fato, o fraco desempenho do primeiro grande confronto da Brigada Rápida com o Exército Vermelho na batalha de Lipovec no dia 22 de julho, no qual quase 250 homens foram mortos ou feridos, ressaltava o perigo.[32] Os eslovacos haviam inicialmente destacado cerca de 41 mil homens para a Frente Oriental, mas em agosto a maioria dos reservistas foram enviados para casa, deixando a nova Divisão Móvel (com somente 8,5 mil homens), constituída em torno da antiga Brigada Rápida, e uma divisão de segurança para uso na retaguarda (com 8 mil homens). Quando chegou outubro, a contribuição eslovaca à Frente Oriental havia sido cortada em quase dois terços, e a única formação de combate, a Divisão Móvel, foi avaliada pela Missão do Exército Alemão na Eslováquia como inferior a uma divisão alemã e adequada somente "para objetivos militares de caráter não muito difícil".[33]

No extremo norte da Frente Oriental, a Finlândia lutava pelo território que havia perdido durante a Guerra de Inverno com a União Soviética em 1939-1940. Por esse motivo, os finlandeses gostavam de se referir à guerra que faziam como "a Guerra de Continuação" e viam sua participação como algo separado dos objetivos de guerra europeus mais amplos da Alemanha. Para os finlandeses, portanto, era uma guerra conjunta contra um inimigo em comum. Consequentemente, a Finlândia se recusava a ser vista como uma aliada da Alemanha e nunca se juntou ao Eixo, moldando sua relação como "cobeligerante".[34] Com um país de somente 3,9 milhões de pessoas, os finlandeses colocaram em campo um exército de 476 mil homens, e no final do verão havia cerca de 650 mil pessoas trabalhando diretamente para as forças armadas, construindo fortificações, estradas e pontes ou trabalhando como enfermeiras ou vigias de ataques aéreos e em serviços de suprimentos. A drenagem de efetivos foi um grande fardo para a economia finlandesa, uma vez que a indústria perdeu 50% de seus trabalhadores e a agricultura, cerca de 70%.[35] O resultado foi que quando chegou outubro, a Finlândia foi forçada a pedir para a Alemanha 175 mil toneladas de grãos para sobreviver até a colheita de 1942. Enquanto isso, a ameaça de uma declaração de guerra da Grã-Bretnha e dos Es-

O OLHO DO FURACÃO

tados Unidos vinha crescendo, e a Finlândia se recusava a deter seu avanço mesmo depois de ter reocupado suas fronteiras de 1939, estabelecidas pelo Tratado de Paz de Tartu, em 1920. Até esse ponto, as potências ocidentais haviam tolerado a cobeligerência da Finlândia apesar de objeções vigorosas soviéticas, mas não estavam preparadas para colocar ainda mais em risco as relações por uma "Grande Finlândia".[36] Do ponto de vista militar, a guerra também estava se revelando extremamente custosa para os finlandeses (cerca de 75 mil baixas foram sofridas só em 1941) e, em conjunto com a crescente crise econômica, não podia ser sustentada além de 1941. A muito esperada rápida vitória sobre a União Soviética não se materializou, e o resultado exigia grandes mudanças estruturais assim como uma abrangente desmobilização do exército. Entre o final de 1941 e a primavera de 1942, o Exército Finlandês encolheu até ficar com apenas 150 mil homens, que ocupavam posições defensivas no que viria a se tornar uma frente relativamente tranquila e inativa.[37] Isso permitiu que os suprimentos do *Lend-Lease* dos Aliados fluíssem desimpedidos a partir de portos no norte, aliviava a pressão sobre Leningrado e liberava as tropas soviéticas para servirem em outras frentes, mais críticas. Assim, no decorrer de 1941 o maior contribuinte de tropas estrangeiras da Alemanha para a guerra contra a União Soviética havia se transformado de um cobeligerante agressivo em apoiador passivo.

Claramente a guerra da Alemanha nazista contra a União Soviética havia rapidamente se provado impopular entre muitos dos apoiadores e aliados de Hitler. Quando chegou o final do outono, somente a Romênia e a Itália permaneceram firmemente comprometidas com a guerra apesar de seu alto custo e rumo incerto. Era a Operação Tufão que deveria fornecer um encerramento e carimbar as batalhas do verão de 1941 com uma retumbante marca de vitória. No entanto, quando chegou a última semana de outubro, o ataque do Grupo de Exércitos Centro a Moscou arrastava-se vagarosamente na direção da ala norte de Kluge. Sua ala sul defendia-se desesperadamente dos pesados contra-ataques soviéticos. De fato, apesar de todo o poder do grupo *Panzer* de Hoepner – o mais forte da Frente Oriental naquela época – o IV Exército de Kluge progredia mais lentamente para o leste do que a infantaria em marcha de Napoleão recuando para o oeste 129 anos antes. A Frente

Ocidental de Jukov provava novamente sua resiliência depois de ser quase aniquilada pela segunda vez em quatro meses (a primeira vez fora na batalha de Minsk). Ainda mais notável era o fato de que Jukov já retonava à ofensiva, colocando Kluge sob tremenda pressão. O diário de guerra da 20ª Divisão *Panzer* de Thoma registrou boletins de rádio de seu regimento dianteiro sobre a defesa de uma cabeça de ponte sobre o rio Nava no dia 26 de outubro: "Perdas muito grandes. Unidades misturadas. Cabeça-de-ponte mal pode ser mantida".[38] Kluge já havia comprometido todas as suas reservas, e no dia 27 de outubro Bock considerava, "em virtude da prevista exaustão" e da ausência de apoio do distante exército *Panzer* de Guderian, comprometer as últimas divisões de reserva remanescentes do Grupo de Exércitos Centro (a 23ª Divisão de Infantaria de Hellmich e a 268ª Divisão de Infantaria do tenente-general Erich Straube).[39]

No entanto, algo característico do alto-comando alemão, a ênfase era mais no ataque do que na defesa. No dia 27 de outubro, o V Corpo de Exército de Ruoff tomou Volokolamsk no norte, a última região defensiva na Linha Defensiva de Mojaisk (depois de Mojaisk, Maloiaroslavets e Kaluga).[40] No dia seguinte (28 de outubro), foram emitidas ordens ao IV Exército para a captura de Klin, mais 60 quilômetros ao nordeste. Mas agora havia uma grande diferença, que pela primeira vez oferecia alguma medida de reconhecimento das condições incrivelmente árduas. As ordens do IV Exército para o próximo estágio da ofensiva só deviam "fazer preparações, de forma que no caso de um congelamento ele pudesse continuar o ataque em pontos claros de esforço principal ao norte e ao sul da estrada [de Moscou] sem nenhuma perda de tempo". Isso na verdade suspendia o avanço de Kluge até que o solo tivesse endurecido o suficiente. Era exatamente o que muitos comandantes *Panzer* vinham insistindo como única opção para restaurar a velocidade vital e o "choque" a seus ataques. No entanto, como o diário de guerra do XXXXVI Corpo *Panzer* de Vietinghoff apontou: "A esperança de uma rápida continuação da tropa após uma intensificação das geadas pode não acontecer, porque a situação do combustível está piorando continuamente." O diário também mencionava escassez no abastecimento de comida e munições, que teriam de ser trazidos primeiro para sustentar o avanço.[41] No dia 30 de outubro, o diário de guerra do 4º Grupo *Panzer* foi muito mais específico, afirmando que uma continuação do ataque dependia de suprimentos, porque "no momento as tropas não têm nenhum". Além disso, o grupo *Panzer* estimava que, uma vez que a geada endurecesse permanentemente, levaria cerca de seis dias até que o mínimo necessário de suprimentos pudessem ser trazidos para um novo ataque. É claro que não havia garantia de quando as geadas se tornariam permanentes e, enquanto isso, o diário de guerra notou que o inimigo "direciona a este ponto toda as forças alcançaveis".[42]

Ao mesmo tempo que a Operação Tufão era colocada em suspenso, Hitler ficava cada vez mais frustrado com o ritmo lento do ataque, e talvez tenha suspeitado que os generais do OKH estivessem novamente tentando manipulá-lo, como haviam tentado fazer em julho e agosto, a fim de ganhar apoio para suas preferências estratégicas. Hitler vinha buscando o redirecionamento do II Exército *Panzer* de Guderian de Tula para Voronej, mas o OKH, apoiado pela recusa completa de Bock em repassar a ordem, havia argumentado que Tula era o objetivo mais importante e que o ataque de Kluge a Moscou agora requeria o apoio do exército de Guderian. Apesar da ordem de Hitler, o II Exército *Panzer* não virou para o sul e simplesmente continuou até Guderian cercar Tula, e Hitler, diante de um *fait accompli*, não viu muita escolha a não ser consentir. Com o OKH ainda pressionando pelo avanço de Guderian até Moscou, Hitler queria saber a verdadeira condição do exército de Kluge, mas não acreditava mais nos relatórios do comando do exército. Disseram a Bock que, para informar o Führer, Kluge deveria voar imediatamente até o quartel-general de Hitler, mas que o OKH não deveria ser informado sobre essa ação.[43] Não há registros da discussão de Kluge com Hitler, mas o comandante do IV Exército disse a Bock, quando voltou, que Hitler havia solicitado um relato detalhado sobre as condições de batalha, especialmente o estado das estradas e o impacto do clima. Como Bock comentou ironicamente em seu diário: "Ele [Hitler] provavelmente se recusou a acreditar nos relatórios escritos, o que não é surpreendente, pois qualquer um que não tenha visto essa sujeira não acredita que aquilo é possível".[44]

De qualquer forma, o relatório de Kluge parece ter confirmado os problemas levantados pelo OKH, e assim evitado um racha ainda maior no alto-comando da Alemanha. Mas Kluge também estava em posição privilegiada para influenciar a estratégia alemã. O marechal de campo era um atacante muito mais cauteloso do que muitos outros dos comandantes seniores no Grupo de Exércitos Centro, e seu exército sofria com uma miríade de problemas. Portanto, é muito provável que ele tenha pleiteado uma pausa nas operações até que o solo se firmasse e também pressionado para que Guderian continuasse o ataque para o nordeste para ajudar o 4º Exército em Moscou. A suscetibilidade de Hitler ao que Kluge tinha a dizer é sugerida tanto pela extensão da estadia do marechal de campo (três noites e dois dias) quanto pelo assunto de um de seus monólogos noturnos na presença do comandante do IV Exército. Na noite de 29 de outubro, Hitler subitamente parecia rejeitar a própria noção de guerra móvel, algo que pode muito bem ter se originado a partir dos relatos de Kluge sobre as condições do campo de batalha. Hitler afirmou:

> Em uma campanha, é o soldado de infantaria que, no final de contas, determina o ritmo das operações com suas pernas. Essa consideração deveria nos fazer manter a motorização dentro de limites razoáveis. Em vez dos seis cavalos que costumavam puxar um instrumento de guerra, eles começaram a usar um motor infinitamente mais poderoso, [com] o único objetivo de tornar possível uma velocidade que, na prática, é imprestável – isso foi provado. Na escolha entre mobilidade e potência, a decisão em tempos de paz é feita muito facilmente a favor da mobilidade.[45]

Kluge certamente era às vezes extremamente crítico quanto à agressiva guerra móvel praticada pelas tropas *Panzer*, e já havia se desentendido com Guderian, Hoth e Hoepner durante a campanha no leste. Kluge também mostrava uma aquiescência distintamente servil em torno de Hitler, apesar do fato de que Kluge já tivera vínculos com o movimento de resistência e alegava desprezar o regime de Hitler. No entanto, Kluge nunca conseguiu realmente agir contra Hitler, e logo se tornou conhecido nos círculos da resistência como *der Kluge Hans* (Hans Esperto), uma referência pouco lisonjeira à sua indecisão. Apesar de suas visões pessoais, a ambiguidade de Kluge na companhia de Hitler e seu desempenho altamente respeitado nas campanhas da Polônia e da França o tornavam caro ao ditador alemão.[46] Kluge foi também um dos poucos generais a apoiar Hitler em sua decisão de redirecionar Guderian para a Ucrânia em agosto, o que resultou na vitória em Kiev.[47] Agora, com a Operação Tufão paralisada, Hitler confiava nos conselhos de Kluge mais do que nos de muitos outros generais.

Em uma conversa por telefone com Goebbels quase no final de outubro, Hitler avaliou a situação militar como "extremamente positiva". Goebbels então chamou atenção para a disposição de Hitler em aceitar uma pausa nas operações. "Estamos esperando por [condições] secas ou mesmo geada. Quando os *Panzers* puderem usar seus motores novamente e as estradas estiverem livres da lama e do lodo, então a resistência soviética será quebrada em um tempo relativamente breve."[48] No entanto, ainda que Goebbels reproduzisse fielmente a opinião de Hitler e procurasse sustentar a si próprio com a segurança enfática de seu mestre, na verdade Goebbels via a Frente Oriental sob uma luz muito mais tenebrosa, talvez até realista. No dia 31 de outubro, o ministro da Propaganda observou em seu diário:

> No momento, a situação geral oferece poucos motivos para alegria. Embora um progresso considerável tenha sido feito cá e lá, a grande ofensiva planejada, que deveria levar a uma completa aniquilação das últimas divisões bolcheviques dignas de batalha, está atualmente atolada na lama [...] Aos poucos, vai me parecendo necessário que nós e também nosso povo precisamos abandonar a ideia de que neste inverno os objetivos ambiciosos serão conquistados e começar de novo na próxima primavera.[49]

É claro que as implicações de ter de voltar atrás em declarações sobre conquistas iminentes, sem mencionar o fato de que toda a campanha já havia sido pronunciada como "decidida", o que a maior parte das pessoas entendia como "concluída", causavam uma ansiedade sem fim a Goebbels. No dia 30 de outubro, ele anotou em seu diário: "O dano causado por uma avaliação um tanto otimista demais da situação deve ser corrigido o mais rápido possível".[50] No entanto, sem o colapso do Exército Vermelho ou sem a conquista de Moscou, não havia antídoto que revertesse as delirantes expectativas do povo alemão, e o relatório do SD do dia 30 de outubro detectou pela primeira vez desde o início de setembro um "certo desapontamento" (*gewisse Enttaäuschung*) e um "ânimo um tanto reduzido" entre a população.[51] Era o início de uma longa queda da liderança nazista na opinião pública alemã, orientada à vitória.

Na linha de frente, as duras condições há muito haviam afetado o ânimo dos homens, mas as opiniões variavam muito entre otimismo e o desespero, em grande parte porque faltava aos homens uma visão geral da situação do grupo de exércitos. Um tenente escreveu, no final de outubro: "Quem sobrou? Estamos todos nas mãos de Deus, cercados por mil perigos [...] Você aguenta as pontas. Faltam ainda 70 quilômetros até Moscou. Quando o avanço vai continuar? O que está acontecendo fora daqui? Estão todos tão miseravelmente arrebentados quanto nós?".[52] Outro soldado, Gerhard vom Bruch, anotou no dia 26 de outubro: "Ouvimos os boatos mais malucos, de que Stálin já fugiu da cidade e que dentro de poucas semanas o Estado soviético se renderá. Mas na verdade as coisas parecem bem menos otimistas".[53] O tenente Walther Schaefer-Kehnert, da 11ª Divisão *Panzer*, lembrou a reação cada vez mais amargurada dos homens à propaganda alemã: "Por semanas eles vinham alardeando na Alemanha que já havíamos vencido a guerra. Isso foi o que o *Völkischer Beobachter* de fato anunciou. Nossas tropas ficaram furiosas. Eles disseram: 'Eles deviam vir até aqui e dar uma olhada eles mesmos!'".[54] À medida que o avanço foi parando, Blumentritt, do IV Exército, fez uma observação parecida em seus escritos pós-guerra, que também aludia aos erros de julgamento e às negligências do comando do exército:

> Descobrimos, para nossa surpresa e consternação, que os russos derrotados não deixaram de existir como força militar, e a intensidade das batalhas foi aumentando a cada dia [...] Tudo isso foi uma completa surpresa para nós. Não conseguíamos acreditar que a situação havia mudado tão radicalmente após nossas decisivas vitórias, quando parecia que a capital estava quase em nossas mãos. As tropas lembraram com indignação do anúncio bombástico feito em outubro por nosso Ministério da Propaganda.[55]

No entanto, mesmo a essa altura muitas lições ainda não haviam sido aprendidas, e ainda havia a impressão de que a próxima ofensiva conquistaria um resultado decisivo. Em uma carta escrita no dia 30 de outubro, Hoepner observou que, após a vitória em Viazma, tudo havia atolado na impenetrável lama. Ele então concluiu: "Deus, dai-nos 14 dias de geada! Então cercaremos Moscou".[56]

Embora Hoepner ainda previsse uma solução ofensiva para os problemas do grupo de exércitos e parecesse acreditar que todas as suas dificuldades estariam resolvidas se as estradas se firmassem, ele logo teve atendido seu pedido por uma ofensiva, mas não na direção de Moscou. O combate em torno de Kalinin já havia envolvido o XXXXI Corpo *Panzer* de Kirchner e todo o IX Exército de Strauss, e mesmo assim a situação não havia melhorado. De fato, no dia 27 de outubro a frente de Kalinin de Konev corria o risco de isolar a cidade completamente. Como Bock observou em seu diário: "As coisas não parecem nada bem em Kalinin. Para o oeste, o inimigo atravessou o Volga e está tentando isolar a cidade a partir do sul".[57] De fato, o combate ao sul de Kalinin foi desesperado e extremamente sangrento. Em somente quatro dias, entre 25 e 28 de outubro, a 161ª Divisão de Infantaria de Recke perdeu cerca de 1.450 homens, levando o total de baixas da divisão em Kalinin a cerca de 2 mil soldados. No mesmo período, as perdas totais da 36ª Divisão de Infantaria Motorizada de Gollnick em Kalinin permaneceram em 960 homens, enquanto a 129ª Divisão de Infantaria de Rittau perdeu mais 550 homens.[58] Relatos no diário de guerra do XXXI Corpo *Panzer* de Kirchner falavam em escassez extrema de munição no auge do combate defensivo, levando a mais baixas e quebras isoladas da linha. No dia 29 de outubro, o diário anotava: "A defesa de Kalinin é exclusivamente uma questão de suprimento de munição, que no momento está longe de ser suficiente." O diário continua citando casos de baterias de artilharia com apenas 40 cartuchos no auge dos ataques soviéticos.[59] Era um combate desesperado, e em toda parte as unidades tinham de ser combinadas para voltar a operar novamente. A perda líquida de força, contudo, se mostrou paralisante. A 1ª Divisão *Panzer* de Krüger relatou que suas perdas haviam sido tão severas que ela precisaria de uma revisão organizacional completa, que a tiraria da linha de frente por cinco dias.[60] Ao mesmo tempo, um grupo avançado de batalha da 6ª Divisão *Panzer* de Landgraf (do LVI Corpo *Panzer* de Schaal) dirigia-se ao norte para Kalinin, mas, como o major-general Raus relatou, seus tanques estavam em um estado lastimável. Quando chegou o final de outubro, os tanques da divisão que ainda restavam haviam percorrido uma distância média de 11,5 mil quilômetros no caso dos Mark IVs, 12,5 mil quilômetros no caso dos *Panzers* checos 35(t)s e 11 mil quilômetros no caso dos Mark IVs. Havia tão poucas peças de reposição remanescentes que, no caso dos checos 35(t), Raus relatou que dos 41 tanques enguiçados, somente dez poderiam ser consertados canibalizando os outros. Como Raus concluiu, "talvez os cascos blindados ainda possam ser salvos".[61]

No dia 28 de outubro, enquanto o IX Exército de Strauss e o XXXXI Corpo *Panzer* de Kirchner lutavam desesperadamente em Kalinin, o OKH enviou ordens ao Grupo de Exércitos Centro confirmando a nova operação do 3º Grupo *Panzer*, junto com o 4º Grupo *Panzer*, para um avanço na direção de Yaroslavl-Rybinsk (250 quilômetros a nordeste de Kalinin) e depois para Vologda (350 quilômetros a nordeste de Kalinin).[62] Com Kalinin longe de estar protegida, o IX Exército expressou certo grau de consternação ao pensar em uma ofensiva tão distante. "O [IX] Exército confirmou que todas as outras ideias quanto a um avanço de grande abrangência agora devem ser subordinadas à tarefa principal iminente: a defesa de Kalinin".[63] Reinhardt, no comando no 3º Grupo *Panzer*, não concordou. Ele considerava as forças inimigas que atacavam ao sul de Kalinin como "partes fragmentadas de unidades" e insistiu com Bock: "Não há dificuldades com o inimigo!"[64] Ele marcou a nova ofensiva para o dia 4 de novembro, embora esse prazo impossibilitasse que o LVI Corpo *Panzer* de Schaal alcançasse as áreas de preparo para o ataque, de modo que o arrasado XXXXI Corpo *Panzer* de Kirchner teria de continuar sozinho, apoiado somente por elementos dianteiros da 6ª Divisão *Panzer* e três divisões de infantaria (86ª, 129ª e 162ª).[65] No dia seguinte (30 de outubro), no entanto, Strauss indeferiu Reinhardt e proibiu o uso de suas divisões de infantaria para o ataque. Strauss avaliou a ofensiva como imprudente, especialmente quando o diário de guerra do próprio 3º Grupo *Panzer* reconhecia que a situação desesperadora ao redor de Kalinin permanecia "inalterada". Fortes ataques soviéticos haviam ocorrido ao norte da cidade, mas ao sul de Ka-

O OLHO DO FURACÃO

linin o inimigo agora progredia, dirigindo-se para o oeste e o sudoeste.[66] Bock também estava preocupado e falava de uma brecha de 70 quilômetros entre Volokolamsk e Kalinin, que nem Kluge nem Strauss haviam se estendido para cobrir e agora atraía a atenção do inimigo.[67] Essa agora era a maior preocupação de Bock, mas seus comandantes de campo estavam relutantes em lidar com o problema, uma vez que suas forças já estavam bastante estendidas àquela altura. Strauss esforçava-se para manter o flanco norte do grupo de exércitos e agora tinha ordens para uma ofensiva extremamente ambiciosa. No entanto, no dia 31 de outubro Bock determinou que o IX Exército deveria passar a tratar o flanco norte como uma frente secundária e enviar tudo de que Strauss pudesse abrir mão para fechar a brecha entre Kalinin e Yaropolets (um pequeno vilarejo 15 quilômetros a noroeste de Volokolamsk). Reinhardt, por sua vez, continuava focado em lançar sua ofensiva a Yaroslavl-Rybinsk e mostrou pouco interesse em fechar a brecha a leste a menos que estivesse "ligado ao seu ataque a nordeste". No entanto, Bock estava se cansando da cega ambivalência do comandante *Panzer* em relação aos problemas do grupo de exércitos. "Eu havia afirmado e reafirmado a ele que não poderímos perder tempo liberando o flanco leste, enquanto o ataque de Reinhardt estava fora de questão até que o longo frio chegasse. Strauss concordou."[68] De fato, além da fraqueza absoluta das forças de Reinhardt em Kalinin, bem como o senso estratégico de evitar o saliente soviético que se formava no *front* do grupo de exércitos, o diário de guerra do 3º Grupo *Panzer* deixa claro que não havia nem combustível nem munição para apoiar a irresponsável ordem de Reinhardt para mais uma ofensiva. Até o campo aéreo alemão em Kalinin, que vinha recebendo entregas diretas feitas por aeronaves Ju-52, agora estava fechado como base dianteira de abastecimento por conta das muitas perdas de aviões.[69]

Embora boa parte da história das tropas *Panzer* alemãs nos primeiros anos da Segunda Guerra Mundial enfatize sua coragem na conquista de sucessos que contrariavam todas as probabilidades, a Frente Oriental em 1941 também fornece muitos exemplos de momentos em que a coragem cruzou a tênue linha para a imprudência. Exemplos típicos são a alegação de Hoepner de que conseguiria capturar Moscou se pelo menos tivesse duas semanas de geada e Reinhardt buscando avançar 250 quilômetros até Yaroslavl-Rybinsk com um único corpo *Panzer* desfalcado. Aqui, a cautela e a atenção a perigos mais imediatos, como advogado pelos execrados generais de infantaria, certamente foram adequados e empregados, pelo menos em algumas instâncias, como um freio essencial a operações motorizadas excessivamente ambiciosas. No entanto, impedimentos ainda maiores aos grupos *Panzer* em outubro de 1941 foram os efeitos combinados da *rasputitsa* russa e do desdém ao papel do Exército Vermelho nas semanas iniciais da batalha por Moscou. As Frentes Ocidental, de Briansk e de Kalinin mantiveram com obstinação suas posições no acesso a Moscou e não poderiam simplesmente ter sido suplantadas apenas pela lama e pelo frio. Na verdade, já no final de outubro Kluge e Strauss estavam ocupados repelindo pesados contra-ataques soviéticos das respectivas frentes de Jukov e Konev.

A ofensiva de outubro do Grupo de Exércitos Centro prometia muito, e parecia que a escala das vitórias da primeira metade do mês havia fornecido as precondições necessárias para avanços abrangentes e grandes conquistas. No entanto, quando chegou o final do mês, muitos dos velhos problemas da Operação Barbarossa – fraqueza logística, transporte inadequado, estradas ruins, unidades de combate enfraquecidas e uma rija resistência soviética – eram agravados pelo chão encharcado, uma lama interminável e temperaturas congelantes. Era o suficiente para paralisar os quase 2 milhões de homens do grupo de exércitos de Bock e deter a Operação Tufão. A operação não foi cancelada formalmente – ataques locais e oportunidades para avanço ainda deveriam ser explorados –, mas grandes operações não eram mais esperadas até que o chão endurecesse. Com profundo pesar, Bock escreveu no primeiro dia de novembro:

> Kluge falou mais uma vez sobre as possibilidades de atacar. Ele disse que, se ele dirigisse suas forças adiante agora, talvez houvesse um ganho de alguns quilômetros, mas novamente não passaria disso, porque a artilharia e as armas motorizadas ficariam presas. Eu disse a ele que não ganharíamos nada com aquilo. Naturalmente, devemos ficar alertas a qualquer enfraquecimento do inimigo e atacar ali imediatamente. Mas, no geral, o exército tinha de fazer preparações detalhadas para um ataque assim que o frio se estabeleces-

se. Esse tempo beneficia o inimigo, mas infelizmente não há nenhuma outra solução.

A situação é desesperadora, e cheio de inveja eu olho para a Crimeia, onde estamos avançando vigorosamente sob a luz do sol e sobre o chão seco da estepe, e os russos estão se espalhando aos quatro ventos. Poderia ser o mesmo aqui se não estivéssemos presos na lama até os joelhos.[70]

O fato de Bock ter se sentido um tanto injustiçado reflete as expectativas indevidas do mais importante comandante alemão no leste. Bock, assim como muitos no alto-comando, parecia ter pouco entendimento real sobre o que uma campanha motorizada através da Rússia central poderia encontrar no outono, e sua inveja, nascida de sua própria ignorância, da "luz do sol" e do "chão seco" dos campos de batalha mais de mil quilômetros ao sul só indica as concepções equivocadas sobre as quais as operações avançavam. Na verdade, a observação de Bock sobre os russos espalhados aos quatro ventos, "poderia ser o mesmo aqui", se não pela lama, parece ser um ponto totalmente discutível, talvez análogo a esperar que o inverno russo não fosse ser frio. No entanto, pelo menos Bock reconheceu a inutilidade de se lutar contra as condições intratáveis e o Exército Vermelho, mas ainda não se pensava em adotar alojamentos de inverno. A paralisação do fim de outubro era apenas uma pausa nas operações, não uma cessação da ofensiva. Novembro apresentaria novos desafios e exigiria novos sacrifícios, especialmente uma vez que a ofensiva fosse retomada e Bock descobrisse quão certo ele estivera ao afirmar que a pausa também beneficiaria o inimigo. Nos dias finais de outubro, no entanto, os homens do Grupo de Exércitos Centro receberam com entusiasmo o necessário descanso, que para muitos foi a primeira chance de se lavar, descansar e se aquecer desde o início da Operação Tufão.

Com a alastrada pausa do Grupo de Exércitos Centro, muitos dos homens aproveitaram a oportunidade para escrever cartas para casa, colocando seus pensamentos sobre suas atuais circunstâncias e esperanças para o futuro em palavras. Adolf B. relatou alegremente que ele e seus camaradas agora passavam o tempo lendo e jogando xadrez: "Do ponto de vista militar a guerra já está decidida, e se seremos usados de novo ainda é incerto".[71] Talvez alguns dos homens quisessem poupar seus entes queridos de uma preocupação desnecessária, mas muitos homens dentro do Grupo de Exércitos Centro ainda tinham a crença persistente de que a vitória seria obtida em Moscou e que esse objetivo parecia agora muito próximo. Karl Fuchs escreveu ao pai sobre a batalha bem-sucedida da qual havia participado em Viazma, e então continuou: "Nunca havíamos atingido o inimigo com derrotas tão esmagadoras. Acho que os russos nunca sonharam que entraríamos nesse tipo de ofensiva antes do inverno. Estou convencido de que as últimas forças coesas do inimigo foram dizimadas, e mais uma vez nosso *Führer* provou ao mundo que o soldado alemão pode executar tarefas incíveis".[72] Outro soldado escreveu no dia 29 de outubro que estava participando "da última grande batalha por Moscou", que ele esperava estar encerrada "antes do início do inverno".[73] No entanto, enquanto o otimismo era sustentado pela esperança de uma vitória iminente, aqueles que não conseguiam ver uma perspectiva de fim eram mais tipicamente perturbados pela depressão e até mesmo desespero. Martin Gareis escreveu que os tormentos incessantes da guerra eram uma força insuportável: "Quem consegue aguentar por semanas sem enfraquecer na chuva, no frio, com fome e sede, na batalha e sob ameaça de morte, na sujeira e na imundície, com pulgas, piolhos, bichos e sem qualquer limpeza, em pé ou agachados na água durante horas diariamente?".[74] Mesmo além dos tormentos pessoais dos homens, a vastidão da paisagem russa, atolada em milhas de lama e de uma mesmice interminável e sombria, dava a impressão de um horizonte sem fim e inalcançável, onde não se podia escapar da guerra. Hans Roth anotou em seu diário no dia 27 de outubro: "É sempre o mesmo: um céu plúmbeo e sombrio com fortes ventos e neve alternando-se com chuvas. As estradas e os campos são os mesmos: por uma grande extensão nada além de lama e lodo, às vezes com até um metro de profundidade".[75]

A guerra também acontecia cada vez mais na escuridão, à medida que os dias iam ficando mais curtos e a noite caía às cinco horas da tarde.[76] Desde os primeiros dias da Operação Barbarossa, duas horas e meia de luz diurna haviam sido perdidas de manhã e a escuridão caía três horas e meia mais cedo.[77] Já no meio de outubro, havia somente dez horas de luz por dia, dificultando operações ofensivas e ajudando o trabalho clandestino de grupos da resistência cada vez mais ousados na retaguarda do Grupo de Exércitos Centro.[78] Em um ataque no dia 31 de outubro, 21 soldados alemães foram mortos 15 quilômetros ao norte de Briansk, enquanto incontáveis emboscadas perseguiam as colunas de suprimentos das quais tanto dependia.[79] Não surpreendeu que as contramedidas alemãs tenham sido tanto rápidas quanto violentas, muitas vezes resultando na destruição completa de lugarejos próximos.[80] No entanto, mais perto da linha de frente, novas ordens eram emitidas na área do XXXX Corpo *Panzer* de Stumme, proibindo a "destruição insensata de vilarejos com tiros e fogo porque as tropas precisavam urgentemente de alojamento".[81] De fato, em muitas áreas o combate local se centrava cada vez mais na possessão de vilarejos pelo calor que eles ofereciam. Um médico alemão observou que, sempre que um ataque alemão procurava forçar o Exército Vermelho a desocupar um vilarejo, "eles lutavam como tigres pelo conforto de uma noite passada em volta do enorme fogão de um camponês".[82] No entanto, apesar de toda a selvageria assassina com a qual a guerra nazista-soviética era travada, quando chegou o outono de 1941 um novo fenômeno começava a ocorrer tanto dentro do Grupo de Exércitos Centro quanto em lugares por todas as partes inativas da Frente Oriental.[83] Pequenas tréguas não oficiais eram acordadas cautelosamente, muitas vezes por meio de um entendimento tácito, entre soldados alemães e soviéticos. A exaustão humana, a inabilidade de quebrar o impasse da guerra de posição e a aceitação mútua de um ganho comum produziram as circunstâncias que permitiram períodos variados de harmonia para cada lado. Na ravina de Malakova, Wolfgang Reinhardt lembrou:

> Estávamos estacionados ali desde o outono de 1941 [...] A posição estava razoavelmente tranquila; nós a havíamos construído com *bunkers*. Os russos estavam a 200 metros, do outro lado da ravina, e haviam feito o mesmo. Então estávamos posicionados muito perto, perto o suficiente para ouvir o som da balalaika que eles tocavam para nós à noite. Havia uma serraria abaixo, e ela estava produzindo mourões de madeira. Tínhamos uma lei não escrita segundo a qual de manhã desceríamos e pegaríamos mourões para construir nos-

sos *bunkers*, e à tarde seria a vez de os russos pegarem seus mourões. Nada de mau aconteceu, estávamos em total concordância uns com os outros.[84]

Robert R. observou que proibiu seus metralhadores de atirar contra soldados soviéticos que só queriam se sentar ao redor de fornos quentes expostos ao fogo alemão em uma terra de ninguém. "Um pequeno cessar-fogo", ele observou em uma carta para casa.[85] No entanto, à medida que a frente se estabelecia ao longo de grandes extensões do Grupo de Exércitos Centro, no final de outubro de 1941 as tréguas locais eram mais a exceção do que a regra, e o combate continuou a partir de posições fixas em ações locais de sondagem, incursões noturnas e tiroteios e bombardeios esporádicos.

Outro lembrete da guerra para as tropas alemãs era a atividade cada vez mais unilateral da força aérea soviética, operando a partir dos muitos aeródromos bem equipados de Moscou. As posições dianteiras alemãs usualmente não tinham proteção suficiente de artilharia antiaérea ou caças para protegê-las daquilo que o XXXXVI Corpo *Panzer* de Vietinghoff descrevia como "a vigorosa atividade inimiga de caças e bombardeiros".[86] De fato, em poucos dias no final de outubro a 2ª Divisão *Panzer* de Veiel sofreu mais de cem baixas apenas pelos ataques aéreos,[87] que o IV Exército relatou como as maiores perdas do tipo desde o início da guerra.[88]

Assim como a Operação Barbarossa havia definhado e morrido sem atingir seu objetivo, a Operação Tufão agora também desacelerava e corria o risco de se tornar uma ofensiva somente no nome. Quando chegou o final de outubro, o fluxo constante de ordens do Grupo de Exércitos Centro que pressionavam por um ataque adiante parou, e posições estáticas logo foram adotadas em quase toda a extensão da vasta linha de frente. Oficialmente, aquela era apenas uma "pausa" nas operações, mas colocar a frente em movimento novamente se mostraria mais difícil e demoraria mais do que Bock havia previsto. Ademais, a força que Bock tão desesperadamente esperava ganhar ao paralisar a Tufão estava levando-o perigosamente para perto das devastações de um inverno russo, enquanto seu grupo de exércitos ainda não tinha posições preparadas ou equipamento de inverno. Ao mesmo tempo, Jukov se beneficiava da infraestrutura de logística expandida de Moscou para se preparar para a ofensiva de novembro que ele sabia que deveria esperar. A ofensiva alemã de 1941 no leste ainda não havia acabado, mas outubro era o último mês das grandes vitórias e avanços profundos.

A Operação Tufão foi concebida pelo alto-comando alemão como uma tentativa final com força total para encerrar a guerra contra a União Soviética em 1941. Uma campanha de inverno nunca fora prevista, e mesmo as preparações em andamento até o final de outubro ainda eram terrivelmente inadequadas para sustentar os 3 milhões de homens do *Ostheer* em campo. No entanto, longe de restringir as ambições alemãs, a adversidade apenas tendia a radicalizar os planos do exército e reforçar a resolução de mais uma vez pressionar por outro golpe "final" decisivo contra a União Soviética. Era esse o consistente padrão de resposta visto tantas vezes durante toda a campanha no leste, e cada nova operação – em Minsk, Smolensk e Kiev, e agora o ataque a Moscou – era seguida por uma pausa na qual se ignorava o fracasso em quebrar a resistência soviética e simplesmente se preparava uma nova ofensiva. Sem dúvida, superficialmente cada operação, como ocorreu em Viazma e em Briansk, capturou prisioneiros de guerra soviéticos em números notáveis e destruiu grandes quantidades de equipamento soviético. No entanto, é possível vencer batalhas e perder uma guerra, algo que talvez nunca tenha sido tão bem ilustrado quanto na Frente Oriental em 1941. Quando chegou o final de outubro, o alto-comando alemão se viu, mais uma vez, no final de outro sucesso operacional, embora ainda muito distante da meta declarada de acabar com a resistência soviética.

De fato, apesar das ofensivas lançadas pela Frente Ocidental e de Kalinin na segunda metade de outubro, ainda não se havia pensado seriamente na capacidade do Exército Vermelho de retomar a iniciativa ou de lançar qualquer tipo de ofensiva de inverno. As únicas perguntas que o comando alemão se fazia eram quão longe uma renovada ofensiva alemã conseguiria penetrar e junto a qual eixo de avanço tal tentativa deveria ser dirigida. No final de outubro, já era notavelmente visível que qualquer nova operação experienciaria uma possibilidade de sucesso ainda mais perigosa do que as expectativas já excessivamente ambiciosas investidas na Operação Tufão. Havia agora uma corrida por reforços para a batalha de Moscou, e nisso Jukov tinha muitas vantagens sobre Bock. O Grupo de Exércitos Centro estava excessivamente alastrado, com poucos recursos e na ponta de longas e tênues linhas de suprimento. Uma visita ao Grupo de Exércitos Centro feita pelo tenente-coronel Bernhard von Lossberg, que trabalhava para Jodl no OKW, levou a discussões com o tenente-coronel Henning von Tresckow, o primeiro oficial do Estado-Maior do Grupo de Exércitos Centro. De acordo com Lossberg, Tresckow declarou que em sua opinião as tropas estavam em um estado pior do que o Exército Ocidental Alemão estivera em setembro de 1918. "Portanto, já estava mais do que na hora de acabar com as operações móveis no leste naquele ano e empregar as tropas na construção de posições de inverno."[89] Contudo, a maior parte dos homens no alto-comando alemão não pensava dessa forma. Se a Alemanha mantivesse a iniciativa, o exército atacaria, e mesmo que suas chances fossem pequenas, a cultura militar ou o "modo de guerrear" dos alemães ainda tendiam a favorecer de forma esmagadora uma solução ofensiva.[90]

A experiência de uma campanha de inverno havia se mostrado devastadora para Carlos XII e Napoleão I, anunciando o fracasso de seus respectivos impérios. Contudo, na cabeça dos generais alemães, era o destino do império soviético que agora estava em jogo. Alguns, no entanto, eram perceptivos o suficiente para prever outra realidade e, assim como Tresckow, questionar de quem era o destino que de fato estava em jogo. O tenente-coronel Oskar Munzel, comandante do 6º Regimento *Panzer* na 3ª Divisão *Panzer* de Model, concluiu no final de outubro que a Operação Tufão havia se esgotado. "O grande ataque a Moscou fracassou pela superestimação de nossas forças e, acima de tudo, por conta do clima e das dificuldades do terreno. O ponto culminante da campanha no leste já havia sido superado."[91]

Conclusão

A fase inicial da Operação Tufão confirmou a persistente superioridade operacional da Alemanha no leste. A nova ofensiva de Bock logo sobrepujou as frentes soviéticas de defesa e criou dois amplos bolsões preenchidos com tropas soviéticas em um número entre 750 mil e 1 milhão. Poucos no alto-comando alemão duvidavam de que outro imenso buraco na frente soviética – vindo tão logo depois do grande cerco a Kiev – permitiria tanto o rápido avanço de Bock até Moscou quanto ameaçaria os flancos das frentes soviéticas remanescentes ao norte e ao sul. Por todo o OKH e OKW predominava um sentimento de excitação e expectativa. Parecia que a pior parte da resistência do Exército Vermelho finalmente havia sido quebrada, e Hitler se sentiu suficientemente confiante para autorizar uma declaração alegando que a guerra no leste havia sido "decidida". Parecia que Moscou cairia dentro de uma ou duas semanas e que a guerra no leste começaria a diminuir em intensidade. Contudo, como vimos, nada disso aconteceu. A campanha estava longe de ser decidida, Moscou não estava prestes a cair e, longe de diminuir em intensidade, a guerra da Alemanha no leste estava apenas começando.

De acordo com muitos generais alemães, a resposta para o que deu errado era simples. Eles foram frustrados pela chegada das chuvas de outono, que paralisaram qualquer movimentação tanto na linha de frente quanto no transporte de suprimentos vindos da retaguarda. Assim, no pior momento do Exército Vermelho, o "general Lama", ajudado depois pelo "general Inverno", agiu para salvar Moscou e a causa soviética. Qualquer acusação de que os generais haviam deixado o ataque à capital soviética muito para o final do ano mais uma vez providenciava uma explicação simples para seu fracasso. Em julho e agosto, o OKH, bem como muitos de seus comandantes pertencentes ao Grupo de Exércitos Centro, entrou em uma disputa dura, e afinal fracassada, com Hitler por uma continuação do avanço na direção de Moscou no final do verão. Dessa vez, os planos do exército foram frustrados por Hitler, que insistia em desviar as divisões *Panzer* de Bock na direção da Ucrânia para a batalha de Kiev, causando o atraso que acabou levando a Operação Tufão a ser pega pela estação chuvosa do outono. Assim, de acordo com a popular visão pós-guerra abraçada pelos generais, a vitória do Exército Alemão na campanha de 1941 foi evitada por circunstâncias inteiramente além de seu controle e critério. A interferência funesta de Hitler seguida pelo duro clima russo se juntaram para arrancar uma vitória para a União Soviética das garras de sua própria derrota.

Por muitos anos depois da guerra, essa versão dos acontecimentos foi aceita na historiografia ocidental e formou uma pedra angular de nosso entendimento do fracasso da Operação Barbarossa. Certamente não era incomum muitos historiadores afirmarem que se ao menos Hitler tivesse ouvido seus generais, a guerra poderia ter terminado em vitória em 1941.[1] Até 1991, a rejeição a essa visão pelos historiadores do bloco oriental se centrava no papel do Exército Vermelho na frustração do plano alemão de vencer com uma *blitzkrieg* no leste. A visão oficial era de que as contramedidas soviéticas, assim como a obstinada resistência do Exército Vermelho, haviam frustrado os planos alemães. Também havia uma fervente rejeição à ideia de que o resultado da guerra poderia ter sido determinado por escolhas estratégicas alemãs.

Na era pós-Guerra Fria, os acadêmicos amenizaram os extremos de cada posição, mas ainda assim a discussão hoje tende mais a enfatizar o papel da resistência soviética e os problemas operacionais do *Ostheer*, em detrimento de uma reconsideração das opções estratégicas alemãs e suas decisões subsequentes. A ideia não é sugerir qualquer tipo de ressurgimento da visão de mundo histórica marxista-leninista, mas sim o reconhecimento do fato de que os acontecimentos em campo impactaram as circunstâncias estratégicas da guerra em uma extensão muito maior do que as decisões do alto-comando alemão. Em outras palavras, os generais alemães

CONCLUSÃO

não estavam nem perto de controlar o curso da guerra tanto quanto acreditavam, fosse durante o confronto ou em suas análises posteriores.

Contudo, a historiografia Oriental e Ocidental ainda produzem visões divergentes. A história oficial soviética e, posteriormente, russa, argumenta que os alemães tiveram as esmagadoras vitórias em Viazma e em Briansk em grande parte como resultado da superioridade numérica. Ainda que o reforçado grupo de exércitos de Bock certamente superasse do ponto de vista numérico seus rivais nas Frentes Ocidental, de Reserva e de Briansk, fontes oficiais russas incluíam números exagerados de forças alemãs. Assim, em vez de 1,5 mil tanques alemães, as fontes russas relatavam 1,7 mil, e no lugar de mil aeronaves alemãs, os historiadores russos mencionam 1,39 mil. O número mais impreciso diz respeito à artilharia alemã, que, segundo fontes russas, chegaria a 14 mil armas, mas na realidade não totalizava mais do que 3 mil. Somente nos efetivos brutos as fontes russas na verdade subestimam o tamanho do grupo de exércitos de Bock, sugerindo uma força de 1,8 milhão de soldados (100 mil homens a menos que os arquivos alemães indicam).[2] Embora a superioridade numérica de Bock certamente tenha exercido um papel nas vitórias em Viazma e Briansk, ela sozinha não foi responsável pelo sucesso inicial da Alemanha. A superioridade de Bock na Rússia Central atingia cerca de 500 tanques a mais, 350 aeronaves a mais e aproximadamente 650 mil homens a mais. Contudo, a frente germano-soviética antes de Moscou havia permanecido em grande parte inalterada desde o final de julho, o que deveria ter permitido trabalhos defensivos melhores, bem como uma melhor percepção das concentrações e das intenções estratégicas alemãs. Stálin simplesmente não esperava que os alemães lançassem uma operação dessa escala àquela altura do ano. No final de agosto e no início de setembro, ele previu que o ataque de Guderian à Ucrânia era somente um estratagema para atrair as forças soviéticas e ocultar uma ofensiva renovada contra Moscou. Enquanto isso, Stálin ordenou as ofensivas de Dukhovshchina e Yelnya (28 de agosto a 10 de setembro) para deter e até repelir o grupo de exércitos de Bock. Essas ofensivas certamente custaram muito ao IX e ao IV Exército, mas não ganharam muito terreno e foram muito mais onerosas para os já reduzidos exércitos soviéticos que logo estariam defendendo Moscou. Assim, quando chegou outubro, a grande maioria das divisões soviéticas na Rússia Central estavam perigosamente subequipadas ou repletas de reservas mal treinadas e unidades de milícia recém-recrutadas.

Embora Stálin tenha julgado incorretamente a direção das operações de Guderian em agosto e setembro, ele ainda agravou essa decisão ao se recusar a permitir a retirada da frente soviética sudoeste do profundo saliente que defendia Kiev. A rápida destruição dessa força, com a perda de quatro exércitos soviéticos, mais uma vez enganou Stálin, bem como a Stavka, quanto a onde esperar a próxima ofensiva alemã. Com o leste da Ucrânia e o sul da Rússia agora amplamente expostos, sem mencionar a aparentemente iminente queda de Leningrado ao norte, parecia haver poucas dúvidas de que as ofensivas alemãs poderiam continuar em qualquer uma das pontas da Frente Oriental, mas não no meio. De fato, o Grupo de Exércitos Sul pressionou sua vantagem, com o grupo *Panzer* de Kleist e o XI Exército do marechal de campo Erich von Manstein se unindo no começo de outubro para destruir o IX e o XI Exércitos na batalha do mar de Azov. Contudo, uma ofensiva na escala da Tufão no centro da frente alemã era completamente inesperada pelo comando soviético.[3] A fraca inteligência soviética certamente teve seu papel nessa catastrófica negligência, e não se podia esperar que o comando soviético tivesse previsto as implacáveis discordâncias estratégicas alemãs, que levaram a um conjunto confuso e instável de diretivas para o *Ostheer*. Ainda assim, Stálin e a Stavka têm considerável responsabilidade pelos desastres em Viazma e Briansk. Os posicionamentos estratégicos soviéticos repetiram muitos dos desastres de junho de 1941, com exércitos soviéticos comprometidos em massa por toda a amplitude da frente alemã. Isso facilitou os cercos alemães, especialmente quando a Stavka teimosamente insistiu em manter sua posição mesmo depois de vários avanços das forças *Panzer* terem rompido a linha. Varrer a linha de frente com forças mais leves enquanto seguravam reservas maiores para identificar e contra-atacar penetrações alemãs teria se provado muito mais eficaz e deveria ter sido parte da curva de aprendizado soviética depois de mais de três meses de repetidas ofensivas alemãs. Em vez disso, Stálin seguiu o mesmo caminho que havia levado ao cerco e ao desastre de Kiev. No período crítico que antecedeu a conexão dos grupos *Panzer* alemães atrás da frente soviética, pedidos desesperados de retirada foram rejeitados, apesar de não haver reservas disponíveis para bloquear ou contra-atacar os avanços alemães. Foi uma série catastrófica de erros, piorada pelo fato de que todos eles já haviam sido cometidos antes.

Ainda que a história oficial russa tendesse a culpar a superioridade numérica da Alemanha pela criação de cercos na estrada para Moscou, o combate para eliminar esses bolsões resultou em mais visões divergentes entre Ocidente e Oriente. Historiadores ocidentais tipicamente adotaram o ponto de vista, apresentado primeiramente pelos generais alemães, de que as batalhas em Viazma e Briansk representavam triunfos esmagadores em campos de batalha com poucos paralelos na história. Historiadores russos, por outro lado, tendem a seguir a visão adotada por alguns dos principais generais soviéticos, incluindo Jukov, de que o combate estendido em Viazma e Briansk atrasou as forças alemãs o suficiente para permitir que as reservas chegassem e detivessem o ataque alemão a Moscou. Situado no contexto mais amplo da batalha por Moscou, esse argumento possibilita que as batalhas em Viazma e Briansk sejam vistas como um preço caro, mas afinal essencial, a se pagar pela defesa da capital soviética.

Em muitos sentidos, ambas as perspectivas têm seus méritos, a depender de qual visão se adota sobre os acontecimentos, se mais breve (operacional), ou se mais longa (estratégica). De fato, pode-se argumentar que o combate de outubro foi em muitos níveis um reflexo da campanha alemã de 1941, na qual os soviéticos sofreram perdas muito desproporcionais, mas cujo custo final para o *Ostheer* lhe negou vitória. Talvez a avaliação mais equilibrada do combate de outubro venha do vice-chefe do Estado-Maior soviético e chefe da Equipe de Operações, tenente-general A. M. Vassilevski, que resumiu as implicações cruciais da Operação Tufão para ambos os lados:

> Ao se avaliar o resultado dos acontecimentos em outubro, é preciso dizer que ele foi muito desfavorável para nós. O exército soviético sofrera perdas severas. O inimigo havia avançado quase cem milhas. Mas os objetivos da Operação Tufão não foram atingidos. Um dos grupamentos de Bock havia ficado totalmente preso perto de Tula, outro além de Mojaisk, e outro ainda na par-

te de cima do Volga [em Kalinin]. A firmeza e a coragem dos defensores da capital soviética detiveram as hordas nazistas.[4]

Tais representações tampouco pertencem exclusivamente a relatos soviéticos. O tenente-general Kurt von Tippelskirch, que era comandante de divisão em outubro de 1941 e ascendeu à posição de comandante de exército e até de grupo de exércitos até o final da guerra,[5] escreveu sobre a posição da Alemanha no outono de 1941:

A magnitude dos sucessos locais depunha a favor de Hitler, mas só o resultado da guerra poderia provar se a extensão das vitórias táticas nos campos de batalha era proporcional ao tempo resultante perdido para a continuação da operação. Se o objetivo da campanha não fosse atingido, então os russos teriam perdido uma batalha, mas vencido a guerra.[6]

Da mesma forma, o relato de Kesselring da Operação Tufão rejeita qualquer noção dos soviéticos arrancando uma vitória das garras da derrota. Em seu relato, o resultado do combate de outubro foi menos uma questão da chegada da *rasputitsa* e muito mais uma questão de fatores estratégicos. De acordo com Kesselring:

Para essa tarefa [investidas profundas de *Panzers* em outubro] os grupos *Panzer* eram fracos demais. Nossas forças mecanizadas estratégicas tinham de ser proporcionais à profundidade e à largura da área a ser conquistada e à força do inimigo, e estávamos longe de ter essa força. Nossos veículos sobre lagartas, incluindo tanques, não estavam operando adequadamente. Havia limitações técnicas para uma movimentação constante. Uma operação móvel em uma profundidade de mil quilômetros através de um território inimigo fortemente ocupado requer muitos suprimentos, especialmente se não existir chance de depender de grandes e úteis provisões inimigas. Nossas linhas de comunicação e aeródromos ficavam em sua maior parte em território ameaçado pelo inimigo, e não eram suficientemente protegidos.[7]

CONCLUSÃO

Enfatizar tais fatores estratégicos ajuda a entender de forma mais completa o fracasso da Operação Tufão e sugere que a perspectiva operacional, tão prevalente dentro da Wehrmacht, veio à custa de uma avaliação mais lúcida das possibilidades da guerra. De fato, a Operação Tufão, apesar de todo o seu sucesso em Viazma e Briansk, era mais um exemplo da inabilidade do comando alemão em entender a guerra além do nível operacional, levando a uma repetição de erros vistos por toda a Operação Barbarossa. Após Viazma e Briansk, por exemplo, Hitler e o OKH não estavam meramente preocupados com Moscou; eles também queriam que Bock lançasse ofensivas simultâneas no norte e no sul para aproveitar a brecha que seu grupo de exércitos havia criado e ampliar o domínio da frente soviética. Isso evitou uma arremetida concentrada contra Moscou e superestendeu a força cada vez mais limitada de Bock.

Ao tirar quaisquer conclusões definitivas sobre o combate de outubro, torna-se claro, considerando os ambiciosos objetivos da ofensiva Tufão e suas subsequentes ampliações, que boa parte do comando alemão foi enganada pela aparência de sucesso e pouco informada quanto às suas reais opções e circunstâncias na guerra. Após três meses de vitórias em campo de batalha, a Operação Tufão precisava conquistar algo muito mais abrangente do que apenas mais um sucesso em campo de batalha sem implicações políticas ou militares decisivas para o desfecho da guerra. Uma grande campanha de inverno deveria ser evitada a qualquer custo, Moscou deveria ser cercada e isolada, se não capturada, e a frente soviética precisava ser estilhaçada de forma definitiva. Nada disso resultou do combate de outubro, e os custos para o Grupo de Exércitos Centro sugeriam que uma nova ofensiva em novembro tinha ainda menos chances de ser bem-sucedida. Ninguém pode negar a escala imponente dos primeiros sucessos de Bock na Operação Tufão, mas o fato de terem esmagado a frente soviética perde importância uma vez que essa frente foi reconstruída até o final do mês e que a ofensiva do Grupo de Exércitos Centro foi perdendo intensidade até parar muito antes de atingir seus objetivos declarados. É importante lembrar que batalhas não são fins em si mesmas e não deveriam ser vistas como tais. Uma vitória abrangente contra a União Soviética era a medida de sucesso mais importante para o *Ostheer* em 1941 e, apesar do que alguns relatos históricos iniciais concluíram ser uma fileira contínua de sucessos para a Wehrmacht, até o final de outubro as precondições de uma vitória decisiva na verdade estavam longe de ser atendidas. Ainda que Bock tivesse alcançado Moscou em outubro, o desfecho dificilmente teria sido mais favorável. Como *sir* Ian Kershaw corretamente concluiu: "Se a Wehrmacht tivesse atingido a cidade, na ausência de uma *Luftwaffe* capaz de arrasar completamente Moscou (como Hitler queria), o resultado provavelmente teria sido uma prévia do que acabou acontecendo em Stalingrado. E mesmo que a cidade tivesse sido capturada, a guerra não teria sido vencida".[8]

A ofensiva de Bock em outubro foi um fracasso em dois níveis importantes. Do ponto de vista militar, o Grupo de Exércitos Centro foi levado pelo combate a um impasse diante de Moscou. Como Jukov concluiu: "Esvaindo-se a cada dia, a ofensiva alemã por fim parou no final de outubro em uma linha de frente que corria atravessando Turginovo, Volokolamsk, Dorokhovo, Naro-Fominsk, um ponto a oeste de Serpukhov e Aleksin. A área defensiva da frente de Kalinin perto de Kalinin também havia sido estabilizada".[9] Dadas as dificuldades sazonais, a resistência tenaz do Exército Vermelho e a habilidade do Estado soviético de reunir reservas, este não foi um desfecho surpreendente. Bock nunca deixaria de encontrar problemas na estrada para Moscou, especialmente uma vez que precisaria enfrentar a competência e a falta de escrúpulos de um comandante como Jukov, mas o avanço de Bock era ainda mais prejudicado pela incapacidade de seu grupo de exércitos de manter uma rede de logística funcional, assim como pelas demandas erráticas e fanáticas de Hitler e do OKH. Assim, do ponto de vista militar o Grupo de Exércitos Centro enfrentou forças formidáveis, mas foi ainda mais estorvado por obstáculos autoinfligidos.

O segundo fracasso alemão de outubro de 1941 não foi menos decisivo, mas foi inteiramente autoinfligido. Após a guerra, Blumentritt reclamou do fato de o Ministério da Propaganda alemão ter se vangloriado dos sucessos do *Ostheer* com "uma declaração bombástica" de que o Exército Vermelho estava "praticamente aniquilado".[10] O efeito colateral da bomba de Dietrich foi um frenesi de manchetes grandiloquentes, alegando que a guerra no leste havia sido decidida e declarando o brilhantismo de Adolf Hitler. O tom autocongratulatório dos pronunciamentos reflete tanto a extensão do desco-

CONCLUSÃO

lamento do alto-comando da realidade quanto a altura da qual a opinião pública alemã em breve cairia. A dádiva de curto prazo para o moral alemão logo se transformaria em um fardo a ser explorado pela propaganda inimiga, que acabava com as esperanças da população, e, mais importante, contribuía decisivamente para a percepção, tanto dentro da Alemanha quanto na Europa ocupada, de que o Estado nazista havia fundamentalmente subestimado seu inimigo no leste. Paul Schmidt, o intérprete-chefe do Ministério das Relações Exteriores, observou a radical transformação nas mensagens transmitidas pela propaganda nazista durante os meses finais de 1941. Como ele lembrou: "Em vez de 'Nós vencemos a guerra', os estrangeiros agora ouviam 'Devemos vencer a guerra' e, por fim, 'Não podemos perder a guerra'." Nas palavras de Schmidt: "Os discos de gramofone estavam sendo trocados".[11]

Embora eu tenha argumentado em meus livros anteriores que o ponto de virada na guerra da Alemanha ocorrera já em agosto de 1941,[12] isso de forma alguma torna as últimas batalhas e campanhas do *Ostheer* irrelevantes ou secundárias. Apesar de a Operação Tufão não ter alterado o curso da guerra a favor da Alemanha, como Evan Mawdsley notou corretamente, as batalhas de Viazma e Briansk juntas compõem "um dos maiores sucessos das forças alemãs em toda a Segunda Guerra Mundial".[13] Contudo, essas batalhas, assim como a batalha de Kiev, muitas vezes foram classificadas entre a ofensiva alemã mais ampla de 1941 e raramente foram alvo de atenção específica. Um dos aspectos mais notáveis do Exército Alemão nesse período é sua aparente devoção irracional à ofensiva. No meio da *rasputitsa* russa, com lama até os joelhos e somente alguns parcos suprimentos, divisões *Panzer* inteiras foram forçadas ao ataque com nada mais que grupos pequenos de infantaria em marcha, pouquíssimas armas pesadas e quaisquer tanques que ainda tivessem combustível. Mesmo no final de outubro, quando a ofensiva finalmente havia sido interrompida, não se discutia a adoção de posições de inverno, somente planejamentos para a próxima ofensiva. Como Robert Citino explicou, "a ideia de ordenar uma parada ia contra tudo aquilo no qual esse corpo de oficiais acreditava: a importância da vontade e da agressão e, especialmente, a importância de terminar a guerra em uma única campanha".[14] Não somente havia uma recusa em abrir mão da ofensiva em 1941, como em nenhum ponto do ano houve qualquer reconhecimento sério de que o esforço de guerra da Alemanha estivesse em sérios apuros.

Embora alguns possam alegar que tal reconhecimento só vem com o benefício do retrospecto, a verdade é que mesmo já em 1944 relativamente poucos generais alemães davam voz à tal "conversa derrotista" e ainda menos deles contemplavam render de forma independente seus comandos até depois da morte de Hitler. Às vezes se alegou que os generais alemães dessa era mais tardia eram mais "nazistas" do que os de 1941, mas a noção de que sequer tenha existido um corpo de oficiais alemão que não fosse nazista dentro da Wehrmacht durante a Segunda Guerra Mundial é algo como um mito pós-guerra. O próprio Halder, cujo serviço ativo terminou em setembro de 1942, argumentou após a guerra em uma carta particular a Blumentritt que não havia causa para rendição em qualquer ponto da guerra apesar da situação militar:

> A questão sobre quando a última guerra deveria ter sido vista como perdida não faz sentido. Uma guerra é um ato político e pode ser irremediável do ponto de vista militar por um longo tempo, desde que ainda ofereça chances políticas. Tais chances podem até surgir inesperadamente, como foi o caso da Guerra dos Sete Anos [1756-1763]. Então a resposta correta continua sendo: uma guerra só é perdida quando se desiste dela.[15]

Contudo, a natureza impopular desse ponto de vista não passou batida por Halder, e ele se sentiu compelido a acrescentar: "No entanto, um soldado alemão naturalmente não pode dar tal resposta a um estrangeiro sem colocar aquele militarismo alemão devorador de homens em julgamento novamente".[16] De fato, havia muitos aspectos de sua liderança durante a guerra sobre os quais os generais alemães buscaram permanecer discretamente em silêncio após 1945. A luta de vida ou morte contra o bolchevismo e o apoio ativo dos generais à guerra de aniquilação de Hitler significava que a rendição simplesmente não era uma das opções políticas disponíveis para o alto-comando. Realmente, a indisposição em sequer considerar a rendição, diferentemente das situações desesperadoras de 1806 e 1918, apenas evidencia ainda mais as ligações do alto-comando com Hitler.

CONCLUSÃO

Embora este estudo tenha sido uma análise operacional e estratégica sobre a Operação Tufão, também houve uma tentativa de incluir uma perspectiva sobre o combate a partir do ponto de vista do *Landser* comum. Ilustrar a narrativa mais ampla dos acontecimentos na guerra de Hitler no leste não é menos importante do que contar a história humana desse conflito, repleta de sofrimentos e tormento. Na conclusão de seu estudo de referência dos chamados *Bloodlands* no leste, Timothy Snyder observou: "Os regimes nazistas e soviéticos transformaram as pessoas em números [...] Cabe a nós, como estudiosos, procurar esses números e colocá-los em perspectiva. Cabe a nós, como humanistas, transformar os números de volta em pessoas".[17] Para aqueles que pesquisam a guerra de Hitler contra a União Soviética, o aspecto mais surpreendente de todos é a absoluta escala de sua violência. Nenhuma outra guerra na história produziu tanta adversidade, destruição e morte. Só as perdas soviéticas foram estimadas em cerca de 27 milhões de pessoas.[18] Transformar números dessa grandeza de volta em pessoas requererá mais do que o escopo de um único livro, mas o argumento de Snyder foi bem compreendido: os números importam. Ao avaliar a história militar da guerra nazista-soviética, deve-se ter cuidado em apontar que, diferentemente das distinções bem claras de *Bloodlands*, os soldados no leste muitas vezes foram tanto vítimas quanto algozes. Mortes ilegais eram assustadoramente comuns e, com ambos os lados distribuindo propaganda de ódio, a brutalidade e a violência muitas vezes eram vistas como "necessárias" e até mesmo "aceitáveis". A violência era vista como um meio de sobrevivência, e sem dúvida os soldados do Exército Vermelho e da Wehrmacht, em graus variados e circunstâncias diversas, contribuíram para as capacidades destrutivas de cada regime. Portanto, traçar a tragédia humana da guerra nazista-soviética é mais complexo porque seus algozes muitas vezes se tornaram suas vítimas e vice-versa. O ciclo de violência deixou poucos inocentes ou não culpados e alimentou uma cultura de comportamento criminoso que perverteu homens antes razoáveis e os levou a executarem atos de crueldade inenarrável.

A guerra é um processo brutalizante que remove do soldado e de seu oponente a humanidade que compartilham, enquanto corrói a razão e a compaixão. A guerra de Hitler no leste foi a epítome desse processo, e só por esse motivo já merece um estudo intensivo. Como Willy Peter Reese refletiu durante uma pausa no combate:

> A armadura de apatia com a qual eu me cobri contra o terror, o horror, o medo e a loucura, que me salvou de sofrer e gritar, esmagou qualquer movimento terno dentro de mim, quebrou os brotos de esperança, fé e amor de meus companheiros e transformou meu coração em pedra [...] Ao mesmo tempo, eu tinha em mente que estava lutando contra homens que eu não odiava, que nunca foram inimigos para mim, que em seu destino eram mais como irmãos; e que eu só estava tentando cumprir um dever que me fora imposto.[19]

Contudo, Reese resignou-se ao seu destino como soldado, ao mesmo tempo em que estava ciente de suas implicações destrutivas. Antes de sua morte, aos 23 de idade somente, Reese escreveu em seu diário: "Nós servimos o imperativo da história como ciscos de poeira no turbilhão e tivemos o privilégio de participar do fim de nosso mundo".[20]

Notas

Introdução

1 Rüdiger Overmans, *Deutsche militärische Verluste im Zweiten Weltkrieg* (Munique, 2000), p. 279.

2 Uso "soviético" como adjetivo genérico a menos que as pessoas ou o lugar em questão sejam russos, ucranianos etc. Os alemães da época costumavam fazer referência simplesmente aos "russos" em vez de "soviéticos" e isso foi mantido em todas minhas traduções.

3 O 2º Grupo *Panzer* começou sua participação na ofensiva dois dias antes, em 30 de setembro.

4 Ver David Stahel, *Operation Barbarossa and Germany's Defeat in the East* (Cambridge, 2009); David Stahel, *Kiev 1941. Hitler's Battle for Supremacy in the East* (Cambridge, 2012). Para um resumo dos acontecimentos sintetizados nesses dois livros, ver David Stahel, "Radicalizing Warfare: The German Command and the Failure of Operation Barbarossa", in Alex J. Kay, Jeff Rutherford e David Stahel (eds.), *Nazi Policy on the Eastern Front, 1941. Total War, Genocide and Radicalization* (Rochester, 2012), pp. 19-44.

5 Elke Fröhlich (ed.), *Die Tagebücher von Joseph Goebbels Teil II Diktate 1941-1945 Band 2 Oktober-Dezember 1941* (Munique, 1996), p. 40 (3 de outubro de 1941).

6 Albert Axell, *Stalin's War. Through the Eyes of His Commanders* (Londres, 1997), p. 13. Infelizmente, não está claro quando essa afirmação foi feita.

7 Agradeço a Yan Mann pela ajuda com esta tradução. Ver também Evan Mawdsley, *Thunder in the East. The Nazi-Soviet War 1941-1945* (Londres, 2005), p. 115. Deve-se observar que os livros didáticos russos às vezes têm a infeliz tendência de registrar uma afirmação parafraseada como discurso direto. Logo, a citação de Jukov pode ser somente uma aproximação do que foi dito.

8 No norte da África o VIII Exército Britânico estava se preparando para uma nova grande ofensiva com o intuito de destruir o *Afrikakorps* de Rommel. No entanto, enquanto Churchill estava impaciente para agir, o general Claude Auchinleck resistia a qualquer ação prematura que pudesse frustrar seu cuidadoso planejamento, e a Operação Crusader não foi lançada até o dia 18 de novembro de 1941.

9   Essa é uma palavra russa, que se refere às dificuldades semestrais causadas por chuvas fortes ou neve derretida na Rússia, na Bielorrússia e na Ucrânia. A *rasputitsa* pode ser traduzida diretamente como "temporada do lamaçal".

10   Na verdade o Pacto de Neutralidade Soviético-Japonês foi assinado no dia 13 de abril de 1941.

11   Alexander Werth, *Russia at War 1941-1945* (Nova York, 1964), p. 228.

12   Henry Cassidy, *Moscow Dateline, 1941-1943* (Londres, 1943), p. 108.

13   Mawdsley, *Thunder in the East*, p. 112.

14   Cassidy, *Moscow Dateline, 1941-1943*, p. 108.

15   Gabriel Gorodetsky (ed.), *Stafford Cripps in Moscow 1940-1942. Diaries and Papers* (Londres, 2007), p. 171 (30 de setembro-2 de outubro de 1941).

16   Como James Lucas argumentou: "Ao avaliar a situação no fim das primeiras fases da 'Operação Barbarossa', [o] OHK, comandando as forças terrestres na Frente Oriental, podia ficar satisfeito com os resultados conquistados e confiante de que eles seriam mantidos para o próximo estágio de operações... Ao refletirem sobre as perdas sofridas pelo Exército Vermelho, os planejadores no OKH poderiam acreditar que eles estavam a caminho da vitória". Ver James Lucas, *War of the Eastern Front 1941-1945. The German Soldier in Russia* (Londres, 1980), p. 183. Por volta da mesma época, Harrison E. Salisbury, que escreveu o estudo histórico do cerco de Leningrado, *The 900 Days*, bem como um relato mais conciso do combate no leste em *The Unknown War*, concluiu que o plano alemão para o cerco de Moscou foi baseado em um "plano simples e os alemães tinham toda razão para acreditar que ele teria sucesso" (Harrison E. Salisbury, *The Unknown War* [Londres, 1978], p. 71). Por fim, o outrora proeminente historiador militar David Irving sugeriu que, com as forças reunidas para o início da Operação Tufão, Hitler pôde ter certeza: "Somente o tempo poderia frustrá-lo" (David Irving, *Hitler's War. Volume I* [Nova York, 1977], p. 347).

17   Elisabeth Wagner (ed.), *Der Generalquartiermeister. Briefe und Tagebuchaufzeichnungen des Generalquartiermeisters des Heeres General der Artillerie Eduard Wagner* (Munique, 1963), pp. 202-203 (29 de setembro de 1941).

18   Walter Görlitz, *Paulus and Stalingrad* (Londres, 1963), pp. 132-133.

19   David M. Glantz e Jonathan House, *When Titans Clashed. How the Red Army Stopped Hitler* (Lawrence, 1995), pp. 81-82.

20   Para muitas das nomeações de comando usadas neste estudo, ver Andris J. Kursietis, *The Wehrmacht at War 1939-1945. The Units and Commanders of the German Ground Forces During World War II* (Soesterberg, 1999), p. 167.

21   Stahel, *Kiev 1941*, pp. 338-339.

22   Helmut Pabst, *The Outermost Frontier. A German Soldier in the Russian Campaign* (Londres, 1957), p. 29.

Capítulo 1: Contextualizando Barbarossa

1 Carl von Clausewitz, *On War*, Michael Howard e Peter Paret (eds.) (Nova York, 1993), pp. 88-89.

2 O filho de 17 anos de Filaret, Michael I, foi coroado czar em julho de 1613, mas quando Filaret voltou de sua prisão na Polônia em 1618 ele assumiu o controle primário até sua morte em 1633.

3 "Moscóvia" é o nome mais comumente usado para se referir ao início do império moderno centrado em Moscou. Os termos "Rússia" ou o "Império Russo" emergiram com as reformas e a expansão do domínio de Pedro, o Grande.

4 William C. Fuller Jr, *Strategy and Power in Russia 1600-1914* (Nova York, 1992), pp. 1-14 e 21-34.

5 Ver a discussão sobre a Guerra dos Treze Anos e a Guerra de Moscóvia contra os tártaros da Crimeia em David R. Stone, *A Military History of Russia. From Ivan the Terrible to the War in Chechnya* (Westport, 2006), pp. 34-43.

6 Comumente conhecido como Pedro, o Grande.

7 Paul Bushkovitch, "The Romanov Transformation 1613-1725", in Frederick W. Kagan e Robin Higham (eds.), *The Military History of Tsarist Russia* (Nova York, 2002), pp. 31-45.

8 Fuller, *Strategy and Power in Russia 1600-1914*, p. 80.

9 Para mais sobre essa batalha, ver Peter Englund, *The Battle that Shook Europe. Poltava and the Birth of the Russian Empire* (Nova York, 2003). Como alternativa, ver <http://www.battle.poltava.ua/english/history.htm>.

10 Stone, *A Military History of Russia*, pp. 56-57.

11 John P. LeDonne, *The Grand Strategy of the Russian Empire*, 1650-1831 (Oxford, 2004), p. 40.

12 Ver a discussão sobre reformas instrucionais e institucionais dentro do Exército Russo em Bruce W. Menning, "The Imperial Russian Army 1725-1796", in Kagan e Higham (eds.), *The Military History of Tsarist Russia*, pp. 48-75.

13 Comumente conhecido como Frederico, o Grande.

14 Ver Dennis Showalter, *The Wars of Frederick the Great* (Londres, 1996).

15 Comumente conhecida como Catarina, a Grande.

16 Stone, *A Military History of Russia*, pp. 84-89.

17 Frederick W. Kagan, "Russia's Wars with Napoleon, 1805-1815", in Kagan e Higham (eds.), *The Military History of Tsarist Russia*, pp. 117-118.

18 Dominic Lieven, *Russia Against Napoleon. The Battle for Europe, 1807 to 1814* (Londres, 2010), p. 151.

19 Para um excelente relato sobre a campanha, ver Adam Zamoyski, *1812. Napoleon's Fatal March on Moscow* (Londres, 2004).

20 Lieven, *Russia Against Napoleon*, p. 353.

21 Ver Fuller, *Strategy and Power in Russia 1600-1914*, pp. 14-23.

22 Ver Stahel, *Kiev 1941*.

23 Entre 1935 e 1990 a cidade russa de Samara foi batizada de Kuibyshev em homenagem ao líder bolchevique Valerian Kuibyshev.

24 Chris Bellamy, *Absolute War. Soviet Russia in the Second World War* (Nova York, 2007), pp. 283-284.

25 Ambas as divisões haviam participado da campanha balcânica em abril de 1941 e tiveram de ser reaparelhadas na Alemanha. A 5ª Divisão *Panzer* havia sido originalmente assinalada para destacamento no Norte da África, e seus tanques foram enviados para a Frente Oriental ainda carregando sua pintura de deserto. Ver Robert Kirchubel, *Operation Barbarossa 1941 (3). Army Group Centre* (Oxford, 2007), p. 73.

26 Rolf-Dieter Müller, "The Failure of the Economic 'Blitzkrieg Strategy'", in Militärgeschichtliches Forschungsamt (ed.), *Germany and the Second World War. Volume IV. The Attack on the Soviet Union* (Oxford, 1998), p. 1129.

27 Ver minha discussão em Stahel, *Kiev 1941*, p. 339.

28 Ernst Kern, *War Diary 1941-1945. A Report* (Nova York, 1993), p. 11.

29 Ty Bomba, "Proud Monster: The Barbarossa Campaign Considered", in Command Magazine (ed.), *Hitler's Army. The Evolution and Structure of the German Forces, 1933-1945* (Cambridge, MA, 2003), pp. 133-134.

30 Ver também minha discussão em Stahel, *Operation Barbarossa and Germany's Defeat in the East*, pp. 135-136.

31 "3rd Pz. Gr. KTB Nr.2 1.9.41-31.10.41" BA-MA Microfilm 59060 (13 e 29 de setembro de 1941). Esse diário está registrado como desaparecido nos livros de referência do BA-MA. Na verdade, ele sobreviveu à guerra e existe em microfilme. O microfilme pode ser enganoso, uma vez que consiste de muitas notas escritas à mão e de relatos de combate de unidades no 3º Grupo *Panzer*. Somente ao final do microfilme começa o diário de guerra "Ia" para o 3º Grupo *Panzer*. O diário não tem folhas numeradas, então as referências devem ser localizadas pela data.

32 J. P. Stern, Hitler. *The Führer and the People* (Berkeley, 1992), cap. 7, "Hitler's Ideology of the Will". Mesmo depois da guerra, Halder escreveu no prefácio para um estudo feito pelo coronel-general Erhard Raus: "Torna-se muito claro que um líder militar forte com grandes poderes de motivação é o fator mais importante para o sucesso" (Peter Tsouras (ed.), *Panzers on the Eastern Front. General Erhard Raus and His Panzer Divisions in Russia 1941-1945* [Londres, 2002], p. 9).

33 Franz Halder, *Kriegstagebuch. Tägliche Aufzeichnungen des Chefs des Generalstabes des Heeres 1939-1942. Band III Der Russlandfeldzug bis zum Marsch auf Stalingrad (22.6.1941-24.9.1942)*, Hans-Adolf Jacobsen e Alfred Philippi (eds.) (Stuttgart, 1964), p. 53 (8 de julho de 1941) (doravante citado como Halder, KTB III). Hitler, no entanto, abriu uma exceção à sua regra em julho, liberando um total de 85 tanques depois que Halder pleiteou "as necessidades urgentes do *front*". Ver Halder, *KTB III*, p. 54 (8 de julho de 1941).

34 *Ibid.*, p. 233 (15 de setembro de 1941).

35 Müller, "The Failure of the Economic 'Blitzkrieg Strategy'", p. 1127.

NOTAS

36 Ernst Klink, "The Military Concept of the War Against the Soviet Union", in Militärgeschichtliches Forschungsamt (ed.), *Germany and the Second World War. Volume IV*, p. 318.

37 Halder, *KTB III*, p. 242 (20 de setembro de 1941).

38 *Ibid.*, p. 233 (15 de setembro de 1941).

39 Horst Boog, "The Luftwaffe", in Militärgeschichtliches Forschungsamt (ed.), *Germany and the Second World War. Volume IV*, p. 764.

40 David Irving, *The Rise and Fall of the Luftwaffe. The Life of Erhard Milch* (Londres, 1973), p. 131.

41 Adam Tooze, *The Wages of Destruction. The Making and Breaking of the Nazi Economy* (Londres, 2006), p. 432.

42 Ver Richard Overy, "Statistics", in I. C. B. Dear e M. R. D. Foot (eds.), *The Oxford Companion to the Second World War* (Oxford, 1995), Tabela 2, "Military production", p. 1060 (reproduzida aqui como Tabela 1).

43 Michael Burleigh, *The Third Reich. A New History* (Londres, 2001), pp. 491-492.

44 Georg Thomas, *Geschichte der deutsch Wehr- und Rüstungswirtschaft (1918-1943/45)*, Wolfgang Birkenfeld (ed.) (Boppard am Rhein, 1966), p. 467.

45 Halder, *KTB III*, p. 260 (30 de setembro de 1941). Isso não inclui os homens listados como "doentes" ou baixas entre os aliados do Eixo da Alemanha.

46 Franz Halder, *Kriegstagebuch. Tägliche Aufzeichnungen des Chefs des Generalstabes des Heeres 1939-1942. Band II Von der geplanten Landung in England bis zum Beginn des Ostfeldzuges (1.7.1940-21.6.1941)*, Hans-Adolf Jacobsen (ed.) (Stuttgart, 1963), p. 422 (20 de maio de 1941).

47 Halder, *KTB III*, p. 170 (11 de agosto de 1941).

48 Günther Blumentritt, "Moscow", in William Richardson e Seymour Freidin (eds.), *The Fatal Decisions* (Londres, 1956) pp. 51-52.

49 "Kriegstagebuch Nr.1 Panzergruppe 2 Band II vom 21.8.1941 bis 31.10.41" BA-MA RH 21-2/931, fol. 220 (15 de setembro de 1941).

50 Elke Fröhlich (ed.), *Die Tagebücher von Joseph Goebbels Teil II Diktate 1941-1945 Band 1 Juli-September 1941* (Munique, 1996), p. 419 (15 de setembro de 1941).

51 Hans Pichler, *Truppenarzt und Zeitzeuge. Mit der 4. SS-Polizei-Division an vorderster Front* (Dresden, 2006), p. 94 (22 de agosto de 1941).

52 Hermann Geyer, *Das IX. Armeekorps im Ostfeldzug 1941* (Neckargemünd, 1969), pp. 122-125.

53 *True to Type. A Selection from Letters and Diaries of German Soldiers and Civilians Collected on the Soviet-German Front* (Londres, sem data), p. 107 (8 de setembro de 1941). Este livro não faz referência a seu editor ou data de publicação.

54 Peter G. Tsouras, "Introduction", in Peter G. Tsouras (ed.) *Fighting in Hell. The German Ordeal on the Eastern Front* (Nova York, 1998), p. 6.

55 Heinz Guderian, *Panzer Leader* (Nova York, 1996), p. 142.

56 Blumentritt, "Moscow", pp. 34-35. Ver também os comentários de Blumentritt em Basil Liddell Hart, *The Other Side of the Hill* (Londres, 1999), p. 284.

57 Em 1812 Clausewitz deixou a Prússia para servir no exército de Alexandre.

58 Armand de Caulaincourt, *At Napoleon's Side in Russia* (Nova York, 2008), pp. 53-55 e 58-59.

59 Alexander Stahlberg, *Bounden Duty. The Memoirs of a German Officer 1932-1945* (Londres, 1990), p. 161.

60 O marechal de campo Ewald von Kleist comentou após a guerra: "O equipamento [soviético] era muito bom mesmo em 1941, especialmente os tanques. Sua artilharia era excelente, e também a maioria das armas da infantaria – seus rifles eram mais modernos que os nossos, e tinham maior velocidade de tiro" (como citado em Liddell Hart, *The Other Side of the Hill*, p. 330). Ver também R. Koch-Erpach, "4th Panzer Division's Crossing of the Dnepr River and the Advance to Roslavl", in David M. Glantz (ed.), *The Initial Period of War on the Eastern Front 22 June-August 1941* (Londres, 1997), p. 404; Erhard Rauss [Raus], "Russian Combat Methods in World War II", in Tsouras (ed.), *Fighting in Hell*, pp. 35-36. Notem que o nome de Raus foi soletrado incorretamente no título supracitado.

61 Tsouras, "Introduction", p. 5.

62 Ver minha discussão na Parte I de Stahel, *Operation Barbarossa and Germany's Defeat in the East*.

63 Na Operação Barbarossa, Kleist, àquela altura um coronel-general, era o comandante do 1º Grupo *Panzer* operando na Ucrânia como parte do Grupo de Exércitos Sul.

64 Como citado em Leon Goldensohn, *Nuremberg Interviews. An American Psychiatrist's Conversations with the Defendants and Witnesses* (Nova York, Robert Gellately (ed.) 2004), p. 341 (25 de junho de 1946).

65 Harrison E. Salisbury (ed.), *Marshal Zhukov's Greatest Battles* (Londres, 1971), p. 14. Se de fato Jukov conhecia Clausewitz tão bem quanto Salisbury alegava, isso provavelmente contou menos na batalha por Moscou em 1941 do que no subsequente avanço do Exército Vermelho pelo Leste Europeu de 1943 a 1945.

66 Para uma listagem completa da ordem de batalha do *Ostheer* ver Klink, "The Military Concept of the War Against the Soviet Union", pp. 222-223.

67 Mark Axworthy, Cornel Scafes e Cristian Craciunoiu, *Third Axis Fourth Ally. Romanian Armed Forces in the European War, 1941-1945* (Londres, 1995), p. 45.

68 Jürgen Förster, "The Decisions of the Tripartite Pact States", in Militärgeschichtliches Forschungsamt (ed.), *Germany and the Second World War. Volume IV*, pp. 1028-1029.

69 Ciro Paoletti, *A Military History of Italy* (Westport, 2008), p. 176.

70 Mark Axworthy, *Axis Slovakia. Hitler's Slavic Wedge 1938-1945* (Nova York, 2002), p. 95; Förster, "The Decisions of the Tripartite Pact States", p. 1034.

71 George H. Stein, *The Waffen SS. Hitler's Elite Guard at War 1939-1945* (Nova York, 1984), cap. 6 e 7.

72 Para a Divisão Espanhola "Azul" (logo depois designada 250ª Divisão de Infantaria), ver Gerald R. Kleinfeld e Lewis A. Tambs, *Hitler's Spanish Legion. The Blue Di-*

NOTAS

vision in Russia (St Petersburg, FL, 2005); Xavier Moreno Juliá, *La División Azul. Sangre española en Rusia, 1941-1945* (Barcelona, 2005).

73 Para a frente finlandesa, os alemães destacaram quatro divisões e os finlandeses, quinze: Olli Vehviläinen, *Finland in the Second World War. Between Germany and Russia* (Nova York, 2002), pp. 90-91; Manfred Menger, "Germany and the Finnish 'Separate War' Against the Soviet Union", in Bernd Wegner (ed.), *From Peace to War. Germany, Soviet Russia and the World, 1939-1941* (Oxford, 1997), pp. 525-539. Para operações da Alemanha, ver Earl F. Ziemke, *The German Northern Theater of Operations 1940-1945* (Washington, DC, 1959), cap.8.

74 Para os estudos mais úteis sobre o papel das forças não alemãs na Frente Oriental, ver Jürgen Förster, "Volunteers for the European Crusade Against Bolshevism", in Militärgeschichtliches Forschungsamt (ed.), *Germany and the Second World War. Volume IV*, pp. 1049-1080; Rolf-Dieter Müller, *An der Seite der Wehrmacht. Hitlers ausländische Helfer beim "Kreuzzug gegen den Bolschewismus" 1941-1945* (Berlim, 2007); Richard L. DiNardo, *Germany and the Axis Powers. From Coalition to Collapse* (Lawrence, 2005).

75 Burkhart Müller-Hillebrand, *Das Heer 1933-1945. Band III. Der Zweifrontenkrieg. Das Heer vom Beginn des Feldzuges gegen die Sowjetunion bis zum Kriegsende* (Frankfurt am Main, 1969), p. 205; reproduzido em Bryan I. Fugate, *Operation Barbarossa. Strategy and Tactics on the Eastern Front, 1941* (Novato, 1984), p. 349.

76 David M. Glantz, "The Border Battles on the Bialystok-Minsk Axis: 22-28 June 1941", in Glantz (ed.), *The Initial Period of War on the Eastern Front 22 June-August 1941*, p. 187.

77 Para mapas, ver David M. Glantz, *Atlas and Operational Summary of the Border Battles 22 June-1 July 1941* (publicado de forma independente por David M. Glantz, 2003).

78 Christian Hartmann, *Wehrmacht im Ostkrieg. Front und militärisches Hinterland 1941/42* (Munique, 2010), pp. 259-267; Albert Axell, *Russia's Heroes 1941-1945* (Nova York, 2001), cap. 2, "The Hero Fortress"; Salisbury, *The Unknown War*, cap. 3, "Bravery at Brest". Ver também os relatos em primeira mão fornecidos em Robert Kershaw, *War Without Garlands. Operation Barbarossa 1941/42* (Nova York, 2000), pp. 47-51, 59-60, 65-67, 78-79; Constantine Pleshakov, *Stalin's Folly. The Tragic First Ten Days of World War II on the Eastern Front* (Nova York, 2005), pp. 238-245.

79 "3rd Pz. Gr. KTB 25.5.41-31.8.41" BA-MA Microfilm 59054, fol. 36 (22 de junho de 1941).

80 Os tanques alemães do *Ostheer* podem ser divididos em sete modelos principais: Marks I, II, III, IV, 35(t), 38(t) e o StuG III. Nada menos que metade deles eram modelos leves e relativamente obsoletos, recrutados para completar os números para a Operação Barbarossa. Isso deixou a Alemanha com somente 1.673 tanques modernos, especialmente os Mark III, IV e StuG IIIs. Ver minha discussão sobre os modelos de tanques alemães em Stahel, *Operation Barbarossa and Germany's Defeat in the East*, pp. 107-112.

81 "Kriegstagebuch Nr.3 der 7. Panzer-Division Führungsabteilung 1.6.1941-9.5.1942" BA-MA RH 27-7/46, fol. 21 (28 de junho de 1941).

82 Departamento do Exército dos EUA (ed.), *Small Unit Actions During the German Campaign in Russia* (Washington, DC, 1953), pp. 91-92. Ver também Horst Zobel, "3rd Panzer Division's Advance to Mogilev", in Glantz (ed.), *The Initial Period of War on the Eastern Front 22 June-August 1941*, pp. 393-394.

83 Horst Zobel, "3rd Panzer Division Operations", in Glantz (ed.), *The Initial Period of War on the Eastern Front 22 June-August 1941*, p. 242.

84 Johannes Hürter (ed.), *Ein deutscher General an der Ostfront. Die Briefe und Tagebücher des Gotthard Heinrici 1941/42* (Erfurt, 2001), p. 62 (23 de junho de 1941).

85 Sublinhado no original; "Tagesmeldungen der Heeresgruppe Mitte vom 22.6.41 bis 15.7.41" BA-MA RH 19 II/128, fol. 138 (3 de julho de 1941).

86 "KTB 3rd Pz. Div. I.b 19.5.41-6.2.42" BA-MA RH 27-3/218 (17 de julho de 1941). Esse diário de guerra não tem páginas numeradas, então as referências devem ser localizadas pela data.

87 Como citado em James Lucas, *Das Reich. The Military Role of the 2nd SS Division* (Londres, 1991), pp. 61 e 63.

88 "KTB Nr.1 Panzergruppe 2 Bd.II vom 22.7.1941 bis 20.8.41" BA-MA RH 21-2/928, fols. 49-50 (26 de julho de 1941).

89 Fedor von Bock, *Generalfeldmarschall Fedor von Bock. The War Diary 1939-1945*, Klaus Gerbet (ed.) (Munique, 1996), pp. 273-274 (5 de agosto de 1941) (doravante as referências ao diário de Bock serão citadas como Bock, *War Diary*); "Tagesmeldungen der Heeresgruppe Mitte vom 16.7.41 bis 5.8.41" BA-MA RH 19 II/129, fol. 223 (5 de agosto de 1941).

90 Embora não haja números exatos disponíveis, Kesselring estimava que "mais de 100.000" haviam fugido do bolsão: Albrecht Kesselring, *The Memoirs of Field-Marshal Kesselring* (Londres, 1988), p. 93.

91 Glantz e House, *When Titans Clashed*, pp. 67-68.

92 Michael Geyer, "German Strategy in the Age of Machine Warfare, 1914-1945", in Peter Paret (ed.), *Makers of Modern Strategy. From Machiavelli to the Nuclear Age* (Oxford, 1999), p. 591.

93 David M. Glantz, *Barbarossa. Hitler's Invasion of Russia 1941* (Stroud, 2001), p. 68. Ver também Mawdsley, *Thunder in the East*, pp. 112-113.

94 Halder, *KTB III*, p. 145 (2 de agosto de 1941).

95 Tooze, *The Wages of Destruction*, p. 437.

96 Halder, *Kriegstagebuch: Tägliche Aufzeichnungen des Chefs des Generalstabes des Heeres 1939-1942. Band II*, p. 422 (20 de maio de 1941).

97 Halder, *KTB III*, p. 266 (4 de outubro de 1941).

98 Um estudo publicado recentemente por David Glantz conclui: "A Wehrmacht e o Exército Vermelho enfrentariam uma complexa sequência de batalhas ao longo de uma frente de aproximadamente 645 quilômetros, conhecidas coletivamente como a batalha de Smolensk. Conforme batalhavam, entendiam muito bem

NOTAS

que estavam envolvidos no episódio que poderia determinar o resultado final da guerra". David M. Glantz, *Barbarossa Derailed. The Battle for Smolensk 10 July-10 September 1941. Volume 1. The German Advance, the Encirclement Battle, and the First and Second Soviet Counteroffensives, 10 July-24 August 1941* (Solihull, 2010), p. 135. Ver também David M. Glantz, *Barbarossa Derailed. The Battle for Smolensk 10 July-10 September 1941. Volume 2. The German Offensives on the Flanks and the Third Soviet Counteroffensive, 25 August-10 September 1941* (Solihull, 2012).

99 "Kriegstagebuch Nr.1 (Band August 1941) des Oberkommandos der Heeresgruppe Mitte" BA-MA RH 19II/386, p. 364 (22 de agosto de 1941).

100 "The Germans in Russia" LH 15/4/40. Ver o arquivo intitulado "von Rundstedt writes home", p. 2 (12 de agosto de 1941).

101 Müller, "The Failure of the Economic 'Blitzkrieg Strategy'", p. 1128.

102 Hans-Adolf Jacobsen (ed.), *Kriegstagebuch des Oberkommandos der Wehrmacht (Wehrmachtfürungsstab), Band I/2: 1. August 1940-31. Dezember 1941* (Munique, 1982), p. 661 (26 de setembro de 1941) (doravante citado como KTB OKW, vol. II); "Heeresgruppe Süd Kriegstagebuch II.Teil Band 4, 16 Sept.-5 Okt. 1941" BA-MA RH 19-I/73, fol. 132 (26 de setembro de 1941).

103 Ver meu volume anterior, Stahel, *Kiev 1941*. Para a mais completa coleção de mapas da batalha, ver David M. Glantz, *Atlas of the Battle for Kiev Part I. Penetrating the Stalin Line and the Uman' Encirclement 2 July - 9 August 1941* (publicado de forma independente por David M. Glantz, 2005) p. 8 (7-14 de julho de 1941); David M. Glantz, *Atlas of the Battle for Kiev Part II. The German Advance to the Dnepr River, 9-26 August 1941* (publicado de forma independente por David M. Glantz, 2005); David M. Glantz, *Atlas of the Battle for Kiev Part III. The Encirclement and Destruction of the Southwestern Front, 25 August-26 September 1941* (publicado de forma independente por David M. Glantz, 2005).

104 "Kriegstagebuch Nr.1 Panzergruppe 2 Band II vom 21.8.1941 bis 31.10.41" BA-MA RH 21-2/931, fols. 322-323 (27 de setembro de 1941). Os totais relatados neste arquivo são ligeiramente diferentes, mas a soma dos números às vezes está errada.

105 Müller-Hillebrand, *Das Heer 1933-1945. Band III*, p. 205.

106 Como a ordem de batalha mudava para cada um dos três grupos *Panzer* entre 22 de junho e 2 de outubro, deve-se entender que meus totais iniciais aqui são calculados para a ordem de batalha de cada grupo *Panzer* como existia para a Operação Tufão. Para as forças estimadas das divisões *Panzer*, ver minha discussão em Stahel, *Kiev 1941*, pp. 323-325.

107 Franz Halder, *Hitler als Feldherr* (Munique, 1949) p. 43.

108 Halder, *KTB III*, p. 233 (15 de setembro de 1941).

109 No dia 22 de junho de 1941, as divisões *Panzer* designadas posteriormente a Bock para a Operação Tufão tinham as seguintes forças *Panzer*: 1ª Divisão *Panzer*, 154; 3ª Divisão *Panzer*, 198; 4ª Divisão *Panzer*, 169; 6ª Divisão *Panzer*, 254; 7ª Divisão *Panzer*, 299; 9ª Divisão *Panzer*, 157; 10ª Divisão *Panzer*, 206; 11ª Divisão *Panzer*, 175; 17ª

Divisão *Panzer*, 180; 18ª Divisão *Panzer*, 200; 19ª Divisão *Panzer*, 239; 20ª Divisão *Panzer*, 245. Ver Müller-Hillebrand, *Das Heer 1933-1945*. Band III, p. 205.

110 Walter Chales de Beaulieu, *Generaloberst Erich Hoepner. Militärisches Porträt eines Panzer-Führers* (Neckargemünd, 1969), pp. 191-192.

111 "Kriegstagebuch Nr.1 (Band Oktober 1941) des Oberkommandos der Heeresgruppe Mitte" BA-MA RH 19-II/411, fols. 525-526 (2 de outubro de 1941). Uma fonte alega que o Grupo de Exércitos Centro na verdade possuía somente 549 aeronaves úteis (incluindo 158 bombardeiros e 172 aviões de combate) para a Operação Tufão. Ver Christer Bergström, *Barbarossa: The Air Battle. July-December 1941* (Hersham, 2007), p. 90.

112 Glantz, *Barbarossa*, pp. 141-143.

113 Walter S. Dunn Jr., *Hitler's Nemesis. The Red Army, 1930-1945* (Mechanicsburg, 2009), p. 29.

114 Klaus Reinhardt, *Moscow. The Turning Point. The Failure of Hitler's Strategy in the Winter of 1941-1942* (Oxford, 1992), p. 59.

115 Bock, *War Diary*, p. 317 (24 de setembro de 1941).

116 Guderian, *Panzer Leader*, pp. 224-225.

117 Bock, *War Diary*, p. 317 (24 de setembro de 1941).

118 Heinz Rahe, *Museumsstiftung Post und Telekommunikation*, Berlim, 3.2002.0985 (26 de setembro de 1941) (doravante citado como MPT).

119 Ortwin Buchbender e Reinhold Sterz (eds.), *Das andere Gesicht des Krieges. Deutsche Feldpostbriefe 1939-1945* (Munique, 1982), p. 82 (24 de setembro de 1941).

120 Ibid., (24 de setembro de 1941).

121 Alois Scheuer, *Briefe aus Russland. Feldpostbriefe des Gefreiten Alois Scheuer 1941-1942* (St Ingbert, 2000), pp. 41-42 (28 de setembro de 1941).

122 Heinz Boberach (ed.), *Meldungen aus dem Reich. Die geheimen Lageberichte des Sicherheitsdienstes der SS 1938-1945*. Band 8 (Berlim, 1984), p. 2795, Documento 223 (25 de setembro de 1941).

123 Ibid., p. 2.809, Documento 224 (29 de setembro de 1941).

124 Fröhlich (ed.), *Die Tagebücher von Joseph Goebbels Teil II Band 1*, p. 505 (27 de setembro de 1941).

125 Konrad Elmshäuser e Jan Lokers (eds.), "Man muß hier nur hart sein". *Kriegsbriefe und Bilder einer Familie (1934-1945)* (Bremen, 1999), p. 141 (28 de setembro de 1941).

126 Jürgen Kleindienst (ed.), *Sei tausendmal gegrüßt. Briefwechsel Irene und Ernst Guicking 1937-1945* (Berlim, 2001). Existe um CD-ROM acompanhando este livro com cerca de 1.600 cartas, a maioria delas não publicadas no livro. A carta citada aparece somente no CD-ROM e pode ser localizada pela data (29 de setembro de 1941).

127 Hellmuth H., MPT, 3.2002.7139 (30 de setembro de 1941).

128 Graham A. Loud, *The Crusade of Frederick Barbarossa: The History of the Expedition of the Emperor Frederick and Related Texts* (Farnham, 2010).

129 Förster, "Volunteers for the European Crusade Against Bolshevism", pp. 1050-1051.

NOTAS

Capítulo 2: Operação Tufão

1 Max Domarus, *Hitler. Speeches and Proclamations 1932-1945. The Chronicle of a Dictatorship. Volume IV. The Years 1941 to 1945* (Wauconda, 2004), pp. 2484-2485 (2 de outubro de 1941).

2 Ibid., p. 2486 (2 de outubro de 1941). Reimpressões da proclamação de Hitler foram postadas em quadros de avisos por toda a Frente Oriental, mas após algumas semanas as profecias equivocadas se tornaram um constrangimento e foram emitidas ordens especiais para que a proclamação fosse removida.

3 Como citado em Michael Jones, *The Retreat. Hitler's First Defeat* (Londres, 2009), p. 32.

4 Ibid.

5 Heinrich Haape com Dennis Henshaw, *Moscow Tram Stop. A Doctor's Experiences with the German Spearhead in Russia* (Londres, 1957), p. 109.

6 Ernst Kern, *War Diary 1941-1945*, p. 12.

7 Halder, *KTB III*, p. 263 (2 de outubro de 1941).

8 Como citado em Michael Jones, *The Retreat*, p. 35.

9 Pabst, *The Outermost Frontier*, p. 30.

10 Bismarck era somente um comandante temporário de divisão assumindo o cargo do tenente-general Horst Stumpff no dia 10 de setembro e entregando o comando da divisão para o major-general Wilhelm Ritter von Thoma no dia 14 de outubro de 1941.

11 "20.Pz.Div. KTB vom 15.8.41 bis 20.10.41 Band Ia." BA-MA RH 27-20/25, fol. 108 (2 de outubro de 1941).

12 Halder, *KTB III*, p. 264 (2 de outubro de 1941).

13 "Kriegstagebuch Nr.2 XXXXVII.Pz.Korps. Ia 23.9.1941-31.12.1941" BA-MA RH 24-47/258, fol. 19 (2 de outubro de 1941).

14 Halder, *KTB III*, p. 264 (2 de outubro de 1941).

15 "Anlage zum KTB Pz.Gruppe 4 Meldungen von unten 20.9.41-14.10.41" BA-MA RH 21-4/37, fol. 82 (2 de outubro de 1941).

16 Halder, *KTB III*, p. 265 (2 de outubro de 1941).

17 "3rd Pz. Gr. KTB Nr.2 1.9.41-31.10.41" BA-MA Microfilm 59060 (2 de outubro de 1941).

18 "Anlagen zum Kriegstagebuch Tagesmeldungen Bd.I 1.9-31.10.41" BA-MA RH 21-3/70, fol. 48 (2 de outubro de 1941).

19 "Kriegstagebuch Nr.3. des XXXXVI.Pz.Korps vom 24.08.41-31.12.41" BA-MA RH 24-46/21, fol. 61 (2 de outubro de 1941).

20 "5. Panzer Division KTB Nur.8 vom 11.9.41-11.12.41" BA-MA RH 27-5/29, fol. 16 (2 de outubro de 1941).

21 Bock, *War Diary*, p. 320 (2 de outubro de 1941).

22 "Anlage zum KTB Pz.Gruppe 4 Meldungen von unten 20.9.41-14.10.41" BA-MA RH 21-4/37, fol. 82 (2 de outubro de 1941).

23 "3rd Pz. Gr. KTB Nr.2 1.9.41-31.10.41" BA-MA Microfilm 59060 (2 de outubro de 1941).

24 Pabst, *The Outermost Frontier*, p. 31.

25 Ibid.

26 "Armeeoberkommando 2. I.a KTB Teil.2 19.9.41-16.12.41" BA-MA RH 20-2/207, p. 26 (2 de outubro de 1941).

27 "18.Panzer Division, Abt.Ia KTB Teil III vom 30.9.-19.10.41" BA-MA RH 27-18/22, p. 14 (2 de outubro de 1941).

28 "9.Pz.Div. KTB Ia vom 19.5.1941 bis 22.1.1942" BA-MA RH 27-9/4, p. 125 (2 de outubro de 1941).

29 "Kriegstagebuch Nr.1 (Band Oktober 1941) des Oberkommandos der Heeresgruppe Mitte" BA-MA RH 19-II/411, fol. 530 (2 de outubro de 1941).

30 Domarus, *Hitler*, p. 2491 (3 de outubro de 1941).

31 Ibid. (3 de outubro de 1941).

32 Ibid. (3 de outubro de 1941).

33 Ibid, p. 2494 (3 de outubro de 1941).

34 H. C. Robbins Landon e Sebastian Leitner (eds.), *Diary of a German Soldier* (Londres, 1963), p. 110 (3 de outubro de 1941).

35 David Garden e Kenneth Andrew (eds.), *The War Diaries of a Panzer Soldier. Erich Hager with the 17th Panzer Division on the Russian Front 1941-1945* (Atglen, 2010), p. 53 (3 de outubro de 1941).

36 Como citado em Michael Jones, *The Retreat*, p. 33.

37 Malcolm Muggeridge (ed.), *Ciano's Diary 1939-1943* (Kingswood, 1947), p. 379 (2 de outubro de 1941).

38 "Kriegstagebuch Nr.1 (Band Oktober 1941) des Oberkommandos der Heeresgruppe Mitte" BA-MA RH 19-II/411, fols. 537-538 (3 de outubro de 1941); Halder, *KTB III*, p. 266 (3 de outubro de 1941).

39 Hermann Geyer, *Das IX. Armeekorps im Ostfeldzug 1941*, p. 137.

40 A. Eremenko, *The Arduous Beginning* (Honolulu, 2004), p. 240; Glantz, *Barbarossa*, pp. 147-148.

41 Halder, *KTB III*, p. 266 (3 de outubro de 1941).

42 Antony Beevor and Luba Vinogradova (eds.), *A Writer at War. Vasily Grossman with the Red Army 1941-1945* (Nova York, 2005), p. 45.

43 Hans Schäufler (ed.), *Knight's Cross Panzers. The German 35th Panzer Regiment in WWII* (Mechanicsburg, 2010), p. 127.

44 As distâncias são calculadas em linhas retas ou "pelo voo do corvo", de modo que as distâncias reais eram um tanto mais longas na prática.

45 Como citado em Janusz Piekalkiewicz, *Moscow 1941. The Frozen Offensive* (Londres, 1981), p. 109.

46 Wagner (ed.), *Der Generalquartiermeister*, p. 203 (3 de outubro de 1941).

47 Robert Cecil, *Hitler's Decision to Invade Russia 1941* (Londres, 1975), p. 134.

48 Halder, *KTB III*, p. 265 (3 de outubro de 1941).

NOTAS

49 "Kriegstagebuch 4.Panzer-Division Führungsabtl. 26.5.41-31.3.42" BA-MA RH 27-4/10, p. 189 (3 de outubro de 1941); KTB OKW, vol. II, p. 675 (3 de outubro de 1941).

50 "Anlagen zum Kriegstagebuch Tagesmeldungen Bd.I 1.9-31.10.41" BA-MA RH 21-3/70, fol. 53 (3 de outubro de 1941).

51 Karl Reddemann (ed.), *Zwischen Front und Heimat. Der Briefwechsel des münsterischen Ehepaares Agnes und Albert Neuhaus 1940-1944* (Münster, 1996), pp. 324-325 (3 de outubro de 1941).

52 Formada em 14 de julho de 1941 em Madri e comandada pelo major Angel Salas Larrazábal, a *Escuadrilla Azul* consistia de dezessete pilotos, todos veteranos da Guerra Civil Espanhola. Depois de algum treinamento adicional, eles partiram para a Frente Oriental no dia 26 de setembro e, a partir de sua nova base a nordeste de Smolensk, participaram do primeiro dia de combate da Operação Tufão. No geral, a *Escuadrilla Azul* teria um resultado operacional fraco. Em seu primeiro confronto no dia 2 de outubro, nove de seus aviões foram surpreendidos por caças soviéticos, sendo um deles abatido e a missão deles, cancelada. Em meados de dezembro de 1941, só restavam dois aviões e a unidade logo foi repatriada para a Espanha. Ver Bergström, Barbarossa, p. 90. Ver também Hans Werner Neulen, *In the Skies of Europe. Air Forces Allied to the Luftwaffe 1939-1945* (Ramsbury, 2000), pp. 277-279; Frank Joseph, *The Axis Air Forces. Flying in Support of the German Luftwaffe* (Santa Barbara, 2011), cap.2, "The Spanish Blue Squadron".

53 Neulen, *In the Skies of Europe*, pp. 172-173.

54 Hermann Plocher, *The German Air Force Versus Russia*, 1941 (Nova York, 1965), p. 230.

55 Richard Muller, *The German Air War in Russia* (Baltimore, 1992), p. 58.

56 Bergström, *Barbarossa*, p. 91.

57 Guderian, *Panzer Leader*, pp. 232-233.

58 John Weal, *More Bf 109 Aces of the Russian Front* (Oxford, 2007), p. 22. No entanto, Mölders participou de inúmeros voos de combate extraoficiais após sua retirada e abateu um número até maior de aeronaves inimigas.

59 Halder, *KTB III*, p. 266 (3 de outubro de 1941).

60 Glantz, *Barbarossa*, pp. 147-148.

61 "Kriegstagebuch Nr.1 (Band Oktober 1941) des Oberkommandos der Heeresgruppe Mitte" BA-MA RH 19-II/411, fol. 545 (4 de outubro de 1941).

62 "3rd Pz. Gr. KTB Nr.2 1.9.41-31.10.41" BA-MA Microfilm 59060 (4 e 5 de outubro de 1941).

63 Beevor e Vinogradova (eds.), *A Writer at War*, p. 48.

64 Um boletim do tempo alemão a partir da Rússia Central no dia 4 de outubro de 1941 afirmava: "Dia ensolarado, quase calor de verão" ("Kriegstagebuch Nr.3. des XXXXVI.Pz.Korps vom 24.08.41-31.12.41" BA-MA RH 24-46/21, fol. 65 [4 de outubro de 1941]).

65 Halder, *KTB III*, p. 267 (4 de outubro de 1941).

66 Rudolf Steiger, *Armour Tactics in the Second World War. Panzer Army Campaigns of 1939-1941 in German War Diaries* (Oxford, 1991), p. 123.

67 "Kriegstagebuch Nr.1 (Band Oktober 1941) des Oberkommandos der Heeresgruppe Mitte" BA-MA RH 19-II/411, fol. 552 (5 de outubro de 1941).

68 Guderian, *Panzer Leader*, p. 232.

69 "Anlage zum KTB Panzer Gruppe 4: 20.9.41-14.10.41" BA-MA RH 21-4/34, fol. 52 (5 de outubro de 1941).

70 "Kriegstagebuch Nr.1 (Band Oktober 1941) des Oberkommandos der Heeresgruppe Mitte" BA-MA RH 19-II/411, fol. 552 (5 de outubro de 1941).

71 Wagner (ed.), *Der Generalquartiermeister*, p. 204 (5 de outubro de 1941).

72 Christine Alexander e Mark Kunze (eds.), *Eastern Inferno. The Journals of a German Panzerjäger on the Eastern Front, 1941-1943* (Filadélfia e Newbury, 2010), p. 117 (6 de outubro de 1941).

73 Guderian, *Panzer Leader*, p. 233.

74 "Kriegstagebuch 4.Panzer-Division Führungsabtl. 26.5.41-31.3.42" BA-MA RH 27-4/10, p. 196 (6 de outubro de 1941).

75 Ibid., pp. 192 e 196 (4 e 6 de outubro de 1941).

76 *The Nebelwerfer* (literalmente "lançador de neblina") era uma arma alemã adaptada para disparar projéteis de morteiro ou foguetes.

77 Ver o relato tático dado em Schäufler (ed.), *Knight's Cross Panzers*, pp. 131-133.

78 "Kriegstagebuch 4.Panzer-Division Führungsabtl. 26.5.41-31.3.42" BA-MA RH 27-4/10, p. 198 (6 de outubro de 1941).

79 Schäufler (ed.), *Knight's Cross Panzers*, pp. 135 e 138.

80 O diário de guerra só declara "M.T.W.", que é uma abreviação para *Mannschaftstransportwagen*. Agradecimentos ao dr. Adrian Wettstein por sua ajuda aqui.

81 "Kriegstagebuch 4.Panzer-Division Führungsabtl. 26.5.41-31.3.42" BA-MA RH 27-4/10, p. 203 (9 de outubro de 1941).

82 Guderian, *Panzer Leader*, p. 235.

83 Departmento do Exército dos EUA (ed.), *Small Unit Actions During the German Campaign in Russia*, pp. 1-2. Um ex-soldado alemão da Frente Oriental escreveu sobre novembro de 1941: "As missões eram executadas com tão poucos homens que teriam parecido quase inacreditáveis alguns meses antes, e que teriam provocado um sorriso incrédulo em cada professor de tática na escola de guerra" (Helmut Günther, *Hot Motors, Cold Feet. A Memoir of Service with the Motorcycle Battalion of SS-Division "Reich" 1940-1941* [Winnipeg, 2004], p. 207).

84 *Landser* é um termo coloquial em alemão para soldado, particularmente um que tenha combatido na Segunda Guerra Mundial.

85 Robert Kershaw, *War Without Garlands*, p. 181.

86 "18.Panzer Division, Abt.Ia KTB Teil III vom 30.9.-19.10.41" BA-MA RH 27-18/22, p. 3 (5 de outubro de 1941).

87 Para um diagrama, ver C. G. Sweeting, *Blood and Iron. The German Conquest of Sevastopol* (Washington, DC, 2004), p. 143. Para confrontos individuais, ver Hans von

NOTAS

Luck, *Panzer Commander. The Memoirs of Colonel Hans von Luck* (Nova York, 1989), pp. 57-58; Paul Carell [Paul Karl Schmidt], *Hitler's War on Russia. The Story of the German Defeat in the East* (Londres, 1964), pp. 133-134; William Lubbeck com David B. Hurt, *At Leningrad's Gates. The Story of a Soldier with Army Group North* (Filadélfia, 2006), p. 112. Outra fonte alegava que às vezes os cães destruíam veículos que pertenciam ao Exército Vermelho. Ver Erhard Raus, *Panzer Operations. The Eastern Front Memoir of General Raus, 1941-1945*, Steven H. Newton (ed.) (Cambridge, MA, 2005), p. 87.

88 O famoso general russo Mikhail Kutuzov escreveu algumas regras gerais para regimentos jäger em um manual de 1789. Ele enfatizava a astúcia, que incluía enganar o inimigo fingindo-se de morto. Ver Lieven, *Russia Against Napoleon*, p. 115.

89 Erich Kern, *Dance of Death* (Nova York, 1951), p. 50. Para mais relatos como esse, ver Rauss, "Russian Combat Methods in World War II", pp. 21-22; Günter K. Koschorrek, *Blood Red Snow. The Memoirs of a German Soldier on the Eastern Front* (Londres, 2002), pp. 69 e 152; Hürter, *Ein deutscher General an der Ostfront*, p. 70 (22 de julho de 1941); Erich von Manstein, *Lost Victories* (Novato, 1994), pp. 180-181; Erich von Manstein, *Verlorene Siege. Erinnerungen 1939-1944* (Bonn, 1991), pp. 178-179.

90 Alexander e Kunze (eds.), *Eastern Inferno*, p. 104 (23 de setembro de 1941).

91 Ibid., pp. 104-105 (23 de setembro de 1941).

92 "5. Panzer Division KTB Nur.8 vom 11.9.41-11.12.41" BA-MA RH 27-5/29, fol. 26 (6 de outubro de 1941).

93 John Erickson, *The Road to Stalingrad. Stalin's War with Germany*. Volume One (Londres, 1975), pp. 216-217.

94 Mawdsley, *Thunder in the East*, p. 95.

95 Glantz, *Barbarossa*, p. 148.

96 G. K. Jukov, *The Memoirs of Marshal Zhukov* (Londres, 1971), pp. 320-321.

97 Viktor Anfilov, "Jukov", in Harold Shukman (ed.), Stalin's Generals (Londres, 1993), pp. 350-351.

98 Laurence Rees, *War of the Century. When Hitler Fought Stalin* (Londres, 1999), pp. 52-53.

99 Bellamy, *Absolute War*, p. 222.

100 Como dois importantes especialistas também observaram: "Esse episódio no mínimo indica que, por trás da imagem de implacável hostilidade contra os invasores e de férrea determinação de Stálin em defender a pátria soviética, havia motivações e intenções mais complexas" (John Barber e Mark Harrison, *The Soviet Home Front 1941-1945. A Social and Economic History of the USSR in World War II* [Londres, 1991], pp. 54-55). Para uma perspectiva mais crítica, ver Richard Overy, *Russia's War* (Londres, 1997), p. 96.

101 Anfilov, "Jukov", p. 351.

102 Para um relato detalhado, ver Jukov, *The Memoirs of Marshal Zhukov*, pp. 321-327.

103 Mawdsley, *Thunder in the East*, p. 95.

104 Burleigh, *The Third Reich*, p. 502.

105 Erickson, *The Road to Stalingrad*, p. 217.

106 Andrew Nagorski, *The Greatest Battle. Stalin, Hitler, and the Desperate Struggle for Moscow that Changed the Course of World War II* (Nova York, 2007), pp. 216-218.

107 Agradecimentos a Yan Mann por essa informação. De acordo com Richard Evans, no decorrer da batalha por Moscou um total de aproximadamente 400.000 soldados, juntamente com 1.000 tanques e 1.000 aviões, seriam transportados através da Sibéria para assumir posições em torno de Moscou. Ver Richard J. Evans, *The Third Reich at War. How the Nazis Led Germany from Conquest to Disaster* (Londres, 2009), p. 205.

108 Erickson, *The Road to Stalingrad*, p. 218.

109 Bock, *War Diary*, p. 323 (5 de outubro de 1941).

110 Ibid., pp. 322-323 (5 de outubro de 1941).

111 "Kriegstagebuch Nr.1 (Band Oktober 1941) des Oberkommandos der Heeresgruppe Mitte" BA-MA RH 19-II/411, fol. 565 (6 de outubro de 1941).

112 Essa foi uma formação especial criada a partir da escola de treinamento de infantaria em Döberitz.

113 Bock, *War Diary*, p. 323 (5 de outubro de 1941).

114 Ibid., p. 325 (6 de outubro de 1941).

115 Em itálico no original. Telegrama como citado em Alfred W. Turney, *Disaster at Moscow. Von Bock's Campaigns 1941-1942* (Albuquerque, 1970), p. 107.

116 Bock, *War Diary*, pp. 325-226 (7 de outubro de 1941).

117 Samuel W. Mitcham Jr, *The Men of Barbarossa. Commanders of the German Invasion of Russia, 1941* (Newbury, 2009), p. 38; Turney, *Disaster at Moscow*, p. 6.

118 Bock, *War Diary*, p. 226 (8 de outubro de 1941).

119 Ibid., p. 324 (6 de outubro de 1941).

120 Como citado em Heinrich Bücheler, Hoepner. *Ein deutsches Soldatenschicksal des 20. Jahrhunderts* (Herford, 1980), p. 149.

121 Ibid.

122 Guderian, *Panzer Leader*, p. 162.

123 Bock, *War Diary*, p. 304 (4 de setembro de 1941).

124 O livro de memórias de Guderian afirma que no final de julho o 2º Grupo *Panzer* foi renomeado oficialmente como "Grupo de Exércitos Guderian", embora o termo não seja usado no diário de Bock ou de Halder ou mesmo posteriormente no livro de memórias de Guderian (Guderian, *Panzer Leader*, p. 184).

125 Halder, *KTB III*, p. 271, n. 1 (6 de outubro de 1941); Guderian, *Panzer Leader*, p. 233.

126 Guderian, *Panzer Leader*, pp. 235-236.

127 "Kriegstagebuch Nr.2 XXXXVII.Pz.Korps. Ia 23.9.1941-31.12.1941" BA-MA RH 24-47/258, fol. 24 (5 de outubro de 1941).

128 "Kriegstagebuch Nr.1 (Band Oktober 1941) des Oberkommandos der Heeresgruppe Mitte" BA-MA RH 19-II/411, fol. 564 (6 de outubro de 1941).

129 Beevor e Vinogradova (eds.), *A Writer at War*, p. 47.

130 Eremenko, *The Arduous Beginning*, p. 242.

NOTAS

131 Guderian, *Panzer Leader*, p. 233.

132 Robert Forczyk, *Moscow 1941. Hitler's First Defeat* (Oxford, 2006), p. 43.

133 Max Kuhnert, *Will We See Tomorrow? A German Cavalryman at War, 1939-1942* (Londres, 1993), p. 112.

134 Ver David M. Glantz, *Atlas of the Battle of Moscow. The Defensive Phase. 1 October-5 December 1941* (publicado de forma independente por David M. Glantz, 1997), p. 19 (8 de outubro de 1941).

135 Como citado em Robert Kershaw, *War Without Garlands*, p. 181.

136 Bellamy, *Absolute War*, p. 273.

137 Bock, *War Diary*, p. 324 (6 de outubro de 1941).

138 Chales de Beaulieu, *Generaloberst Erich Hoepner*, p. 197.

139 Luck, *Panzer Commander*, p. 61.

140 Glantz, *Barbarossa*, p. 149.

141 Mawdsley, *Thunder in the East*, p. 95.

142 Ver os boletins do tempo diários fornecidos em "Kriegstagebuch Nr.3. des XXXXVI. Pz.Korps vom 24.08.41-31.12.41" BA-MA RH 24-46/21.

143 Fröhlich (ed.), *Die Tagebücher von Joseph Goebbels Teil II Band 2*, p. 44 (3 de outubro de 1941).

144 Ibid., p. 50 (4 de outubro de 1941).

145 Bock, *War Diary*, p. 326 (7 de outubro de 1941).

146 "Kriegstagebuch Nr.3. des XXXXVI.Pz.Korps vom 24.08.41-31.12.41" BA-MA RH 24-46/21, fol. 69 (6 de outubro de 1941).

147 Haape com Henshaw, *Moscow Tram Stop*, p. 143.

148 Guderian, *Panzer Leader*, p. 234.

149 Landon e Leitner (eds.), *Diary of a German Soldier*, p. 111 (6 de outubro de 1941).

150 Kuhnert, *Will We See Tomorrow?*, p. 106.

151 Haape com Henshaw, *Moscow Tram Stop*, p. 141.

152 Bock, *War Diary*, p. 333 (15 de outubro de 1941).

153 Beevor e Vinogradova (eds.), *A Writer at War*, p. 52.

154 Halder, *KTB III*, p. 271 (6 de outubro de 1941).

155 "3rd Pz. Gr. KTB Nr.2 1.9.41-31.10.41" BA-MA Microfilm 59060 (7 de outubro de 1941).

156 Bock, *War Diary*, p. 325 (7 de outubro de 1941).

157 Ibid., p. 326 (7 de outubro de 1941).

158 Michael Jones, *The Retreat*, p. 49.

159 Landon e Leitner (eds.), *Diary of a German Soldier*, p. 121 (2 de novembro de 1941).

160 "Kriegstagebuch Nr.1 (Band Oktober 1941) des Oberkommandos der Heeresgruppe Mitte" BA-MA RH 19-II/411, fol. 564 (6 de outubro de 1941).

161 Landon e Leitner (eds.), *Diary of a German Soldier*, pp. 111-112 (7 de outubro de 1941).

162 A imperatriz Elizabeth era a esposa do czar russo Alexandre I.

163 Como citado em Lieven, *Russia Against Napoleon*, p. 240.

Capítulo 3: Viazma e Briansk

1 Halder, *KTB III*, p. 267 (5 de outubro de 1941).

2 Ibid. (5 de outubro de 1941). Ver também Heinrich Bücheler, *Carl-Heinrich von Stülpnagel. Soldat – Philosoph – Verschwörer* (Berlim, 1989), pp. 225-228; Ernst Klink, "The Conduct of Operations", in Militärgeschichtliches Forschungsamt (ed.), *Germany and the Second World War*. Volume IV, p. 608, n. 267.

3 "Personalakten für Hoth, Hermann" BA-MA PERS/6/38, fol. 21 (20 de fevereiro de 1941).

4 Ele também falava francês e um pouco de inglês.

5 Strauss havia adoecido entre 20 de agosto e 5 de setembro de 1941. Em janeiro de 1942 ele novamente teve de pedir uma licença médica, mas dessa vez sua condição era muito mais grave. O relatório de um médico em abril de 1942 deixou claro que Strauss havia sofrido graves problemas cardíacos e que nos últimos quatro anos ele ficara viciado em pílulas para dormir: "Personalakten für Strauss, Adolf" BA-MA Pers 6/56, fol. 34 (14 de abril de 1942).

6 "Personalakten für Hoth, Hermann" BA-MA PERS/6/38, fol. 21 (20 de fevereiro de 1941).

7 Bock, *War Diary*, p. 323 (5 de outubro de 1941).

8 "3rd Pz. Gr. KTB Nr.2 1.9.41-31.10.41" BA-MA Microfilm 59060 (9 de outubro de 1941).

9 "Personalakten für Reinhardt, Hans" BA-MA PERS/6/50, fol. 15 (sem data fornecida).

10 "Kriegstagebuch Nr.1 (Band Oktober 1941) des Oberkommandos der Heeresgruppe Mitte" BA-MA RH 19-II/411, fol. 570 (7 de outubro de 1941).

11 Klaus Reinhardt, *Moscow*, p. 110, n. 43.

12 Ibid., p. 86.

13 Hürter, *Ein deutscher General an der Ostfront*, p. 93 (8 de outubro de 1941).

14 Ibid., p. 92 (8 de outubro de 1941).

15 Halder, *KTB III*, p. 274 (8 de outubro de 1941).

16 Guderian, *Panzer Leader*, p. 235.

17 Garden e Andrew (eds.), *The War Diaries of a Panzer Soldier*, p. 54 (9 de outubro de 1941).

18 Guderian, *Panzer Leader*, p. 236.

19 Eremenko, *The Arduous Beginning*, pp. 245-246.

20 "Kriegstagebuch Nr.1 (Band Oktober 1941) des Oberkommandos der Heeresgruppe Mitte" BA-MA RH 19-II/411, fol. 576 (9 de outubro de 1941).

21 Bock, *War Diary*, p. 327 (8 de outubro de 1941).

22 Ibid. (9 de outubro de 1941).

23 Forczyk, *Moscow 1941*, p. 48.

24 "3rd Pz. Gr. KTB Nr.2 1.9.41-31.10.41" BA-MA Microfilm 59060 (8 de outubro de 1941).

NOTAS

25 "Kriegstagebuch Nr.1 (Band Oktober 1941) des Oberkommandos der Heeresgruppe Mitte" BA-MA RH 19-II/411, fol. 576 (9 de outubro de 1941).

26 "5. Panzer Division KTB Nur.8 vom 11.9.41-11.12.41" BA-MA RH 27-5/29, fol. 35 (9 de outubro de 1941).

27 Bock, *War Diary*, p. 327 (9 de outubro de 1941).

28 Halder, *KTB III*, p. 275 (9 de outubro de 1941).

29 Rees, *War of the Century*, p. 65.

30 "3rd Pz. Gr. KTB Nr.2 1.9.41-31.10.41" BA-MA Microfilm 59060 (9 de outubro de 1941).

31 Sublinhado no original; "Kriegstagebuch Nr.1 (Band Oktober 1941) des Oberkommandos der Heeresgruppe Mitte" BA-MA RH 19-II/411, fol. 570 (7 de outubro de 1941).

32 Halder, *KTB III*, p. 271 (7 de outubro de 1941).

33 Bock, *War Diary*, p. 326 (8 de outubro de 1941).

34 Ibid. (8 de outubro de 1941).

35 Blumentritt, "Moscow", p. 53.

36 "Kriegstagebuch Nr.1 (Band Oktober 1941) des Oberkommandos der Heeresgruppe Mitte" BA-MA RH 19-II/411, fol. 578 (9 de outubro de 1941).

37 Bock, *War Diary*, p. 327 (9 de outubro de 1941).

38 "Kriegstagebuch Nr.1 (Band Oktober 1941) des Oberkommandos der Heeresgruppe Mitte" BA-MA RH 19-II/411, fol. 579 (9 de outubro de 1941).

39 Müller, "The Failure of the Economic 'Blitzkrieg Strategy'", p. 1131.

40 Forczyk, *Moscow 1941*, pp. 23-24.

41 Alexander e Kunze (eds.), *Eastern Inferno*, p. 118 (8 de outubro de 1941).

42 Franz A. P. Frisch em associação com Wilbur D. Jones Jr, *Condemned to Live. A Panzer Artilleryman's Five-Front War* (Shippensburg, 2000), p. 78.

43 Raus, *Panzer Operations*, p. 87.

44 Steiger, *Armour Tactics in the Second World War*, p. 97.

45 Na sequência da promoção de Reinhardt ao comando do 3º Grupo *Panzer*, o XXXXI Corpo *Panzer* acabou sendo entregue ao general das tropas *Panzer* Walter Model no dia 26 de outubro de 1941. Model, no entanto, só foi capaz de deixar seu comando da 3ª Divisão *Panzer* e assumir sua nova nomeação em 15 de novembro, e no ínterim o corpo *Panzer* foi comandado pelo tenente-general Friedrich Kirchner. Ver Marcel Stein, *A Flawed Genius. Field Marshal Walter Model. A Critical Biography* (Solihull, 2010), p. 73. Para a sugestão de que a nomeação de Model para o XXXXI Corpo *Panzer* possa ter sido um ato de favoritismo por Brauchitsch, ver Steven H. Newton, *Hitler's Commander. Field Marshal Walter Model – Hitler's Favorite General* (Cambridge, MA, 2006), pp. 149-150.

46 "Anlagenband zum KTB XXXXI A.K. Ia 1. Durchbruch durch die Wop-Kokosch Dnjepr Stellung 2.10.41 bis 9.10.41. 2. Vorstoss auf Kalinin 15.10.41-20.10.41" BA-MA RH 24-41/14 (9 de outubro de 1941). Esse diário não tem páginas numeradas, então as referências devem ser localizadas pela data.

47 "3rd Pz. Gr. KTB Nr.2 1.9.41-31.10.41" BA-MA Microfilm 59060 (9 de outubro de 1941).

48 Ibid. (8 de outubro de 1941).

49 "Anlagenband zum KTB XXXXI A.K. Ia 1. Durchbruch durch die Wop-Kokosch Dnjepr Stellung 2.10.41 bis 9.10.41. 2. Vorstoss auf Kalinin 15.10.41-20.10.41" BA-MA RH 24-41/14 (6 de outubro de 1941).

50 "Anlagen zum Kriegstagebuch Tagesmeldungen Bd.I 1.9-31.10.41" BA-MA RH 21-3/70, fol. 102 (8 de outubro de 1941).

51 Como citado em Bücheler, *Hoepner*, pp. 150-151.

52 "11.Pz.Div. KTB Abt. Ia vom 1.5.41-21.10.41" BA-MA RH 27-11/16, fol. 148 (7 de outubro de 1941).

53 Com o apoio da 2ª Divisão SS "Das Reich" e da 3ª Divisão de Infantaria Motorizada.

54 "Gen.Kdo.LVII.Pz.Korps KTB Nr.1 vom 15.2.41-31.10.41" BA-MA RH 24-57-2, fol. 255 (8 de outubro de 1941).

55 "20.Pz.Div. KTB vom 15.8.41 bis 20.10.41 Band Ia." BA-MA RH 27-20/25, fols. 119 e 123 (9 e 11 de outubro de 1941).

56 "Kriegstagebuch der O.Qu.-Abt. Pz. A.O.K.2 von 21.6.41 bis 31.3.42" BA-MA RH 21-2/819, fol. 177 (8 de outubro de 1941).

57 "KTB 3rd Pz. Div. I.b 19.5.41-6.2.42" BA-MA RH 27-3/218 (7 e 8 de outubro de 1941).

58 Forczyk, *Moscow 1941*, p. 23.

59 "Kriegstagebuch XXXXVIII.Pz.Kps. Abt.Ia Oktober 1941" BA-MA RH 24-48/30, fol. 5 (9 de outubro de 1941).

60 "9.Pz.Div. KTB Ia vom 19.5.1941 bis 22.1.1942" BA-MA RH 27-9/4, fols. 133 e 135 (7 e 10 de outubro de 1941).

61 "18.Panzer Division, Abt.Ia KTB Teil III vom 30.9.-19.10.41" BA-MA RH 27-18/22, p. 34 (8 de outubro de 1941).

62 Como citado em Piekalkiewicz, *Moscow 1941*, p. 112.

63 Frisch em associação com Jones, *Condemned to Live*, p. 78.

64 Edmund Blandford (ed.), *Under Hitler's Banner. Serving the Third Reich* (Edison, 2001), p. 127.

65 Léon Degrelle, Campaign in Russia. *The Waffen SS on the Eastern Front* (Torrance, 1985), p. 14.

66 Blumentritt, "Moscow", p. 55.

67 Quando o historiador militar britânico Liddell Hart perguntou a Kleist por que a invasão alemã à União Soviética havia fracassado em 1941, ele ouviu: "A principal causa de nosso fracasso foi o fato de o inverno ter chegado cedo naquele ano" (Liddell Hart, *The Other Side of the Hill*, p. 265). Da mesma forma, Hoepner escreveu que a chuva aparentemente inesperada "arrebatou das mãos alemãs a vitória que já havíamos quase conquistado" (conforme citado em Catherine Merridale, *Ivan's War. Life and Death in the Red Army, 1939-1945* [Nova York, 2006], p. 117).

68 Na mesma linha, alegações posteriores por parte de Hitler e de muitos oficiais alemães de que o inverno russo de 1941/1942 teria sido mais frio que o normal são falaciosas. Ver Klaus Reinhardt, *Moscow*, pp. 170 e 255; Rolf-Dieter Müller e Gerd

R. Ueberschär, *Hitler's War in the East 1941-1945. A Critical Assessment* (Oxford, 2009), p. 99.

69   Domarus, *Hitler*, p. 2491 (3 de outubro de 1941).

70   Fröhlich (ed.), *Die Tagebücher von Joseph Goebbels Teil II Band 2*, p. 61 (5 de outubro de 1941).

71   Ibid., p. 73 (7 de outubro de 1941).

72   Ibid., pp. 79-80 (9 de outubro de 1941).

73   Muggeridge (ed.), *Ciano's Diary 1939-1943*, p. 381 (9 de outubro de 1941).

74   Werth, *Russia at War 1941-1945*, p. 233.

75   Fröhlich (ed.), *Die Tagebücher von Joseph Goebbels Teil II Band 2*, p. 80 (9 de outubro de 1941).

76   Winston S. Churchill, *The Second World War. Abridged Edition* (Londres, 1959), p. 462.

77   Boberach (ed.), *Meldungen aus dem Reich*, Band 8, p. 2848, Documento 227 (9 de outubro de 1941).

78   Ian Kershaw, *Hitler 1936-1945. Nemesis* (Londres, 2001), p. 951, n. 228. A batalha de Königgrätz foi a batalha decisiva da Guerra Austro-Prussiana em 1866.

79   Walter Gorlitz [Görlitz] (ed.), *The Memoirs of Field-Marshal Keitel. Chief of the German High Command, 1938-1945* (Nova York, 1966), p. 160.

80   Nicolaus von Below, *Als Hitlers Adjutant 1937-1945* (Mainz, 1999), p. 292.

81   Um SS-*Obergruppenführer* tinha uma patente equivalente a um tenente-general de exército.

82   Otto Dietrich, *The Hitler I Knew. Memoirs of the Third Reich's Press Chief* (Nova York, 2010), p. 70.

83   Howard K. Smith, *Last Train from Berlin* (Nova York, 1943), p. 106.

84   Overy, *Russia's War*, p. 95.

85   Domarus, Hitler, p. 2497 (9 de outubro de 1941). O marechal S. K. Timoshenko na verdade havia sido transferido para o comando da Frente Sudoeste soviética em meados de setembro.

86   Overy, *Russia's War*, p. 95.

87   Piekalkiewicz, *ß*, p. 113.

88   Mihail Sebastian, *Journal, 1935-1944* (Londres, 2003), p. 425 (10 de outubro de 1941).

89   Muggeridge (ed.), *Ciano's Diary 1939-1943*, pp. 381-382 (10 de outubro de 1941).

90   Piekalkiewicz, *Moscow 1941*, p. 85.

91   Cathy Porter e Mark Jones, *Moscow in World War II* (Londres, 1987), p. 103.

92   Overy, *Russia's War*, p. 95.

93   Nagorski, *The Greatest Battle*, p. 225.

94   Blumentritt, "Moscow", p. 53.

95   Domarus, *Hitler*, p. 2497 (9 de outubro de 1941).

96   Fröhlich (ed.), *Die Tagebücher von Joseph Goebbels Teil II Band 2*, pp. 87-88 (10 de outubro de 1941).

97   Além de Timoshenko não estar mais no comando da Frente Ocidental, elementos de cinco exércitos soviéticos foram cercados em Viazma, não três.

98 Buchbender e Sterz (eds.), *Das andere Gesicht des Krieges*, p. 82 (9 de outubro de 1941).

99 Alexander e Kunze (eds.), *Eastern Inferno*, pp. 118-119 (10 de outubro de 1941).

100 Ingo Stader (ed.), *Ihr daheim und wir hier draußen. Ein Briefwechsel zwischen Ostfront und Heimat Juni 1941-März 1943* (Colônia, 2006), p. 41 (10 de outubro de 1941).

101 Fröhlich (ed.), *Die Tagebücher von Joseph Goebbels Teil II Band 2*, p. 91 (11 de outubro de 1941).

102 Ibid. (11 de outubro de 1941).

103 Howard K. Smith, *Last Train from Berlin*, p. 105; Oliver Lubrich (ed.), *Travels in the Reich. Foreign Authors Report from Germany* (Chicago, 2010), pp. 255-264.

104 Sebastian, *Journal, 1935-1944*, p. 425 (11 de outubro de 1941).

105 Alexander e Kunze (eds.), *Eastern Inferno*, p. 119 (11 de outubro de 1941).

106 Blumentritt, "Moscow", p. 55.

107 Walter Bähr e Hans Bähr (eds.), *Kriegsbriefe Gefallener Studenten, 1939-1945* (Tubinga e Stuttgart, 1952), p. 77 (6 de outubro de 1941).

108 Martin Humburg, *Das Gesicht des Krieges. Feldpostbriefe von Wehrmachtssoldaten aus der Sowjetunion 1941-1944* (Wiesbaden, 1998), p. 219 (2 de outubro de 1941).

109 Howard K. Smith, *Last Train from Berlin*, pp. 109-110.

110 Boberach (ed.), *Meldungen aus dem Reich*, Band 8, p. 2865, Documento 228 (13 de outubro de 1941).

111 Howard K Smith, *Last Train from Berlin*, p. 108.

112 Fröhlich (ed.), *Die Tagebücher von Joseph Goebbels Teil II Band 2*, pp. 100-101 (12 de outubro de 1941).

113 Hugh Trevor-Roper (ed.), *Hitler's Table Talk, 1941-1944. His Private Conversations* (Londres, 2000), p. 57 (13-14 de outubro de 1941).

114 Como citado em Marlis Steinert, *Hitlers Krieg und die Deutschen. Stimmung und Haltung der deutschen Bevölkerung im Zweiten Weltkrieg* (Düsseldorf e Viena, 1970), pp. 232-233.

115 Trevor-Roper (ed.), *Hitler's Table Talk, 1941-1944*, p. 92 (26-27 de outubro de 1941).

116 Hugh R. Trevor-Roper (ed.), *Hitler's War Directives 1939-1945* (Londres, 1964), p. 137 (14 de julho de 1941).

117 Tooze, *The Wages of Destruction*, p. 439.

118 Rolf-Dieter Müller, "The Victor's Hubris: Germany Loses Its Lead in Armaments After the French Campaign", in Militärgeschichtliches Forschungsamt (ed.), *Germany and the Second World War. Volume V/I. Organization and Mobilization of the German Sphere of Power* (Oxford, 2000), p. 690.

119 Como citado em Klaus Reinhardt, *Moscow*, pp. 130-131.

120 Ibid.

121 Tooze, *The Wages of Destruction*, p. 494.

122 Paolo Fonzi, "The Exploitation of Foreign Territories and the Discussion of Ostland's Currency in 1941", in Kay, Rutherford and Stahel (eds.), *Nazi Policy on the Eastern Front, 1941*, pp. 170-171.

123 Evans, *The Third Reich at War*, pp. 349 e 354-355.

124 Tooze, *The Wages of Destruction*, pp. 413-414.
125 Klaus Reinhardt, *Moscow*, p. 159, n. 85.
126 Como citado em Joel Hayward, *Stopped at Stalingrad. The Luftwaffe and Hitler's Defeat in the East, 1942-1943* (Lawrence, 1998), p. 19.
127 Howard K. Smith, *Last Train from Berlin*, p. 141.

Capítulo 4: Massacre na estrada para Moscou

1 Como citado em Georg Meyer, *Adolf Heusinger. Dienst eines deutschen Soldaten 1915 bis 1964* (Berlim, 2001), p. 160 (8 de outubro de 1941).
2 Bock, *War Diary*, p. 326 (7 de outubro de 1941).
3 Blumentritt, "Moscow", p. 53.
4 A carta de Heusinger como citada em Meyer, *Adolf Heusinger*, p. 161 (14 de outubro de 1941).
5 Ibid. (sem data fornecida).
6 "Anlage zum KTB Panzer Gruppe 4: 20.9.41-14.10.41" BA-MA RH 21-4/34, fol. 27 (10 de outubro de 1941).
7 "2. Panzer Division KTB Nr.6 Teil I. Vom 15.6.41-3.4.42" BA-MA RH 27-2/21 (10 de outubro de 1941). O diário não tem páginas numeradas, então as referências devem ser localizadas pela data.
8 Como citado em Rees, *War of the Century*, pp. 66-67.
9 Glantz, *Atlas of the Battle of Moscow*, p. 23 (10 de outubro de 1941).
10 "Kriegstagebuch Nr.1 (Band Oktober 1941) des Oberkommandos der Heeresgruppe Mitte" BA-MA RH 19-II/411, fol. 589 (10 de outubro de 1941).
11 Reddemann (ed.), *Zwischen Front und Heimat*, p. 327 (11 de outubro de 1941).
12 Como citado em Robert Kershaw, *War Without Garlands*, pp. 182-183.
13 "Kriegstagebuch Nr.3 der 7.Panzer-Division Führungsabteilung 1.6.1941-9.5.1942" BA-MA RH 27-7/46, fol. 140 (10 de outubro de 1941).
14 O combate em Yartseno foi parte da batalha de Smolensk. Aqui a 7ª Divisão *Panzer* tentava fechar o arco norte do cerco enquanto era atacada a oeste por tropas soviéticas que tentavam fugir do bolsão e, ao mesmo tempo, resistindo a ataques a leste das unidades soviéticas que tentavam entrar no bolsão.
15 Como citado em Robert Kershaw, *War Without Garlands*, p. 184.
16 Como citado em Glantz, *Barbarossa*, p. 151.
17 Como citado em Michael Jones, *The Retreat*, pp. 47-48.
18 Forczyk, *Moscow 1941*, p. 48.
19 Bock, *War Diary*, p. 329 (10 de outubro de 1941).
20 Horst Lange, *Tagebücher aus dem Zweiten Weltkrieg* (Mainz, 1979), p. 68 (11 de outubro de 1941).
21 Humburg, *Das Gesicht des Krieges*, p. 124 (11 de outubro de 1941).

22   "11.Pz.Div. KTB Abt. Ia vom 1.5.41-21.10.41" BA-MA RH 27-11/16, fol. 156 (11 de outubro de 1941).

23   Como citado em Rees, *War of the Century*, p. 65.

24   "11.Pz.Div. KTB Abt. Ia vom 1.5.41-21.10.41" BA-MA RH 27-11/16, fol. 156 (11 de outubro de 1941).

25   "2. Panzer Division KTB Nr.6 Teil I. Vom 15.6.41-3.4.42" BA-MA RH 27-2/21 (11 de outubro de 1941).

26   "Anlage zum KTB Panzer Gruppe 4: 20.9.41-14.10.41" BA-MA RH 21-4/34, fol. 22 (11 de outubro de 1941).

27   Hans Reinhardt, "Panzer-Gruppe 3 in der Schlacht von Moskau und ihre Erfahrungen im Rückzug", Wehrkunde Heft 9, de setembro de 1953, p. 1.

28   Como citado em Robert Kershaw, *War Without Garlands*, p. 183.

29   "Kriegstagebuch Nr.3 der 7.Panzer-Division Führungsabteilung 1.6.1941-9.5.1942" BA-MA RH 27-7/46, fol. 147 (12 de outubro de 1941).

30   Bock, *War Diary*, p. 330 (11 de outubro de 1941).

31   "Kriegstagebuch Nr.1 (Band Oktober 1941) des Oberkommandos der Heeresgruppe Mitte" BA-MA RH 19-II/411, fols. 583-584 (10 de outubro de 1941).

32   "18.Panzer Division, Abt.Ia KTB Teil III vom 30.9.-19.10.41" BA-MA RH 27-18/22, p. 40 (10 de outubro de 1941).

33   Ibid., p. 4 (11 de outubro de 1941).

34   Bock, *War Diary*, p. 329 (10 de outubro de 1941).

35   Glantz, *Atlas of the Battle of Moscow*, p. 22 (10 de outubro de 1941).

36   Kleindienst (ed.), *Sei tausendmal gegrüßt*, CD-ROM (10 de outubro de 1941).

37   "Kriegstagebuch Nr.1 (Band Oktober 1941) des Oberkommandos der Heeresgruppe Mitte" BA-MA RH 19-II/411, fols. 585-586 e 590 (10 de outubro de 1941).

38   Guderian, *Panzer Leader*, p. 236.

39   "Kriegstagebuch Nr.1 (Band Oktober 1941) des Oberkommandos der Heeresgruppe Mitte" BA-MA RH 19-II/411, fol. 593 (10 de outubro de 1941).

40   Ibid., fol. 594 (11 de outubro de 1941).

41   Walther Lammers (ed.), *"Fahrtberichte" aus der Zeit des deutsch-sowjetischen Krieges 1941. Protokolle des Begleitoffiziers des Kommandierenden Generals LIII. Armeekorps* (Boppard am Rhein, 1988), p. 122.

42   Eremenko, *The Arduous Beginning*, pp. 247-248.

43   Guderian, *Panzer Leader*, p. 237.

44   Bock, *War Diary*, p. 330 (12 de outubro de 1941).

45   "Kriegstagebuch Nr.1 (Band Oktober 1941) des Oberkommandos der Heeresgruppe Mitte" BA-MA RH 19-II/411, fol. 576 (9 de outubro de 1941).

46   Edgar M. Howell, *The Soviet Partisan Movement 1941-1944* (Washington, DC, 1956), pp. 57-60.

47   "Gen.Kdo.LVII.Pz.Korps KTB Nr.1 vom 15.2.41-31.10.41" BA-MA RH 24-57-2, fols. 259 e 265 (10 e 12 de outubro de 1941).

48   Como citado em Ben Shepherd, *War in the Wild East. The German Army and Soviet Partisans* (Cambridge, 2004), p. 89.

49 Itálico no original; Gerd R. Ueberschär (ed.), "Armeebefehl des Oberbefehlshabers der 6. Armee, Generalfeldmarschall von Reichenau, vom 10.10.1941", in Gerd R. Ueberschär e Wolfram Wette (eds.), *"Unternehmen Barbarossa". Der deutsche Überfall auf die Sowjetunion 1941* (Paderborn, 1984), pp. 339-340 (Document collection 20). Ver também a excelente discussão em Geoffrey P. Megargee, "Vernichtungskrieg: Strategy, Operations, and Genocide in the German Invasion of the Soviet Union, 1941", in *Acta of the International Commission on Military History's XXXIV Annual Congress* (Commissione Italiana di Storia Militare, 2009), pp. 459-464. Agradecimentos a Geoffrey Megargee por ter fornecido uma cópia desse artigo.

50 Para mais sobre Reichenau, ver Brendan Simms, "Walther von Reichenau: der politische General", in Ronald Smelser e Enrico Syring (eds.), *Die Militärelite des Dritten Reiches. 27 biographische Skizzen* (Berlim, 1995), pp. 423-445; Walter Görlitz, "Reichenau", in Correlli Barnett (ed.), *Hitler's Generals* (Londres, 1989), pp. 209-219.

51 Gerd R. Ueberschär (ed.), "Befehl des Oberbefehlshabers der Heeresgruppe Süd, Generalfeldmarschall von Rundstedt, vom 12.10.1941", in Ueberschär e Wette (eds.), *"Unternehmen Barbarossa"*, p. 340 (Document collection 20).

52 Como citado em Jürgen Förster, "Securing 'Living-space'", in Militärgeschichtliches Forschungsamt (ed.), *Germany and the Second World War. Volume IV*, pp. 1212-1213.

53 Para ver trabalhos essenciais nessa área, ver Gerhard L. Weinberg, "The Yelnya-Dorogobuzh Area of Smolensk Oblast", in John A. Armstrong (ed.), *Soviet Partisans in World War II* (Madison, 1964), pp. 389-457; Kurt DeWitt e Wilhelm Koll, "The Bryansk Area", in Armstrong (ed.), *Soviet Partisans in World War II*, pp. 458-516. Para um mapa útil retratando regiões de resistência soviéticas por todo o leste ocupado pela Alemanha no inverno de 1941-1942, ver Kenneth Slepyan, *Stalin's Guerrillas. Soviet Partisans in World War II* (Lawrence, 2006), p. 29.

54 "Kriegstagebuch Nr.3. des XXXXVI.Pz.Korps vom 24.08.41-31.12.41" BA-MA RH 24-46/21, fol. 73 (9 de outubro de 1941).

55 "5. Panzer Division KTB Nur.8 vom 11.9.41-11.12.41" BA-MA RH 27-5/29, fol. 24 (5 de outubro de 1941).

56 "2. Panzer Division KTB Nr.6 Teil I. Vom 15.6.41-3.4.42" BA-MA RH 27-2/21 (13 de outubro de 1941).

57 "Anlagenband zum KTB XXXXI A.K. Ia 1. Durchbruch durch die Wop-Kokosch Dnjepr Stellung 2.10.41 bis 9.10.41. 2. Vorstoss auf Kalinin 15.10.41-20.10.41" BA-MA RH 24-41/14 (7 de outubro de 1941).

58 "Kriegstagebuch der O.Qu.-Abt. Pz. A.O.K.2 von 21.6.41 bis 31.3.42" BA-MA RH 21-2/819, fols. 174-175 (10 e 11 de outubro de 1941).

59 Lange, *Tagebücher aus dem Zweiten Weltkrieg*, p. 71 (12 de outubro de 1941).

60 Alexander Hill, *The Great Patriotic War of the Soviet Union, 1941-1945. A Documentary Reader* (Abingdon e Nova York, 2010), p. 55, Documento 33.

61 Peter von der Osten-Sacken, *Vier Jahre Barbarossa. Authentische Berichte aus dem Russlandfeldzug 1941 bis 1945* (Frankfurt am Main, 2005), pp. 37-38.

62 Slepyan, *Stalin's Guerrillas*, p. 27.

63 Theo J. Schulte, "Die Wehrmacht und die nationalsozialistische Besatzungspolitik in der Sowjetunion", in Roland G. Foerster (ed.), *"Unternehmen Barbarossa". Zum historischen Ort der deutsch-sowjetischen Beziehungen von 1933 bis Herbst 1941* (Munique, 1993), p. 172.

64 Christian Gerlach, *Kalkulierte Morde. Die deutsche Wirtschafts- und Vernichtungspolitik in Weißrussland 1941 bis 1944* (Hamburgo, 2000), pp. 618-619; Stephan Lehnstaedt, "The Minsk Experience: German Occupiers and Everyday Life in the Capital of Belarus", in Kay, Rutherford e Stahel (eds.), *Nazi Policy on the Eastern Front*, 1941, p. 245.

65 Osten-Sacken, *Vier Jahre Barbarossa*, p. 38.

66 Kenneth Slepyan, "The People's Avengers: The Partisan Movement", in David R. Stone (ed.) *The Soviet Union at War 1941-1945* (Barnsley, 2010), pp. 159-161. Ver também Alexander Hill, *The War Behind the Eastern Front. The Soviet Partisan Movement in North-West Russia 1941-1944* (Abingdon e Nova York, 2006); Howell, *The Soviet Partisan Movement 1941-1944*.

67 "Kriegstagebuch Nr.1 (Band Oktober 1941) des Oberkommandos der Heeresgruppe Mitte" BA-MA RH 19-II/411, fols. 575 e 584 (8 e 10 de outubro de 1941).

68 Erickson, *The Road to Stalingrad*, p. 218.

69 "Gen.Kdo.LVII.Pz.Korps KTB Nr.1 vom 15.2.41-31.10.41" BA-MA RH 24-57-2, fol. 257 (9 de outubro de 1941).

70 Ibid., fol. 259 (10 de outubro de 1941).

71 Ibid., fol. 260 (10 de outubro de 1941).

72 Willi Kubik, *Erinnerungen eines Panzerschützen 1941-1945. Tagebuchaufzeichnung eines Panzerschützen der Pz.Aufkl.Abt. 13 im Russlandfeldzug* (Wurtzburgo, 2004), pp. 94-95 (2 de outubro de 1941). Esse diário também inclui algumas fotos do tanque.

73 "Gen.Kdo.LVII.Pz.Korps KTB Nr.1 vom 15.2.41-31.10.41" BA-MA RH 24-57-2, fol. 269 (13 de outubro de 1941).

74 "20.Pz.Div. KTB vom 15.8.41 bis 20.10.41 Band Ia." BA-MA RH 27-20/25, fol. 129 (14 de outubro de 1941).

75 Guderian, *Panzer Leader*, p. 234.

76 Schäufler (ed.), *Knight's Cross Panzers*, p. 138.

77 Guderian, *Panzer Leader*, p. 235.

78 Schäufler (ed.), *Knight's Cross Panzers*, pp. 138-140.

79 "Kriegstagebuch 4.Panzer-Division Führungsabtl. 26.5.41-31.3.42" BA-MA RH 27-4/10, p. 206 (12 de outubro de 1941).

80 "Kriegstagebuch der O.Qu.-Abt. Pz. A.O.K.2 von 21.6.41 bis 31.3.42" BA-MA RH 21-2/819, fol. 174 (11 de outubro de 1941).

81 Guderian, *Panzer Leader*, p. 235. Ver também Kenneth Macksey, *Guderian. Panzer General* (Londres, 1975), pp. 155-156.

82 "Kriegstagebuch Nr.1 (Band Oktober 1941) des Oberkommandos der Heeresgruppe Mitte" BA-MA RH 19-II/411, fol. 594 (11 de outubro de 1941).

83 Ibid., fol. 601 (11 de outubro de 1941).

NOTAS

84 "Kriegstagebuch XXXXVIII.Pz.Kps. Abt.Ia October 1941" BA-MA RH 24-48/30, fol. 7 (12 de outubro de 1941).

85 "9.Pz.Div. KTB Ia vom 19.5.1941 bis 22.1.1942" BA-MA RH 27-9/4, fol. 135 (11 de outubro de 1941).

86 Degrelle, *Campaign in Russia*, p. 17.

87 "9.Pz.Div. KTB Ia vom 19.5.1941 bis 22.1.1942" BA-MA RH 27-9/4, fol. 137 (12 e 13 de outubro de 1941).

88 "Kriegstagebuch Nr.7 des Kdos. Der 1.Panzer-Div. 20.9.41-12.4.42" BA-MA 27-1/58, fols. 11 e 14 (3 e 4 de outubro de 1941).

89 Ibid., fol. 16 (6 de outubro de 1941).

90 "Anlagen zum Kriegstagebuch Tagesmeldungen Bd.I 1.9-31.10.41" BA-MA RH 21-3/70, fol. 65 (4 de outubro de 1941).

91 Ibid., fol. 103 (8 de outubro de 1941).

92 Hans Röttiger, "XXXXI Panzer Corps During the Battle of Moscow in 1941 as a Component of Panzer Group 3", in Steven H. Newton (ed.), *German Battle Tactics in the Russian Front 1941-1945* (Atglen, 1994), p. 23.

93 Siegfried Knappe com Ted Brusaw, *Soldat. Reflections of a German Soldier, 1936-1949* (Nova York, 1992), p. 229.

94 "3rd Pz. Gr. KTB Nr.2 1.9.41-31.10.41" BA-MA Microfilm 59060 (10 de outubro de 1941); Bock, *War Diary*, p. 329 (10 de outubro de 1941); Carl Wagener, *Moskau 1941. Der Angriff auf die russische Hauptstadt* (Dorheim, 1985), p. 72.

95 Röttiger, "XXXXI Panzer Corps During the Battle of Moscow", p. 23.

96 Sublinhado no original; "Anlagen zum Kriegstagebuch Tagesmeldungen Bd.I 1.9-31.10.41" BA-MA RH 21-3/70, fol. 219 (11 de outubro de 1941).

97 Haape com Henshaw, *Moscow Tram Stop*, p. 141.

98 Röttiger, "XXXXI Panzer Corps During the Battle of Moscow", p. 27.

99 Bock, *War Diary*, p. 330 (11 de outubro de 1941).

100 Röttiger, "XXXXI Panzer Corps During the Battle of Moscow", p. 28.

101 Bock, *War Diary*, p. 330 (12 de outubro de 1941); "3rd Pz. Gr. KTB Nr.2 1.9.41-31.10.41" BA-MA Microfilm 59060 (12 de outubro de 1941).

102 "Kriegstagebuch Nr.7 des Kdos. Der 1.Panzer-Div. 20.9.41-12.4.42" BA-MA 27-1/58, fol. 26 (12 de outubro de 1941).

103 Gottlob Herbert Bidermann, *In Deadly Combat. A German Soldier's Memoir of the Eastern Front* (Lawrence, 2000), p. 46.

104 Wagener, *Moskau 1941*, p. 73.

105 Como citado em Michael Jones, *The Retreat*, p. 51.

106 Röttiger, "XXXXI Panzer Corps During the Battle of Moscow", p. 27 e n. 11.

107 "Ivan" era o apelido usado pelas tropas alemãs para se referirem ao inimigo soviético. Os soviéticos adotaram o nome "Fritz" para os alemães: Wagener, *Moskau 1941*, pp. 73-74.

108 Pabst, *The Outermost Frontier*, p. 34.

109 "3rd Pz. Gr. KTB Nr.2 1.9.41-31.10.41" BA-MA Microfilm 59060 (10 de outubro de 1941).

110 Röttiger, "XXXXI Panzer Corps During the Battle of Moscow", pp. 27-28.
111 "Kriegstagebuch Nr.7 des Kdos. Der 1.Panzer-Div. 20.9.41-12.4.42" BA-MA 27-1/58, fol. 27 (13 de outubro de 1941).
112 Bock, *War Diary*, pp. 330-331 (12 de outubro de 1941).
113 Walter S. Dunn Jr, *Stalin's Keys to Victory. The Rebirth of the Red Army in WWII* (Mechanicsburg, 2006), p. 39.
114 Rolf-Dieter Müller, "Beginnings of a Reorganization of the War Economy at the Turn of 1941/1942", in Militärgeschichtliches Forschungsamt (ed.), *Germany and the Second World War. Volume V/I*, p. 728.
115 Dunn, *Stalin's Keys to Victory*, p. 39.
116 Overy, "Statistics", tabela 2, "Military Production", p. 1060.
117 Porter e Jones, *Moscow in World War II*, pp. 68-71.
118 Glantz, *Barbarossa*, p. 166.
119 Fröhlich (ed.), *Die Tagebücher von Joseph Goebbels Teil II Band 2*, p. 70 (7 de outubro de 1941).
120 Werth, *Russia at War 1941-1945*, pp. 232-233.
121 Glantz, *Barbarossa*, p. 154.
122 Seweryn Bialer (ed.), *Stalin and His Generals. Soviet Military Memoirs of World War II* (Nova York, 1969), p. 285.
123 Glantz, *Barbarossa*, p. 148.
124 General N. F. Vatutin, o chefe do Estado-Maior da Frente Noroeste, liderou um grupo separado para defender Torjok e depois avançar até Kalinin. Ver Keith Cumins, *Cataclysm. The War on the Eastern Front 1941-1945* (Solihull, 2011), p. 55; David M. Glantz, "Vatutin" in Shukman (ed.), *Stalin's Generals*, p. 292.
125 Erickson, *The Road to Stalingrad*, p. 219; Otto Preston Chaney, *Zhukov* (Norman, 1996), p. 167.
126 Bellamy, *Absolute War*, pp. 186-187; Rodric Braithwaite, *Moscow 1941. A City and Its People at War* (Nova York, 2006), pp. 204-205.
127 Porter e Jones, *Moscow in World War II*, p. 116.
128 Braithwaite, *Moscow 1941*, cap. 13, "Evacuation"; Bellamy, *Absolute War*, p. 188.
129 Gorodetsky (ed.), *Stafford Cripps in Moscow 1940-1942*, p. 180 (11 de outubro de 1941).
130 Earl F. Ziemke e Magna E. Bauer, *Moscow to Stalingrad. Decision in the East* (Nova York, 1988), p. 39.

Capítulo 5: O triunfo final de Bock

1 Lieven, *Russia Against Napoleon*, pp. 264-265; Zamoyski, *1812*, p. 387.
2 Jukov, *The Memoirs of Marshal Zhukov*, p. 331; Salisbury (ed.), *Marshal Zhukov's Greatest Battles*, pp. 51-52.
3 Ingeborg Ochsenknecht, *"Als ob der Schnee alles zudeckte". Eine Krankenschwester erinnert sich an ihren Kriegseinsatz an der Ostfront* (Berlin, 2005), pp. 86-87.

NOTAS

4   Bock, *War Diary*, p. 330 (12 de outubro de 1941).

5   "Kriegstagebuch Nr.3. des XXXXVI.Pz.Korps vom 24.08.41-31.12.41" BA-MA RH 24-46/21, fol. 79 (12 de outubro de 1941).

6   Ernst Tewes, *Seelsorger bei den Soldaten. Erinnerungen an die Zeit von 1940 bis 1945* (Munique, 1995), p. 31.

7   "11.Pz.Div. KTB Abt. Ia vom 1.5.41-21.10.41" BA-MA RH 27-11/16, fols. 156-157 (12 de outubro de 1941).

8   "Anlage zum KTB Pz.Gruppe 4 Meldungen von unten 20.9.41-14.10.41" BA-MA RH 21-4/37, fol. 14 (12 de outubro de 1941).

9   Ibid., fol. 10 (13 de outubro de 1941).

10 David M. Glantz, *Colossus Reborn. The Red Army at War, 1941-1943* (Lawrence, 2005), p. 123.

11 "Anlage zum KTB Pz.Gruppe 4 Meldungen von unten 20.9.41-14.10.41" BA-MA RH 21-4/37, fol. 10 (13 de outubro de 1941).

12 "Kriegstagebuch Nr.3. des XXXXVI.Pz.Korps vom 24.08.41-31.12.41" BA-MA RH 24-46/21, fol. 80 (12 de outubro de 1941).

13 Como citado em Robert Kershaw, *War Without Garlands*, pp. 183-184. Para o relato original em alemão, ver Franz Josef Strauss, *Friedens- und Kriegserlebnisse einer Generation. Ein Kapitel Weltgeschichte aus der Sicht der Panzerjäger-Abteilung 38 (SF) in der ehemaligen 2. (Wiener) Panzerdivision* (Neckargemünd, 1977), pp. 90-93.

14 Como citado em Robert Kershaw, *War Without Garlands*, p. 184.

15 A seção disponível do diário não afirma especificamente que Krause pertencia à 35ª Divisão de Infantaria, mas ele fornece sua distância a partir de Viazma, que só poderia ser consistente com a divisão de Weikersthal.

16 *True to Type*, p. 29 (12 e 13 de outubro de 1941).

17 É significativo também que o regimento *Panzer* de Funck fosse um dos mais poderosos na Frente Oriental, colocando em campo 120 tanques no dia 14 de outubro: "3rd Pz. Gr. KTB Nr.2 1.9.41-31.10.41" BA-MA Microfilm 59060 (14 de outubro de 1941).

18 Horst Fuchs Richardson (ed.), *Sieg Heil! War Letters of Tank Gunner Karl Fuchs 1937-1941* (Hamden, 1987), p. 142 (12 de outubro de 1941).

19 Steiger, *Armour Tactics in the Second World War*, p. 80.

20 "3rd Pz. Gr. KTB Nr.2 1.9.41-31.10.41" BA-MA Microfilm 59060 (16 de outubro de 1941).

21 Fuchs Richardson (ed.), *Sieg Heil!*, p. 143 (15 de outubro de 1941).

22 Fröhlich (ed.), *Die Tagebücher von Joseph Goebbels Teil II Band 2*, p. 109 (14 de outubro de 1941).

23 "Kriegstagebuch Nr.1 (Band Oktober 1941) des Oberkommandos der Heeresgruppe Mitte" BA-MA RH 19-II/411, fol. 601 (11 de outubro de 1941).

24 Nagorski, *The Greatest Battle*, pp. 116-117.

25 "Kriegstagebuch Nr.3. des XXXXVI.Pz.Korps vom 24.08.41-31.12.41" BA-MA RH 24-46/21, fol. 87 (13 de outubro de 1941).

26 Walter Neuser, *MPT*, 3.2002.0947 (15 de outubro de 1941).

27 Como citado em Rees, *War of the Century*, pp. 65-66.

28 Reddemann (ed.), *Zwischen Front und Heimat*, p. 328 (14 de outubro de 1941).

29 Como citado em Nagorski, *The Greatest Battle*, p. 118.

30 Lange, *Tagebücher aus dem Zweiten Weltkrieg*, p. 71 (12 de outubro de 1941).

31 Fuchs Richardson (ed.), *Sieg Heil!*, p. 143 (15 de outubro de 1941).

32 Como citado em Michael Jones, *The Retreat*, p. 57.

33 Fuchs Richardson (ed.), *Sieg Heil!*, p. 143 (15 de outubro de 1941).

34 Como citado em Rees, *War of the Century*, p. 67.

35 Bock, *War Diary*, p. 333 (14 de outubro de 1941).

36 Blumentritt, "Moscow", p. 54.

37 Robert M. Citino, *Death of the Wehrmacht. The German Campaigns of 1942* (Lawrence, 2007), p. 44.

38 "Kriegstagebuch Nr.1 (Band Oktober 1941) des Oberkommandos der Heeresgruppe Mitte" BA-MA RH 19-II/411, fol. 611 (14 de outubro de 1941).

39 Ibid., fol. 614 (15 de outubro de 1941).

40 Luck, *Panzer Commander*, p. 61.

41 Como citado em Rees, *War of the Century*, p. 67.

42 Como citado em Braithwaite, *Moscow 1941*, p. 195.

43 Ibid., pp. 195-196.

44 Como citado em Marius Broekmeyer, *Stalin, the Russians, and Their War 1941-1945* (Londres, 2004), p. 168.

45 Como citado em Nagorski, *The Greatest Battle*, p. 118.

46 Slepyan, *Stalin's Guerrillas*, p. 34.

47 Glantz, *Barbarossa*, p. 153.

48 Braithwaite, *Moscow 1941*, p. 196.

49 Mawdsley, *Thunder in the East*, p. 95.

50 *KTB OKW*, Volume II, p. 693 (11 de outubro de 1941).

51 Klink, "The Conduct of Operations", p. 685.

52 Geyer, *Das IX. Armeekorps im Ostfeldzug 1941*, p. 141.

53 Alexander e Kunze (eds.), *Eastern Inferno*, p. 93 (11 de setembro de 1941).

54 Como citado em Lucas, *War of the Eastern Front 1941-1945*, p. 207.

55 Knappe com Brusaw, *Soldat*, p. 228.

56 Bidermann, *In Deadly Combat*, p. 52.

57 *True to Type*, p. 25 (não há data listada, somente "outono de 1941").

58 Fröhlich (ed.), *Die Tagebücher von Joseph Goebbels Teil II Band 2*, p. 124 (16 de outubro de 1941).

59 *True to Type*, pp. 146-147 (sem data).

60 Ibid., p. 147 (sem data).

61 Ochsenknecht, *"Als ob der Schnee alles zudeckte"*, pp. 92-93.

62 Luck, *Panzer Commander*, p. 61.

63 Henry Metelmann, *Through Hell for Hitler* (Havertown, 2005), p. 30.

64 Como citado em Martin Gilbert, *The Second World War. A Complete History* (Londres, 2009), pp. 243-244.

NOTAS

65 Como citado em Piekalkiewicz, *Moscow 1941*, p. 134.

66 "Kriegstagebuch Nr.1 (Band Oktober 1941) des Oberkommandos der Heeresgruppe Mitte" BA-MA RH 19-II/411, fol. 598 (11 de outubro de 1941).

67 "18.Panzer Division, Abt.Ia KTB Teil III vom 30.9.-19.10.41" BA-MA RH 27-18/22, pp. 48-49 (13 de outubro de 1941).

68 "Kriegstagebuch Nr.2 XXXXVII.Pz.Korps. Ia 23.9.1941-31.12.1941" BA-MA RH 24-47/258, fol. 45 (13 de outubro de 1941).

69 Bock, *War Diary*, p. 331 (13 de outubro de 1941).

70 "Kriegstagebuch Nr.1 (Band Oktober 1941) des Oberkommandos der Heeresgruppe Mitte" BA-MA RH 19-II/411, fol. 611 (14 de outubro de 1941).

71 Eremenko, *The Arduous Beginning*, p. 253.

72 "Kriegstagebuch Nr.2 XXXXVII.Pz.Korps. Ia 23.9.1941-31.12.1941" BA-MA RH 24-47/258, fol. 45 (13 de outubro de 1941).

73 "KTB 3rd Pz. Div. vom 19.9.41 bis 6.2.42" BA-MA RH 27-3/15, pp. 283-284 (13 de outubro de 1941). O livro de memórias de Guderian falava em cerca de 5.000 homens soviéticos: Guderian, *Panzer Leader*, p. 239.

74 Guderian, *Panzer Leader*, p. 237.

75 "Kriegstagebuch Nr.2 XXXXVII.Pz.Korps. Ia 23.9.1941-31.12.1941" BA-MA RH 24-47/258, fols. 46-47 (14 de outubro de 1941).

76 "18.Panzer Division, Abt.Ia KTB Teil III vom 30.9.-19.10.41" BA-MA RH 27-18/22, p. 6 (15 de outubro de 1941).

77 "Kriegstagebuch Nr.2 XXXXVII.Pz.Korps. Ia 23.9.1941-31.12.1941" BA-MA RH 24-47/258, fol. 48 (14 de outubro de 1941).

78 Ibid., fol. 60 (19 de outubro de 1941).

79 Bock, *War Diary*, p. 333 (15 de outubro de 1941).

80 Kleindienst (ed.), *Sei tausendmal gegrüßt*, CD-ROM (16 de outubro de 1941).

81 Bähr e Bähr (eds.), *Kriegsbriefe Gefallener Studenten, 1939-1945*, p. 97 (16 de outubro de 1941).

82 Hans Bähr e Walter Bähr (eds.), *Die Stimme des Menschen. Briefe und Aufzeichnungen aus der ganzen Welt. 1939-1945* (Munique, 1961), pp. 113-114 (17 de outubro de 1941).

83 Kleindienst (ed.), *Sei tausendmal gegrüßt*, CD-ROM (15 de outubro de 1941).

84 Como citado em Michael Jones, *The Retreat*, p. 60.

85 Roger R. Reese, *Why Stalin's Soldiers Fought. The Red Army's Military Effectiveness in World War II* (Lawrence, 2011), p. 85.

86 Bock, *War Diary*, p. 334 (17 de outubro de 1941).

87 Kleindienst (ed.), *Sei tausendmal gegrüßt*, CD-ROM (17 de outubro de 1941).

88 "Verlustmeldungen 5.7.1941-25.3.1942" BA-MA RH 21-2/757, fols. 15 e 17 (15 e 25 de outubro de 1941).

89 Guderian, *Panzer Leader*, p. 230.

90 "18.Panzer Division, Abt.Ia KTB Teil III vom 30.9.-19.10.41" BA-MA RH 27-18/22, p. 50 (14 de outubro de 1941).

91 "Kriegstagebuch Nr.1 (Band Oktober 1941) des Oberkommandos der Heeresgruppe Mitte" BA-MA RH 19-II/411, fols. 611-612 (14 de outubro de 1941).

92 Bock, *War Diary*, p. 335 (18 de outubro de 1941).

93 Como resumido em Sergei M. Shtemenko, *The Soviet General Staff at War 1941-1945* (Moscou, 1975), pp. 45-46.

94 Glantz, *Barbarossa*, p. 153; Bellamy, *Absolute War*, p. 277.

95 "3rd Pz. Gr. KTB Nr.2 1.9.41-31.10.41" BA-MA Microfilm 59060 (19 de outubro de 1941); Bock, *War Diary*, p. 336 (19 de outubro de 1941).

96 Fröhlich (ed.), *Die Tagebücher von Joseph Goebbels Teil II Band 2*, p. 144 (20 de outubro de 1941). O anúncio afirmava que 657.948 prisioneiros de guerra soviéticos haviam sido capturados, enquanto 1.241 tanques e 5.396 armas soviéticos foram capturados ou destruídos.

97 "Kriegstagebuch Nr.1 (Band Oktober 1941) des Oberkommandos der Heeresgruppe Mitte" BA-MA RH 19-II/411, fol. 644 (19 de outubro de 1941). O diário de guerra anotou ainda 1.277 tanques, 4.378 armas, 1.009 armas antitanque e antiaéreas e 87 aviões destruídos ou capturados. Ver também Bock, *War Diary*, p. 336 (19 de outubro de 1941).

98 Para os melhores trabalhos sobre o tratamento para com os prisioneiros de guerra soviéticos, ver Christian Streit, *Keine Kameraden. Die Wehrmacht und die sowjetischen Kriegsgefangenen 1941-1945* (Bonn, 1997); Christian Streit, "Soviet Prisoners of War in the Hands of the Wehrmacht", in Hannes Heer e Klaus Naumann (eds.), *War of Extermination. The German Military in World War II 1941-1944* (Oxford, 2006) pp. 80-91; Christian Streit, "Die sowjetischen Kriegsgefangenen in der Hand der Wehrmacht", in Walter Manoschek (ed.), *Die Wehrmacht im Rassenkrieg. Der Vernichtungskrieg hinter der Front* (Viena, 1996), pp. 74-89.

99 Sönke Neitzel, *Tapping Hitler's Generals. Transcripts of Secret Conversations, 1942-1945* (St Paul, 2007), p. 186, Documento 100 (2-4 de agosto de 1944).

100 Como citado em Michael Jones, *The Retreat*, p. 68.

101 Bock, *War Diary*, p. 337 (20 de outubro de 1941).

102 Roy Mark-Alan, *White Coats Under Fire. With the Italian Expedition Corps in Russia — 1941* (Nova York, 1972), pp. 37-38.

103 Nikolai I. Obryn'ba, *Red Partisan. The Memoir of a Soviet Resistance Fighter on the Eastern Front* (Washington, DC, 2007), p. 30.

104 Mark-Alan, *White Coats Under Fire*, pp. 37-38.

105 Streit, "Soviet Prisoners of War in the Hands of the Wehrmacht", p. 81.

106 Konrad H. Jarausch (eds.), *Reluctant Accomplice. A Wehrmacht Soldier's Letters from the Eastern Front* (Princeton, 2011), pp. 306-307 (15 de outubro de 1941).

107 Ibid., pp. 307 e 310 (23 e 25 de outubro 1941).

108 Degrelle, *Campaign in Russia*, pp. 12-13.

109 Por este motivo não há anotações no diário de guerra de Halder entre 10 de outubro e 3 de novembro de 1941. Ver Halder, *KTB III*, p. 277 (10 de outubro de 1941).

110 Bock, *War Diary*, p. 331 (13 de outubro de 1941).

111 Blumentritt, "Moscow", p. 54.

112 Como citado em Boog, "The Luftwaffe", p. 794.

113 Piekalkiewicz, *Moscow 1941*, p. 117.

NOTAS

114 Fröhlich (ed.), *Die Tagebücher von Joseph Goebbels Teil II Band 2*, p. 105 (13 de outubro de 1941).
115 Bähr e Bähr (eds.), *Kriegsbriefe Gefallener Studenten, 1939-1945*, p. 63 (14 de outubro de 1941).
116 Humburg, *Das Gesicht des Krieges*, p. 126 (15 de outubro de 1941).
117 Bumke registrou incorretamente a data do discurso como 4 de outubro.
118 Ibid., p. 122 (18 de outubro de 1941).
119 Stader (ed.), *Ihr daheim und wir hier draußen*, p. 42 (17 de outubro de 1941).
120 Para uma excelente discussão sobre os mitos alemães acerca de sua derrota em 1941, ver Gerd R. Ueberschär, "Das Scheitern des Unternehmens 'Barbarossa': Der deutsch-sowjetische Krieg vom Überfall bis zur Wende vor Moskau im Winter 1941/42", in Ueberschär e Wette (eds.), *"Unternehmen Barbarossa"*, p. 165. Seguindo a campanha de Napoleão em 1812, um raciocínio similar para a derrota foi adotado. Como Dominic Lieven observou: "Posteriormente o próprio Napoleão e alguns de seus admiradores ficaram muito inclinados a culpar o inverno extraordinariamente frio pela destruição de seu exército. Isso é uma grande besteira" (Lieven, *Russia Against Napoleon*, p. 265).
121 Ferdinand Prinz von der Leyen, *Rückblick zum Mauerwald. Vier Kriegsjahre im OKH* (Munique, 1965), p. 37.
122 Alexander e Kunze (eds.), *Eastern Inferno*, p. 118 (7 de outubro de 1941).
123 Landon e Leitner (eds.), *Diary of a German Soldier*, p. 111 (7 de outubro de 1941).
124 *True to Type*, p. 13 (7 de outubro de 1941).
125 "3rd Pz. Gr. KTB Nr.2 1.9.41-31.10.41" BA-MA Microfilm 59060 (7 de outubro de 1941). Interessante notar que o mesmo problema resultou na morte de vários franceses durante a retirada de Napoleão da Rússia no inverno de 1812.
126 Bidermann, *In Deadly Combat*, p. 62.
127 DiNardo, *Germany and the Axis Powers*, p. 108.
128 Essas mortes eram somente o começo do "Plano de Fome" da Alemanha para o leste; ver Alex J. Kay, "'The Purpose of the Russian Campaign Is the Decimation of the Slavic Population by Thirty Million': The Radicalization of German Food Policy in Early 1941", in Kay, Rutherford e Stahel (eds.), *Nazi Policy on the Eastern Front, 1941*, pp. 101-129; Wigbert Benz, *Der Hungerplan im "Unternehmen Barbarossa" 1941* (Berlim, 2011). Para excelentes estudos de caso sobre o impacto dessas políticas em 1941, ver Jeff Rutherford, "The Radicalization of German Occupation Policies: *Wirtschaftsstab Ost* and the 121st Infantry Division in Pavlovsk, 1941", in Kay, Rutherford e Stahel (eds.), *Nazi Policy on the Eastern Front, 1941*, pp. 130-154; Norbert Kunz, "Das Beispiel Charkow: Eine Stadtbevölkerung als Opfer der deutschen Hungerstrategie 1941/42", in Christian Hartmann, Johannes Hürter e Ulrike Jureit (eds.), *Verbrechen der Wehrmacht. Bilanz einer Debatte* (Munique, 2005), pp. 136-144. As dimensões do Plano de Fome e a reunião do dia 2 de maio de 1941 recentemente foram atacadas por historiadores revisionistas que buscavam eliminar o arraigado envolvimento da Wehrmacht. A controvérsia pode ser acompanhada no *Journal of Contemporary History*; ver Alex J. Kay, "Germany's Staatssekretäre, Mass

Starvation and the Meeting of 2 May 1941", *Journal of Contemporary History*, 41, 4 (Outubro de 2006), pp. 685-700; Klaus Jochen Arnold e Gerd C. Lübbers, "The Meeting of the Staatssekretäre on 2 May 1941 and the Wehrmacht: A Document up for Discussion", *Journal of Contemporary History*, 42, 4 (outubro de 2007), pp. 613-626; Alex J. Kay, "Revisiting the Meeting of the Staatssekretäre on 2 May 1941: A Response to Klaus Jochen Arnold and Gert C. Lübbers", *Journal of Contemporary History*, 43, 1 (janeiro de 2008), pp. 93-104.

129 Luck, *Panzer Commander*, p. 56. O fato de que Luck optou por colocar a palavra "requisição" entre aspas sugere que o processo pode ser mais bem descrito como saque ou pilhagem.

130 Ibid., p. 63.

131 Mark-Alan, *White Coats Under Fire*, p. 37.

132 Hans Joachim Schröder, "'German Soldiers' Experiences During the Initial Phase of the Russian Campaign", in Wegner (ed.), *From Peace to War*, p. 320.

133 Bidermann, *In Deadly Combat*, p. 62.

134 Kuhnert, *Will We See Tomorrow?*, p. 113.

135 Erhard Rauss, "Effects of Climate on Combat in European Russia", in Tsouras (ed.) *Fighting in Hell*, p. 18. Notem que o nome de Raus está escrito incorretamente no título supracitado. Ver também Departamento do Exército dos EUA (ed.), *Effects of Climate on Combat in European Russia* (Washington, DC, 1952), p. 18.

136 Guderian, *Panzer Leader*, p. 234.

137 Ibid., p. 237.

138 Neitzel, *Tapping Hitler's Generals*, pp. 226-227, Documento 135 (25 de abril de 1945).

139 Metelmann, *Through Hell for Hitler*, p. 35.

140 Landon e Leitner (eds.), *Diary of a German Soldier*, p. 108 (26 de setembro de 1941).

141 Para indícios que embasam essa conclusão, ver Jean Lévesque, "A Peasant Ordeal: The Soviet Countryside", in Stone (ed.) *The Soviet Union at War 1941-1945*, pp. 192-193.

142 Hans Becker, *Devil on My Shoulder* (Londres, 1957), p. 30.

143 Thoma substituiu o supracitado colonel Georg von Bismarck no comando da divisão no dia 14 de outubro de 1941.

144 Neitzel, *Tapping Hitler's Generals*, pp. 192-193, Documento 107 (16-17 de setembro de 1944).

145 Kuhnert, *Will We See Tomorrow?*, p. 114.

146 Embora não haja dúvidas quanto à natureza criminosa do domínio alemão no leste, recentemente surgiu a questão de se isso teria resultado de fatores externos radicalizantes encontrados pelos alemães no leste (como argumentado por Jörg Baberowski e Klaus J. Arnold) ou se os fatores radicalizantes eram algo imbuído na ideologia nazista e nos planos alemães para o leste (como argumentado de forma muito mais convincente por Alex J. Kay). Ver Jörg Baberowski, "Kriege instaatsfernen Räumen: Rußland und die Sowjetunion 1905-1950", in Dietrich Beyrau, Michael Hochgeschwender e Dieter Langewiesche (eds.), *Formen des Krieges. Von der Antike bis zur Gegenwart* (Paderborn, 2007), pp. 291-309; Klaus J. Arnold, *Die*

NOTAS   375

Wehrmacht und die Besatzungspolitik in den besetzten Gebieten der Sowjetunion. Kriegführung und Radikalisierung im "Unternehmen Barbarossa" (Berlim, 2005); Alex J. Kay, "A 'War in a Region Beyond State Control'? The German-Soviet War, 1941-1944", *War in History*, 18, 1 (Janeiro de 2011), pp. 109-122.

Capítulo 6: Explorando a brecha

1   Bücheler, *Hoepner*, pp. 151-153.
2   Como citado em Johannes Hürter, *Hitlers Heerführer. Die deutschen Oberbefehlshaber im Krieg gegen die Sowjetunion 1941/42* (Munique, 2006), p. 298.
3   Kuntzen logo recebeu o comando da 19ª Divisão *Panzer*, que havia sido mantida na reserva do Grupo de Exércitos Centro.
4   "20.Pz.Div. KTB vom 15.8.41 bis 20.10.41 Band Ia." BA-MA RH 27-20/25, fols. 119 e 123 (9 e 11 de outubro de 1941).
5   "Kriegstagebuch Nr.3. der Führungsabteilung (Ia) des Gen. Kdo. (mot.) XXXX. Pz.Korps vom 31.05.1941-26.12.1941" BA-MA RH 24-40/18 (11 de outubro de 1941). O diário não possui páginas numeradas, então as referências devem ser localizadas pela data.
6   Lucas, *Das Reich*, p. 213.
7   "20.Pz.Div. KTB vom 15.8.41 bis 20.10.41 Band Ia." BA-MA RH 27-20/25, fol. 133 (16 de outubro 1941).
8   Sublinhado no original.
9   "Kriegstagebuch Nr.1 (Band Oktober 1941) des Oberkommandos der Heeresgruppe Mitte" BA-MA RH 19-II/411, fol. 611 (14 de outubro de 1941).
10   Landon e Leitner (eds.), *Diary of a German Soldier*, p. 113 (13 de outubro de 1941).
11   Bücheler, *Hoepner*, p. 153. Para detalhes táticos do combate por Gjatsk, ver Lucas, *Das Reich*, p. 72.
12   "Kriegstagebuch Nr.3. des XXXXVI.Pz.Korps vom 24.08.41-31.12.41" BA-MA RH 24-46/21, fol. 83 (15 de outubro de 1941).
13   "11.Pz.Div. KTB Abt. Ia vom 1.5.41-21.10.41" BA-MA RH 27-11/16, fol. 161 (15 de outubro de 1941).
14   "Kriegstagebuch Nr.3. des XXXXVI.Pz.Korps vom 24.08.41-31.12.41" BA-MA RH 24-46/21, fol. 82 (14 de outubro de 1941).
15   Ibid., fol. 83 (15 de outubro de 1941).
16   "11.Pz.Div. KTB Abt. Ia vom 1.5.41-21.10.41" BA-MA RH 27-11/16, fol. 163 (16 de outubro de 1941). O *Kampfgruppe* alemão era uma formação de armas combinadas tipicamente organizada para um objetivo específico.
17   "Kriegstagebuch Nr.3. des XXXXVI.Pz.Korps vom 24.08.41-31.12.41" BA-MA RH 24-46/21, fol. 82 (14 de outubro de 1941).
18   "2. Panzer Division KTB Nr.6 Teil I. Vom 15.6.41-3.4.42" BA-MA RH 27-2/21 (17 e 18 de outubro de 1941).

19 Ibid. (17 de outubro de 1941).
20 "Kriegstagebuch Nr.3. des XXXXVI.Pz.Korps vom 24.08.41-31.12.41" BA-MA RH 24-46/21, fols. 87-89 (17-18 de outubro de 1941).
21 "Kriegstagebuch Nr.1 (Band Oktober 1941) des Oberkommandos der Heeresgruppe Mitte" BA-MA RH 19-II/411, fol. 644 (19 de outubro de 1941).
22 Kuhnert, *Will We See Tomorrow?*, p. 105.
23 "Kriegstagebuch Nr.3. des XXXXVI.Pz.Korps vom 24.08.41-31.12.41" BA-MA RH 24-46/21, fol. 89 (18 de outubro de 1941).
24 Ibid., fol. 88 (18 de outubro de 1941).
25 Michael Eickhoff, Wilhelm Pagels e Willy Reschl (eds.), *Der unvergessene Krieg. Hitler-Deutschland gegen die Sowjetunion 1941-1945* (Colônia, 1981), p. 65.
26 Um SS *Obersturmführer* tinha a patente equivalente a de um 1º tenente de exército.
27 Günther Heysing, *Sturm bis vor Moskaus Tore. Kämpfe der Panzergruppe 4 in der Schlacht um Moskau vom 14. Okt. 1941-5. Dez. 1941* (sem local de publicação listado, 1942), p. 7. Ver também Piekalkiewicz, *Moscow 1941*, p. 115.
28 Um SS *Oberführer* não tinha uma patente equivalente direta no Exército Alemão, mas estava entre um major-general e um tenente-general.
29 Zamoyski, *1812*, pp. 287-288.
30 Como citado em Braithwaite, *Moscow 1941*, p. 210. Ver também Bellamy, *Absolute War*, p. 288.
31 Como citado em Michael Jones, *The Retreat*, p. 59.
32 "Anlage zum KTB Pz.Gruppe 4 Meldungen von unten 15.10.41-15.11.41" BA-MA RH 21-4/39, fol. 283 (15 de outubro de 1941).
33 Ibid., fol. 272 (17 de outubro de 1941).
34 Como citado em Michael Jones, *The Retreat*, p. 66.
35 Nagorski, *The Greatest Battle*, p. 132. Arquivos militares alemães também relatam uma forte resistência soviética com inúmeros ataques a tanque contra suas posições: "Anlage zum KTB Pz.Gruppe 4 Meldungen von unten 20.9.41-14.10.41" BA-MA RH 21-4/37, fol. 1 (14 de outubro de 1941).
36 Heysing, *Sturm bis vor Moskaus Tore*, p. 8. Ver também Piekalkiewicz, *Moscow 1941*, p. 118.
37 Lucas, *Das Reich*, p. 73.
38 Bock, *War Diary*, p. 330 (12 de outubro de 1941); Glantz, *Atlas of the Battle of Moscow*, p. 29 (12 de outubro de 1941).
39 "20.Pz.Div. KTB vom 15.8.41 bis 20.10.41 Band Ia." BA-MA RH 27-20/25, fol. 133 (16 de outubro de 1941).
40 "Gen.Kdo.LVII.Pz.Korps KTB Nr.1 vom 15.2.41-31.10.41" BA-MA RH 24-57-2, fol. 280 (16 de outubro de 1941).
41 "Kriegstagebuch Nr.1 (Band Oktober 1941) des Oberkommandos der Heeresgruppe Mitte" BA-MA RH 19-II/411, fol. 630 (17 de outubro de 1941).
42 Bock, *War Diary*, p. 334 (17 de outubro de 1941).

NOTAS

43 Martin Gareis, *Kampf und Ende der Fränkisch-Sudetendeutschen 98. Infanterie-Division* (Eggolsheim, 1956), p. 143.

44 Sublinhado no original; "Kriegstagebuch Nr.1 (Band Oktober 1941) des Oberkommandos der Heeresgruppe Mitte" BA-MA RH 19-II/411, fol. 623 (16 de outubro de 1941).

45 Ibid., fol. 629 (17 de outubro de 1941).

46 Sublinhado no original; ibid., fol. 622-623 (16 de outubro de 1941).

47 Glantz, *Atlas of the Battle of Moscow*, p. 36 (16 de outubro de 1941).

48 Como citado em Meyer, *Adolf Heusinger*, p. 160.

49 Bock, *War Diary*, p. 331 (12 de outubro de 1941).

50 "Kriegstagebuch Nr.1 (Band Oktober 1941) des Oberkommandos der Heeresgruppe Mitte" BA-MA RH 19-II/411, fol. 602 (12 de outubro de 1941). Ver também *KTB OKW*, Volume II, Documento 103, p. 675 (3 de outubro de 1941).

51 Fröhlich (ed.), *Die Tagebücher von Joseph Goebbels Teil II Band 2*, p. 116 (15 de outubro de 1941).

52 Ibid., pp. 117-118 (15 de outubro de 1941).

53 "Kriegstagebuch Nr.1 (Band Oktober 1941) des Oberkommandos der Heeresgruppe Mitte" BA-MA RH 19-II/411, fol. 641 (19 de outubro de 1941).

54 Muggeridge (ed.), *Ciano's Diary 1939-1943*, p. 386 (19 de outubro de 1941).

55 Ibid., p. 386 (18 de outubro de 1941).

56 Röttiger, "XXXXI Panzer Corps During the Battle of Moscow", p. 28.

57 Bock, *War Diary*, p. 332 (14 de outubro de 1941).

58 "Kriegstagebuch Nr.7 des Kdos. Der 1.Panzer-Div. 20.9.41-12.4.42" BA-MA 27-1/58, fol. 28 (14 de outubro de 1941).

59 Robert Kirchubel, *Hitler's Panzer's Armies on the Eastern Front* (Barnsley, 2009), p. 108; Von Hardesty, *Red Phoenix. The Rise of Soviet Air Power 1941-1945* (Washington, DC, 1982), p. 70.

60 Williamson Murray, *The Luftwaffe 1933-1945. Strategy for Defeat* (Washington, DC, 1996), p. 87.

61 "Anlagenband zum KTB XXXXI A.K. Ia 1. Durchbruch durch die Wop-Kokosch Dnjepr Stellung 2.10.41 bis 9.10.41. 2. Vorstoss auf Kalinin 15.10.41-20.10.41" BA-MA RH 24-41/14 (14 de outubro de 1941).

62 "Anlagenband zum KTB XXXXI A.K. Ia 3.Verteidigung von Kalinin 15.10.41-20.11.41" BA-MA RH 24-41/15 (17 de outubro de 1941). O diário não tem páginas numeradas, então as referências devem ser localizadas pela data.

63 Kesselring, *The Memoirs of Field-Marshal Kesselring*, p. 97.

64 Erickson, *The Road to Stalingrad*, p. 219; Chaney, *Zhukov*, p. 167.

65 Bock, *War Diary*, p. 333 (15 de outubro de 1941).

66 Ibid., p. 334 (16 de outubro de 1941).

67 "Kriegstagebuch Nr.1 (Band Oktober 1941) des Oberkommandos der Heeresgruppe Mitte" BA-MA RH 19-II/411, fol. 625 (16 de outubro de 1941).

68 Röttiger, "XXXXI Panzer Corps During the Battle of Moscow", p. 30.

69 O supracitado tenente-general Otto Ottenbacher foi substituído como comandante da 36ª Divisão de Infantaria Motorizada no dia 15 de outubro.

70 "Kriegstagebuch Nr.7 des Kdos. Der 1.Panzer-Div. 20.9.41-12.4.42" BA-MA 27-1/58, fol. 31 (17 de outubro de 1941).

71 "Kriegstagebuch Nr.1 (Band Oktober 1941) des Oberkommandos der Heeresgruppe Mitte" BA-MA RH 19-II/411, fol. 620 (16 de outubro de 1941).

72 "Kriegstagebuch Nr.7 des Kdos. Der 1.Panzer-Div. 20.9.41-12.4.42" BA-MA 27-1/58, fol. 31 (17 de outubro de 1941). Ver também "Anlagenband zum KTB XXXXI A.K. Ia 3.Verteidigung von Kalinin 15.10.41-20.11.41" BA-MA RH 24-41/15 (18 de outubro de 1941).

73 "3rd Pz. Gr. KTB Nr.2 1.9.41-31.10.41" BA-MA Microfilm 59060 (17 de outubro de 1941).

74 "Kriegstagebuch Nr.1 (Band Oktober 1941) des Oberkommandos der Heeresgruppe Mitte" BA-MA RH 19-II/411, fol. 628 (17 de outubro de 1941).

75 Bock, *War Diary*, p. 332 (14 de outubro de 1941).

76 Ibid., p. 336 (19 de outubro de 1941).

77 Wagener, *Moskau 1941*, pp. 75-76. Ver também Michael Jones, *The Retreat*, p. 58.

78 Chales de Beaulieu, *Generaloberst Erich Hoepner*, p. 202.

79 Hans Ulrich Rudel, *Stuka Pilot* (Nova York, 1979), p. 47.

80 "3rd Pz. Gr. KTB Nr.2 1.9.41-31.10.41" BA-MA Microfilm 59060 (18 de outubro de 1941).

81 De acordo com o relato de Rudel, havia diversos tanques: "Nossos camaradas de infantaria nos dizem que ontem alguns tanques entraram na praça do mercado, disparando contra tudo que aparecesse pela frente. Eles invadiram nossos postos avançados e levamos muito tempo para lidar com eles na cidade" (Rudel, *Stuka Pilot*, p. 48).

82 No dia 14 de outubro o diário de guerra do 3º Grupo *Panzer* listou a divisão em posse de 79 tanques funcionais: "3rd Pz. Gr. KTB Nr.2 1.9.41-31.10.41" BA-MA Microfilm 59060 (14 de outubro de 1941). Para o número do dia 19 de outubro, ver "Anlagenband zum KTB XXXXI A.K. Ia 3.Verteidigung von Kalinin 15.10.41-20.11.41" BA-MA RH 24-41/15 (19 de outubro de 1941).

83 "Anlagen zum Kriegstagebuch Tagesmeldungen Bd.I 1.9-31.10.41" BA-MA RH 21-3/70, fol. 232 (20 de outubro de 1941).

84 "3rd Pz. Gr. KTB Nr.2 1.9.41-31.10.41" BA-MA Microfilm 59060 (20 de outubro de 1941).

85 "Anlagenband zum KTB XXXXI A.K. Ia 3.Verteidigung von Kalinin 15.10.41-20.11.41" BA-MA RH 24-41/15 (20 de outubro de 1941).

86 Röttiger, "XXXXI Panzer Corps During the Battle of Moscow", p. 31.

87 "Anlagen zum Kriegstagebuch Tagesmeldungen Bd.I 1.9-31.10.41" BA-MA RH 21-3/70, fol. 171 (17 de outubro de 1941).

88 "3rd Pz. Gr. KTB Nr.2 1.9.41-31.10.41" BA-MA Microfilm 59060 (18 de outubro de 1941).

NOTAS

89 "Kriegstagebuch Nr.1 (Band Oktober 1941) des Oberkommandos der Heeresgruppe Mitte" BA-MA RH 19-II/411, fol. 633 (18 de outubro de 1941).

90 Ibid., fol. 649 (19 de outubro de 1941).

91 Bock, *War Diary*, p. 336 (19 de outubro de 1941).

92 "Kriegstagebuch Nr.1 (Band Oktober 1941) des Oberkommandos der Heeresgruppe Mitte" BA-MA RH 19-II/411, fol. 636 (18 de outubro de 1941).

93 "Anlagenband zum KTB XXXXI A.K. Ia 3.Verteidigung von Kalinin 15.10.41-20.11.41" BA-MA RH 24-41/15 (20 de outubro de 1941).

94 Rudel, *Stuka Pilot*, p. 46.

95 "3rd Pz. Gr. KTB Nr.2 1.9.41-31.10.41" BA-MA Microfilm 59060 (20 de outubro de 1941).

96 Röttiger, "XXXXI Panzer Corps During the Battle of Moscow", p. 31.

97 "3rd Pz. Gr. KTB Nr.2 1.9.41-31.10.41" BA-MA Microfilm 59060 (14 de outubro de 1941).

98 "Kriegstagebuch Nr.1 (Band Oktober 1941) des Oberkommandos der Heeresgruppe Mitte" BA-MA RH 19-II/411, fol. 627 (17 de outubro de 1941); Bock, *War Diary*, p. 334 (17 de outubro de 1941).

99 Wagner (ed.), *Der Generalquartiermeister*, p. 206 (12 de outubro de 1941).

100 Ibid., p. 207 (20 de outubro de 1941).

101 No dia 20 de outubro o LVI Corpo *Panzer* de Schaal ainda não estava em Kalinin, mas a caminho e a 100 quilômetros da cidade: Glantz, *Atlas of the Battle of Moscow*, p. 40 (20 de outubro de 1941).

102 Schäufler e seus homens não estavam vivendo em cavernas, mas sim em um porão para se protegerem dos pesados bombardeios da artilharia soviética.

103 A mina Teller era uma mina antitanque alemã comum adaptada com um detonador ativado por pressão que explodia com cerca de 90 kg de pressão. Em razão do revestimento circular de metal das minas elas ganharam o nome de *Teller*, que significa "prato" em alemão.

104 Schäufler (ed.), *Knight's Cross Panzers*, p. 142.

105 "Kriegstagebuch 4.Panzer-Division Führungsabtl. 26.5.41-31.3.42" BA-MA RH 27-4/10, p. 205 (11 de outubro de 1941).

106 Guderian, *Panzer Leader*, p. 235.

107 Como citado em Hürter, *Hitlers Heerführer*, pp. 298-299, nn. 106 and 111.

108 "Kriegstagebuch 4.Panzer-Division Führungsabtl. 26.5.41-31.3.42" BA-MA RH 27-4/10, pp. 205-206 (11 e 12 de outubro de 1941).

109 "Kriegstagebuch Nr.1 (Band Oktober 1941) des Oberkommandos der Heeresgruppe Mitte" BA-MA RH 19-II/411, fol. 614 (15 de outubro de 1941).

110 Bock, *War Diary*, p. 334 (14 de outubro de 1941).

111 "Kriegstagebuch 4.Panzer-Division Führungsabtl. 26.5.41-31.3.42" BA-MA RH 27-4/10, pp. 213-214 (20 de outubro de 1941).

112 "9.Pz.Div. KTB Ia vom 19.5.1941 bis 22.1.1942" BA-MA RH 27-9/4, p. 141 (16 de outubro de 1941).

113 "Kriegstagebuch XXXXVIII.Pz.Kps. Abt.Ia October 1941" BA-MA RH 24-48/30, fol. 10 (17 de outubro de 1941).

114 "9.Pz.Div. KTB Ia vom 19.5.1941 bis 22.1.1942" BA-MA RH 27-9/4, p. 145 (20 de outubro de 1941).

115 "Kriegstagebuch Nr.1 (Band Oktober 1941) des Oberkommandos der Heeresgruppe Mitte" BA-MA RH 19-II/411, fol. 637 (18 de outubro de 1941).

116 "Armeeoberkommando 2. I.a KTB Teil.2 19.9.41-16.12.41" BA-MA RH 20-2/207, p. 70 (18 de outubro de 1941).

117 Ibid. (18 de outubro de 1941).

118 "Gen.Kdo.LVII.Pz.Korps KTB Nr.1 vom 15.2.41-31.10.41" BA-MA RH 24-57-2, fol. 250 (6 de outubro de 1941).

119 Bernhard R. Kroener, "The Winter Crisis of 1941-1942: The Distribution of Scarcity or Steps Towards a More Rational Management of Personnel", in Militärgeschichtliches Forschungsamt (ed.), *Germany and the Second World War. Volume V/I*, p. 1014.

120 *True to Type*, p. 10 (10 de outubro de 1941).

121 Bähr e Bähr (eds.), *Kriegsbriefe Gefallener Studenten, 1939-1945*, pp. 81-82 (18 de outubro de 1941).

122 Hürter (ed.), *Ein deutscher General an der Ostfront*, p. 94 (16 de outubro de 1941).

123 Kleindienst (ed.), *Sei tausendmal gegrüßt*, CD-ROM (17 de outubro de 1941).

124 Humburg, *Das Gesicht des Krieges*, p. 226 (15 de outubro de 1941).

125 Wagener, *Moskau 1941*, p. 81.

126 Lammers (ed.), *"Fahrtberichte" aus der Zeit des deutsch-sowjetischen Krieges 1941*, p. 122.

127 Richard L. DiNardo, *Mechanized Juggernaut or Military Anachronism? Horses and the German Army in World War II* (Londres, 1991), p. 46.

128 "Armeeoberkommando 2. I.a KTB Teil.2 19.9.41-16.12.41" BA-MA RH 20-2/207, p. 36 (5 de outubro de 1941).

129 Lange, *Tagebücher aus dem Zweiten Weltkrieg*, p. 76 (22 de outubro de 1941).

130 Pabst, *The Outermost Frontier*, p. 35.

131 Hans Meier-Welcker, *Aufzeichnungen eines Generalstabsoffiziers 1939-1942* (Friburgo, 1982), p. 134 (20 de outubro de 1941).

132 Gareis, *Kampf und Ende der Fränkisch-Sudetendeutschen 98. Infanterie Division*, p. 130.

133 Kuhnert, *Will We See Tomorrow?*, p. 106.

134 Lange, *Tagebücher aus dem Zweiten Weltkrieg*, p. 64 (10 de outubro de 1941).

135 Geyer, *Das IX. Armeekorps im Ostfeldzug 1941*, p. 143.

136 DiNardo, *Mechanized Juggernaut or Military Anachronism?*, p. 47. Klaus Reinhardt sugere que os números para perdas de cavalos dentro do *Ostheer* até o dia 10 de novembro de 1941 foram de 102.910 mortos e 33.314 doentes. Ver Klaus Reinhardt, *Moscow*, p. 149.

137 Sublinhado no original; "Kriegstagebuch Nr.1 (Band Oktober 1941) des Oberkommandos der Heeresgruppe Mitte" BA-MA RH 19-II/411, fol. 644 (19 de outubro de 1941).

138 "Kriegstagebuch der O.Qu.-Abt. Pz. A.O.K.2 von 21.6.41 bis 31.3.42" BA-MA RH 21-2/819, fol. 166 (19 de outubro de 1941).

139 "Kriegstagebuch Nr.1 (Band Oktober 1941) des Oberkommandos der Heeresgruppe Mitte" BA-MA RH 19-II/411, fol. 642 (19 de outubro de 1941).

140 Como citado em Hürter, *Hitlers Heerführer*, p. 300, n. 114.

141 "KTB 3rd Pz. Div. I.b 19.5.41-6.2.42" BA-MA RH 27-3/218 (13 de outubro de 1941).

142 "KTB 3rd Pz. Div. vom 19.9.41 bis 6.2.42" BA-MA RH 27-3/15, p. 289 (19 de outubro de 1941).

143 "Kriegstagebuch 4.Panzer-Division Führungsabtl. 26.5.41-31.3.42" BA-MA RH 27-4/10, p. 213 (20 de outubro de 1941).

144 "9.Pz.Div. KTB Ia vom 19.5.1941 bis 22.1.1942" BA-MA RH 27-9/4, p. 137 (12 de outubro de 1941).

145 Guderian, *Panzer Leader*, p. 237.

146 "Kriegstagebuch Nr.2 XXXXVII.Pz.Korps. Ia 23.9.1941-31.12.1941" BA-MA RH 24-47/258, fol. 62 (20 de outubro de 1941).

147 Como citado em Robert Kershaw, *War Without Garlands*, p. 187.

148 Ibid.

149 "18.Panzer Division, Abt.Ia KTB Teil III vom 30.9.-19.10.41" BA-MA RH 27-18/22, p. 55 (16 de outubro de 1941).

150 Ibid., p. 57 (17 de outubro de 1941).

151 "Kriegstagebuch Nr.2 XXXXVII.Pz.Korps. Ia 23.9.1941-31.12.1941" BA-MA RH 24-47/258, fol. 55 (20 de outubro de 1941).

152 "Kriegstagebuch XXXXVIII.Pz.Kps. Abt.Ia October 1941" BA-MA RH 24-48/30, fol. 11 (20 de outubro de 1941).

153 Bock, *War Diary*, p. 336 (19 de outubro de 1941).

154 Wagner (ed.), *Der Generalquartiermeister*, p. 206 (17 de outubro de 1941).

155 *KTB OKW*, Volume II, p. 693 (11 de outubro de 1941); Günther Blumentritt, *Von Rundstedt. The Soldier and the Man* (Londres, 1952), p. 111.

156 Axworthy, *Scafes e Craciunoiu, Third Axis Fourth Ally*, pp. 49-56; Glantz, *Barbarossa*, pp. 134-135. Para mais sobre a Batalha de Odessa, ver Friedrich Forstmeier, *Odessa 1941. Der Kampf um Stadt und Hafen und die Räumung der Seefestung 15. August bis 16. Oktober 1941* (Friburgo, 1967); Mihai Tone Filipescu, *Reluctant Axis. The Romanian Army in Russia 1941-1944* (Chapultepeq, 2006), cap.2, "The Battle for Odessa". Para uma perspectiva da era soviética, ver N. Krylov, *Glory Eternal. Defence of Odessa 1941* (Moscou, 1972). Para a batalha aérea sobre Odessa, ver Dénes Bernád, Dmitriy Karlenko e Jean-Louis Roba, *From Barbarossa to Odessa. The Luftwaffe and Axis Allies Strike South-East. June-October 1941* (Hinckley, 2008).

157 Fröhlich (ed.), *Die Tagebücher von Joseph Goebbels Teil II Band 2*, p. 128 (17 de outubro de 1941).

158 Mark Axworthy, "Peasant Scapegoat to Industrial Slaughter: The Romanian Soldier at the Siege of Odessa", in Paul Addison and Angus Calder (eds.), *A Time to Kill. The Soldier's Experience of War in the West 1939-1945* (Londres, 1997), p. 227.

159 Trevor-Roper (ed.), *Hitler's Table Talk, 1941-1944*, p. 32 (17-18 de setembro de 1941).

160 Peter Gosztony, *Hitlers Fremde Heere. Das Schicksal der nichtdeutschen Armeen im Ostfeldzug* (Viena, 1976), p. 152.

161 Muggeridge (ed.), *Ciano's Diary 1939-1943*, p. 386 (20 de outubro de 1941).

162 Boberach (ed.), *Meldungen aus dem Reich,* Band 8, p. 2870, Documento 229 (16 de outubro de 1941).

163 Fröhlich (ed.), *Die Tagebücher von Joseph Goebbels Teil II Band 2*, p. 125 (16 de outubro de 1941).

164 Howard K. Smith, *Last Train from Berlin*, p. 110.

165 Fröhlich (ed.), *Die Tagebücher von Joseph Goebbels Teil II Band 2*, p. 154 (22 de outubro de 1941).

166 Ochsenknecht, "Als ob der Schnee alles zudeckte", p. 87.

167 Gilbert, *The Second World War*, pp. 242-243.

168 O professor Pat Blackett estimou no começo de 1942 que ao longo de todo o ano anterior o Comando de Bombardeio só havia conseguido matar aproximadamente o mesmo número de civis alemães que as defesas aéreas alemãs mataram da (altamente treinada) tripulação aérea britânica: Max Hastings, *Bomber Command* (Londres, 1993), p. 111.

169 Kuhnert, *Will We See Tomorrow?*, p. 108.

170 Württembergische Landesbiblothek Stuttgart (doravante citado como WLS), Flugblattpropaganda im 2. Weltkrieg (1941), Mappe 92-26.

171 WLS, Flugblattpropaganda im 2. Weltkrieg (1941), Mappe 92-22.

172 WLS, Flugblattpropaganda im 2. Weltkrieg (1941), Mappe 92-32 92-36. Harry Hopkins era um dos confidentes mais próximos do presidente Roosevelt e ex-administrador do auxílio americano *Lend-Lease*.

173 WLS, Flugblattpropaganda im 2. Weltkrieg (1941), Mappe 92-38 e 92-40.

174 WLS Flugblattpropaganda im 2. Weltkrieg (1941), Mappe 92a-5.

175 WLS, Flugblattpropaganda im 2. Weltkrieg (1941), Mappe 92a-6.

176 WLS, Flugblattpropaganda im 2. Weltkrieg (1941), Mappe 92a-8.

177 Hellmuth H., MPT, 3.2002.7139 (23 de outubro de 1941). Folhetos de propaganda soviética incluíam seções que afirmavam que o folheto também era um passe e o portador tinha direito a se render e receberia um bom tratamento.

178 Blandford (ed.), *Under Hitler's Banner*, p. 33.

179 Garden e Andrew (eds.), *The War Diaries of a Panzer Soldier*, p. 54 (20 de outubro de 1941).

180 Landon e Leitner (eds.), *Diary of a German Soldier*, pp. 115-116 (20 de outubro de 1941).

181 Bob Carruthers (ed.), *The Wehrmacht. Last Witnesses. First-Hand Accounts from the Survivors of Hitler's Armed Forces* (Londres, 2010), p. 56.

182 Trevor-Roper (ed.), *Hitler's Table Talk, 1941-1944*, p. 40 (25 de setembro de 1941).

183 "Kriegstagebuch Nr.1 (Band Oktober 1941) des Oberkommandos der Heeresgruppe Mitte" BA-MA RH 19-II/411, fol. 615 (15 de outubro de 1941).

NOTAS

184 Ulrich von Hassell, *Vom Andern Deutschland* (Friburgo, 1946), p. 229 (4 de outubro de 1941). Para a tradução em inglês, ver Ulrich von Hassell, *The von Hassell Diaries 1938-1944* (Londres, 1948), p. 199 (4 de outubro de 1941).

185 Hassell, *Vom Andern Deutschland*, pp. 229-230 (4 de outubro de 1941); Hassell, *The von Hassell Diaries 1938-1944*, pp. 199-200 (4 de outubro de 1941).

186 Humburg, *Das Gesicht des Krieges*, pp. 170-171.

187 Pabst, *The Outermost Frontier*, p. 35.

188 Bähr e Bähr (eds.), *Kriegsbriefe Gefallener Studenten, 1939-1945*, p. 83 (20 de outubro de 1941); Bähr e Bähr (eds.), *Die Stimme des Menschen*, p. 115 (20 de outubro de 1941).

189 Kleindienst (ed.), *Sei tausendmal gegrüßt*, CD-ROM (19 de outubro de 1941).

190 Günther, *Hot Motors, Cold Feet*, p. 175. Brest-Litovsk na verdade é o nome antigo da cidade. Em junho de 1941 os alemães tomaram a cidade de Brest.

191 Kuhnert, *Will We See Tomorrow?*, pp. 106-107.

192 Günther, *Hot Motors, Cold Feet*, p. 175.

193 Bock, *War Diary*, p. 330 (11 de outubro de 1941).

194 James S. Corum, *Wolfram von Richthofen. Master of the German Air War* (Lawrence, 2008), p. 276.

195 Essa argumentação foi feita pelo XXXXVII Corpo Panzer de Lemelsen, contra a transferência da divisão de Feldt: "Kriegstagebuch Nr.2 XXXXVII.Pz.Korps. Ia 23.9.1941-31.12.1941" BA-MA RH 24-47/258, fol. 66 (24 de outubro de 1941).

196 Lange, *Tagebücher aus dem Zweiten Weltkrieg*, p. 78 (25 de outubro de 1941).

197 Pabst, *The Outermost Frontier*, pp. 29-30.

198 Degrelle, *Campaign in Russia*, p. 13.

199 "Pak" é um acrônimo para *Panzerabwehrkanone* ou arma antitanque.

200 Bidermann, *In Deadly Combat*, p. 57.

201 Ibid., pp. 58-59.

202 Humburg, *Das Gesicht des Krieges*, p. 211 (18 de outubro de 1941).

Capítulo 7: Enfrentando a tempestade

1 Para uma tradução do decreto de evacuação de Stálin, ver Hill, *The Great Patriotic War of the Soviet Union, 1941-1945*, pp. 70-71, Documento 50.

2 Glantz, *Barbarossa*, p. 154.

3 Na verdade, somente duas vezes durante a guerra, em outubro de 1941 e agosto de 1942, Stálin fez qualquer tentativa de visitar posições em linhas de frente. Ver Dmitrij A. Volkogonov, "Stalin as Supreme Commander", inWegner (ed.), *From Peace to War*, pp. 476-477.

4 Porter e Jones, *Moscow in World War II*, p. 119.

5 Como citado em Mikhail M. Gorinov, "'Muscovites' Moods, 22 June 1941 to May 1942", in Robert Thurston e Bernd Bonwetsch (eds.), *The People's War. Responses to World War II in the Soviet Union* (Chicago, 2000), pp. 124-125.

6 Ibid., p. 124.
7 Werth, *Russia at War 1941-1945*, p. 233.
8 Ibid.
9 Como citado em Braithwaite, *Moscow 1941*, p. 202.
10 Werth, *Russia at War 1941-1945*, p. 233.
11 Ibid., p. 234.
12 Como citado em Porter e Jones, *Moscow in World War II*, p. 114.
13 Como citado em Michael Jones, *The Retreat*, p. 62.
14 Braithwaite, *Moscow 1941*, p. 221.
15 Ibid., p. 223.
16 Barber e Harrison, *The Soviet Home Front 1941-1945*, p. 66.
17 Braithwaite, *Moscow 1941*, pp. 225 e 228.
18 Ver Bellamy, *Absolute War*, p. 295.
19 Salisbury (ed.), *Marshal Zhukov's Greatest Battles*, p. 52.
20 Como John Erickson observou: "Frequentemente muito era jogado sobre a população: civis deveriam compor as milícias e ainda manter a produção; treinar em formações de reserva, tocar a administração e ainda cumprir uma série de obrigações paramilitares. As mulheres, as crianças e os idosos precisavam, fazendo esforços extremos, preencher as lacunas deixadas pelas falhas em planejamento e em previsão. Deste modo, a "resposta popular" se tornou uma das maiores prioridades do regime; sua contrapartida era uma relação direta, e muitas vezes dramática, entre o povo e "as autoridades", quando estas não conseguiam fazer seu trabalho. O pânico de Moscou foi um grande exemplo disso; o contrato de obediência foi quebrado quando "as autoridades" não conseguiram prover [um] mínimo de garantia de segurança" (Erickson, *The Road to Stalingrad*, p. 231).
21 Roger R. Reese, *Why Stalin's Soldiers Fought*, pp. 115-118.
22 Geoffrey Roberts, *Stalin's Wars. From World War to Cold War, 1939-1953* (New Haven, 2006), p. 108.
23 Gorinov, "'Muscovites' Moods, 22 June 1941 to May 1942", p. 125.
24 Para um exemplo do último, ver Nagorski, *The Greatest Battle*, cap. 7, "Panic in Moscow".
25 Braithwaite, *Moscow 1941*, p. 229.
26 Como citado em Porter e Jones, *Moscow in World War II*, p. 117.
27 Bellamy, *Absolute War*, p. 290.
28 Braithwaite, *Moscow 1941*, p. 229.
29 Nagorski, *The Greatest Battle*, pp. 175-176.
30 Como citado em Merridale, *Ivan's War*, pp. 127-128.
31 Para uma tradução do decreto de Stálin, ver Hill, *The Great Patriotic War of the Soviet Union, 1941-45*, p. 71, Documento 51.
32 Para um relato da reunião na qual o decreto de "estado de sírio" foi decidido, ver Bialer (ed.), *Stalin and His Generals*, pp. 304-305.
33 Bellamy, *Absolute War*, pp. 294-295.
34 Nagorski, *The Greatest Battle*, pp. 119-121.

NOTAS

35 Alexander Statiev, "Blocking Units in the Red Army", *Journal of Military History* 76, 2 (Abril de 2012) p. 484.

36 Anfilov, "Jukov", p. 353.

37 Gilbert, *The Second World War*, p. 246.

38 Salisbury (ed.), *Marshal Zhukov's Greatest Battles*, p. 60.

39 Erickson, *The Road to Stalingrad*, pp. 218-219.

40 Braithwaite, *Moscow 1941*, p. 205.

41 Nagorski, *The Greatest Battle*, p. 186.

42 Werth, *Russia at War 1941-1945*, p. 234.

43 Um "ouriço" era um obstáculo antitanque estático normalmente feito de grossas barras de ferro.

44 Porter e Jones, *Moscow in World War II*, p. 107.

45 Como citado em Nagorski, *The Greatest Battle*, p. 186.

46 Para uma excelente perspectiva sobre os problemas dos combates em meio urbano na Operação Barbarossa, ver Adrian Wettstein, "Operation 'Barbarossa' und Stadtkampf", *Militärgeschichtliche Zeitschrift 66* (2007) pp. 21-44; Adrian Wettstein, "Urban Warfare Doctrine on the Eastern Front", in Kay, Rutherford e Stahel (eds.), *Nazi Policy on the Eastern Front*, 1941, pp. 45-72.

47 Nagorski, *The Greatest Battle*, pp. 195 e 207.

48 Bellamy, *Absolute War*, p. 286.

49 Erickson, *The Road to Stalingrad*, p. 227; Gilbert, *The Second World War*, p. 245.

50 Braithwaite, *Moscow 1941*, p. 217.

51 Nagorski, *The Greatest Battle*, pp. 196-197.

52 Algumas dessas transferências eram da pequena população étnica alemã de Moscou. Até o dia 20 de setembro de 1941, cerca de 1.142 alemães étnicos haviam sido presos e outros 8.449 transferidos. Somente 1.620 tiveram permissão para permanecer na capital. Ver Bellamy, *Absolute War*, p. 286.

53 Nagorski, *The Greatest Battle*, p. 168; Broekmeyer, *Stalin, the Russians, and Their War 1941-1945*, p. 60. Mark Harrison havia sugerido que até 1,4 milhão de pessoas foram evacuadas de Moscou durante o outono de 1941. Ver Mark Harrison, *Soviet Planning in Peace and War 1938-1945* (Cambridge, 2002), p. 69.

54 Roger R. Reese, *Why Stalin's Soldiers Fought*, p. 118.

55 Formações de destruição eram organizações paramilitares operadas pelo NKVD a partir do verão de 1941 e tipicamente usadas para organizar resistência aos alemães nas cidades, povoados e áreas ocupadas. Elas não devem ser confundidas com formações "destroyer" formadas inicialmente em abril de 1942. Agradecimentos a David Glantz por sua ajuda nesta questão.

56 Braithwaite, *Moscow 1941*, p. 205.

57 Salisbury (ed.), *Marshal Zhukov's Greatest Battles*, p. 59.

58 Ibid., pp. 59-60.

59 Para resultados contrastantes de duas das divisões *opolchenie* de Moscou, ver Roger R. Reese, *Why Stalin's Soldiers Fought*, p. 240.

60 Joachim Hoffmann, "The Conduct of the War Through Soviet Eyes", in Militär-geschichtliches Forschungsamt (ed.), *Germany and the Second World War. Volume IV*, pp. 890-891.

61 Até o fim da batalha por Moscou mais de 100 divisões soviéticas haviam sido trans-feridas para a frente central, incluindo nove do Extremo Oriente: Roberts, *Stalin's Wars*, p. 108.

62 Hoffmann, "The Conduct of the War Through Soviet Eyes", p. 893. Para um con-junto díspar (mais alto) de números, ver Forczyk, *Moscow 1941*, p. 67.

63 Glantz, *Barbarossa*, p. 155.

64 Salisbury (ed.), *Marshal Zhukov's Greatest Battles*, p. 55.

65 Roger R. Reese, *Why Stalin's Soldiers Fought*, p. 117.

66 Ver Ronald Smelser e Edward J. Davies II, *The Myth of the Eastern Front. The Na-zi-Soviet War in American Popular Culture* (Cambridge, 2008), cap. 4-6.

67 Bellamy, *Absolute War*, p. 476.

68 Para uma introdução aos sistemas em operação que transformavam "uma horda de atiradores" em "uma máquina superior de combate", ver John Erickson, "Red Army Battlefield Performance, 1941-1945: The System and the Soldier", in Addison e Calder (eds.), *A Time to Kill*, pp. 237-248.

69 Roger R. Reese, *Why Stalin's Soldiers Fought*, cap.6, "Mobilizing the Nonvolun-teers".

70 Gennadi Bordiugov, "The Popular Mood in the Unoccupied Soviet Union: Con-tinuity and Change During the War", in Thurston e Bonwetsch (eds.), *The Peo-ple's War*, p. 58; Roger R. Reese, *Why Stalin's Soldiers Fought*, p. 184.

71 Como citado em Alan Clark, *Barbarossa. The Russian-German Conflict 1941-1945* (Lon-dres, 1996), p. 162.

72 Esse era o título internacional em inglês; o russo era *Razgrom nemetskikh voisk pod Moskvoi* ("A derrota das forças alemãs perto de Moscou").

73 Barber e Harrison, *The Soviet Home Front 1941-1945*, pp. 106-107. Para mais sobre os muitos aspectos culturais da União Soviética durante a guerra, ver Richard Stites (ed.), *Culture and Entertainment in Wartime Russia* (Bloomington e Indianápolis, 1995).

74 Werth, *Russia at War 1941-1945*, pp. 273-274.

75 G. F. Krivosheev (ed.), *Soviet Casualties and Combat Losses in the Twentieth Century* (Londres, 1997), p. 93.

76 Simonov originalmente o escreveu para a esposa, mas a verdadeira força do poe-ma era seu apelo genérico: Porter e Jones, *Moscow in World War II*, p. 110. Tam-bém houve um filme de época de guerra baseado no poema: Peter Kenez, "Black and White: The War on Film", in Stites (ed.), *Culture and Entertainment in Warti-me Russia*, p. 169.

77 Werth, *Russia at War 1941-1945*, pp. 272-273.

78 Muller, *The German Air War in Russia*, p. 51.

79 Walter Warlimont, *Im Hauptquartier der deutschen Wehrmacht 1939 bis 1945. Band 1: September 1939-November 1942* (Koblenz, 1990), pp. 198-199, n. 74 (Tradução para o

inglês: Walter Warlimont, *Inside Hitler's Headquarters, 1939-1945* [Nova York, 1964]). Ver também *KTB OKW*, Volume II, pp. 1021-1022, Documento 69 (8 de julho de 1941) e Documento 71 (14 de julho de 1941); Halder, *KTB III*, p. 73 (13 de julho de 1941).

80 Boog, "The Luftwaffe", pp. 809-810.

81 Braithwaite, *Moscow 1941*, p. 176.

82 Nagorski, *The Greatest Battle*, p. 188.

83 Kesselring, *The Memoirs of Field-Marshal Kesselring*, p. 89.

84 Braithwaite, *Moscow 1941*, p. 186.

85 Rudel, *Stuka Pilot*, p. 45.

86 Murray, *The Luftwaffe 1933-45*, pp. 88-89 e 95.

87 Braithwaite, *Moscow 1941*, pp. 169 e 186.

88 Bergström, *Barbarossa*, p. 51.

89 Nagorski, *The Greatest Battle*, p. 189.

90 Cassidy, *Moscow Dateline, 1941-1943*, p. 71.

91 Kesselring, *The Memoirs of Field-Marshal Kesselring*, p. 94.

92 Para números dos que foram entregues, ver Hill, *The Great Patriotic War of the Soviet Union, 1941-1945*, p. 171, Documento 118.

93 Axell, *Russia's Heroes 1941-1945*, pp. 125-126.

94 Para uma percepção útil sobre as preparações soviéticas a fim de lidar com uma campanha alemã de bombardeio contra Moscou, ver Bellamy, *Absolute War*, pp. 280-282.

95 Nagorski, *The Greatest Battle*, pp. 187-188.

96 Gorinov, "'Muscovites' Moods, 22 June 1941 to May 1942", p. 114.

97 Nagorski, *The Greatest Battle*, p. 182.

98 Porter e Jones, *Moscow in World War II*, pp. 93-94.

99 Ibid., p. 91.

100 Irving, *The Rise and Fall of the Luftwaffe*, p. 131.

101 Klaus Reinhardt, *Moscow*, p. 144.

102 Como citado em Gilbert, *The Second World War*, p. 245.

103 Corum, *Wolfram von Richthofen*, p. 275.

104 Kurt Braatz, *Werner Mölders. Die Biographie* (Moosburg, 2008), p. 338. A correspondência particular de Mölders revela que em outubro ele também estava muito preocupado quanto à capacidade da *Luftwaffe* em se manter no leste, e ele temia particularmente a pressão sobre a ala de combate. Ver Klaus Schmider, "German Military Tradition and the Expert Opinion on Werner Mölders: Opening a Dialogue Among Scholars", *Global War Studies* 7, 1 (2010), p. 27.

105 Braatz, *Werner Mölders*, p. 338.

106 Bergström, *Barbarossa*, p. 53.

107 Como citado em Axell, *Russia's Heroes 1941-1945*, pp. 60-62 e 70; Axell, *Stalin's War*, pp. 151-152. Para literatura mais específica sobre mulheres na força aérea soviética na Segunda Guerra Mundial, ver Reina Pennington, *Wings, Women, and War. Soviet Airwomen in World War II Combat* (Lawrence, 2001); Kazimiera J. Cottam,

Women in Air War. The Eastern Front of World War II (Newburyport, 1998); Anne Noggle, *A Dance with Death. Soviet Airwomen in World War II* (College Station, TX, 1994). Para visões mais gerais sobre mulheres soviéticas combatendo na Segunda Guerra Mundial, ver Anna Krylova, *Soviet Women in Combat. A History of Violence on the Eastern Front* (Cambridge, 2010); Reina Pennington, "Women", in Stone (ed.) *The Soviet Union at War 1941-1945*, pp. 93-120; Reina Pennington, "Offensive Women: Women in Combat in the Red Army in the Second World War", *Journal of Military History* 74, 3 (julho de 2010), pp. 775-820; Roger R. Reese, *Why Stalin's Soldiers Fought*, Part V, "Russia's Female Soldiers".

108 Dunn, *Stalin's Keys to Victory*, p. 39.

109 Harrison, *Soviet Planning in Peace and War 1938-1945*, p. 251.

110 Alexander Hill, "British Lend-Lease Tanks and the Battle for Moscow, November-December 1941: Revisited", *Journal of Slavic Military Studies* 22, 4 (Novembro de 2009) p. 582.

111 Below, *Als Hitlers Adjutant 1937-1945*, p. 294.

112 Hermann Hoss narrou as táticas improvisadas de sua unidade para lidar com os T-34s: "Para combater os T-34s, um Flak de 8.8 centímetros e um canhão de 10 centímetros nos acompanharam em táticas que havíamos desenvolvido. Essas eram as únicas armas capazes de efetivamente combater a espessa blindagem dos T-34s. Sempre que os encontrávamos, os tanques paravam e recuavam um pouco. Os T-34s russos imediatamente perseguiam, sendo depois derrubados pelo Flak de 8.8 centimetros e o canhão de 10 centímetros que se posicionaram durante esse tempo. Mas o 8.8 levou dez minutos para se armar; o de 10 centímetros ainda mais. No entanto, os T-34s se empolgavam tanto para brigar, que eles sempre caíam no truque e sofriam perdas" (Schäufler (ed.), *Knight's Cross Panzers*, p. 147).

113 Como citado em Steiger, *Armour Tactics in the Second World War*, p. 82.

114 Como citado em Schröder, "'German Soldiers' Experiences During the Initial Phase of the Russian Campaign'", p. 315.

115 Kesselring, *The Memoirs of Field-Marshal Kesselring*, p. 97.

116 Como citado em Clark, *Barbarossa*, p. 164.

117 Mesmo antes do advento do poderio soviético, o Exército Russo havia tradicionalmente combatido com uma proporção maior de artilharia para infantaria do que acontecia em outros exércitos europeus: Lieven, *Russia Against Napoleon*, p. 250.

118 Dunn, *Stalin's Keys to Victory*, p. 32.

119 Alexander e Kunze (eds.), *Eastern Inferno*, p. 115 (30 de setembro de 1941).

120 Carruthers (ed.), *The Wehrmacht*, p. 49.

121 Braithwaite, *Moscow 1941*, p. 214.

122 Bidermann, *In Deadly Combat*, p. 54.

123 Para estudos que tratam das proezas de combate da Wehrmacht na Segunda Guerra Mundial, ver Kevin W. Farrell, "'Culture of Confidence': The Tactical Excellence of the German Army of the Second World War", in Christopher Kolenda (ed.), *Leadership. The Warrior's Art* (Carlisle, PA, 2001), pp. 177-203; John F. Antal, "The Wehrmacht Approach to Maneuver Warfare Command and Control", in Richard

D. Hooker Jr. (ed.), *Maneuver Warfare. An Anthology* (Novato, 1993), pp. 347-359; Martin van Creveld, *Fighting Power. German and US Army Performance, 1939-1945* (Westport, 1982). Para uma interessante avaliação da complexa interação entre representar o Exército Alemão como uma força de combate sem deixar de lado seu papel criminoso, ver Kevin W. Farrell, "Recent Approaches to the German Army of World War II: Is the Topic More Accessible After 65 Years?",*Global War Studies* 7, 2 (2010), pp. 131-156.

124 Walter Neuser, MPT, 3.2002.0947 (15 de outubro de 1941). Para os muitos usos de minas soviéticas, ver Meier-Welcker, *Aufzeichnungen eines Generalstabsoffiziers 1939-1942*, p. 133 (11 de outubro de 1941).

125 Walter Neuser, MPT, 3.2002.0947 (15 de outubro de 1941).

126 Bidermann, *In Deadly Combat*, p. 62.

127 Um SS *Brigadeführer* tinha a patente equivalente à de um major-general de exército.

128 Pichler, *Truppenarzt und Zeitzeuge*, p. 106 (14 de outubro de 1941).

129 Walter Kempowski (ed.), *Das Echolot Barbarossa '41. Ein kollektives Tagebuch* (Munique, 2004), p. 152 (29 de junho de 1941); Manstein, *Lost Victories*, pp. 180-181; Manstein, *Verlorene Siege*, pp. 178-179.

130 Como citado em Omer Bartov, *Hitler's Army. Soldiers, Nazis, and War in the Third Reich* (Oxford, 1992), p. 93.

131 *True to Type*, p. 107 (dia e mês não registrados, 1941).

132 Hannes Heer, "How Amorality Became Normality: Reflections on the Mentality of German Soldiers on the Eastern Front", in Hannes Heer e Klaus Naumann (eds.), *War of Extermination. The German Military in World War II 1941-1944* (Nova York e Oxford, 2006), pp. 329-344.

133 Alexander e Kunze (eds.), *Eastern Inferno*, p. 113 (29 de setembro de 1941).

134 Para o melhor trabalho sobre o planejamento para a guerra de aniquilação e a exploração econômica da União Soviética, ver Alex J. Kay, *Exploitation, Resettlement, Mass Murder. Political and Economic Planning for German Occupation Policy in the Soviet Union, 1940-1941* (Oxford, 2006). Para os resultados de tais políticas nas áreas ocupadas, ver Jörn Hasenclever, *Wehrmacht und Besatzungspolitik. Die Befehlshaber der rückwärtigen Heeresgebiete 1941-1943* (Paderborn, 2010); Theo Schulte, *The German Army and Nazi Policies in Occupied Russia* (Oxford, 1989); Dieter Pohl, *Die Herrschaft der Wehrmacht. Deutsche Militärbesatzung und einheimische Bevölkerung in der Sowjetunion 1941-1944* (Munique, 2008); Alexander Dallin, *German Rule in Russia 1941-1945. A Study of Occupation Policies* (Londres, 1957); Omer Bartov, *The Eastern Front, 1941-1945. German Troops and the Barbarisation of Warfare* (Londres, 1985); Bernhard Chiari, *Alltag hinter der Front. Besatzung, Kollaboration und Widerstand in Weißrußland 1941-1944* (Düsseldorf, 1998); Gerlach, *Kalkulierte Morde; Wendy Lower, Nazi Empire-Building and the Holocaust in Ukraine* (Chapel Hill, 2005); RayBrandon e Wendy Lower (eds.), *The Shoah in Ukraine. History, Testimony, Memorialization* (Bloomington, 2008); Karel C. Berkhoff, *Harvest of Despair. Life and Death in Ukraine Under Nazi Rule* (Cambridge, MA, 2004); Antonio Munoz e Oleg V. Romanko,

Hitler's White Russians. Collaboration, Extermination and Anti-Partisan Warfare in Byelorussia 1941-1944. A Study of White Russian Collaboration and German Occupation Policies (Nova York, 2003); Geoffrey P. Megargee, *War of Annihilation. Combat and Genocide on the Eastern Front 1941* (Lanham, 2006).

135 Como citado em Goldensohn, *Nuremberg Interviews*, p. 344 (26 de junho de 1946).

136 Reddemann (ed.), *Zwischen Front und Heimat*, p. 288 (20 de agosto de 1941).

137 Trevor-Roper (ed.), *Hitler's Table Talk, 1941-1944*, p. 71 (17-18 de outubro de 1941).

138 Ibid., pp. 68-69 (17 de outubro de 1941).

139 Para os melhores trabalhos sobre as ordens criminais, ver Felix Römer, "The Wehrmacht in the War of Ideologies: The Army and Hitler's Criminal Orders on the Eastern Front", in Kay, Rutherford e Stahel (eds.), *Nazi Policy on the Eastern Front, 1941*, pp. 73-100; Felix Römer, "'Kein Problem für die Truppe'", *Die Zeit Geschichte – Hitlers Krieg im Osten2* (2011), pp. 42-45; Felix Römer, *Der Kommissarbefehl. Wehrmacht und NS-Verbrechen an der Ostfront 1941/42* (Paderborn, 2008). O texto integral das ordens está reproduzido em Erhard Moritz (ed.), *Fall Barbarossa. Dokumente zur Vorbereitung der faschistischen Wehrmacht auf die Aggression gegen die Sowjetunion (1940/41)* (Berlim, 1970), Documentos 97 e 100, pp. 316-318 e 321-323; Gerd R. Ueberschär e Wolfram Wette (eds.), *"Unternehmen Barbarossa"*, pp. 313-314.

140 Como citado em Jürgen Förster, "Operation Barbarossa as a War of Conquest and Annihilation", in Militärgeschichtliches Forschungsamt (ed.), *Germany and the Second World War. Volume IV*, p. 485. Ver também Jürgen Förster, "The German Army and the Ideological War Against the Soviet Union", in Gerhard Hirschfeld (ed.), *The Policies of Genocide. Jews and Soviet Prisoners of War in Nazi Germany* (Londres, 1986), pp. 15-29.

141 *True to Type*, p. 11 (27 de junho de 1941).

142 Para um bom estudo mostrando soldados que se recusaram a seguir preceitos nazistas, ver Wolfram Wette, *Retter in Uniform. Handlungsspielräume im Vernichtungskreig der Wehrmacht* (Frankfurt am Main, 2003).

143 Bähr e Bähr (eds.), *Kriegsbriefe Gefallener Studenten, 1939-1945*, p. 179 (18 de outubro de 1941).

144 Humburg, *Das Gesicht des Krieges*, p. 219 (12 de outubro de 1941).

145 Wolfram Wette, *The Wehrmacht. History, Myth, Reality* (Cambridge, 2006), cap.1, "Perception of Russia, the Soviet Union, and Bolshevism as Enemies".

146 Jürgen Förster, "Motivation and Indoctrination in the Wehrmacht, 1933-1945", in Addison e Calder (eds.), *A Time to Kill*, pp. 263-273.

147 Kleindienst (ed.), *Sei tausendmal gegrüßt*, CD-ROM (8 de outubro de 1941).

148 Para uma lista detalhada de suprimentos, ver Gilbert, *The Second World War*, p. 240.

149 Como citado em Robert Huhn Jones, *The Roads to Russia. United States Lend-Lease to the Soviet Union* (Norman, 1969), p. 62.

150 Ministério das Relações Exteriores da URSS (ed.), *Stalin's Correspondence with Churchill, Attlee, Roosevelt and Truman 1941-1945* (Nova York, 1958), p. 29, Documento 16 (3 de outubro de 1941).

151 Ibid., p. 30, Documento 17 (6 de outubro de 1941).

152 Richard Woodman, *Arctic Convoys 1941-1945* (Barnsley, 2007), p. 39.

153 "PQ" não tinham nenhum significado especial; eram simplesmente as iniciais de um oficial na Divisão de Operações do Almirantado, comandante P. Q. Roberts (Paul Kemp, *Convoy! Drama in Arctic Waters* (Londres, 1993), p. 23).

154 Woodman, *Arctic Convoys 1941-1945*, p. 42.

155 Conhecidos também como Bren Gun Carriers, esses eram veículos blindados sobre lagartas usados para transportar soldados e rebocar armas de apoio. Eles traziam uma metralhadora acoplada.

156 Ministério das Relações Exteriores da URSS (ed.), *Stalin's Correspondence*, p. 30, Documento 17 (6 de outubro de 1941).

157 Gorodetsky (ed.), *Stafford Cripps in Moscow 1940-1942*, p. 176 (2 de outubro de 1941).

158 Kemp, *Convoy!*, pp. 23-24.

159 Hill, "British Lend-Lease Tanks and the Battle for Moscow, November-December 1941 – Revisited", pp. 581-583 e 587. Ver também Alexander Hill, "British 'Lend-Lease' Tanks and the Battle for Moscow, November-December 1941: A Research Note", *Journal of Slavic Military Studies* 19, 2 (junho de 2006), pp. 289-294. Somente alguns tanques americanos foram entregues à União Soviética em 1941: Hubert P. van Tuyll, *Feeding the Bear. American Aid to the Soviet Union, 1941-1945* (Westport, 1989), pp. 53 e 167, Tabela 22.

160 Hill, *The Great Patriotic War of the Soviet Union, 1941-1945*, pp. 172-173, Documento 118 e Tabela 8.2.

161 Bergström, *Barbarossa*, pp. 79-80; John Erickson e Ljubica Erickson, *Hitler Versus Stalin. The Second World War on the Eastern Front in Photographs* (Londres, 2004), p. 54.

162 George Mellinger, *Soviet Lend-Lease Fighter Aces of World War 2* (Oxford, 2006), pp. 9-12.

163 Ibid., pp. 23-27.

164 Ministério das Relações Exteriores da URSS (ed.), *Stalin's Correspondence*, p. 31, Documento 18 (12 de outubro de 1941).

165 Gorodetsky (ed.), *Stafford Cripps in Moscow 1940-1942*, p. 191 (26 de outubro de 1941).

166 Ivan Maisky, *Memoirs of a Soviet Ambassador. The War 1939-1943* (Londres, 1967), p. 199.

167 David Carlton, *Churchill and the Soviet Union* (Nova York, 2000), pp. 87-88.

168 Ministério das Relações Exteriores da URSS (ed.), *Stalin's Correspondence*, p. 31. Documento 18 (12 de outubro de 1941).

169 Gorodetsky (ed.), Stafford *Cripps in Moscow 1940-1942*, p. 192 (26 de outubro de 1941).

170 Ibid., p. 193 (28 de outubro de 1941). Ver também Churchill, *The Second World War*, p. 468.

171 Como citado em Carlton, *Churchill and the Soviet Union*, p. 89.

172 Como Churchill explicou ao general Claude Auchinleck: "É impossível explicar ao Parlamento e à nação como nossos exércitos do Oriente Médio tiveram de

aguentar por quatro meses e meio sem enfrentar o inimigo enquanto o tempo todo a Rússia estava sendo arrebentada" (Martin Kitchen, *A World in Flames. A Short History of the Second World War in Europe and Asia 1939-1945* (Londres, 1990), p. 94).

173 Martin Kitchen, *British Policy Towards the Soviet Union During the Second World War* (Londres, 1986), p. 83.

174 Ian Kershaw, *Fateful Choices. Ten Decisions that Changed the World*, 1940-1941 (Nova York, 2007), p. 326.

175 "Kriegstagebuch Nr.1 (Band Oktober 1941) des Oberkommandos der Heeresgruppe Mitte" BA-MA RH 19-II/411, fols. 591-592 (10 de outubro de 1941).

Capítulo 8: De tanque vazio

1   Gareis, *Kampf und Ende der Fränkisch-Sudetendeutschen 98. Infanterie-Division*, p. 147.

2   Piekalkiewicz, *Moscow 1941*, p. 159.

3   Bock, *War Diary*, p. 338 (21 de outubro de 1941).

4   "Kriegstagebuch Nr.1 (Band Oktober 1941) des Oberkommandos der Heeresgruppe Mitte" BA-MA RH 19-II/411, fol. 661 (22 de outubro de 1941).

5   Blumentritt, "Moscow", pp. 55-56.

6   Fröhlich (ed.), *Die Tagebücher von Joseph Goebbels Teil II Band 2*, p. 152 (21 de outubro de 1941).

7   "Kriegstagebuch Nr.1 (Band Oktober 1941) des Oberkommandos der Heeresgruppe Mitte" BA-MA RH 19-II/411, fol. 658 (21 de outubro de 1941).

8   Bock, *War Diary*, pp. 337-338 (21 de outubro de 1941).

9   Ibid., p. 338 (22 de outubro de 1941).

10 Como citado em Bücheler, *Hoepner*, p. 153.

11 "Kriegstagebuch Nr.3. des XXXXVI.Pz.Korps vom 24.08.41-31.12.41" BA-MA RH 24-46/21, fols. 90-91 (19 de outubro de 1941).

12 Ibid., fol. 93 (21 de outubro de 1941).

13 Bock, *War Diary*, p. 340 (24 de outubro de 1941).

14 No dia 20 de outubro, Scheller substituiu o supracitado major-general Hans-Karl Freiherr von Esebeck.

15 "Kriegstagebuch Nr.3. des XXXXVI.Pz.Korps vom 24.08.41-31.12.41" BA-MA RH 24-46/21, fol. 94 (22 de outubro de 1941).

16 "2. Panzer Division KTB Nr.6 Teil I. Vom 15.6.41-3.4.42" BA-MA RH 27-2/21 (25 de outubro de 1941).

17 "Kriegstagebuch Nr.3. des XXXXVI.Pz.Korps vom 24.08.41-31.12.41" BA-MA RH 24-46/21, fol. 99 (26 de outubro de 1941).

18 "Anlage zum KTB Pz.Gruppe 4 Meldungen von unten 15.10.41-15.11.41" BA-MA RH 21-4/39, fol. 234 (24 de outubro de 1941).

NOTAS

19 "5. Panzer Division KTB Nur.8 vom 11.9.41-11.12.41" BA-MA RH 27-5/29, fol. 51 (19 de outubro de 1941).

20 "Kriegstagebuch Nr.3. des XXXXVI.Pz.Korps vom 24.08.41-31.12.41" BA-MA RH 24-46/21, fol. 99 (26 de outubro de 1941).

21 Forczyk, *Moscow 1941*, p. 57.

22 "Kriegstagebuch Nr.3. der Führungsabteilung (Ia) des Gen. Kdo. (mot.) XXXX. Pz.Korps vom 31.05.1941-26.12.1941" BA-MA RH 24-40/18 (19 de outubro de 1941).

23 Heysing, *Sturm bis vor Moskaus Tore*, p. 11. Ver também Piekalkiewicz, *Moscow 1941*, pp. 146-147.

24 "Kriegstagebuch Nr.3. der Führungsabteilung (Ia) des Gen. Kdo. (mot.) XXXX. Pz.Korps vom 31.05.1941-26.12.1941" BA-MA RH 24-40/18 (23 de outubro de 1941).

25 Como citado em Michael Jones, *The Retreat*, p. 67.

26 Como citado em Carell, *Hitler's War on Russia*, p. 151.

27 Forczyk, *Moscow 1941*, p. 57.

28 "20.Pz.Div. KTB vom 15.8.41 bis 20.10.41 Band Ia." BA-MA RH 27-20/25, fol. 133 (16 de outubro de 1941); Glantz, *Atlas of the Battle of Moscow*, p. 42 (24 de outubro de 1941).

29 "20.Pz.Div. KTB vom 21.10.41 bis 30.12.41 Band Ia2." BA-MA RH 27-20/26, fol. 7 (23 de outubro de 1941).

30 "Gen.Kdo.LVII.Pz.Korps KTB Nr.1 vom 15.2.41-31.10.41" BA-MA RH 24-57-2, fol. 295 (21 de outubro de 1941).

31 Bock, *War Diary*, p. 340 (25 de outubro de 1941).

32 "Kriegstagebuch Nr.1 (Band Oktober 1941) des Oberkommandos der Heeresgruppe Mitte" BA-MA RH 19-II/411, fol. 686 (25 de outubro de 1941).

33 Ibid., fol. 690 (26 de outubro de 1941).

34 Bock, *War Diary*, p. 341 (26 de outubro de 1941).

35 "Kriegstagebuch Nr.1 (Band Oktober 1941) des Oberkommandos der Heeresgruppe Mitte" BA-MA RH 19-II/411, fols. 692-693 (26 de outubro de 1941).

36 Albert Seaton, *The Battle for Moscow* (Nova York, 1971), pp. 108-109.

37 Gareis, *Kampf und Ende der Fränkisch-Sudetendeutschen 98. Infanterie-Division*, pp. 153-154 e 157.

38 Wagner (ed.), *Der Generalquartiermeister*, p. 211 (24 de outubro de 1941).

39 Martin van Creveld, *Supplying War. Logistics from Wallenstein to Patton* (Cambridge, 1984), p. 171.

40 Klaus Schüler, "The Eastern Campaign as a Transportation and Supply Problem", in Wegner (ed.), *From Peace to War*, pp. 214-216 nn. 9 e 10; Wagener, *Moskau 1941*, p. 79.

41 "Kriegstagebuch der Abt. Ib 15.Inf. Div. für die Zeit von 25.6.41-3.5.42" BA-MA RH 26-15/54 (24-25 de outubro de 1941). O diário não tem páginas numeradas, então as referências devem ser localizadas pela data.

42 Gareis, *Kampf und Ende der Fränkisch-Sudetendeutschen 98. Infanteric-Division*, p. 150.

43 Lucas, *War of the Eastern Front 1941-1945*, pp. 107-108.

44 Heysing, *Sturm bis vor Moskaus Tore*, p. 10. O popular livro de Catherine Merrida-le, *Ivan's War*, traz algumas citações quase idênticas, inclusive esta, supostamen-te escrita em cartas por Hoepner e posteriormente capturada pelos russos em de-zembro de 1941. Contudo, suas citações são quase que certamente tiradas do *Sturm bis vor Moskaus Tore* de Heysing e não atribuíveis a Hoepner. Ver Merridale, *Ivan's War*, pp. 117-118.

45 Fröhlich (ed.), *Die Tagebücher von Joseph Goebbels Teil II Band 2*, p. 178 (26 de outu-bro de 1941).

46 "Anlage zum KTB Panzer Gruppe 4: 15.10.41-10.11.41" BA-MA RH 21-4/35, fol. 176 (20 de outubro de 1941).

47 Gerhard Kunde, MPT, 3.2002.1941 (19 de outubro de 1941).

48 Carruthers (ed.), *The Wehrmacht*, p. 40.

49 Klaus K., MPT, 3.2002.0817 (17 de outubro de 1941).

50 Bidermann, *In Deadly Combat*, p. 46.

51 Klink, "The Military Concept of the War Against the Soviet Union", p. 318.

52 Klaus Reinhardt, *Moscow*, p. 148; Richard Overy, Why the Allies Won (Nova York, 1996), pp. 215-216.

53 "Anlage zum KTB Panzer Gruppe 4: 15.10.41-10.11.41" BA-MA RH 21-4/35, fol. 172 (20 de outubro de 1941).

54 Ver minha discussão em Stahel, *Kiev 1941*, p. 325.

55 "Anlage zum KTB Panzer Gruppe 4: 15.10.41-10.11.41" BA-MA RH 21-4/35, fol. 172 (20 de outubro de 1941). Os números citados para a 11ª Divisão *Panzer* equivalem a um total de 199 tanques, muito mais do que a estimativa relatada em meu estu-do citado pela nota anterior (onde eu sugeri que a força da divisão estava entre 75 e 125 tanques no início da Tufão). Parece ter havido duas possibilidades que expli-cam a discrepância. Primeiro, embora não esteja registrado nos números dispo-níveis, a 11ª Divisão *Panzer* pode ter recebido um grande número dos novos tan-ques liberados por Hitler para a Operação Tufão. De fato, considerando que a divisão começou a guerra com somente 175 tanques, essa pareceria a resposta mais provável. Segundo, os números podem simplesmente ter sido mal calculados ou baseados em informações incorretas, algo nada improvável uma vez que quan-do os números para uma divisão *Panzer* podem ocasionalmente ter referências cruzadas de arquivos separados não é incomum encontrar totais discrepantes.

56 "20.Pz.Div. KTB vom 21.10.41 bis 30.12.41 Band Ia2." BA-MA RH 27-20/26, fol. 10 (25 de outubro de 1941).

57 Como citado em Piekalkiewicz, *Moscow 1941*, p. 140.

58 Landon e Leitner (eds.), *Diary of a German Soldier*, p. 116 (24 de outubro de 1941).

59 Reddemann (ed.), *Zwischen Front und Heimat*, p. 335 (27 de outubro de 1941).

60 "Anlagen zum Kriegstagebuch Tagesmeldungen Bd.I 1.9-31.10.41" BA-MA RH 21-3/70, fol. 246 (26 de outubro de 1941).

61 Como citado em Michael Jones, *The Retreat*, p. 71.

62 Raus, *Panzer Operations*, p. 88.

NOTAS

63 "Kriegstagebuch Nr.3 der 7.Panzer-Division Führungsabteilung 1.6.1941-9.5.1942" BA-MA RH 27-7/46, fol. 161 (28 de outubro de 1941).
64 Fuchs Richardson (ed.), *Sieg Heil!*, p. 147 (26 de outubro de 1941).
65 "3rd Pz. Gr. KTB Nr.2 1.9.41-31.10.41" BA-MA Microfilm 59060 (27 de outubro de 1941).
66 "Anlagen zum Kriegstagebuch Tagesmeldungen Bd.I 1.9-31.10.41" BA-MA RH 21-3/70, fol. 190 (20 de outubro de 1941).
67 "Kriegstagebuch Nr.7 des Kdos. Der 1.Panzer-Div. 20.9.41-12.4.42" BA-MA 27-1/58, fol. 34 (21 de outubro de 1941).
68 "3rd Pz. Gr. KTB Nr.2 1.9.41-31.10.41" BA-MA Microfilm 59060 (14 de outubro de 1941).
69 Ibid. (21 de outubro de 1941).
70 Ibid. (23 de outubro de 1941).
71 "Anlagenband zum KTB XXXXI A.K. Ia 3.Verteidigung von Kalinin 15.10.41-20.11.41" BA-MA RH 24-41/15 (22 de outubro de 1941); "Anlagen zum Kriegstagebuch Tagesmeldungen Bd.I 1.9-31.10.41" BA-MA RH 21-3/70, fol. 214 (22 de outubro de 1941).
72 "Anlagenband zum KTB XXXXI A.K. Ia 3.Verteidigung von Kalinin 15.10.41-20.11.41" BA-MA RH 24-41/15 (24 de outubro de 1941); "Anlagen zum Kriegstagebuch Tagesmeldungen Bd.I 1.9-31.10.41" BA-MA RH 21-3/70, fol. 232 (24 de outubro de 1941).
73 Röttiger, "XXXXI Panzer Corps During the Battle of Moscow in 1941", p. 30.
74 Pabst, *The Outermost Frontier*, p. 36.
75 Röttiger, "XXXXI Panzer Corps During the Battle of Moscow in 1941", p. 31.
76 "3rd Pz. Gr. KTB Nr.2 1.9.41-31.10.41" BA-MA Microfilm 59060 (24 de outubro de 1941).
77 "Kriegstagebuch Nr.1 (Band Oktober 1941) des Oberkommandos der Heeresgruppe Mitte" BA-MA RH 19-II/411, fol. 661 (22 de outubro de 1941).
78 Ibid., fol. 653 (21 de outubro de 1941).
79 Bock, *War Diary*, p. 339 (23 de outubro de 1941).
80 Ibid., p. 340 (24 de outubro de 1941).
81 "Kriegstagebuch Nr.1 (Band Oktober 1941) des Oberkommandos der Heeresgruppe Mitte" BA-MA RH 19-II/411, fol. 693 (26 de outubro de 1941).
82 Ibid., fol. 691 (26 de outubro de 1941).
83 Bock, *War Diary*, p. 341 (26 de outubro de 1941).
84 Ibid., pp. 341-342 (26 de outubro de 1941).
85 "3rd Pz. Gr. KTB Nr.2 1.9.41-31.10.41" BA-MA Microfilm 59060 (21 de outubro de 1941); "Anlagen zum Kriegstagebuch Tagesmeldungen Bd.I 1.9-31.10.41" BA-MA RH 21-3/70, fol. 205 (21 de outubro de 1941).
86 Fröhlich (ed.), *Die Tagebücher von Joseph Goebbels Teil II Band 2*, p. 178 (26 de outubro de 1941).
87 Hans Reinhardt, "Panzer-Gruppe 3 in der Schlacht von Moskau und ihre Erfahrungen im Rückzug", p. 1.

88 "3rd Pz. Gr. KTB Nr.2 1.9.41-31.10.41" BA-MA Microfilm 59060 (21 de outubro de 1941).

89 Boberach (ed.), *Meldungen aus dem Reich*, Band 8, p. 2902, Documento 231 (26 de outubro de 1941). Samara era o nome anterior de Kuibyshev, que os soviéticos renomearam em 1935.

90 Buchbender e Sterz (eds.), *Das andere Gesicht des Krieges*, p. 85 (25 de outubro de 1941).

91 Hürter, *Ein deutscher General an der Ostfront*, p. 96 (23 de outubro de 1941).

92 "KTB 3rd Pz. Div. vom 19.9.41 bis 6.2.42" BA-MA RH 27-3/15, p. 295 (23 de outubro de 1941).

93 Schäufler (ed.), *Knight's Cross Panzers*, pp. 146-147.

94 Bock, *War Diary*, p. 340 (25 de outubro de 1941).

95 Guderian, *Panzer Leader*, pp. 242-244.

96 Carell, *Hitler's War on Russia*, p. 153.

97 "Kriegstagebuch der O.Qu.-Abt. Pz. A.O.K.2 von 21.6.41 bis 31.3.42" BA-MA RH 21-2/819, fol. 158 (27 de outubro de 1941).

98 Bock, *War Diary*, p. 345 (29 de outubro de 1941).

99 Guderian, *Panzer Leader*, p. 244.

100 Ver os comentários condenatórios de Oskar Munzel, o comandante do 6º Regimento Panzer, em Oskar Munzel, *Panzer-Taktik. Raids gepanzerter Verbände im Ostfeldzug 1941/42* (Neckargemünd, 1959), p. 109.

101 "KTB 3rd Pz. Div. vom 19.9.41 bis 6.2.42" BA-MA RH 27-3/15, p. 313 (30 de outubro de 1941).

102 Carell, *Hitler's War on Russia*, p. 157.

103 Seaton, *The Battle for Moscow*, pp. 105-106.

104 Eremenko, *The Arduous Beginning*, pp. 259-260.

105 Forczyk, *Moscow 1941*, p. 59.

106 "Kriegstagebuch Nr.1 (Band Oktober 1941) des Oberkommandos der Heeresgruppe Mitte" BA-MA RH 19-II/411, fol. 666 (23 de outubro de 1941).

107 "Armeeoberkommando 2. I.a KTB Teil.2 19.9.41-16.12.41" BA-MA RH 20-2/207, p. 78 (24 de outubro de 1941).

108 Bock, *War Diary*, p. 338 (22 de outubro de 1941).

109 Ibid., p. 339 (24 de outubro de 1941).

110 Trevor-Roper (ed.), *Hitler's Table Talk, 1941-1944*, p. 82 (21-22 de outubro de 1941).

111 "Kriegstagebuch Nr.1 (Band Oktober 1941) des Oberkommandos der Heeresgruppe Mitte" BA-MA RH 19-II/411, fol. 679 (24 de outubro de 1941).

112 Bock, *War Diary*, p. 340 (25 de outubro de 1941).

113 "Kriegstagebuch Nr.1 (Band Oktober 1941) des Oberkommandos der Heeresgruppe Mitte" BA-MA RH 19-II/411, fol. 690 (26 de outubro de 1941).

114 Bock, *War Diary*, p. 341 (26 de outubro de 1941).

115 Ibid., pp. 342-343 (27 de outubro de 1941).

116 Ibid., p. 343 (27 de outubro de 1941).

NOTAS 397

117 Ibid., O diário de guerra do Grupo de Exércitos Centro deixa claro que houve discussões frequentes no dia 27 de outubro entre a unidade de Bock e o II Exército *Panzer*, indicando que Guderian sabia muito bem o que estava sendo ordenado, mas apoiava Bock em não seguir a ordem. Ver "Kriegstagebuch Nr.1 (Band Oktober 1941) des Oberkommandos der Heeresgruppe Mitte" BA-MA RH 19-II/411, fol. 699 (27 de outubro de 1941).

118 Bock, *War Diary*, p. 344 (28 de outubro de 1941).

119 Overmans, *Deutsche militärische Verluste im Zweiten Weltkrieg*, p. 278.

120 Halder, *KTB III*, p. 286 (10 de novembro de 1941).

121 Overmans, *Deutsche militärische Verluste im Zweiten Weltkrieg*, p. 279.

122 Görlitz, *Paulus and Stalingrad*, p. 140.

123 Ernst Kern, *War Diary 1941-1945*, p. 14.

124 Günther, *Hot Motors, Cold Feet*, p. 178.

125 Gareis, *Kampf und Ende der Fränkisch-Sudetendeutschen 98. Infanterie-Division*, p. 148.

126 Guido Knopp, *Der Verdammte Krieg. "Unternehmen Barbarossa"* (Munique, 1998), p. 187.

127 Bock, *War Diary*, p. 347 (30 de outubro de 1941).

128 Lange, *Tagebücher aus dem Zweiten Weltkrieg*, p. 64 (7 de outubro de 1941).

129 Kurt Miethke, MPT, 3.2002.0912 (24 de outubro de 1941).

130 Stader (ed.), *Ihr daheim und wir hier draußen*, p. 46 (29 de outubro de 1941).

131 Ochsenknecht, *"Als ob der Schnee alles zudeckte"*, p. 90.

132 Norman Davies, *No Simple Victory. World War II in Europe, 1939-1945* (Londres, 2006), p. 261.

133 Kuhnert, *Will We See Tomorrow?*, p. 112.

134 Paul Carell [Paul Karl Schmidt], *Unternehmen Barbarossa im Bild. Der Russlandkrieg fotografiert von Soldaten* (Frankfurt am Main, 1991), p. 322.

135 Haape com Henshaw, *Moscow Tram Stop*, pp. 195-196.

136 Ochsenknecht, *"Als ob der Schnee alles zudeckte"*, p. 90.

137 Rudolf Stützel, Feldpost. *Briefe und Aufzeichnungen eines 17-Jährigen 1940-1945* (Hamburgo, 2005), p. 60 (8 de agosto de 1941).

138 Sobre o programa Aktion T4, ver Evans, *The Third Reich at War*, pp. 524-530.

139 Blandford (ed.), *Under Hitler's Banner*, p. 89.

140 Kroener, "The Winter Crisis of 1941-1942", p. 1014.

141 Davies, *No Simple Victory*, p. 260.

142 Kroener, "The Winter Crisis of 1941-1942", p. 1014.

143 Humburg, *Das Gesicht des Krieges*, p. 158 (5 de outubro de 1941).

144 Lucas, *War of the Eastern Front 1941-1945*, p. 108.

145 Kroener, "The Winter Crisis of 1941-1942", pp. 1014-1015.

146 Ibid., p. 1012.

147 Como citado em Bartov, *Hitler's Army*, p. 18.

148 Bähr e Bähr (eds.), *Kriegsbriefe Gefallener Studenten, 1939-1945*, p. 83 (20 de outubro de 1941); Bähr e Bähr (eds.), *Die Stimme des Menschen*, p. 115 (20 de outubro de 1941).

149 Gareis, *Kampf und Ende der Fränkisch-Sudetendeutschen 98. Infanterie-Division*, p. 139.

150 Kuhnert, *Will We See Tomorrow?*, p. 106.
151 Ver descrições em Metelmann, *Through Hell for Hitler*, pp. 35-36; e Alexander e Kunze (eds.), *Eastern Inferno*, pp. 120 e 122 (27 de outubro de 1941).
152 Fuchs Richardson (ed.), *Sieg Heil!*, p. 147 (20 de outubro de 1941).
153 Landon e Leitner (eds.), *Diary of a German Soldier*, p. 105 (12 de setembro de 1941).
154 Pabst, *The Outermost Frontier*, p. 36.
155 Beevor e Vinogradova (eds.), *A Writer at War*, p. 38.
156 Günther, *Hot Motors, Cold Feet*, p. 184.
157 Wagener, *Moskau 1941*, p. 59.
158 Pabst, *The Outermost Frontier*, pp. 35.
159 Garden e Andrew (eds.), *The War Diaries of a Panzer Soldier*, p. 54 (15 de outubro de 1941).
160 Pabst, *The Outermost Frontier*, p. 37.
161 Meus agradecimentos ao Dr. Vincent S. Smith, cibertaxonomista no Museu de História Natural em Londres.
162 Haape com Henshaw, *Moscow Tram Stop*, p. 138. Haape tinha a impressão errada de que piolhos causavam febre maculosa, mas não causam, como foi indicado. Tifo epidêmico, que é disseminado por piolho, causa uma erupção maculosa que poderia ser confundida com febre maculosa. Ver Hans Zinsser, Rats, *Lice and History* (Boston, 1963), pp. 161-164 e 220-221.
163 Departamento Exército dos EUA (ed.), *Effects of Climate on Combat in European Russia*, p. 42.
164 Ernst Kern, *War Diary 1941-1945*, p. 21.
165 Humburg, *Das Gesicht des Krieges*, p. 153 (24 de outubro de 1941).
166 Robert W. Stephan, *Stalin's Secret War. Soviet Counterintelligence Against the Nazis, 1941-1945* (Lawrence, 2004), p. 122.
167 Como citado em Barry Leach, *German Strategy Against Russia 1939-1941* (Oxford, 1973), p. 91.
168 Stephan, *Stalin's Secret War*, p. 127.
169 Leach, *German Strategy Against Russia 1939-1941*, p. 91.
170 Stephan, *Stalin's Secret War*, pp. 128-129.
171 Geoffrey P. Megargee, *Inside Hitler's High Command* (Lawrence, 2000), pp. 107 e 111.
172 Albert Seaton, *The Russo-German War 1941-45* (Novato, 1971), pp. 43-45.
173 Glantz e House, *When Titans Clashed*, pp. 67-70.
174 Osten-Sacken, *Vier Jahre Barbarossa*, p. 39.
175 David Thomas, "Foreign Armies East and German Military Intelligence in Russia 1941-1945", *Journal of Contemporary History* 22 (1987) pp. 274-275. Ver também Andreas Hillgruber, "'The German Military Leaders' View of Russia Prior to the Attack on the Soviet Union", in Wegner (ed.), *From Peace to War*, pp. 169-185; Olaf Groehler, "Goals and Reason: Hitler and the German Military", in Joseph Wieczynski (ed.), *Operation Barbarossa. The German Attack on the Soviet Union June, 1941* (Salt Lake City, 1993), pp. 48-61. Especialistas acadêmicos da Alemanha sobre o leste (Ostforscher) foram profundamente influenciados por crenças arraigadas e es-

NOTAS

tereótipos antieslávicos e antibolcheviques: Michael Burleigh, *Germany Turns Eastwards. A Study of "Ostforschung" in the Third Reich* (Cambridge, 1988).

176 Robert Gibbons, "Opposition gegen 'Barbarossa' im Herbst 1940 – Eine Denkschrift aus der deutschen Botschaft in Moskau", *Vierteljahrshefte für Zeitgeschichte* 23 (1975), pp. 337-340.

177 Franz Halder, *Kriegstagebuch: Tägliche Aufzeichnungen des Chefs des Generalstabes des Heeres 1939-1942. Band II*, p. 86 (4 de setembro de 1940).

178 Seaton, *The Russo-German War 1941-1945*, p. 45; Stahel, *Operation Barbarossa and Germany's Defeat in the East*, pp. 46-47.

179 Geoffrey P. Megargee, "Questions and Answers: Geoffrey P. Megargee", *Global War Studies* 7, 2, (2010) p. 201.

180 Thomas, "Foreign Armies East and German Military Intelligence in Russia 1941-1945", p. 273.

181 Steiger, *Armour Tactics in the Second World War*, p. 120.

182 Bradley F. Smith, *Sharing Secrets with Stalin. How the Allies Traded Intelligence, 1941-1945* (Lawrence, 1996), pp. 82-83. Sobre a cooperação entre soviéticos e britânicos durante a guerra, ver Donal O'Sullivan, *Dealing with the Devil. Anglo-Soviet Intelligence Cooperation During the Second World War* (Nova York, 2010).

183 Ver Nagorski, *The Greatest Battle*, pp. 214-218.

184 Ian Kershaw, *Fateful Choices*, p. 283.

185 Bellamy, *Absolute War*, pp. 308-310.

186 Gerhard Krebs, "Japan and the German-Soviet War, 1941", in Wegner (ed.), *From Peace to War*, p. 557.

187 Anne Nelson, *Red Orchestra. The Story of the Berlin Underground and the Circle of Friends Who Resisted Hitler* (Nova York, 2009).

188 Clark, *Barbarossa*, pp. 150-151.

Capítulo 9: O olho do furacão

1 Chris Bishop, *Hitler's Foreign Divisions. Foreign Volunteers in the Waffen-SS 1940-1945* (Londres, 2005), p. 60.

2 Bock, *War Diary*, p. 303 (3 de setembro de 1941).

3 Kleinfeld e Tambs, *Hitler's Spanish Legion*, pp. 55-56.

4 Bishop, *Hitler's Foreign Divisions*, p. 60.

5 Kleinfeld e Tambs, *Hitler's Spanish Legion*, p. 63.

6 Ulrich de Maizière, *In der Pflicht. Lebensbericht eines deutschen Soldaten im 20. Jahrhundert* (Bielefeld, 1989), p. 71.

7 Fröhlich (ed.), *Die Tagebücher von Joseph Goebbels Teil II Band 2*, pp. 112-113 (14 de outubro de 1941).

8 Ibid., p. 85 (10 de outubro de 1941).

9 Ibid., p. 198 (29 de outubro de 1941).

10 Förster, "Volunteers for the European Crusade Against Bolshevism", pp. 1058-1063.

11 Uma força francesa reorganizada foi usada em guerra anti-*partisans*; posteriormente na guerra, um regimento voluntário francês da Waffen-SS foi formado e teve, com melhor treinamento e liderança, um desempenho muito mais eficiente do que a LVF. Ver Bishop, *Hitler's Foreign Divisions*, pp. 40-41.

12 O livro de memórias do líder nacionalista belga Léon Degrelle que combateu na Légion Wallonie é um dos poucos relatos publicados dessa formação. Todavia, deve-se notar que Degrelle propaga ideais extremos antissoviéticos e pró-nazistas. Ver Degrelle, *Campaign in Russia*.

13 Para uma história fidedigna do regimento, ver Amir Obhodas e Jason D. Mark, *Croatian Legion. The 369th (Croatian) Infantry Regiment on the Eastern Front 1941-1943* (Pymble, 2011).

14 Bishop, *Hitler's Foreign Divisions*, pp. 33, 100-101 e 116.

15 DiNardo, *Germany and the Axis Powers*, p. 117.

16 Trevor-Roper (ed.), *Hitler's Table Talk, 1941-1944*, p. 66 (17 de outubro de 1941).

17 Sebastian, *Journal, 1935-1944*, pp. 427 e 428 (14 e 17 de outubro de 1941).

18 Forstmeier, *Odessa 1941*, pp. 107 e 111.

19 Axworthy, Scafes e Craciunoiu, *Third Axis Fourth Ally*, p. 67.

20 Alexander Dallin, *Odessa, 1941-1944. A Case Study of Soviet Territory Under Foreign Rule* (Oxford, 1998), p. 74.

21 Dennis Deletant, *Hitler's Forgotten Ally. Ion Antonescu and His Regime, Romania 1940-1944* (Londres, 2006), p. 127. Ver também Wendy Lower, "Axis Collaboration, Operation Barbarossa, and the Holocaust in Ukraine", in Kay, Rutherford e Stahel (eds.), *Nazi Policy on the Eastern Front, 1941*, pp. 186-219.

22 Muggeridge (ed.), *Ciano's Diary 1939-1943*, p. 385 (17 de outubro de 1941).

23 O CSIR era somente semimotorizado e incluía uma variedade de diferentes tipos de veículos que incluíam dezessete variações de caminhões leves e trinta variações de caminhões pesados. Isso tornava a aquisição de peças sobressalentes extremamente complicada, o que agravava o problema da mobilidade em outubro porque o ministro italiano da Guerra não conseguira fornecer lubrificantes de baixas temperaturas para veículos e armas. Ver MacGregor Knox, *Hitler's Italian Allies. Royal Armed Forces, Fascist Regime, and the War of 1940-1943* (Cambridge, 2009), p. 128.

24 Gosztony, *Hitlers Fremde Heere*, pp. 172-173.

25 A cidade tem alguns nomes antigos – Yuzovka, Staline e Stalino – mas hoje é Donetsk. Para mais sobre a campanha militar do CSIR em outubro, ver Patrick Cloutier, *Regio Esercito. The Italian Royal Army in Mussolini's Wars 1935-1943* (Lexington, 2010), pp. 94-96.

26 Muggeridge (ed.), *Ciano's Diary 1939-1943*, p. 387 (22 de outubro de 1941).

27 Förster, "The Decisions of the Tripartite Pact States", p. 1031.

28 Ibid. Franz von Adonyi-Naredy, *Ungarns Armee im Zweiten Weltkrieg. Deutschlands letzter Verbündeter* (Neckargemünd, 1971), pp. 59-60.

NOTAS

29 Gosztony, *Hitlers Fremde Heere*, p. 161.

30 Förster, "The Decisions of the Tripartite Pact States", pp. 1031-1032.

31 Ibid., p. 1032; Gosztony, *Hitlers Fremde Heere*, p. 161; Deborah S. Cornelius, *Hungary in World War II. Caught in the Cauldron* (Nova York, 2011), pp. 177-178.

32 Axworthy, *Axis Slovakia*, pp. 109 e 112.

33 Förster, "The Decisions of the Tripartite Pact States", pp. 1034-1036.

34 Vehviläinen, *Finland in the Second World War*, p. 91.

35 Menger, "Germany and the Finnish 'Separate War' Against the Soviet Union", p. 535.

36 Vehviläinen, *Finland in the Second World War*, pp. 91-92 e 99-101.

37 Müller, *An der Seite der Wehrmacht*, p. 32; Jürgen Förster, "Strategy and Policy in Northern Europe", in Militärgeschichtliches Forschungsamt (ed.), *Germany and the Second World War. Volume IV*, p. 982.

38 "20.Pz.Div. KTB vom 21.10.41 bis 30.12.41 Band Ia2." BA-MA RH 27-20/26, fol. 12 (26 de outubro de 1941).

39 Bock, *War Diary*, p. 342 (27 de outubro de 1941).

40 Ibid., p. 342 (27 de outubro de 1941).

41 "Kriegstagebuch Nr.3. des XXXXVI.Pz.Korps vom 24.08.41-31.12.41" BA-MA RH 24-46/21, fol. 101 (28 de outubro de 1941).

42 "Anlage zum KTB Panzer Gruppe 4: 15.10.41-10.11.41" BA-MA RH 21-4/35, fol. 167 (30 de outubro de 1941).

43 Bock, *War Diary*, p. 344 (28 de outubro de 1941).

44 Ibid., p. 347 (31 de outubro de 1941).

45 Trevor-Roper (ed.), *Hitler's Table Talk, 1941-1944*, p. 94 (29 de outubro de 1941).

46 Richard Lamb, "Kluge", in Barnett (ed.), *Hitler's Generals*, pp. 402 e 404.

47 Stahel, *Operation Barbarossa and Germany's Defeat in the East*, p. 340.

48 Fröhlich (ed.), *Die Tagebücher von Joseph Goebbels Teil II Band 2*, p. 197 (28 de outubro de 1941).

49 Ibid., pp. 208-209 (31 de outubro de 1941).

50 Ibid., p. 207 (30 de outubro de 1941).

51 Boberach (ed.), *Meldungen aus dem Reich, Band 8*, p. 2927, Documento 233 (30 de outubro de 1941).

52 Gareis, *Kampf und Ende der Fränkisch-Sudetendeutschen 98. Infanterie-Division*, p. 160.

53 Como citado em Michael Jones, *The Retreat*, p. 72.

54 Ibid.

55 Como citado em Porter and Jones, *Moscow in World War II*, p. 126.

56 Como citado em Bücheler, *Hoepner*, p. 155.

57 Bock, *War Diary*, p. 342 (27 de outubro de 1941).

58 "Anlagen zum Kriegstagebuch Tagesmeldungen Bd.I 1.9-31.10.41" BA-MA RH 21-3/70, fol. 291 (29 de outubro de 1941).

59 "Anlagenband zum KTB XXXXI A.K. Ia 3.Verteidigung von Kalinin 15.10.41-20.11.41" BA-MA RH 24-41/15 (29 de outubro de 1941).

60 "Kriegstagebuch Nr.7 des Kdos. Der 1.Panzer-Div. 20.9.41-12.4.42" BA-MA 27-1/58, fols. 38-39 (30 de outubro de 1941).

61 Raus, *Panzer Operations*, p. 88.

62 Bock, *War Diary*, p. 343 (28 de outubro de 1941).

63 "3rd Pz. Gr. KTB Nr.2 1.9.41-31.10.41" BA-MA Microfilm 59060 (28 de outubro de 1941).

64 Bock, *War Diary*, pp. 344-345 (29 de outubro de 1941).

65 "3rd Pz. Gr. KTB Nr.2 1.9.41-31.10.41" BA-MA Microfilm 59060 (29 de outubro de 1941).

66 Ibid. (30 de outubro de 1941).

67 Bock, *War Diary*, p. 345 (29 de outubro de 1941).

68 Ibid., pp. 346-347 (31 de outubro de 1941).

69 "3rd Pz. Gr. KTB Nr.2 1.9.41-31.10.41" BA-MA Microfilm 59060 (28 e 31 de outubro de 1941).

70 Bock, *War Diary*, pp. 347-348 (1 de novembro de 1941).

71 Stader (ed.), *Ihr daheim und wir hier draußen*, p. 44 (a carta só diz "final de outubro" de 1941).

72 Fuchs Richardson (ed.), *Sieg Heil!*, p. 150 (4 de novembro de 1941).

73 Buchbender e Sterz (eds.), *Das andere Gesicht des Krieges*, p. 85 (29 de outubro de 1941).

74 Gareis, *Kampf und Ende der Fränkisch-Sudetendeutschen 98. Infanterie-Division*, p. 159.

75 Alexander e Kunze (eds.), *Eastern Inferno*, p. 119 (27 de outubro de 1941).

76 Klaus Becker, MPT, 3.2002.0224 (21 de outubro de 1941).

77 Haape com Henshaw, *Moscow Tram Stop*, p. 133.

78 Clark, *Barbarossa*, p. 163.

79 "Armeeoberkommando 2. I.a KTB Teil.2 19.9.41-16.12.41" BA-MA RH 20-2/207, pp. 84 e 90 (28 e 31 de outubro de 1941).

80 Ver a descrição detalhada em Ingrid Hammer e Susanne zur Nieden (eds.), *Sehr selten habe ich geweint. Briefe und Tagebücher aus dem Zweiten Weltkrieg von Menschen aus Berlin* (Zurique, 1992), pp. 255-257 (27 de outubro de 1941). Ver também Buchbender e Sterz (eds.), *Das andere Gesicht des Krieges*, pp. 84-85 (23 de outubro de 1941).

81 "Kriegstagebuch Nr.3. der Führungsabteilung (Ia) des Gen. Kdo. (mot.) XXXX. Pz.Korps vom 31.05.1941-26.12.1941" BA-MA RH 24-40/18 (28 de outubro de 1941).

82 Haape com Henshaw, *Moscow Tram Stop*, p. 133.

83 Dunn, *Stalin's Keys to Victory*, p. 44.

84 Carruthers (ed.), *The Wehrmacht*, p. 58.

85 Hammer e Nieden (eds.), *Sehr selten habe ich geweint*, p. 254 (14 de outubro de 1941).

86 "Kriegstagebuch Nr.3. des XXXXVI.Pz.Korps vom 24.08.41-31.12.41" BA-MA RH 24-46/21, fol. 100 (27 de outubro de 1941).

87 Ibid., fol. 102 (29 de outubro de 1941); "2. Panzer Division KTB Nr.6 Teil I. Vom 15.6.41-3.4.42" BA-MA RH 27-2/21 (29 de outubro de 1941).

88 "Anlage zum KTB Pz.Gruppe 4 Meldungen von unten 15.10.41-15.11.41" BA-MA RH 21-4/39, fol. 193 (29 de outubro de 1941).

89 Bernhard von Lossberg, *Im Wehrmachtführungsstab. Bericht eines Generalstabsoffiziers* (Hamburgo, 1950), p. 136.

90 Ver o excelente estudo de Robert M. Citino, *The German Way of War. From the Thirty Years' War to the Third Reich* (Lawrence, 2005).

91 Munzel, *Panzer-Taktik*, p. 109.

Conclusão

1   Em 1991, R. H. S. Stolfi publicou sua tese, relativamente incontestada na época, de que a guerra no leste representava uma oportunidade plausível de vitória para Hitler. Como a capa do livro alegava: "Se não fosse por uma decisão fatídica, Hitler poderia ter vencido a Segunda Guerra Mundial no verão de 1941". Ver R. H. S. Stolfi, *Hitler's Panzers East. World War II Reinterpreted* (Norman, 1993). Mais recentemente, Heinz Magenheimer sugeriu: "Se tudo corresse dentro do esperado, um dia de ataque entre 20 e 24 de setembro teria oferecido a possibilidade não somente de destruir as forças soviéticas que enfrentavam o Grupo de Exércitos Centro, como também de tomar Moscou antes do início das chuvas de outono e da chegada de reforços do Extremo Oriente. Isso nos leva de volta à avaliação já feita de que uma margem de tempo entre sete e dez dias seria necessária para um desfecho vitorioso da campanha no leste" (Heinz Magenheimer, *Hitler's War. Germany's Key Strategic Decisions 1940-1945* [Londres, 1999], pp. 115-116). O primeiro volume da história em dois volumes de Brian Taylor sobre a Frente Oriental sugeria que no final do verão de 1941 a Alemanha havia levado a União Soviética quase à "beira da destruição" (p. 33). Posteriormente ele retratou a batalha de Moscou como "a última batalha antes da vitória final" na qual o Exército Alemão sofreu uma derrota, "no exato momento em que a vitória estava ao alcance" (Brian Taylor, *Barbarossa to Berlin. A Chronology of the Campaigns on the Eastern Front 1941 to 1945*. Volume 1 The Long Drive East 22 June 1941 to 18 November 1942 (Staplehurst, 2003), p. 133).

2   Para números russos, além de uma excelente discussão sobre os motivos por trás do fiasco soviético em outubro de 1941, ver Mawdsley, *Thunder in the East*, p. 97. Para uma discussão sobre os números alemães para o Grupo de Exércitos Centro em outubro de 1941, ver Stahel, *Kiev 1941*, p. 339 e p. 429 n. 30.

3   Mawdsley, *Thunder in the East*, p. 99.

4   Como citado em Porter e Jones, *Moscow in World War II*, p. 126.

5   Além dos inúmeros comandos de exércitos entre junho de 1944 e abril de 1945, Tippelskirch era o comandante interino do Grupo de Exércitos Vistula durante os últimos dias da guerra.

6   Como citado em Ihno Krumpelt, *Das Material und die Kriegführung* (Frankfurt am Main, 1968), p. 178.

7   Kesselring, *The Memoirs of Field-Marshal Kesselring*, p. 99.

8 Ian Kershaw, *Hitler 1936-1945*, p. 419.

9 Jukov, *The Memoirs of Marshal Zhukov*, p. 334.

10 Blumentritt, "Moscow", p. 53.

11 Como citado em Mark Mazower, *Hitler's Empire. Nazi Rule in Occupied Europe* (Londres, 2009), p. 323.

12 Essa foi a tese do meu primeiro livro, *Operation Barbarossa and Germany's Defeat in the East.*

13 Mawdsley, *Thunder in the East*, p. 95.

14 Citino, *Death of the Wehrmacht*, p. 45. Ver também Citino, *The German Way of War.*

15 Como citado em Megargee, *Inside Hitler's High Command*, p. 181.

16 Ibid., p. 286. A carta estava datada como 6 de agosto de 1951.

17 Timothy Snyder, *Bloodlands. Europe Between Hitler and Stalin* (Nova York, 2010), p. 408. Ver também David Stahel, "Bloodlands: Europe Between Hitler and Stalin", *Journal of Military History 75*, 1 (Janeiro de 2011), pp. 320-322.

18 Krivosheev (ed.), *Soviet Casualties and Combat Losses in the Twentieth Century*, p. 83.

19 Willy Peter Reese, *A Stranger to Myself. The Inhumanity of War. Russia, 1941-1944* (Nova York, 2005), pp. 137-138.

20 Ibid., p. 18.

Bibliografia

Referências de arquivo

I. Bundesarchiv-Militärarchiv, Freiburg im Breisgau (BA-MA)

Grupo de Exércitos Sul
BA-MA RH 19-I/73 "Heeresgruppe Süd Kriegstagebuch II.Teil Band 4, 16 Sept.-5 Okt. 1941"

Grupo de Exércitos Centro
BA-MA RH 19II/386 "Kriegstagebuch Nr.1 (Band August 1941) des Oberkommandos der Heeresgruppe Mitte"

BA-MA RH 19-II/411 "Kriegstagebuch Nr.1 (Band Oktober 1941) des Oberkommandos der Heeresgruppe Mitte"

BA-MA RH 19 II/128 "Tagesmeldungen der Heeresgruppe Mitte vom 22.6.41 bis 15.7.41"

BA-MA RH 19 II/129 "Tagesmeldungen der Heeresgruppe Mitte vom 16.7.41 bis 5.8.41"

2º Grupo *Panzer*
BA-MA RH 21-2/928 "KTB Nr.1 Panzergruppe 2 Bd.II vom 22.7.1941 bis 20.8.41"

BA-MA RH 21-2/931 "Kriegstagebuch Nr.1 Panzergruppe 2 Band II vom 21.8.1941 bis 31.10.41"

BA-MA RH 21-2/819 "Kriegstagebuch der O.Qu.-Abt. Pz. A.O.K.2 von 21.6.41 bis 31.3.42"

BA-MA RH 24-47/258 "Kriegstagebuch Nr.2 XXXXVII.Pz.Korps. Ia 23.9.1941-31.12.1941"

BA-MA RH 24-48/30 "Kriegstagebuch XXXXVIII.Pz.Kps. Abt.Ia Oktober 1941"

BA-MA RH 27-3/15 "KTB 3rd Pz. Div. vom 19.9.41 bis 6.2.42"

BA-MA RH 27-3/218 "KTB 3rd Pz. Div. I.b 19.5.41-6.2.42"

BA-MA RH 27-4/10 "Kriegstagebuch 4.Panzer-Division Führungsabtl. 26.5.41-31.3.42"

BA-MA RH 27-9/4 "9.Pz.Div. KTB Ia vom 19.5.1941 bis 22.1.1942"

BA-MA RH 27-18/22 "18.Panzer Division, Abt.Ia KTB Teil III vom 30.9.-19.10.41"

BA-MA RH 21-2/757 "Verlustmeldungen 5.7.1941-25.3.1942"

3º Grupo *Panzer*
BA-MA Microfilm 59054 "3rd Pz. Gr. KTB 25.5.41-31.8.41"

BA-MA Microfilm 59060 "3rd Pz. Gr. KTB Nr.2 1.9.41-31.10.41"
BA-MA RH 21-3/70 "Anlagen zum Kriegstagebuch Tagesmeldungen Bd.I 1.9-31.10.41"
BA-MA RH 24-41/14 "Anlagenband zum KTB XXXXI A.K. Ia 1. Durchbruch durch die Wop-Kokosch Dnjepr Stellung 2.10.41 bis 9.10.41. 2. Vorstoss auf Kalinin 15.10.41-20.10.41"
BA-MA RH 24-41/15 "Anlagenband zum KTB XXXXI A.K. Ia 3.Verteidigung von Kalinin 15.10.41-20.11.41"
BA-MA 27-1/58 "Kriegstagebuch Nr.7 des Kdos. Der 1.Panzer-Div. 20.9.41-12.4.42"
BA-MA RH 27-7/46 "Kriegstagebuch Nr.3 der 7. Panzer-Division Führungsabteilung 1.6.1941-9.5.1942"

4° Grupo *Panzer*
BA-MA RH 21-4/34 "Anlage zum KTB Panzer Gruppe 4: 20.9.41-14.10.41"
BA-MA RH 21-4/35 "Anlage zum KTB Panzer Gruppe 4: 15.10.41-10.11.41"
BA-MA RH 21-4/37 "Anlage zum KTB Pz.Gruppe 4 Meldungen von unten 20.9.41-14.10.41"
BA-MA RH 21-4/39 "Anlage zum KTB Pz.Gruppe 4 Meldungen von unten 15.10.41-15.11.41"
BA-MA RH 24-46/21 "Kriegstagebuch Nr.3. des XXXXVI.Pz.Korps vom 24.08.41-31.12.41"
BA-MA RH 24-40/18 "Kriegstagebuch Nr.3. der Führungsabteilung (Ia) des Gen. Kdo. (mot.) XXXX.Pz.Korps vom 31.05.1941-26.12.1941"
BA-MA RH 24-57-2 "Gen.Kdo.LVII.Pz.Korps KTB Nr.1 vom 15.2.41-31.10.41"
BA-MA RH 27-2/21 "2. Panzer Division KTB Nr.6 Teil I. Vom 15.6.41-3.4.42"
BA-MA RH 27-5/29 "5. Panzer Division KTB Nur.8 vom 11.9.41-11.12.41"
BA-MA RH 27-11/16 "11.Pz.Div. KTB Abt. Ia vom 1.5.41-21.10.41"
BA-MA RH 27-20/25 "20.Pz.Div. KTB vom 15.8.41 bis 20.10.41 Band Ia."
BA-MA RH 27-20/26 "20.Pz.Div. KTB vom 21.10.41 bis 30.12.41 Band Ia2."

II Exército
BA-MA RH 20-2/207 "Armeeoberkommando 2. I.a KTB Teil.2 19.9.41-16.12.41"

IV Exército
BA-MA RH 26-15/54 "Kriegstagebuch der Abt. Ib 15.Inf. Div. für die Zeit von 25.6.41-3.5.42"

Arquivos Pessoais
BA-MA Pers. 6/38 "Personalakten für Hoth, Hermann"
BA-MA PERS/6/50 "Personalakten für Reinhardt, Hans"
BA-MA Pers. 6/56 "Personalakten für Strauss, Adolf"

II. Liddell Hart Centre for Military Archives (LH)

LH 15/4/40 "The Germans in Russia"

III. Museumsstiftung Post und Telekommunikation (MPT) Berlin

3.2002.0985 — Heinz Rahe (26 de setembro de 1941)
3.2002.7139 — Hellmuth H. (30 de setembro de 23 de outubro de 1941)
3.2002.0947 — Walter Neuser (15 de outubro de 1941)
3.2002.1941 — Gerhard Kunde (19 de outubro de 1941)
3.2002.0817 — Klaus K. (17 de outubro de 1941)
3.2002.0912 — Kurt Miethke (24 de outubro de 1941)
3.2002.0224 — Klaus Becker (21 de outubro 1941)

IV. Württembergische Landesbibliothek Stuttgart (WLS)

Flugblattpropaganda im 2. Weltkrieg (1941); Mappe 92-26
Flugblattpropaganda im 2. Weltkrieg (1941); Mappe 92-22
Flugblattpropaganda im 2. Weltkrieg (1941); Mappe 92-32
Flugblattpropaganda im 2. Weltkrieg (1941); Mappe 92-36
Flugblattpropaganda im 2. Weltkrieg (1941); Mappe 92-38
Flugblattpropaganda im 2. Weltkrieg (1941); Mappe 92-40
Flugblattpropaganda im 2. Weltkrieg (1941), Mappe 92a-5
Flugblattpropaganda im 2. Weltkrieg (1941), Mappe 92a-6
Flugblattpropaganda im 2. Weltkrieg (1941), Mappe 92a-8

Fontes primárias e secundárias

Addison, Paul e Angus Calder (eds.), *A Time to Kill. The Soldier's Experience of War in the West, 1939-1945* (Londres, 1997).

Adonyi-Naredy, Franz von, *Ungarns Armee im Zweiten Weltkrieg. Deutschlands letzter Verbündeter* (Neckargemünd, 1971).

Alexander, Christine e Mark Kunze (eds.), *Eastern Inferno. The Journals of a German Panzerjäger on the Eastern Front, 1941-1943* (Filadélfia e Newbury, 2010).

Anfilov, Viktor, "Zhukov", in Harold Shukman (ed.), *Stalin's Generals* (Londres, 1993), pp. 343-360.

Antal, John F., "The Wehrmacht Approach to Maneuver Warfare Command and Control", in Richard D. Hooker Jr (ed.), *Maneuver Warfare. An Anthology* (Novato, 1993), pp. 347-359.

Arnold, Klaus J., *Die Wehrmacht und die Besatzungspolitik in den besetzten Gebieten der Sowjetunion. Kriegführung und Radikalisierung im "Unternehmen Barbarossa"* (Berlim, 2005).

Arnold, Klaus Jochen e Gerd C. Lübbers, "The Meeting of the Staatssekretäre on 2 May 1941 and the Wehrmacht: A Document up for Discussion", *Journal of Contemporary History 42*, 4 (outubro de 2007), pp. 613-626.

Axell, Albert, *Russia's Heroes 1941-1945* (Nova York, 2001).

―――, *Stalin's War. Through the Eyes of His Commanders* (Londres, 1997).

Axworthy, Mark, *Axis Slovakia. Hitler's Slavic Wedge 1938-1945* (Nova York, 2002).

―――, "Peasant Scapegoat to Industrial Slaughter: The Romanian Soldier at the Siege of Odessa", in Addison e Calder (eds.), *A Time to Kill*, pp. 221-232.

Axworthy, Mark, Cornel Scafes e Cristian Craciunoiu, *Third Axis Fourth Ally. Romanian Armed Forces in the European War, 1941-1945* (Londres, 1995).

Baberowski, Jörg, "Kriege in staatsfernen Räumen: Rußland und die Sowjetunion 1905-1950", in Dietrich Beyrau, Michael Hochgeschwender e Dieter Langewiesche (eds.), *Formen des Krieges. Von der Antike bis zur Gegenwart* (Paderborn, 2007) pp. 291-309.

Bähr, Walter e Hans Bähr (eds.), *Kriegsbriefe Gefallener Studenten, 1939-1945* (Tubinga e Stuttgart, 1952).

―――, *Die Stimme des Menschen. Briefe und Aufzeichnungen aus der ganzen Welt. 1939-1945* (Munique, 1961).

Barber, John e Mark Harrison, *The Soviet Home Front 1941-1945. A Social and Economic History of the USSR in World War II* (Londres, 1991).

Bartov, Omer, *The Eastern Front, 1941-1945. German Troops and the Barbarisation of Warfare* (Londres, 1985).

―――, *Hitler's Army. Soldiers, Nazis, and War in the Third Reich* (Oxford, 1992).

Becker, Hans, *Devil on My Shoulder* (Londres, 1957).

Beevor, Antony e Luba Vinogradova (eds.), *A Writer at War. Vasily Grossman with the Red Army 1941-1945* (Nova York, 2005).

Bellamy, Chris, *Absolute War. Soviet Russia in the Second World War* (Nova York, 2007).

Below, Nicolaus von, *Als Hitlers Adjutant 1937-1945* (Mainz, 1999).

Benz, Wigbert, *Der Hungerplan im 'Unternehmen Barbarossa' 1941* (Berlim, 2011).

Bergström, Christer, Barbarossa. *The Air Battle. July-December 1941* (Hersham, 2007).

Berkhoff, Karel C., *Harvest of Despair. Life and Death in Ukraine Under Nazi Rule* (Cambridge, MA, 2004).

Bernád, Dénes, *Dmitriy Karlenko e Jean-Louis Roba, From Barbarossa to Odessa. The Luftwaffe and Axis Allies Strike South-East. June-October 1941* (Hinckley, 2008).

Bialer, Seweryn (ed.), *Stalin and His Generals. Soviet Military Memoirs of World War II* (Nova York, 1969).

Bidermann, Gottlob Herbert, *In Deadly Combat. A German Solder's Memoir of the Eastern Front* (Lawrence, 2000).

Bishop, Chris, *Hitler's Foreign Divisions. Foreign Volunteers in the Waffen-SS 1940-1945* (Londres, 2005).

Blandford, Edmund (ed.), *Under Hitler's Banner. Serving the Third Reich* (Edison, 2001).

Blumentritt, Günther, "Moscow", in William Richardson e Seymour Freidin (eds.), *The Fatal Decisions* (Londres, 1956), pp. 29-75.

―――, *Von Rundstedt. The Soldier and the Man* (Londres, 1952).

Boberach, Heinz (ed.), *Meldungen aus dem Reich. Die geheimen Lageberichte des Sicherheitsdienstes der SS 1938-1945. Band 8* (Berlim, 1984).

BIBLIOGRAFIA

Bock, Fedor von, *Generalfeldmarschall Fedor von Bock. The War Diary 1939-1945*, Klaus Gerbet (ed.) (Munique, 1996).

Bomba, Ty, "Proud Monster: The Barbarossa Campaign Considered", in Command Magazine (ed.), *Hitler's Army. The Evolution and Structure of the German Forces, 1933-1945* (Cambridge, MA, 2003), pp. 119-135.

Boog, Horst, "The Luftwaffe", in Militärgeschichtliches Forschungsamt (ed.), *Germany and the Second World War. Volume IV*, pp. 763-832.

Bordiugov, Gennadi, "The Popular Mood in the Unoccupied Soviet Union: Continuity and Change During the War", in Robert Thurston e Bernd Bonwetsch (eds.),*The People's War. Responses to World War II in the Soviet Union* (Chicago, 2000), pp. 54-70.

Braatz, Kurt, *Werner Mölders. Die Biographie* (Moosburg, 2008).

Braithwaite, Rodric, *Moscow 1941. A City and Its People at War* (Nova York, 2006).

Brandon, Ray e Wendy Lower (eds.), *The Shoah in Ukraine. History, Testimony, Memorialization* (Bloomington, 2008).

Broekmeyer, Marius, *Stalin, the Russians, and Their War 1941-1945* (Londres, 2004).

Buchbender, Ortwin e Reinhold Sterz (eds.), *Das andere Gesicht des Krieges. Deutsche Feldpostbriefe 1939-1945* (Munique, 1982).

Bücheler, Heinrich, *Carl-Heinrich von Stülpnagel. Soldat – Philosoph – Verschwörer* (Berlim, 1989).

————, *Hoepner. Ein deutsches Soldatenschicksal des 20. Jahrhunderts* (Herford, 1980).

Burleigh, Michael, *Germany Turns Eastwards. A Study of 'Ostforschung' in the Third Reich* (Cambridge, 1988).

Burleigh, Michael, *The Third Reich. A New History* (Londres, 2001).

Bushkovitch, Paul, "The Romanov Transformation 1613-1725", in Kagan e Higham (eds.), *The Military History of Tsarist Russia*, pp. 31-45.

Carell, Paul [Paul Karl Schmidt], *Hitler's War on Russia. The Story of the German Defeat in the East* (Londres, 1964).

Carell, Paul, *Unternehmen Barbarossa im Bild. Der Russlandkrieg fotografiert von Soldaten* (Frankfurt am Main, 1991).

Carlton, David, *Churchill and the Soviet Union* (Nova York, 2000).

Carruthers, Bob (ed.), *The Wehrmacht. Last Witnesses. First-Hand Accounts from the Survivors of Hitler's Armed Forces* (Londres, 2010).

Cassidy, Henry, *Moscow Dateline, 1941-1943* (Londres, 1943).

de Caulaincourt, Armand, *At Napoleon's Side in Russia* (Nova York, 2008).

Cecil, Robert, *Hitler's Decision to Invade Russia 1941* (Londres, 1975).

Chales de Beaulieu, Walter, *Generaloberst Erich Hoepner. Militärisches Porträt eines Panzer-Führers* (Neckargemünd, 1969).

Chaney, Otto Preston, *Zhukov* (Norman, 1996).

Chiari, Bernhard, *Alltag hinter der Front. Besatzung, Kollaboration und Widerstand in Weißrußland 1941-1944* (Düsseldorf, 1998).

Churchill, Winston S., *The Second World War. Abridged Edition* (Londres, 1959).

Citino, Robert M., *Death of the Wehrmacht. The German Campaigns of 1942* (Lawrence, 2007).

———, *The German Way of War. From the Thirty Years' War to the Third Reich* (Lawrence, 2005).

Clark, Alan, Barbarossa. *The Russian-German Conflict 1941-1945* (Londres, 1996).

von Clausewitz, Carl, *On War*, Howard, Michael e Peter Paret (eds.) (Nova York, 1993).

Cloutier, Patrick, *Regio Esercito. The Italian Royal Army in Mussolini's Wars 1935-1943* (Lexington, 2010).

Cornelius, Deborah S., *Hungary in World War II. Caught in the Cauldron* (Nova York, 2011).

Corum, James S., *Wolfram von Richthofen. Master of the German Air War* (Lawrence, 2008).

Cottam, Kazimiera J., *Women in Air War. The Eastern Front of World War II* (Newburyport, 1998).

Creveld, Martin van, *Fighting Power. German and US Army Performance, 1939-1945* (Westport, 1982).

———, *Supplying War. Logistics from Wallenstein to Patton* (Cambridge, 1984).

Cumins, Keith, Cataclysm. *The War on the Eastern Front 1941-1945* (Solihull, 2011).

Dallin, Alexander, *German Rule in Russia 1941-1945. A Study of Occupation Policies* (Londres, 1957).

———, *Odessa, 1941-1944. A Case Study of Soviet Territory Under Foreign Rule* (Oxford, 1998).

Davies, Norman, *No Simple Victory. World War II in Europe, 1939-1945* (Londres, 2006).

Degrelle, Léon, *Campaign in Russia. The Waffen SS on the Eastern Front* (Torrance, 1985).

Deletant, Dennis, *Hitler's Forgotten Ally. Ion Antonescu and His Regime, Romania 1940-1944* (Londres, 2006).

Department of the US Army (ed.), *Effects of Climate on Combat in European Russia* (Washington, DC, 1952).

Department of the US Army, *Small Unit Actions During the German Campaign in Russia* (Washington, DC, 1953).

DeWitt, Kurt e Wilhelm Koll, "The Bryansk Area", in John A. Armstrong (ed.), *Soviet Partisans in World War II* (Madison, 1964), pp. 458-516.

Dietrich, Otto, *The Hitler I Knew. Memoirs of the Third Reich's Press Chief* (Nova York, 2010).

DiNardo, Richard L., *Germany and the Axis Powers. From Coalition to Collapse* (Lawrence, 2005).

———, *Mechanized Juggernaut or Military Anachronism? Horses and the German Army in World War II* (Londres, 1991).

Domarus, Max, *Hitler. Speeches and Proclamations 1932-1945. The Chronicle of a Dictatorship. Volume IV. The Years 1941 to 1945* (Wauconda, 2004).

Dunn, Walter S. Jr, *Hitler's Nemesis. The Red Army, 1930-1945* (Mechanicsburg, 2009).

———, *Stalin's Keys to Victory. The Rebirth of the Red Army in WWII* (Mechanicsburg, 2006).

Eickhoff, Michael, Wilhelm Pagels e Willy Reschl (eds.), *Der unvergessene Krieg. Hitler-Deutschland gegen die Sowjetunion 1941-1945* (Colônia, 1981).

Elmshäuser, Konrad e Jan Lokers (eds.), *'Man muß hier nur hart sein'. Kriegsbriefe und Bilder einer Familie (1934-1945)* (Bremen, 1999).

Englund, Peter, *The Battle that Shook Europe. Poltava and the Birth of the Russian Empire* (Nova York, 2003).

Eremenko, A., *The Arduous Beginning* (Honolulu, 2004).

Erickson, John, "Red Army Battlefield Performance, 1941-1945: The System and the Soldier", in Addison e Calder (eds.), *A Time to Kill*, pp. 233-248.

————— *The Road to Stalingrad. Stalin's War with Germany. Volume One* (Londres, 1975).

Erickson, John e Ljubica Erickson, *Hitler Versus Stalin. The Second World War on the Eastern Front in Photographs* (Londres, 2004).

Evans, Richard J., *The Third Reich at War. How the Nazis Led Germany from Conquest to Disaster* (Londres, 2009).

Farrell, Kevin W., "'Culture of Confidence': The Tactical Excellence of the German Army of the Second World War", in Christopher Kolenda (ed.), *Leadership. The Warrior's Art* (Carlisle, PA, 2001), pp. 177-203.

—————, "Recent Approaches to the German Army of World War II: Is the Topic More Accessible After 65 Years?", *Global War Studies* 7, 2 (2010) pp. 131-156.

Filipescu, Mihai Tone, *Reluctant Axis. The Romanian Army in Russia 1941-1944* (Chapultepeq, 2006).

Fonzi, Paolo, "The Exploitation of Foreign Territories and the Discussion of Ostland's Currency in 1941", in Kay, Rutherford e Stahel (eds.), *Nazi Policy on the Eastern Front, 1941*, pp. 155-185.

Forczyk, Robert, *Moscow 1941. Hitler's First Defeat* (Oxford, 2006).

Förster, Jürgen, "The Decisions of the Tripartite Pact States", in Militärgeschichtliches Forschungsamt (ed.), *Germany and the Second World War. Volume IV*, pp. 1021-1048.

—————, "The German Army and the Ideological War Against the Soviet Union", in Gerhard Hirschfeld (ed.), *The Policies of Genocide. Jews and Soviet Prisoners of War in Nazi Germany* (Londres, 1986), pp. 15-29.

—————, "Motivation and Indoctrination in the Wehrmacht, 1933-1945", in Addison e Calder (eds.), *A Time to Kill*, pp. 263-273.

—————, "Operation Barbarossa as a War of Conquest and Annihilation", in Militärgeschichtliches Forschungsamt (ed.), *Germany and the Second World War. Volume IV*, pp. 481-521.

—————, "Securing 'Living-space'", in Militärgeschichtliches Forschungsamt (ed.), *Germany and the Second World War. Volume IV*, pp. 1189-1244.

—————, "Strategy and Policy in Northern Europe", in Militärgeschichtliches Forschungsamt (ed.), *Germany and the Second World War. Volume IV*, pp. 941-1020.

—————, "Volunteers for the European Crusade Against Bolshevism", in Militärgeschichtliches Forschungsamt (ed.), *Germany and the Second World War. Volume IV*, pp. 1049-1080.

Forstmeier, Friedrich, *Odessa 1941. Der Kampf um Stadt und Hafen und die Räumung der Seefestung 15. August bis 16. Oktober 1941* (Friburgo, 1967).

Frieser, Karl-Heinz, *The Blitzkrieg Legend. The 1940 Campaign in the West* (Annapolis, 2005).

Frisch, Franz A. P. em associação com Wilbur D. Jones Jr, *Condemned to Live. A Panzer Artilleryman's Five-Front War* (Shippensburg, 2000).

Fröhlich, Elke (ed.), *Die Tagebücher von Joseph Goebbels Teil II Diktate 1941-1945 Band 1 Juli-September 1941* (Munique, 1996).

Fröhlich, Elke, *Die Tagebücher von Joseph Goebbels Teil II Diktate 1941-1945 Band 2 Oktober-Dezember 1941* (Munique, 1996).

Fuchs Richardson, Horst (ed.), *Sieg Heil! War Letters of Tank Gunner Karl Fuchs 1937-1941* (Hamden, 1987).

Fugate, Bryan I., *Operation Barbarossa. Strategy and Tactics on the Eastern Front, 1941* (Novato, 1984).

Fuller, William C. Jr, *Strategy and Power in Russia 1600-1914* (Nova York, 1992).

Garden, David e Kenneth Andrew (eds.), *The War Diaries of a Panzer Soldier. Erich Hager with the 17th Panzer Division on the Russian Front 1941-1945* (Atglen, 2010).

Gareis, Martin, *Kampf und Ende der Fränkisch-Sudetendeutschen 98. Infanterie-Division* (Eggolsheim, 1956).

Gerlach, Christian, *Kalkulierte Morde. Die deutsche Wirtschafts- und Vernichtungspolitik in Weißrussland 1941 bis 1944* (Hamburgo, 2000).

Geyer, Hermann, *Das IX. Armeekorps im Ostfeldzug 1941* (Neckargemünd, 1969).

Geyer, Michael, "German Strategy in the Age of Machine Warfare, 1914-1945", in Peter Paret (ed.), *Makers of Modern Strategy. From Machiavelli to the Nuclear Age* (Oxford, 1999), pp. 527-597.

Gibbons, Robert, "Opposition gegen 'Barbarossa' im Herbst 1940 — Eine Denkschrift aus der deutschen Botschaft in Moskau", *Vierteljahrshefte für Zeitgeschichte 23* (1975) pp. 332-340.

Gilbert, Martin, *The Second World War. A Complete History* (Londres, 2009).

Glantz, David M., *Atlas and Operational Summary of the Border Battles 22 June-1 July 1941* (publicado de forma independente por David M. Glantz, 2003).

————, *Atlas of the Battle for Kiev Part I. Penetrating the Stalin Line and the Uman' Encirclement 2 July-9 August 1941* (publicado de forma independente por David M. Glantz, 2005).

————, *Atlas of the Battle for Kiev Part II. The German Advance to the Dnepr River, 9-26 August 1941* (publicado de forma independente por David M. Glantz, 2005).

————, *Atlas of the Battle for Kiev Part III. The Encirclement and Destruction of the Southwestern Front, 25 August-26 September 1941* (publicado de forma independente por David M. Glantz, 2005).

————, *Atlas of the Battle of Moscow. The Defensive Phase. 1 October-5 December 1941* (publicado de forma independente por David M. Glantz, 1997).

————, *Atlas of the Battle of Smolensk 7 July-10 September 1941* (publicado de forma independente por David M. Glantz, 2001).

BIBLIOGRAFIA

————, *Barbarossa Derailed. The Battle for Smolensk 10 July-10 September 1941. Volume 2. The German Offensives on the Flanks and the Third Soviet Counteroffensive, 25 August-10 September 1941* (Solihull, 2012).

————, *Barbarossa. Hitler's Invasion of Russia 1941* (Stroud, 2001).

————, "The Border Battles on the Bialystok-Minsk Axis: 22-28 June 1941", in Glantz (ed.), *The Initial Period of War on the Eastern Front 22 June-August 1941*, pp. 184-225.

————, *Colossus Reborn. The Red Army at War, 1941-1943* (Lawrence, 2005).

————, (ed.), *The Initial Period of War on the Eastern Front 22 June-August 1941* (Londres, 1997).

————, "Vatutin", in Harold Shukman (ed.), *Stalin's Generals* (Londres, 1993), pp. 287-298.

Glantz, David M. e Jonathan House, *When Titans Clashed. How the Red Army Stopped Hitler* (Lawrence, 1995).

Goldensohn, Leon, *Nuremberg Interviews. An American Psychiatrist's Conversations with the Defendants and Witnesses*, Robert Gellately (ed.) (Nova York, 2004).

Gorinov, Mikhail M., "'Muscovites' Moods, 22 June 1941 to May 1942", in Robert Thurston e Bernd Bonwetsch (eds.), *The People's War. Responses to World War II in the Soviet Union* (Chicago, 2000), pp. 108-134.

Gorlitz [Görlitz], Walter (ed.), *The Memoirs of Field-Marshal Keitel. Chief of the German High Command, 1938-1945* (Nova York, 1966).

Görlitz, Walter, *Paulus and Stalingrad* (Londres, 1963).

————, "Reichenau", in Correlli Barnett (ed.), *Hitler's Generals* (Londres, 1989), pp. 209-219.

Gorodetsky, Gabriel (ed.), *Stafford Cripps in Moscow 1940-1942. Diaries and Papers* (Londres, 2007).

Gosztony, Peter, *Hitlers Fremde Heere. Das Schicksal der nichtdeutschen Armeen im Ostfeldzug* (Viena, 1976)

Groehler, Olaf, "Goals and Reason: Hitler and the German Military", in Joseph Wieczynski (ed.), *Operation Barbarossa. The German Attack on the Soviet Union, June, 1941* (Salt Lake City, 1993), pp. 48-61.

Guderian, Heinz, *Panzer Leader* (Nova York, 1996).

Günther, Helmut, *Hot Motors, Cold Feet. A Memoir of Service with the Motorcycle Battalion of SS-Division "Reich" 1940-1941* (Winnipeg, 2004).

Haape, Heinrich com Dennis Henshaw, *Moscow Tram Stop. A Doctor's Experiences with the German Spearhead in Russia* (Londres, 1957).

Halder, Franz, *Hitler als Feldherr* (Munique, 1949).

————, *Kriegstagebuch. Tägliche Aufzeichnungen des Chefs des Generalstabes des Heeres 1939-1942. Band II Von der geplanten Landung in England bis zum Beginn des Ostfeldzuges (1.7.1940-21.6.1941)*, Hans-Adolf Jacobsen (ed.) (Stuttgart, 1963).

————, *Kriegstagebuch. Tägliche Aufzeichnungen des Chefs des Generalstabes des Heeres 1939-1942. Band III Der Russlandfeldzug bis zum Marsch auf Stalingrad (22.6.1941-24.9.1942)*, Hans-Adolf Jacobsen e Alfred Philippi (eds.) (Stuttgart, 1964).

Hammer, Ingrid e Susanne zur Nieden (eds.), *Sehr selten habe ich geweint. Briefe und Tagebücher aus dem Zweiten Weltkrieg von Menschen aus Berlin* (Zurique, 1992).

Hardesty, Von, *Red Phoenix. The Rise of Soviet Air Power 1941-1945* (Washington, DC, 1982).

Harrison, Mark, *Soviet Planning in Peace and War 1938-1945* (Cambridge, 2002).

Hartmann, Christian, *Wehrmacht im Ostkrieg. Front und militärisches Hinterland 1941/42* (Munique, 2010).

Hasenclever, Jörn, *Wehrmacht und Besatzungspolitik. Die Befehlshaber der rückwärtigen Heeresgebiete 1941-1943* (Paderborn, 2010).

Hassell, Ulrich von, *Vom Andern Deutschland* (Friburgo, 1946).

Hassell, Ulrich von, *The von Hassell Diaries 1938-1944* (Londres, 1948).

Hastings, Max, *Bomber Command* (Londres, 1993).

Hayward, Joel, *Stopped at Stalingrad. The Luftwaffe and Hitler's Defeat in the East, 1942-1943* (Lawrence, 1998).

Heer, Hannes, "How Amorality Became Normality: Reflections on the Mentality of German Soldiers on the Eastern Front", in Hannes Heer e Klaus Naumann (eds.), *War of Extermination. The German Military in World War II 1941-1944* (Nova York e Oxford, 2006), pp. 329-344.

Heysing, Günther, *Sturm bis vor Moskaus Tore. Kämpfe der Panzergruppe 4 in der Schlacht um Moskau vom 14. Okt. 1941-5. Dez. 1941* (sem local de publicação listado, 1942).

Hill, Alexander, "British 'Lend-Lease' Tanks and the Battle for Moscow, November-December 1941: A Research Note", *Journal of Slavic Military Studies* 19, 2 (junho de 2006), pp. 289-294.

————, "British Lend-Lease Tanks and the Battle for Moscow, November-December 1941: Revisited", *Journal of Slavic Military Studies* 22, 4 (novembro de 2009), pp. 574-587.

————, *The Great Patriotic War of the Soviet Union, 1941-1945. A Documentary Reader* (Abingdon e Nova York, 2010).

————, *The War Behind the Eastern Front. The Soviet Partisan Movement in North-West Russia 1941-1944* (Abingdon e Nova York, 2006).

Hillgruber, Andreas, "The German Military Leaders' View of Russia Prior to the Attack on the Soviet Union", in Wegner (ed.), *From Peace to War*, pp. 169-185.

Hoffmann, Joachim, "The Conduct of the War Through Soviet Eyes", in Militärgeschichtliches Forschungsamt (ed.), *Germany and the Second World War. Volume IV*, pp. 833-941.

Howell, Edgar M., *The Soviet Partisan Movement 1941-1944* (Washington, DC, 1956).

Humburg, Martin, *Das Gesicht des Krieges. Feldpostbriefe von Wehrmachtssoldaten aus der Sowjetunion 1941-1944* (Wiesbaden, 1998).

Humburg, Martin, *Hitlers Heerführer. Die deutschen Oberbefehlshaber im Krieg gegen die Sowjetunion 1941/42* (Munique, 2006).

Hürter, Johannes (ed.), *Ein deutscher General an der Ostfront. Die Briefe und Tagebücher des Gotthard Heinrici 1941/42* (Erfurt, 2001).

Irving, David, *Hitler's War. Volume I* (Nova York, 1977).

————, *The Rise and Fall of the Luftwaffe. The Life of Erhard Milch* (Londres, 1973).

Jacobsen, Hans-Adolf (ed.), *Kriegstagebuch des Oberkommandos der Wehrmacht (Wehrmachtfürungsstab). Band I/2. 1. August 1940-31. Dezember 1941* (Munique, 1982).

Jarausch, Konrad H., *Reluctant Accomplice. A Wehrmacht Soldier's Letters from the Eastern Front* (Princeton, 2011).

Jones, Michael, *The Retreat. Hitler's First Defeat* (Londres, 2009).

Jones, Robert Huhn, *The Roads to Russia. United States Lend-Lease to the Soviet Union* (Norman, 1969).

Joseph, Frank, *The Axis Air Forces. Flying in Support of the German Luftwaffe* (Santa Barbara, 2011).

Juliá, Xavier Moreno. *La División Azul. Sangre española en Rusia, 1941-1945* (Barcelona, 2005).

Kagan, Frederick W., "Russia's Wars with Napoleon, 1805-1815", in Kagan and Higham (eds.), *The Military History of Tsarist Russia*, pp. 107-122.

Kagan, Frederick W. e Robin Higham (eds.), *The Military History of Tsarist Russia* (Nova York, 2002).

Kay, Alex J., *Exploitation, Resettlement, Mass Murder. Political and Economic Planning for German Occupation Policy in the Soviet Union, 1940-1941* (Oxford, 2006).

————, "Germany's Staatssekretäre, Mass Starvation and the Meeting of 2 May 1941", *Journal of Contemporary History 41*, 4 (outubro de 2006), pp. 685-700.

————, "'The Purpose of the Russian Campaign Is the Decimation of the Slavic Population by Thirty Million': The Radicalization of German Food Policy in Early 1941", in Kay, Rutherford e Stahel (eds.), *Nazi Policy on the Eastern Front*, 1941, pp. 101-129.

————, "Revisiting the Meeting of the Staatssekretäre on 2 May 1941: A Response to Klaus Jochen Arnold and Gert C. Lübbers", *Journal of Contemporary History 43*, 1 (janeiro de 2008), pp. 93-104.

————, "A War in a Region Beyond State Control? The German-Soviet War, 1941-1944", *War in History*, 18, 1 (janeiro de 2011) pp. 109-122.

————, Jeff Rutherford e David Stahel (eds.), *Nazi Policy on the Eastern Front, 1941. Total War, Genocide and Radicalization* (Rochester, 2012).

Kemp, Paul, *Convoy! Drama in Arctic Waters* (Londres, 1993).

Kempowski, Walter (ed.), *Das Echolot Barbarossa '41. Ein kollektives Tagebuch* (Munique, 2004).

Kenez, Peter, "Black and White: The War on Film", in Stites (ed.), *Culture and Entertainment in Wartime Russia*, pp. 157-175.

Kern, Erich, *Dance of Death* (Nova York, 1951).

Kern, Ernst, *War Diary 1941-1945. A Report* (Nova York, 1993).

Kershaw, Ian, *Fateful Choices. Ten Decisions that Changed the World, 1940-1941* (Nova York, 2007).

————, *Hitler 1936-1945. Nemesis* (Londres, 2001).

Kershaw, Robert, *War Without Garlands. Operation Barbarossa 1941/42* (Nova York, 2000).

Kesselring, Albrecht, *The Memoirs of Field-Marshal Kesselring* (Londres, 1988).

Kirchubel, Robert, *Hitler's Panzer's Armies on the Eastern Front* (Barnsley, 2009).

————, *Operation Barbarossa 1941 (3). Army Group Centre* (Oxford, 2007).

Kitchen, Martin, *British Policy Towards the Soviet Union During the Second World War* (Londres, 1986).

———, *A World in Flames. A Short History of the Second World War in Europe and Asia 1939-1945* (Londres, 1990).

Kleindienst, Jürgen (ed.), *Sei tausendmal gegrüßt. Briefwechsel Irene und Ernst Guicking 1937-1945* (Berlim, 2001; inclui CD-ROM).

Kleinfeld, Gerald R. e Lewis A. *Tambs, Hitler's Spanish Legion. The Blue Division in Russia* (St. Petersburg, FL, 2005).

Klink, Ernst, "The Conduct of Operations", in Militärgeschichtliches Forschungsamt (ed.), *Germany and the Second World War. Volume IV*, pp. 525-763.

———, "The Military Concept of the War Against the Soviet Union", in Militärgeschichtliches Forschungsamt (ed.), *Germany and the Second World War. Volume IV*, pp. 225-325.

Knappe, Siegfried com Ted Brusaw, Soldat. *Reflections of a German Soldier, 1936-1949* (Nova York, 1992).

Knopp, Guido, *Der Verdammte Krieg. 'Unternehmen Barbarossa'* (Munique, 1998).

Knox, MacGregor, *Hitler's Italian Allies. Royal Armed Forces, Fascist Regime, and the War of 1940-1943* (Cambridge, 2009).

Koch-Erpach, R., "4th Panzer Division's Crossing of the Dnepr River and the Advance to Roslavl", in Glantz (ed.), *The Initial Period of War on the Eastern Front 22 June-August 1941*, pp. 403-404.

Koschorrek, Günter K., *Blood Red Snow. The Memoirs of a German Soldier on the Eastern Front* (Londres, 2002).

Krebs, Gerhard, "Japan and the German-Soviet War, 1941", in Wegner (ed.), *From Peace to War*, pp. 541-560.

Krivosheev, G. F. (ed.), *Soviet Casualties and Combat Losses in the Twentieth Century* (Londres, 1997).

Kroener, Bernhard R., "The Winter Crisis of 1941-1942: The Distribution of Scarcity or Steps Towards a More Rational Management of Personnel", in Militärgeschichtliches Forschungsamt (ed.), *Germany and the Second World War. Volume V/I*, pp. 1001-1127.

Krumpelt, Ihno, *Das Material und die Kriegführung* (Frankfurt am Main, 1968).

Krylov, N., *Glory Eternal. Defence of Odessa 1941* (Moscou, 1972).

Krylova, Anna, *Soviet Women in Combat. A History of Violence on the Eastern Front* (Cambridge, 2010).

Kubik, Willi, *Erinnerungen eines Panzerschützen 1941-1945. Tagebuchaufzeichnung eines Panzerschützen der Pz.Aufkl.Abt. 13 im Russlandfeldzug* (Würzburg, 2004).

Kuhnert, Max, *Will We See Tomorrow? A German Cavalryman at War, 1939-1942* (Londres, 1993).

Kunz, Norbert, "Das Beispiel Charkow: Eine Stadtbevölkerung als Opfer der deutschen Hungerstrategie 1941/42", in Christian Hartmann, Johannes Hürter e Ulrike Jureit (eds.), *Verbrechen der Wehrmacht. Bilanz einer Debatte* (Munique, 2005), pp. 136-144.

Kursietis, Andris J., *The Wehrmacht at War 1939-1945. The Units and Commanders of the German Ground Forces During World War II* (Soesterberg, 1999).

Lamb, Richard, "Kluge", in Correlli Barnett (ed.), *Hitler's Generals* (Londres, 1989), pp. 395-409.

Lammers, Walther (ed.), *"Fahrtberichte" aus der Zeit des deutsch-sowjetischen Krieges 1941. Protokolle des Begleitoffiziers des Kommandierenden Generals LIII. Armeekorps* (Boppard am Rhein, 1988).

Landon, H. C. Robbins e Sebastian Leitner (eds.), *Diary of a German Soldier* (Londres, 1963).

Lange, Horst, *Tagebücher aus dem Zweiten Weltkrieg* (Mainz, 1979).

Leach, Barry, *German Strategy Against Russia 1939-1941* (Oxford, 1973).

LeDonne, John P., *The Grand Strategy of the Russian Empire, 1650-1831* (Oxford, 2004).

Lehnstaedt, Stephan, 'The Minsk Experience: German Occupiers and Everyday Life in the Capital of Belarus", in Kay, Rutherford e Stahel (eds.), *Nazi Policy on the Eastern Front, 1941*, pp. 240-266.

Lévesque, Jean, "A Peasant Ordeal: The Soviet Countryside", in Stone (ed.) *The Soviet Union at War 1941-1945*, pp. 182-214.

Leyen, Ferdinand Prinz von der, *Rückblick zum Mauerwald. Vier Kriegsjahre im OKH* (Munique, 1965).

Liddell Hart, Basil, *The Other Side of the Hill* (Londres, 1999).

Lieven, Dominic, *Russia Against Napoleon. The Battle for Europe, 1807 to 1814* (Londres, 2010).

Lossberg, Bernhard von, *Im Wehrmachtführungsstab. Bericht eines Generalstabsoffiziers* (Hamburgo, 1950).

Loud, Graham A., *The Crusade of Frederick Barbarossa. The History of the Expedition of the Emperor Frederick and Related Texts* (Farnham, 2010).

Lower, Wendy, "Axis Collaboration, Operation Barbarossa, and the Holocaust in Ukraine", in Kay, Rutherford and Stahel (eds.), *Nazi Policy on the Eastern Front, 1941*, pp. 186-219.

———, *Nazi Empire-Building and the Holocaust in Ukraine* (Chapel Hill, 2005).

Lubbeck, William com David B. Hurt, *At Leningrad's Gates. The Story of a Soldier with Army Group North* (Filadélfia, 2006).

Lubrich, Oliver (ed.), *Travels in the Reich. Foreign Authors Report from Germany* (Chicago, 2010).

Lucas, James, *Das Reich. The Military Role of the 2nd SS Division* (Londres, 1991).

———, *Das Reich. War of the Eastern Front 1941-1945. The German Soldier in Russia* (Londres, 1980).

Luck, Hans von, *Panzer Commander. The Memoirs of Colonel Hans von Luck* (Nova York, 1989).

Macksey, Kenneth, *Guderian. Panzer General* (Londres, 1975).

Magenheimer, Heinz, *Hitler's War. Germany's Key Strategic Decisions 1940-1945* (Londres, 1999).

Maisky, Ivan, *Memoirs of a Soviet Ambassador. The War 1939-1943* (Londres, 1967).

de Maizière, Ulrich, *In der Pflicht. Lebensbericht eines deutschen Soldaten im 20. Jahrhundert* (Bielefeld, 1989).

Manstein, Erich von, *Lost Victories* (Novato, 1994).

———, *Verlorene Siege. Erinnerungen 1939-1944* (Bonn, 1991).

Mark-Alan, Roy, *White Coats Under Fire. With the Italian Expedition Corps in Russia – 1941* (Nova York, 1972).

Mawdsley, Evan, *Thunder in the East. The Nazi-Soviet War 1941-1945* (Londres, 2005).

Mazower, Mark, *Hitler's Empire. Nazi Rule in Occupied Europe* (Londres, 2009).

Megargee, Geoffrey P., *Inside Hitler's High Command* (Lawrence, 2000).

———, "Questions and Answers: Geoffrey P. Megargee", *Global War Studies* 7, 2, (2010), pp. 193-202.

———, "Vernichtungskrieg: Strategy, Operations, and Genocide in the German Invasion of the Soviet Union, 1941", in *Acta of the International Commission on Military History's XXXIV Annual Congress* (Commissione Italiana di Storia Militare, 2009), pp. 459-464.

———, *War of Annihilation. Combat and Genocide on the Eastern Front 1941* (Lanham, 2006).

Meier-Welcker, Hans, *Aufzeichnungen eines Generalstabsoffiziers 1939-1942* (Friburgo, 1982).

Mellinger, George, *Soviet Lend-Lease Fighter Aces of World War 2* (Oxford, 2006).

Menger, Manfred, "Germany and the Finnish 'Separate War' Against the Soviet Union", in Wegner (ed.), *From Peace to War*, pp. 525-539.

Menning, Bruce W., "The Imperial Russian Army 1725-1796", in Kagan e Higham (eds.), *The Military History of Tsarist Russia*, pp. 48-75.

Merridale, Catherine, *Ivan's War. Life and Death in the Red Army, 1939-1945* (Nova York, 2006).

Metelmann, Henry, *Through Hell for Hitler* (Havertown, 2005).

Meyer, Georg, *Adolf Heusinger. Dienst eines deutschen Soldaten 1915 bis 1964* (Berlim, 2001).

Militärgeschichtliches Forschungsamt (ed.), *Das Deutsche Reich und der Zweite Weltkrieg. Band 4. Der Angriff auf die Sowjetunion* (Stuttgart, 1983).

———, *Germany and the Second World War. Volume IV. The Attack on the Soviet Union* (Oxford, 1998).

———, *Germany and the Second World War. Volume V/I. Organization and Mobilization of the German Sphere of Power* (Oxford, 2000).

Ministério das Relações Exteriores da URSS (ed.), *Stalin's Correspondence with Churchill, Attlee, Roosevelt and Truman 1941-1945* (Nova York, 1958).

Mitcham, Samuel W. Jr, *The Men of Barbarossa. Commanders of the German Invasion of Russia, 1941* (Newbury, 2009).

Moritz, Erhard (ed.), *Fall Barbarossa. Dokumente zur Vorbereitung der faschistischen Wehrmacht auf die Aggression gegen die Sowjetunion (1940/41)* (Berlim, 1970).

Muggeridge, Malcolm (ed.), *Ciano's Diary 1939-1943* (Kingswood, 1947).

Muller, Richard, *The German Air War in Russia* (Baltimore, 1992).

Müller, Rolf-Dieter, *An der Seite der Wehrmacht. Hitlers ausländische Helfer beim "Kreuzzug gegen den Bolschewismus" 1941-1945* (Berlim, 2007).

————, "Beginnings of a Reorganization of the War Economy at the Turn of 1941/1942", in Militärgeschichtliches Forschungsamt (ed.), *Germany and the Second World War. Volume V/I*, pp. 722-786.

————, "The Failure of the Economic 'Blitzkrieg Strategy'", in Militärgeschichtliches Forschungsamt (ed.), *Germany and the Second World War. Volume IV*, pp. 1081-1188.

————, "The Victor's Hubris: Germany Loses Its Lead in Armaments After the French Campaign", in Militärgeschichtliches Forschungsamt (ed.), *Germany and the Second World War. Volume V/I*, pp. 564-721.

Müller, Rolf-Dieter e Gerd R. Ueberschär, *Hitler's War in the East 1941-1945. A Critical Assessment* (Oxford, 2009).

Müller-Hillebrand, Burkhart, *Das Heer 1933-1945. Band III. Der Zweifrontenkrieg. Das Heer vom Beginn des Feldzuges gegen die Sowjetunion bis zum Kriegsende* (Frankfurt am Main, 1969).

Munoz, Antonio e Oleg V. Romanko, *Hitler's White Russians. Collaboration, Extermination and Anti-Partisan Warfare in Byelorussia 1941-1944. A Study of White Russian Collaboration and German Occupation Policies* (Nova York, 2003).

Munzel, Oskar, Panzer-Taktik. *Raids gepanzerter Verbände im Ostfeldzug 1941/42* (Neckargemünd, 1959).

Murray, Williamson, *The Luftwaffe 1933-1945. Strategy for Defeat* (Washington, DC, 1996).

Nagorski, Andrew, *The Greatest Battle. Stalin, Hitler, and the Desperate Struggle for Moscow that Changed the Course of World War II* (Nova York, 2007).

Neitzel, Sönke, *Tapping Hitler's Generals. Transcripts of Secret Conversations, 1942-1945* (St Paul, 2007).

Nelson, Anne, *Red Orchestra. The Story of the Berlin Underground and the Circle of Friends Who Resisted Hitler* (Nova York, 2009).

Neulen, Hans Werner, *In the Skies of Europe. Air Forces Allied to the Luftwaffe 1939-1945* (Ramsbury, 2000).

Newton, Steven H., *Hitler's Commander. Field Marshal Walter Model – Hitler's Favorite General* (Cambridge, MA, 2006).

Noggle, Anne, *A Dance with Death. Soviet Airwomen in World War II* (College Station, TX, 1994).

Obhoda, Amir e Jason D. Mark, *Croatian Legion. The 369th (Croatian) Infantaria Regiment on the Eastern Front 1941-1943* (Pymble, 2011).

Obryn'ba, Nikolai I., *Red Partisan. The Memoir of a Soviet Resistance Fighter on the Eastern Front* (Washington, DC, 2007).

Ochsenknecht, Ingeborg, *"Als ob der Schnee alles zudeckte". Eine Krankenschwester erinnert sich an ihren Kriegseinsatz an der Ostfront* (Berlim, 2005).

Osten-Sacken, Peter von der, *Vier Jahre Barbarossa. Authentische Berichte aus dem Russlandfeldzug 1941 bis 1945* (Frankfurt am Main, 2005).

O'Sullivan, Donal, *Dealing with the Devil. Anglo-Soviet Intelligence Cooperation During the Second World War* (Nova York, 2010).

Overmans, Rüdiger, *Deutsche militärische Verluste im Zweiten Weltkrieg* (Munique, 2000).

Overy, Richard, *Russia's War* (Londres, 1997).

————, "Statistics", in I. C. B. Dear e M. R. D. Foot (eds.), *The Oxford Companion to the Second World War* (Oxford, 1995).

————, *Why the Allies Won* (Nova York, 1996).

Pabst, Helmut, *The Outermost Frontier. A German Soldier in the Russian Campaign* (Londres, 1957).

Paoletti, Ciro, *A Military History of Italy* (Westport, 2008).

Pennington, Reina, "Offensive Women: Women in Combat in the Red Army in the Second World War", *Journal of Military History* 74, 3 (Julho de 2010), pp. 775-820.

————, *Wings, Women, and War. Soviet Airwomen in World War II Combat* (Lawrence, 2001).

————, "Women", in Stone (ed.), *The Soviet Union at War 1941-1945*, pp. 93-120.

Pichler, Hans, *Truppenarzt und Zeitzeuge. Mit der 4. SS-Polizei-Division an vorderster Front* (Dresden, 2006).

Piekalkiewicz, Janusz, *Moscow 1941. The Frozen Offensive* (Londres, 1981).

Pleshakov, Constantine, *Stalin's Folly. The Tragic First Ten Days of World War II on the Eastern Front* (Nova York, 2005).

Plocher, Hermann, *The German Air Force Versus Russia, 1941* (Nova York, 1965).

Pohl, Dieter, *Die Herrschaft der Wehrmacht. Deutsche Militärbesatzung und einheimische Bevölkerung in der Sowjetunion 1941-1944* (Munique, 2008).

Porter, Cathy e Mark Jones, *Moscow in World War II* (Londres, 1987).

Raus, Erhard, *Panzer Operations. The Eastern Front Memoir of General Raus, 1941-1945*, Steven H. Newton (ed.) (Cambridge, MA, 2005).

————, "Effects of Climate on Combat in European Russia", in Tsouras (ed.), *Fighting in Hell*, pp. 167-258.

Rauss, "Russian Combat Methods in World War II", in Tsouras (ed.), *Fighting in Hell*, pp. 13-153.

Reddemann, Karl (ed.), *Zwischen Front und Heimat. Der Briefwechsel des münsterischen Ehepaares Agnes und Albert Neuhaus 1940-1944* (Münster, 1996).

Rees, Laurence, *War of the Century. When Hitler Fought Stalin* (Londres, 1999).

Reese, Roger R., *Why Stalin's Soldiers Fought. The Red Army's Military Effectiveness in World War II* (Lawrence, 2011).

Reese, Willy Peter, *A Stranger to Myself. The Inhumanity of War. Russia, 1941-1944* (Nova York, 2005).

Reinhardt, Hans, "Panzer-Gruppe 3 in der Schlacht von Moskau und ihre Erfahrungen im Rückzug", *Wehrkunde Heft* 9 (Setembro de 1953).

Reinhardt, Klaus, *Moscow: The Turning Point. The Failure of Hitler's Strategy in the Winter of 1941-1942* (Oxford, 1992).

Roberts, Geoffrey, *Stalin's Wars. From World War to Cold War, 1939-1953* (New Haven, 2006).

Römer, Felix, "'Kein Problem für die Truppe'", *Die Zeit Geschichte – Hitlers Krieg im Osten* 2 (2011), pp. 42-45.

————, *Der Kommissarbefehl. Wehrmacht und NS-Verbrechen an der Ostfront 1941/42* (Paderborn, 2008).

————, "The Wehrmacht in the War of Ideologies: The Army and Hitler's Criminal Orders on the Eastern Front", in Kay, Rutherford e Stahel (eds.), *Nazi Policy on the Eastern Front, 1941*, pp. 73-100.

Röttiger, Hans, "XXXXI Panzer Corps During the Battle of Moscow in 1941 as a Component of Panzer Group 3", in Steven H. Newton (ed.), *German Battle Tactics in the Russian Front 1941-1945* (Atglen, 1994), pp. 13-54.

Rudel, Hans Ulrich, *Stuka Pilot* (Nova York, 1979).

Rutherford, Jeffrey, "The Radicalization of German Occupation Policies: Wirtschaftsstab Ost and the 121st Infantaria Division in Pavlovsk, 1941", in Kay, Rutherford e Stahel (eds.), *Nazi Policy on the Eastern Front, 1941*, pp. 130-154.

Salisbury, Harrison E. (ed.), *Marshal Zhukov's Greatest Battles* (Londres, 1971).

Salisbury, Harrison E. *The Unknown War* (Londres, 1978).

Schäufler, Hans (ed.), *Knight's Cross Panzers. The German 35th Panzer Regiment in WWII* (Mechanicsburg, 2010).

Scheuer, Alois, *Briefe aus Russland. Feldpostbriefe des Gefreiten Alois Scheuer 1941-1942* (St Ingbert, 2000).

Schmider, Klaus, "German Military Tradition and the Expert Opinion on Werner Mölders: Opening a Dialogue Among Scholars", *Global War Studies* 7, 1 (2010), pp. 6-29.

Schröder, Hans Joachim, "'German Soldiers' Experiences During the Initial Phase of the Russian Campaign", in Wegner (ed.), *From Peace to War*, pp. 309-324.

Schüler, Klaus, "The Eastern Campaign as a Transportation and Supply Problem", in Wegner (ed.), *From Peace to War*, pp. 205-222.

Schulte, Theo, *The German Army and Nazi Policies in Occupied Russia* (Oxford, 1989).

————, "Die Wehrmacht und die nationalsozialistische Besatzungspolitik in der Sowjetunion", in Roland G. Foerster (ed.), *"Unternehmen Barbarossa". Zum historischen Ort der deutsch-sowjetischen Beziehungen von 1933 bis Herbst 1941* (Munique, 1993), pp. 163-176.

Seaton, Albert, *The Battle for Moscow* (Nova York, 1971).

————, *The Russo-German War 1941-1945* (Novato, 1971).

Sebastian, Mihail, *Journal, 1935-1944* (Londres, 2003).

Shepherd, Ben, *War in the Wild East. The German Army and Soviet Partisans* (Cambridge, 2004).

Showalter, Dennis, *The Wars of Frederick the Great* (Londres, 1996).

Shtemenko, Sergei M., *The Soviet General Staff at War 1941-1945* (Moscou, 1975).

Simms, Brendan, "Walther von Reichenau: der politische General", in Ronald Smelser e Enrico Syring (eds.), *Die Militärelite des Dritten Reiches. 27 biographische Skizzen* (Berlim, 1995), pp. 423-445.

Slepyan, Kenneth, "The People's Avengers: The Partisan Movement", in Stone (ed.), *The Soviet Union at War 1941-1945*, pp. 154-181.

————, *Stalin's Guerrillas. Soviet Partisans in World War II* (Lawrence, 2006).

Smelser, Ronald e Edward J. Davies II, *The Myth of the Eastern Front. The Nazi-Soviet War in American Popular Culture* (Cambridge, 2008).

Smith, Bradley F., *Sharing Secrets with Stalin. How the Allies Traded Intelligence, 1941-1945* (Lawrence, 1996).

Smith, Howard K., *Last Train from Berlin* (Nova York, 1943).

Snyder, Timothy, Bloodlands. *Europe Between Hitler and Stalin* (Nova York, 2010).

Stader, Ingo (ed.), *Ihr daheim und wir hier draußen. Ein Briefwechsel zwischen Ostfront und Heimat Juni 1941-März 1943* (Colônia, 2006).

Stahel, David, "Bloodlands: Europe Between Hitler and Stalin", *Journal of Military History 75*, 1 (janeiro de 2011), pp. 320-322.

———, *Kiev 1941. Hitler's Battle for Supremacy in the East* (Cambridge, 2012).

———, *Operation Barbarossa and Germany's Defeat in the East* (Cambridge, 2009).

———, "Radicalizing Warfare: The German Command and the Failure of Operation Barbarossa", in Kay, Rutherford e Stahel (eds.), *Nazi Policy on the Eastern Front, 1941*, pp. 19-44.

Stahlberg, Alexander, *Bounden Duty. The Memoirs of a German Officer 1932-1945* (Londres, 1990).

Statiev, Alexander, "Blocking Units in the Red Army", *Journal of Military History 76*, 2 (abril, 2012), pp. 475-495.

Steiger, Rudolf, *Armour Tactics in the Second World War. Panzer Army Campaigns of 1939-1941 in German War Diaries* (Oxford, 1991).

Stein, George H., *The Waffen SS. Hitler's Elite Guard at War 1939-1945* (Nova York, 1984).

Stein, Marcel, *A Flawed Genius. Field Marshal Walter Model. A Critical Biography* (Solihull, 2010).

Steinert, Marlis, *Hitlers Krieg und die Deutschen. Stimmung und Haltung der deutschen Bevölkerung im Zweiten Weltkrieg* (Düsseldorf e Viena, 1970).

Stephan, Robert W., *Stalin's Secret War. Soviet Counterintelligence Against the Nazis, 1941-1945* (Lawrence, 2004).

Stern, J. P., Hitler. *The Führer and the People* (Berkeley, 1992).

Stites, Richard (ed.), *Culture and Entertainment in Wartime Russia* (Bloomington e Indianápolis, 1995).

Stolfi, R. H. S., *Hitler's Panzers East. World War II Reinterpreted* (Norman, 1993).

Stone, David R., *A Military History of Russia. From Ivan the Terrible to the War in Chechnya* (Westport, 2006).

———, (ed.), *The Soviet Union at War 1941-1945* (Barnsley, 2010).

Strauss, Franz Josef, *Friedens- und Kriegserlebnisse einer Generation. Ein Kapitel Weltgeschichte aus der Sicht der Panzerjäger-Abteilung 38 (SF) in der ehemaligen 2. (Wiener) Panzerdivision* (Neckargemünd, 1977).

Streit, Christian, *Keine Kameraden. Die Wehrmacht und die sowjetischen Kriegsgefangenen 1941-1945* (Bonn, 1997).

———, "Soviet Prisoners of War in the Hands of the Wehrmacht", in Hannes Heer e Klaus Naumann (eds.), *War of Extermination. The German Military in World War II 1941-1944* (Oxford, 2006), pp. 80-91.

BIBLIOGRAFIA

———, "Die sowjetischen Kriegsgefangenen in der Hand der Wehrmacht", in Walter Manoschek (ed.), *Die Wehrmacht im Rassenkrieg. Der Vernichtungskrieg hinter der Front* (Viena, 1996), pp. 74-89.

Stützel, Rudolf, *Feldpost. Briefe und Aufzeichnungen eines 17-Jährigen 1940-1945* (Hamburgo, 2005).

Sweeting, C. G., *Blood and Iron. The German Conquest of Sevastopol* (Washington, DC, 2004).

Taylor, Brian, *Barbarossa to Berlin. A Chronology of the Campaigns on the Eastern Front 1941 to 1945. Volume 1 The Long Drive East 22 June 1941 to 18 November 1942* (Staplehurst, 2003).

Tewes, Ernst, *Seelsorger bei den Soldaten. Erinnerungen an die Zeit von 1940 bis 1945* (Munique, 1995).

Thomas, David, "Foreign Armies East and German Military Intelligence in Russia 1941-1945", *Journal of Contemporary History* 22 (1987), pp. 261-301.

Thomas, Georg, *Geschichte der deutsch Wehr- und Rüstungswirtschaft (1918-1943/45)*, Wolfgang Birkenfeld (ed.) (Boppard am Rhein, 1966).

Tooze, Adam, *The Wages of Destruction. The Making and Breaking of the Nazi Economy* (Londres, 2006).

Trevor-Roper, Hugh R. (ed.), *Hitler's Table Talk, 1941-1944. His Private Conversations* (Londres, 2000).

———, *Hitler's War Directives 1939-1945* (Londres, 1964).

True to Type. A Selection from Letters and Diaries of German Soldiers and Civilians Collected on the Soviet-German Front (Londres, sem data).

Tsouras, Peter G. (ed.), *Fighting in Hell. The German Ordeal on the Eastern Front* (Nova York, 1998).

Tsouras, Peter G., "Introduction", in Tsouras (ed.), *Fighting in Hell*, pp. 1-9.

———, (ed.), *Panzers on the Eastern Front. General Erhard Raus and His Panzer Divisions in Russia 1941-1945* (Londres, 2002).

Turney, Alfred W., *Disaster at Moscow. Von Bock's Campaigns 1941-1942* (Albuquerque, 1970).

Tuyll, Hubert P. van, *Feeding the Bear. American Aid to the Soviet Union, 1941-1945* (Westport, 1989).

Ueberschär, Gerd R. (ed.), "Armeebefehl des Oberbefehlshabers der 6. Armee, Generalfeldmarschall von Reichenau, vom 10.10.1941", in Ueberschär e Wette (eds.), *"Unternehmen Barbarossa"*, pp. 339-340.

———, "Befehl des Oberbefehlshabers der Heeresgruppe Süd, Generalfeldmarschall von Rundstedt, vom 12.10.1941", in Ueberschär and Wette (eds.), *"Unternehmen Barbarossa"*, p. 340.

Ueberschär, Gerd R. "Das Scheitern des Unternehmens "Barbarossa': Der deutsch-sowjetische Krieg vom Überfall bis zur Wende vor Moskau im Winter 1941/42", in Ueberschär e Wette (eds.), 'Unternehmen Barbarossa', pp. 141-172.

Ueberschär, Gerd R. e Wolfram Wette (eds.), 'Unternehmen Barbarossa'. Der deutsche Überfall auf die Sowjetunion 1941 (Paderborn, 1984).

Vehviläinen, Olli, *Finland in the Second World War. Between Germany and Russia* (Nova York, 2002).

Volkogonov, Dmitrij A., "Stalin as Supreme Commander", in Wegner (ed.), *From Peace to War*, pp. 463-478.

Wagener, Carl, *Moskau 1941. Der Angriff auf die russische Hauptstadt* (Dorheim, 1985).

Wagner, Elisabeth (ed.), *Der Generalquartiermeister. Briefe und Tagebuchaufzeichnungen des Generalquartiermeisters des Heeres General der Artillerie Eduard Wagner* (Munique, 1963).

Warlimont, Walter, *Im Hauptquartier der deutschen Wehrmacht 1939 bis 1945. Band 1: September 1939-November 1942* (Koblenz, 1990). Tradução para o inglês: *Warlimont, Walter, Inside Hitler's Headquarters, 1939-1945* (Nova York, 1964).

Weal, John, *More Bf 109 Aces of the Russian Front* (Oxford, 2007).

Wegner, Bernd (ed.), *From Peace to War. Germany, Soviet Russia and the World, 1939-1941* (Oxford, 1997).

Weinberg, Gerhard L., "The Yelnya-Dorogobuzh Area of Smolensk Oblast", in John A. Armstrong (ed.), *Soviet Partisans in World War II* (Madison, 1964) pp. 389-457.

Werth, Alexander, *Russia at War 1941-1945* (Nova York, 1964).

Wette, Wolfram, *Retter in Uniform. Handlungsspielräume im Vernichtungskreig der Wehrmacht* (Frankfurt am Main, 2003).

———, *The Wehrmacht. History, Myth, Reality* (Cambridge, 2006).

Wettstein, Adrian, "Operation 'Barbarossa' und Stadtkampf", *Militärgeschichtliche Zeitschrift 66* (2007), pp. 21-44.

———, "Urban Warfare Doctrine on the Eastern Front", in Kay, Rutherford e Stahel (eds.), *Nazi Policy on the Eastern Front*, 1941, pp. 45-72.

Woodman, Richard, *Arctic Convoys 1941-1945* (Barnsley, 2007).

Zamoyski, Adam, *1812. Napoleon's Fatal March on Moscow* (Londres, 2004).

Zhukov, G. K., *The Memoirs of Marshal Zhukov* (Londres, 1971).

Ziemke, Earl F., *The German Northern Theater of Operations 1940-1945* (Washington, DC, 1959).

Ziemke, Earl F. e Magna E. Bauer, *Moscow to Stalingrad. Decision in the East* (Nova York, 1988).

Zinsser, Hans, *Rats, Lice and History* (Boston, 1963).

Zobel, Horst, "3rd Panzer Division Operations", in Glantz (ed.), *The Initial Period of War on the Eastern Front 22 June-August 1941*, pp. 238-247.

———, "3rd Panzer Division's Advance to Mogilev", in Glantz (ed.), *The Initial Period of War on the Eastern Front 22 June-August 1941*, pp. 393-397.

Índice remissivo

1º Grupo *Panzer* (até 6 de outubro de 1941; ver depois "Exércitos (alemães), 1º *Panzer*") 23, 35, 51, 94, 308, 311, 332

2º Grupo *Panzer* (até 6 de outubro de 1941; ver depois "Exércitos (alemães), 2º *Panzer*")
  desdobramento 35, 51-52
  força *Panzer* 60
  perdas 39, 144
  problemas operacionais 81-83
  redesignação 92
  relatórios de batalha 56, 72

3º Grupo *Panzer*
  avanço para Kalinin 111, 142, 147-153
  cavalos 215
    cerco de Viazma 95-96, 98-100, 106, 131-133, 134-136, 163, 168
  combate em torno de Kalinin 204-211, 268, 277-284
  desdobramento 35, 51-51, 80, 202
  força *Panzer* 60
  novas operações 289, 320-321
  novo comandante 102
  problemas operacionais 83, 141, 188
  relatórios de batalha 73, 78

4º Grupo *Panzer*
  ataque a Moscou 100, 195, 268-271, 276-277, 313-315
  desdobramento 23, 34, 80, 112
  novas operações 320
  Operação Barbarossa 51
  relatórios de batalha 73
  Viazma 106, 130-131, 163

África do Norte 39, 175, 262-263, 341
Afrikakorps 341
Agência de Relações Exteriores e Contraespionagem 300-301
Aleksin 336
Alemanha
  economia de guerra 40-42
Alexandre I, czar 17, 266
Anatolia 69
Antonescu, Ion 127, 221, 309-310
Archangel 258-260
Arnim, Hans-Jürgen von 94
Ásia Central 19
Auchinleck, Claude 341, 391
Auleb, Helge 111
Austerlitz, batalha de 30
Áustria 28
Avdotnya 296
Azov, batalha do mar de 172, 221
Azov, batalha do mar de 332
Azul, Operação 284
Bagration, Petr 30
Báltico, mar 51, 62
Bär, Heinz 79
Barbarossa, Operação 15, 33, 51-52, 302, 322
Barclay de Tolly, Andreas 30-31
Barents, mar de 51, 261
Baromykin, Boris 270
Bätcher, Hans-Georg 258
Battleaxe, Operação 263
Becker, Hans 193
Belarus (Bielorrússia) 23, 89, 302

Bélgica 309,

Below, Nicolaus von 117

Belyasnik, Petr 262

Beria, L. P.87-89, 240

Berlim 21, 74-75, 122, 223, 250-251

Bessarábia 89, 308-309

Bejetsk 280-282, 287-289

Bidermann, Gottlob 151, 174, 190, 230-231, 253, 275

Bismarck, Georg von 72

Bittrich, Wilhelm 198

Bletchley, Parque 304

Blumentritt, Günther
  ataque a Moscou 186, 267
  correspondência pós-guerra 338
  Operação Barbarossa 44-45
  pensamento estratégico 108, 114, 129, 169
  propaganda 122, 318, 336

Bock, Fedor von 15
  cerco de Briansk 106-107, 178-179
  Divisão Azul Espanhola 306-307
  impacto do clima 98, 266-268
  Kalinin 206-207, 210, 279-281
  novas operações 287-291, 318-321
  operações de outubro 329-331
  otimismo para a Tufão 38, 73-74, 325-327
  pensamento estratégico 98, 138, 146, 186, 202, 204, 219, 313-315, 322-323
  planejamento para a Tufão 62-64
  prisioneiros de guerra soviéticos 183
  relacionamento com comandantes 90-94, 102
  Viazma, cerco de 96-98, 107-110, 132-134, 136, 161, 169-170

Bogolyubskaya, Irina 240

Bolshoi, Teatro 240, 249

Bonaparte, Napoleão 17, 30-32, 36, 45, 101, 114-115, 160, 198-199, 266, 299, 328

Borodino, batalha de 31, 198

Brauchitsch, Walter von 81
  logística 220
  novas operações 287-291

OKH, diretivas do 98, 256

pensamento estratégico 62, 129, 202, 266-267, 280

perdas da *Luftwaffe* 250

Braun, H. E. 162-163

Breith, Hermann 211

Bremen 224

Brest-Litovsk, Tratado de 87

Brest, Fortaleza de 51, 240

Brest(-Litovsk) 228, 383

Briansk 103
  ataque a Moscou 186
  disputas de comando 102, 106, 281
  forças motorizadas 60, 78
  novas operações 287-290

Briansk 62, 80, 91, 218-220, 235, 286, 324

Briansk, batalha de 16, 337
  cerco 94-96, 103-106
  combate para escapar do bolsão 136-138, 177-183

Brigada Rápida Eslovaca 311

Brockdorff-Ahlefeldt, Walter Graf von 295

Bruch, Gerhard von 277, 317

Bucareste 222, 247, 309

Bucovina 89

Bucovina do Norte 309

Budak, Mile 70

Budenny, S. M. 61

Bug, rio 228

Bumke, Ludwig 187

Busch, Ernst 51

Canaris, Wilhelm 300

Carlos XII, rei 27-28, 32, 45, 328

Cassidy, Henry 19, 248

Catarina II, czarina 30

Carlos, Ferdinand 51

Cáucaso 130, 271

Caulaincourt, Armand de 45-47, 101

Cavallero, Ugo 310

Cazaquistão 197

Chales de Beaulieu, Walter 61, 198

Cherevichenko, I. T. 221

Chern 285

China 301

Churchill, Winston 116, 176, 258-263, 341, 391

Ciano, Galeazzo 75, 116, 119, 203-204, 222, 310

Ciuperca, Nicolae 51

Clausen, batalha de 27-28

Clausewitz, Carl von 25-26, 32, 36, 49, 169, 221, 286

Clössner, Heinrich 105

Cochenhausen, Conrad von 179

Colônia 223

Comando de Bombardeio 223

Conferência dos Três Poderes 258-260

Conrado III, rei 69

Constantinopla 69

Corpo (exército alemão)
    II 296
    V 163, 313
    VI 280
    VIII 163
    IX 75, 172, 218
    XII 199, 271
    XIII 199, 271
    XX 273
    XXIII 280
    XXXIV 94, 214, 289
    XXXV 94, 103-105, 214, 289
    XXXXIII 54, 103, 215, 285
    LIII 137, 215-217

Corpo (húngaro)
    Corpo Móvel 310-311

Corpo (italiano)
    CSIR (Corpo Expedicionário Italiano na Rússia) 51, 310, 401

Corpo *Panzer* (alemão)
    XXIV *Panzer* 80
        ataque a Mtsensk 142-144, 211-213
        ataque a Tula 285
        desdobramento 100, 178
        problemas operacionais 83, 112, 218
    XXXX *Panzer*
        ataque a Moscou 195-196, 199, 269-270

XXXXI *Panzer* 103
    avanço para Kalinin 111, 147-151
    combate em torno de Kalinin 204-211, 277-279, 281-284, 318-321

XXXXVI *Panzer* 56
    ataque a Moscou 196-197, 268-269, 325
    problemas operacionais 83, 140, 275, 315
    Viazma 130, 162, 195

XXXXVII *Panzer*
    cerco de Briansk 177-179, 211
    desdobramento 80, 94, 100
    logística 220
    problemas operacionais 111, 114, 218
    relatórios de batalha 73

XXXXVIII *Panzer* 23, 80
    desdobramento 100, 105, 137, 289
    logística 220
    novas operações 287,
    problemas operacionais 113, 146, 213-214, 218

LVI *Panzer* 147-148
    avanço a partir de Viazma 205, 207-209, 277-278, 320, 379

LVII *Panzer* 108
    ataque a Moscou 112, 142-144, 195, 199-200, 271
    partisans 139

Crimeia 33, 221, 238, 263, 322

Cripps, Stafford 158, 258, 263

Crusader, Operação 263, 342

"Das Reich" 55, 195-199, 269-271, 274, 291

Deck, Josef 183

Degrelle, Léon 114, 186, 229, 400

Denisova, Maria 167, 171

Desna, rio 61, 62, 95

Detschino 200

Dietrich, Otto 117-118, 122-124, 186-187, 203, 336

Dinamarca 309

Diretiva de Guerra 32a 125
    guerra de aniquilação 338
    tratamento de prisioneiros de guerra soviéticos 183-186, 301

Divisão Azul Espanhola 306-307
Divisões (alemãs)
   1ª (Cavalaria) 97, 105, 217, 229, 306
   3ª (Motorizada) 143
   6ª (Infantaria) 111, 120, 149, 299
   7ª (Infantaria) 307
   8ª (Infantaria) 229
   10ª (Motorizada) 105, 137
   15ª (Infantaria) 273-274
   23ª (Infantaria) 131, 313
   25ª (Motorizada) 97, 105, 120, 137-138, 225
   28ª (Infantaria) 229
   29ª (Motorizada) 105, 137-138, 178
   30ª (Infantaria) 218
   35ª (Infantaria) 78, 163
   36ª (Motorizada) 149, 205-206, 210, 279, 282, 320
   46ª (Infantaria) 291
   52ª (Infantaria) 136, 179
   56ª (Infantaria) 217
   58ª (Infantaria) 71
   79ª (Infantaria) 64
   86ª (Infantaria) 91, 321
   87ª (Infantaria) 132
   98ª (Infantaria) 200, 266, 273, 292
   112a(Infantaria) 136
   129ª (Infantaria) 279, 282, 320-321
   131ª (Infantaria) 74
   134ª (Infantaria) 179
   137ª (Infantaria) 44,
   161ª (Infantaria) 107, 318
   162ª (Infantaria) 321
   163ª (Infantaria) 224
   167ª (Infantaria) 136
   252ª (Infantaria) 134
   263ª (Infantaria) 44
   267ª (Infantaria) 131
   268ª (Infantaria) 313
   293ª (Infantaria) 105, 137
   707ª (Infantaria) 141
divisões (eslovacas)
   Divisão Móvel 311-312
divisões (espanholas)

250ª (Infantaria) 306
divisões (soviéticas) 198
   3ª Divisão Comunista 242
   17ª Divisão de Rifle 239
   107ª Divisão de Rifle Motorizada 147
Divisões *Panzer*
   1º *Panzer*
      avanço inicial 72, 78, 80
      avanço para Kalinin 147-152
      combate em torno de Kalinin 204-209, 278-279, 282
   2º *Panzer* 35, 60
      ataque a Moscou 197, 269, 276
      cerco de Viazma 96, 108, 130, 134, 162-163
      problemas operacionais 85, 140, 325
   3º *Panzer* 53-54, 79, 328, 359
      ataque a Tula 211, 285-286
      problemas operacionais 112, 218
   4º *Panzer* 77-78
      cerco de Viazma 96
      Mtsensk 212-213
      problemas operacionais 81, 84-85, 143-144, 252
   5º *Panzer* 35, 60
      cerco de Viazma 108, 162
      problemas operacionais 86, 90, 140, 269
      relatórios de batalha 73, 107, 276
   6º *Panzer* 49, 80, 95, 110
      cerco de Viazma 131, 134, 148
      operações ao norte de Viazma 277-279, 282, 320-321
   7º *Panzer* 53, 95-96
      cerco de Viazma 131-133, 134, 163, 170, 304
      operações ao norte de Viazma 278, 282
   9º *Panzer* 113, 147, 213-214, 218, 220, 287
   10º *Panzer* 56, 96
      ataque a Moscou 198-199
      perdas 270-271, 276
   11º *Panzer* 108, 112, 394

ataque a Moscou 196-197, 269, 276, 318
cerco de Viazma 133, 161, 167
17º *Panzer* 80
ataque a Moscou 225
cerco de Briansk 94-95, 105, 136, 183
18º *Panzer* 85
cerco de Briansk 95, 106, 136, 177-182
logística 219-220
19º *Panzer* 78
ataque a Moscou 200, 271-273
20º *Panzer* 72, 78
ataque a Moscou 112, 143, 196, 199, 271, 276, 313
tratamento a civis soviéticos 193
24º *Panzer* 229
Dmitriev 100
Dmitriev-Lgovskiy 213
Dmitrovsk 78
Dnepropetrovsk 152, 206, 240
Dniepre, rio 33, 51, 73, 80, 132, 309
Donetsk, Bacia de 103, 126
Dorokhovo 170, 336
Dose, Wolf 71
Dukhovshchina 62
Dukhovshchina, Ofensiva 331
Dumitrescu, Petre 51
Dunkirk 176
Dvina, rio 51
Eberbach, Heinrich 144, 285-286
Eden, Anthony 263
Efferbergen, Hans 215
Efremov, M. G. 243
Egito 130
Ehrenburg, Ilya 244
Elizabeth, imperadora 101
Eremenko, A. I. 61, 75, 95, 105, 137-138, 178
Erfurth, Waldemar 44
Ershakov, A. N. 172
Esebeck, Hans-Karl Freiherr von 112
Eslováquia 51, 311-312
Espanha 51, 119, 306-307
Esquadrilha Azul Espanhola (Escuadrilla Azul) 78, 353

Estados Unidos da América 42, 125, 258
Exército Vermelho
armamentos 252-255
confrontando a Tufão 61-62, 73
engenhosidade do 85-87
força defensiva 302
força ofensiva 34, 47
fraquezas 33
geração de força 56-58
motivação 243-245,
na propaganda alemã 336
Exércitos (alemães)
1º *Panzer* 94, 221, 256
2º *Panzer*
ataque a Tula 268, 285-290, 315
cerco de Briansk 137, 179-181
desdobramento 202, 204,
estabelecimento 94
logística 113-114, 141, 144, 218-219
Mtsensk 211-214
4º *Panzer* 91
Segundo
ataque a Moscou 199
cerco de Briansk 95, 105, 136, 179
desdobramento 80, 94, 289
Quarto
ataque a Moscou 186, 195-196, 199-202, 268-273, 289-290, 313-316
desdobramento 80, 307
Operação Barbarossa 51
perdas 44, 325
Sexto 23, 51, 62, 94, 139, 284
Nono
cavalos 217
cerco de Viazma 163
desdobramento 80, 91, 151, 202, 204, 307
Kalinin 206-211, 279-281, 318-321
Operação Barbarossa 51, 102
perdas 44
Décimo-primeiro 51, 332
Décimo-sexto 51
Décimo-sétimo 51, 102, 308, 311

Décimo-oitavo 51
Exércitos (britânicos)
  Oitavo 341
  Décimo-terceiro 95, 105, 137
  Décimo-sexto 96, 157, 176, 242
  Décimo-oitavo 221, 332
Décimo-nono 96, 176
  Exército Costeiro 221
Exércitos (romenos)
  Terceiro 51, 310
  Quarto 51, 309
Exércitos (soviéticos)
  Terceiro 95, 136-137
  Quinto 157, 242-243
  Nono 221, 332
  Vigésimo 80, 96, 172, 176
  Vigésimo-segundo 158, 182, 205
  Vigésimo-quarto 80, 96, 172, 176
  Vigésimo-nono 158, 182, 205
  Trigésimo 158, 205
  Trigésimo-segundo 96, 172, 176
  Trigésimo-terceiro 182, 243
  Quadragésimo-terceiro 80, 157, 242-243
  Quadragésimo-nono 157, 242
  Quinquagésimo 95, 136-137, 178-179, 286
Exércitos Estrangeiros do Leste 301-302
Exércitos Estrangeiros do Oeste 301
Extremo Oriente 19
Fausten, Heinz Otto 72, 151
Fehn, Gustav 35, 86
Felber, Hans-Gustav 199
Feldt, Kurt 217
Filaret, Patriarch 26
Fili 235
Finlândia 189, 262, 301, 309, 312
Fischer, Wolfgang 96
Força Aérea Real 247, 261
Förster, Otto-Wilhelm 280
França 30, 39, 222, 228-229, 307-308
Franco, Francisco 119
Frederico I, Kaiser 49, 69-70
Frederico II, rei 30
Fremerey, Max 105

Frente Sudeste 33, 59, 157, 331
Frente Sul 221
frentes soviéticas
  Frente de Briansk 16
    cerco de 87, 94, 137, 182, 234
    combate em torno de Tula 286, 306, 322
    mobilização para a Tufão 61-62, 153, 331
  Frente de Leningrado 87, 239
  Frente Ocidental 16
    cerco de 87-90, 182, 234
    defesa de Moscou 157-158, 176, 200, 205, 242-243, 306, 322
    mobilização para a Tufão 61-62, 75, 153, 331
    na Operação Barbarossa 33, 51-53, 58
    operações de ofensiva 271
    perdas 243, 313
  Frente de Reserva 16
    cerco de 87-90, 182, 234
    desdobramento para a Tufão 61-62, 75, 153, 331
    junção com a Frente Ocidental 157
  Frente do Noroeste 98, 111, 157-158, 204-207
  Frente Kalinin 158
    combate em Kalinin 268, 277-279, 306, 318, 336
    em planos alemães 282, 322
    estabelecimento de 205
Friedland, batalha de 30
Frisch, Franz 109, 114
Fritzsche, Hans 124
Fromm, Fritz 42, 58
Frota Aérea 2 61, 78, 113, 205, 229, 247-249
  II Corpo Aéreo 79, 229
  VIII Corpo Aéreo 79, 151, 168, 186, 229
Frota Aérea 4 78
Fuchs, Karl 165, 168, 278, 297, 323
Funck, Hans Freiherr von 53, 95
Funk, Walter 126
Gablenz, Eccard Freiherr von 307

ÍNDICE REMISSIVO

Gareis, Martin 273, 323
Geyer, Hermann 75, 217
Giese, Hans-Albert 65
Goebbels, Joseph
 dúvidas pessoais 202-203, 221-223, 317
 em propaganda 224
 esforço de guerra espanhol 307
 otimismo quanto à guerra 17, 64-69, 96, 116-117, 267
 propaganda depois de Viazma 120-124, 127, 186-187, 284
Gollnick, Hans 206
Golubev, K. D. 242
Gomel 109
Gordon, Abram 170-171
Göring, Hermann 126, 224, 250
Grã-Bretanha 17, 50, 125, 176, 227, 249, 258, 262-264
Grã-Bretanha, batalha da 261
Grande Armée 30-31, 36, 45
Grande Guerra do Norte 27
Grandes, Agustín Muñoz 51, 306
Grécia 60
Greiffenberg, Hans von 108, 129, 203
Groener, Wilhelm 17
"Grossdeutschland" (Regimento de Infantaria) 136, 178
Grossman, Vassili 77, 80, 94, 98, 244
Grupo de Exércitos Centro
 ataque a Moscou 195-202, 266-273
 BBC, rádio 264
 cavalos 215-218
 cerco de Briansk 137, 177-183
 cerco de Viazma 90, 106-107, 169-170, 172-174
 doença/perdas 214-215, 273-276, 291-297, 297-300
 exércitos estrangeiros 306-309
 ferrovias 37-38, 109
 Grosstransportraum 37, 53, 109, 209-210, 277, 285
 logística 209-211, 218-219
 moral 229-231

objetivos 94, 213
Operação Barbarossa 51, 58-59
ordens 151
otimismo 129-130
partisans 140-142, 324
problemas climáticos 187-194
problemas operacionais 43-44, 53-56, 109-111, 322-323, 334-336
reforço para a Tufão16, 61-62
Grupo de Exércitos Norte 23, 51, 81, 306
 no planejamento da Tufão 98
 tratamento a judeus 191
Grupo de Exércitos Sul 23, 51, 62, 284, 332
 disputas dentro do 102
 formações do Eixo dentro do 309-312
 ordem de Reichenau 139
Grupo de Exércitos Vistula 403
Grupo dos Cárpatos 51
Guderian, Heinz 35
 ataque a Tula 285-291
 bolsão de Briansk 103-106, 137-138, 178-181
 clima afetando as operações 97, 190-191
 logística 218
 pensamento estratégico 45, 85, 100, 212-213, 268, 397
 planejamento para a Tufão 62-64
 problemas operacionais 79, 81-83, 144
 relações com colegas comandantes 91, 316
Guerra Austro-Prussiana (1866) 121
Guerra Civil Espanhola 240, 306, 353
Guerra Civil Russa 33
Guerra de Inverno 312
Guerra dos Sete Anos 28, 338
Guerra Franco-Prussiana (1870-1871) 121
Guerra Polonesa da Sucessão 28
Guerra Polonesa-Soviética 45
Guerra Russo-Turca de 1768-1774 30
Guerra Russo-Turca de 1787-1792 30
Guicking, Ernst 65, 136, 179, 215, 228, 257
Guilherme I, Kaiser 49-50
Günther, Helmut 228, 291, 297

Gjatsk 196
Haape, Heinrich 72, 97, 299, 398
Hager, Erich 75, 103, 225, 299
Halder, Franz 34
Hartmann, Hans Jürgen 75
Harz, Montanhas 49
Hassell, Ulrich von 227
Hausser, Paul 195
Heidelberg 28
Heinrici, Gotthard 54, 103, 285
Heitz, Walter 163
Hell, Ernst-Eberhard 273
Hellmich, Heinz 131
Helsinki 247
Henry, Harald 122, 179, 215, 228, 296
Heppermann, Heinz 187
Heusinger, Adolf 129-130, 186, 202, 289-290
Heysing, Günther 198, 270, 274
Himer, Kurt 291
Hitler, Adolf
  aliados do Eixo 309-310
  economia de guerra 125
  em propaganda 224
  Nova Ordem no leste 261
  novas operações 287-291
  Operação Barbarossa 50, 56, 330
  ordens para Bock 98
  otimismo para a Tufão 38, 71, 74-75, 81, 96, 124, 284, 317, 329, 336
  pensamento estratégico 108, 115-118, 219, 225, 247, 279-281, 305, 307, 315-316
  perdas da *Luftwaffe* 250
  recusa em considerer acordo de paz 89
  reforços para o Ostheer 38-39, 60
  sucesso romeno 221
Hoepner, Erich 23, 394
  avanço para Moscou 111-112, 199, 268, 318
  cerco de Viazma 96, 108, 195
  fracasso da Tufão 207, 360
  planejamento para a Tufão 62
  relações com outros comandantes 316
Hoffmann, Heinrich 79

Höhne, Gustav 229
Hopkins, Harry 224
Horn, Wolfgang 130, 168
Hörnlein, Walter 137
Horthy, Miklós 310-311
Hoth, Hermann 35
  planejamento para a Tufão 62
  problemas operacionais 78, 92
  promoção a comandante de exército 102-103
  relações com outros comandantes 316
Hubicki, Alfred Ritter von 113
Huebner, Johannes 257
Hungria 51, 69, 262, 301, 309-311
Hvalfjord 258
Império Russo 27-32
Irã 262
Islândia 258
Istrin 157
Itália 51, 69, 75, 222, 310, 313
Iugoslávia 60, 224
Ivan, o Terrível 239
Ivanovich, Mikhail 236
Jahn, Curt 143
Japão 90, 301, 305
Jarausch, Konrad 185
Jdanov, A. A. 239
Jeschonnek, Hans 250
Jodl, Alfred 117, 300, 327
Joppien, Hermann-Friedrich 79
Judeus 139, 171, 235, 310
Jukov, Georgi 17
  assumindo o comando da Frente Ocidental 87-90
  defesa de Moscou 142, 157-158, 169, 205, 239-243, 325-327, 332
  pensamento estratégico 49, 160-161, 313, 336
Kaempfe, Rudolf 94
Kalinin 18
  combate em 268, 318-321, 333
  como objetivo do 3º Grupo *Panzer* 98-100, 108, 111, 131, 147-152

ÍNDICE REMISSIVO

distância até 274
operações ao norte de 277-284
queda de 235
Kaluga 61, 87, 108, 157, 195, 198-199, 242
Kamenskoye 271
Kankaapää 189
Karachev 218
Kardell, Henning 225, 253
Kazan 260
Kearney, USS 264
Keitel, Wilhelm 117, 222, 250
Kempf, Werner 23
Kern, Ernst 36, 86, 291, 299
Kesselring, Albrecht 61, 78-79, 81-83, 205, 229, 247-252, 279, 333-334
Kharkov 72
Kholm 80, 90-92
Kiev 64, 256
Kiev, batalha de 17, 33, 36, 59, 169, 231, 240, 330
Kinzel, Eberhard 301
Kirchner, Friedrich 111, 359
Kleist, Ewald von 35, 49, 256, 346, 360
Klin 313
Kluge, Günther von
    ataque a Moscou 200-202, 266-274, 322
    pensamento estratégico 45, 91, 100, 103, 112, 225-227, 307, 313-316
    perdas para o Quarto Exército 44
    planejamento para a Tufão 62
    Viazma 106-110
Knappe, Siegfried 174
Knobelsdorff, Otto von 200
Konev, I. S. 61
    comandando a Frente de Kalinin 139, 205, 207, 279
    na fase inicial da Tufão 75, 80, 89-90
Königgrätz, batalha de 117, 121
Kopalin, Ilya 244
Korosten 183
Köstring, Ernst 300, 302
Kozlov, I. E. 240
Krause, Erich 163

Kremenchug 214
Krüger, Walter 78, 255
Küchler, Georg von 51
Kuhnert, Max 95, 97, 190, 194, 217, 228, 292, 296
Kuibyshev 34, 56, 232, 238, 263
Kuibyshev, Valerian 56
Künersdorf, batalha de 30
Kuntzen, Adolf 108
Kursk 100, 105, 146-147, 157, 213, 287
Kurzenkov, Sergei 261
Kutuzov, Mikhail 355
Kyffhäuser, monumento de 49-50
Labonne, Roger Henri 307
Ladoga, Lago 81
Landgraf, Franz 80
Landowski, Max 190
Lange, Horst 133, 141, 168, 217, 229, 292
Lange, Rudolf 256
Langermann-Erlancamp, Willibald Freiherr von 78
Larrazábal, Angel Salas 353
Lebensraum 40, 65
Leeb, Wilhelm Ritter von 51, 102
Legião da Força Aérea Croata (Hrvatska Zrakoplovna Legija) 79
Légion des Volontaires Français contre le Bolchevisme 307-308
Légion Wallonie 308, 400
"Lehrbrigade 900" 91, 149, 205-206, 279
Lehrmann, Georg 275
Leipzig 293
Leismeier, Erich 133
Leliushenko, D. D. 242
Lemelsen, Joachim 80
Lend-Lease 42, 249, 258-264, 312
lenda de Barbarossa 49-50
Lênin, Vladimir 87
Leningrado 17, 33, 64, 78, 152, 187, 202, 256, 312, 331
Linha de Stálin 33
Lipovec, batalha de 311
Loeper, Friedrich-Wilhelm von 105

434   A BATALHA POR MOSCOU

Loerzer, Bruno 79
Löhr, Alexander 78
Londres 122, 248-249
Lossberg, Bernhard von 327
Lovo 183
Lozovsky, Solomon 116, 157, 234
Luck, Hans von 96, 170, 175, 190
Lucy, rede de espionagem 305
Luftwaffe
    bombardeando Moscou 247-250, 336
    em Kalinin 282, 207-209
    na fase inicial da Tufão 78, 103-103
    perdas 39-41
Lukin, M. F. 132, 171-173
Lyttelton, Oliver 263
Madri 240, 353
Malakova 324
Maloarchangelsk 289
Maloiaroslavets 61, 87, 108, 157, 198-200,
    234, 242, 271
Mannerheim, Carl Gustaf Emil 51
Manstein, Erich von 332
Manteuffel, Hasso-Eccard Freiherr von 131
Marinha Real Britânica 262
Materna, Friedrich 273
Mauchen-Heim genannt von Bechtolds-
    heim, Gustav Freiherr von 141
Mediterrâneo, Mar 263
Mednoye 279
Medyn 143
Meier-Welcker, Hans 217
Meissner, Kurt 114
Melzner, Ferdinand 300
Meske, Fritz 114-115
Messe, Giovanni 51
Metelmann, Henry 191
Meyer-Bürdorf, Heinrich 74
Meja 72
Mieth, Friedrich 136
Miethke, Kurt 292
Miguel, rei (da Romênia) 222
Miklós, Béla 311
Mikoyan, Stephan 235

Milch, Erhard 40, 250
Minsk 53
Minsk, batalha de 17, 62, 91, 313
Model, Walter 53-55, 359
Mogilev 152, 240
Mojaisk 61, 87, 108, 157, 198, 235, 242, 268,
    269, 333
Mojaisk, Linha de 18, 61, 87, 157, 160, 176,
    198-200, 242-243, 276, 284, 313
Moldávia, Principado da 28
Mölders, Werner 79, 250, 353
Molotov, V. M. 258
Montes Urais 17, 103, 117, 126, 241
Moscou
    bombardeio de 247-249
    em 1812 31, 266
    em cartas de soldados 72-73, 103, 106,
    322-323
    em planos de Jukov 17
    em planos soviéticos 86-90, 116, 158-159,
    239-242, 263
    na propaganda alemã 187, 222, 284
    nos planos da Alemanha 34, 65, 81, 119,
    157, 202, 256, 287, 329-331, 334-336
    ofensiva alemã contra 142, 270-274
    pânico 232-239
Moscou, batalha de 327
Mtsensk 84-85, 143-144, 285
Munzel, Oskar 328
Murmansk 260-261
Muscovy 26-27, 32
Mussolini, Benito 51, 119, 310
Naro-Fominsk 243, 271, 336
Nava, rio 313
Negro, Frota do Mar 221
Negro, mar 51-52, 62, 309
Nehring, Walter 85
Neuffer, Georg 183
Neuhaus, Albert 78, 131, 167, 256, 277
Neuser, Walter 167
Nieman, rio 47
NKVD 87, 90, 142, 157, 171, 236, 240-241, 244,
    301

Nogai, Estepe 221
Noruega 309
Nuremberg 49
Obernitz, Justin von 105
Oboian 62
Ochsenknecht, Ingeborg 175, 223, 292-293
Odessa 187, 221, 240, 309-310
Oka, rio 290,
OKH (Alto-Comando do Exército)
   clima 81
   e Hitler 315-316
   ordens 320
   reorganização para a Tufão 16
Olchana 188
Operação Barbarossa 42, 45-47, 58, 206, 231,
   302
   otimismo para a Tufão 38, 203, 219
   pensamento estratégico 338
   planejamento para a Tufão 62
   Viazma 107
Operação Barbarossa 51, 59, 97, 302
Operação Tufão 263
   em tentativas de paz soviéticas 89
   no Tratado de Brest-Litovsk 87
Orel 77-80, 81, 84, 113, 152, 204, 234-235
Organização de Socorro Invernal de Guerra 74
Organização do Plano de Quatro Anos
   126
Orquestra Vermelha, rede de espionagem
   305
Ostashkov 213
Osten-Sacken, Peter von der 141, 302
Ostheer
   baixas/perdas materiais15, 275-276, 291,
     294-296
   inteligência 300-305
   no começo da Tufão 34-36, 39, 42
   percepção do inimigo 255-258, 302
Otomano, Império 28-30
Ottenbacher, Otto 149
Oven, Karl von 217

Pabst, Helmut 72-73, 152, 217, 227, 229, 279,
   297-299
Pacto de Neutralidade Nipo-Soviético 342
Países Baixos 309
Pântanos de Pripet 43
Paris 19, 222
   guerra de guerrilha 138-142, 219-220, 224,
     304
Paulus, Friedrich 21
Pavlov, Dmitri 51, 89
Pedro I, czar 27-28
Perekop, Istmo de 33
Peru 224
Peshkova, Natalia 181
Pinus, Yakov 170
Plano Amarelo 15
Plano Azul 15
Plavsk 285
Ploesti 127
Podolsk 157
"Polizei" 255
Polônia 28, 33, 119, 300
Polosukhin, Viktor 198
Poltava, batalha de 27
Popova, Nadejda 251
Primeira Guerra Mundial 32, 50, 89, 225
Primeiro Protocolo 258, 263
programa Aktion T4 293
Prüller, Wilhelm 75, 188, 193, 196, 225, 277,
   297
Prússia Oriental 28
Prut, campanha do rio 28
Quarta Cruzada 70
Rahe, Heinz 64
Rakutin, K. I. 172
Rameshki 149
rasputitsa 18
   cavalos 217
   na aproximação a Moscou 112, 176, 187,
     267, 277, 322
   no planejamento alemão 64, 115
Raus, Erhard 49, 110, 278, 320
Recke, Heinrich 107

Reese, Willy Peter 339
Regimento de Infantaria Croata 308
Reichenau, Walter von 51, 139
Reichsbank 126
Reimann, Hans 183
Reinhardt, Georg-Hans 103, 134, 206, 282, 320-322
Reinhardt, Wolfgang 324
Rendulic, Lothar 136
República das Duas Nações 26
Reuben James, USS 264
Riabyshev, D. I. 221
Ribbentrop, Joachim von 127, 222
Richthofen, Wolfram von 79, 186
Ridnyi, Stepan 262
Riga 191
Riga, gueto de 191
Rittau, Stephan 279
Rokossovsky, K. K. 95-96, 242
Romênia 51, 127, 224, 262, 301, 309-310, 313
Rommel, Erwin 175
Roosevelt, Franklin 42, 258
Roslavl 90, 109, 218
Roth, Hans 84, 109, 120-121, 172, 188, 253-255, 323
Röttiger, Hans 147-149, 209
Rudel, Hans 209-210, 248
Ruehl, Heid 55
Rundstedt, Gerd von 51, 59, 102, 139
Ruoff, Richard 163
Rybinsk 280-281, 320-322
Rjev 98, 108, 210
Rjev-Viazma, Linha Defensiva de 61
Saaremaa 250
Saleph, rio (Göksu) 69
Samara 56
Sapozhnikova, Olga 158, 235
Scapa Flow 258
Schaal, Ferdinand 147
Schacht, Hjalmar 126
Schaefer-Kehnert, Walter 133, 167, 318
Schäufler, Hans 212
Scheller, Walter 269

Schenckendorff, Max von 139
Scheuer, Alois 64
Schlabrendorff, Fabian von 227
Schmidt, Paul 337
Schmundt, Rudolf 74
Schobert, Eugen Ritter von 51
Schroeck, Erich 200
Schroth, Walter 199
Schubert, Albrecht 280
Schweppenberg, Leo Freiherr Geyr von 80
Sebastian, Mihail 121, 309
Sedan 121
Segunda Arbitragem de Viena 309
Segunda Cruzada 69
Serpukhov 336
Sevek 103-105
Shabalin, Ivan 132
Shakhurin, A. I. 236
Shaposhnikov, Boris 87
Shekulina 134
Shilinka 105
Sibéria 271
Simonov, Konstantin 245
Sinnhuber, Johann 229
Sizemka 103-105
Smith, Howard K. 122, 128
Smolensk 33, 109, 183, 266, 270
Smolensk, batalha de (1812) 31
Smolensk, batalha de (1941) 17, 36, 55-59, 91, 204
Smolensk, Guerra de 26-28, 32
Sofronov, G. P. 221
Sondermeldungen 64, 72, 116, 120, 174-175, 182, 187, 221-222
Sorge, Richard 90, 304
Speer, Albert 40
Stahlberg, Alexander 47
Stalin, Josef 17
    bombardeio de Moscou 249
    com Aliados Ocidentais 258, 262-263
    com comandantes 178, 279
    como líder de guerra 19, 87-90, 157-158, 232, 331-332

pânico de Moscou 235
propaganda 244-245
reação a informações 305
rumores sobre 235, 317
Stalingrado, batalha de 15, 284, 336
Stalino 323, 401
Stamenov, Ivan 89
Staritsa 151-152, 204-205, 210
Stavka 51, 86-90, 157, 331-332
Steiner, Felix 308
Stempel, Richard 273
Straube, Erich 313
Strauss, Adolf 44
    confronto com Bock 91-92
    Kalinin 210, 321
    planejamento para a Tufão 62
    saúde 358
    Viazma 106-107
Strazdovski, Viktor 107, 170
Strelkovka 239
Stresemann, Paul 225
Studnitz, Bogislav von 132
Stülpnagel, Carl Heinrich von 51, 102
Stumme, Georg 195
Stützel, Rudolf 293
Sudoplatov, Pavel 89
Sudost, rio 61
Suécia 27-28
Suíça 305
Surkov, Aleksei 245
Sychevka 147-149, 152, 209-211
Szombathelyi, Ferenc 51, 311
tanques (alemães)
    Mark I 276, 285
    Mark II 53, 209, 276, 320
    Mark III 53
      e tanques britânicos 260
      em Divisões *Panzer* 209, 276
      problemas operacionais 252,
      reforços para a Tufão 38, 60
    Mark IV 53
      e tanques britânicos 260

em divisões *Panzer* 112, 200, 209, 320
    problemas operacionais 252
    reforços para a Tufão 38, 60
Panzer 35(t) 320
Panzer 38(t)
    reforços para a Tufão 38, 60
tanques (britânicos)
    Matilda 260
    Valentine 260
tanques (americanos)
    M3 260
tanques (soviéticos)
    série BT 251
    KV-1 143, 209, 251, 260, 273
    T-26 251
    T-34 84, 143-144, 251-252, 260, 273, 285, 388
    T-60 251, 260
Tártaros 239
Tarutino 266
Tchecoslováquia 224
Terceira Cruzada 50, 69
Tewes, Ernst 161
Thoma, Wilhelm Ritter von 193
Thomas, Georg 127
Thomas, Will 179
Tilsit, tratado de 30
Timoshenko, S. K. 120, 361
Tippelskirch, Kurt von 218, 333, 403
Tóquio 304
Torjok
    como novo objetivo 149, 153, 157
    ofensiva contra 204-209, 278-281, 289
Tratado de Tartu 312
Tresckow, Henning von 129, 327-328
Trierenberg, Wolf 136
Tufão, Operação
    conclusões de outubro 329-331, 334-337
    escala da 15, 34-35
    fase de abertura 72-74
    força *Panzer* 35-36, 59
    inteligência britânica 304

nos planos alemães 15-16, 18, 231, 313
problemas operacionais 153, 264, 286, 292, 302, 322, 325
Tula 18
avanço sobre 211-213, 268, 284-291
em considerações estratégicas 81, 100, 137, 144, 315, 333
estado de sítio 238
Turginovo 336
Turquia 50
Ucrânia 23, 40
Ultra 304
Uman, batalha de 36
União Soviética
casas 296-298
derrota da 74, 97
esforço de guerra 153-157
força da 19-22, 34
propaganda 223-225,
tentativas de paz 87-89
Varlamov, Leonid 244
Vasilevsky, A. M. 333
Vasiliev, Boris 249
Veiel, Rudolf 35
Velikie Luki 59
Verjbitskii, N. K. 233
Viazma 61, 62, 80, 210, 234-235, 274, 278
Viazma, batalha de (1812) 163
Viazma, batalha de (1941)16, 337
ataque a Moscou 200-202
combate para escapar do bolsão 130-136, 160-173, 176-177, 304
fechando o cerco 89-91, 95-96, 103-104, 234
Vietinghoff, Heinrich Freiherr von 56, 86
Vilna 47
Vilsen, Alfred 122
Vishnevsky, S. V. 172
Vistula, Rio 17

Vitebsk 47, 109
Vladislau IV, rei 26-27
Vladivostok 305
Volga, Bacia do 241
Volga, rio 72, 280-284, 318, 333
Vologda 203, 320
Volokolamsk 61, 87, 157, 198, 242, 313, 321, 336
Voronej 204, 287-291, 315
Waeger, Alfred 94
Wagener, Carl 152, 207, 297
Wagner, Eduard 21, 77, 83, 211, 220, 273
Waldau, Hoffman von 250
Weckmann, Kurt 211
Weichs, Maximilian Freiherr von 62, 91, 137
Weikersthal, Walther Fischer von 78
Weisenberger, Karl 137
Wenck, Walther 151
Wendling, Anna 293-294
Wernicke, Richard 248
Werth, Alexander 19, 234
"Wiking" 51, 308
Wilson, Geoffrey M. 19
Witt, Heinrich 187
Witthöft, Joachim 91
Wollschlaeger, Arthur 77
Yaropolets 321
Yaroslavl 280-281, 289, 320-322
Yartsevo 132
Yelnya 44, 56, 75, 79, 172
ofensiva de 331
Yukhnov 86, 90, 171
Zakharkin, I. G. 242,
Javaronokov, Semyon 250-251
Jirkovskii 80
Jlobin 53
Zorndorf, batalha de 30
Zubtsov 149-151
Zusha, rio 285

Este livro foi composto em
Dante MT Std no corpo 11,5/15
e impresso em papel Pólen Soft 80 g/m²
pela Geográfica, em Santo André - SP.